DIAN FOSSEY AU PAYS DES GORILLES

FARLEY MOWAT

DIAN FOSSEY
AU PAYS
DES GORILLES

traduit de l'américain par Rose Pindel

SEGHERS

Photo couverture : Peter G. Veit/D.R.K.

Titre original : WOMAN IN THE MISTS

ISBN 2-232-10153-3
(édition originale :
ISBN 0-446-51360-1 Warner Books, Inc., New York)

Pour Nyiramachabelli
et pour ceux qu'elle a aimés.

REMERCIEMENTS

Comme on le verra, ceux qui ont collaboré à ce livre d'une manière ou d'une autre sont très nombreux. Je leur en suis reconnaissant, mais j'aimerais remercier tout particulièrement les personnes suivantes :

Wade Rowland, mon associé dans ce projet, qui a parcouru trois continents à la recherche d'interviews et qui a eu le mérite de découvrir les archives personnelles de Dian Fossey et d'y avoir accès. Sa collaboration n'a pas de prix.

Mary Elliott, mon assistante et secrétaire, qui a déchiffré les notes et journaux presque illisibles de Dian et a tapé quelques versions du manuscrit avec une vitesse et une précision qui relèvent de la magie.

Lily Poritz Miller, mon éditrice, qui nous a sauvés, ce livre et moi qui me suis tellement laissé porter par la vie de Dian que j'ai cru m'y perdre à jamais.

Rosamond Carr, la meilleure amie de Dian au Rwanda.

Stacey Coil et Ian Redmond du Fonds Digit, qui continuent de se dévouer pour la cause des gorilles de montagne.

NOTE DE L'AUTEUR

Dian Fossey n'a jamais parlé d'écrire son autobiographie, mais elle espérait sûrement le faire un jour. Les nombreuses allusions de son journal et le mal qu'elle s'est donné pour constituer des archives personnelles extraordinairement complètes témoignent de ce désir secret.

Cette masse de documents comprenait toute sa correspondance depuis sa jeunesse et les copies de la plupart de ses propres lettres. Elle avait gardé aussi ses divers écrits et ébauches littéraires, publiés ou non ; un dossier exhaustif de ce qui avait été écrit sur elle ; une série de « journaux de bord » ; une masse impressionnante d'observations sur les animaux et les gens ; et une collection de documents divers relatant tous les aspects de son séjour en Afrique.

Lorsque mon associé dans ce projet, Wade Rowland, a découvert les archives de Dian, j'ai jubilé. C'était le genre de trésor que tout biographe rêve d'acquérir. Toutefois, en me plongeant dans ce témoignage détaillé d'une vie humaine et en écoutant les enregistrements de la voix de Dian racontant sa propre histoire, je me suis senti moins à l'aise dans mon rôle de biographe. En fait, j'ai commencé à me sentir comme un intrus. J'ai donc pris la décision de renoncer à mon rôle de biographe classique qui relate des événements en les commentant, et j'ai adopté la position d'un collaborateur éditorial.

Dans la mesure où j'ai réussi dans cette tâche, ce qui suit est le compte rendu de sa vie par Dian Fossey elle-même. Sa voix est souveraine, tandis que la mienne est en retrait, affirmation que ceux qui me connaissent pourraient mettre en doute.

Pour obtenir ce résultat, j'ai eu recours à une distinction typographique qui marque les propres phrases de Dian. Parfois, j'ai réarrangé des documents épars pour les présenter sous forme de descriptions ou de dialogues. Mais je suis toujours resté fidèle aux sources.

Je n'ai jamais rencontré Dian Fossey en chair et en os, mais j'ai vécu avec elle dans une intense intimité pendant plus d'une année. Après avoir lu des milliers de lettres écrites par elle, ses journaux et ses carnets de bord, ses écrits publiés, après avoir écouté les témoignages de ceux qui l'avaient connue, elle m'est devenue aussi douloureusement familière que si nous étions du même sang.

J'aurais aimé que nous le soyons.

Port Hope, Ontario
Canada
1er juin 1987

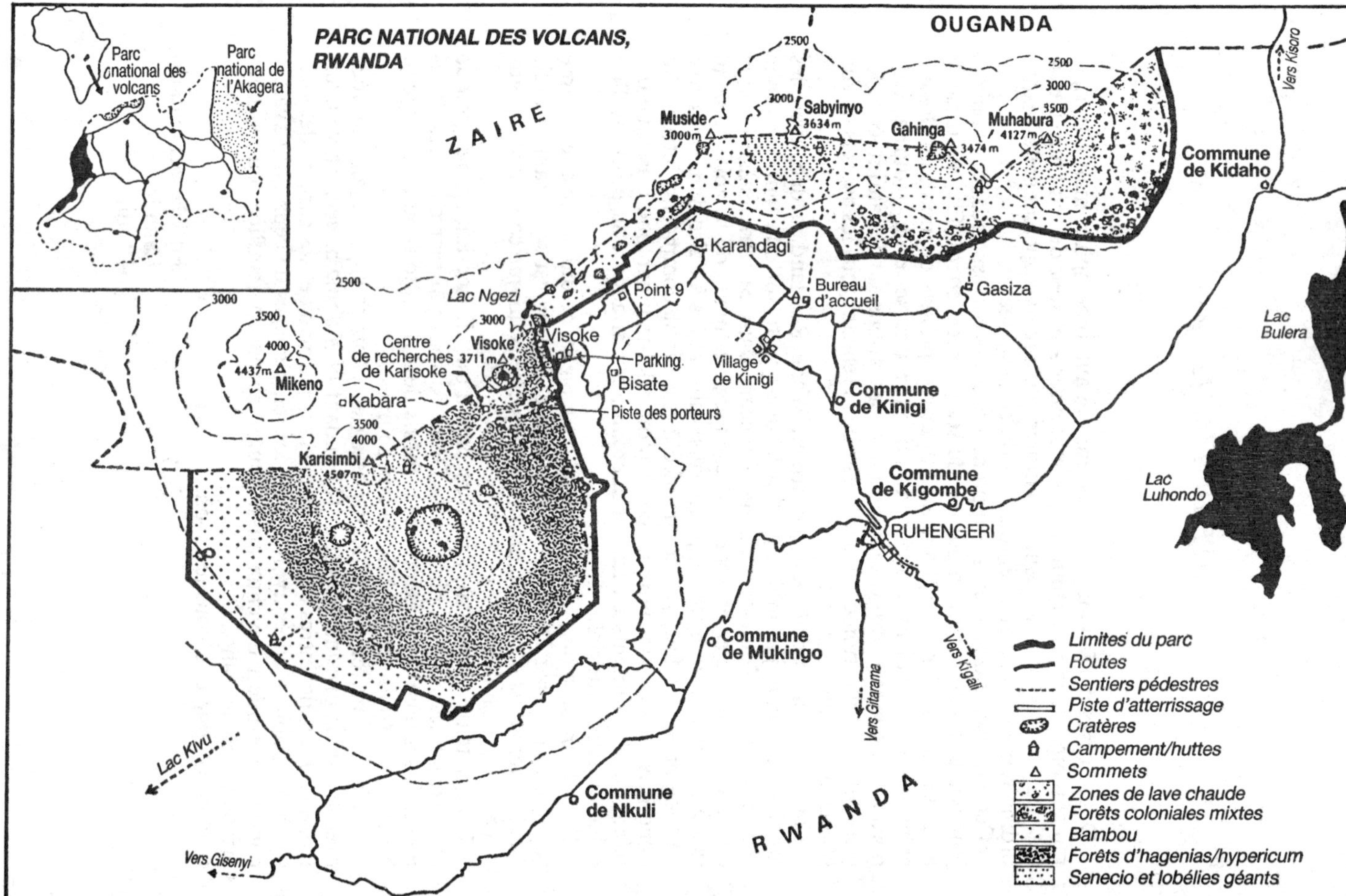
PARC NATIONAL DES VOLCANS, RWANDA
OUGANDA
ZAIRE
RWANDA
Parc national des volcans
Parc national de l'Akagera
Muside 3000 m
Sabyinyo 3634 m
Gahinga 3474 m
Muhabura 4127 m
Commune de Kidaho
Vers Kisoro
Karandagi
Bureau d'accueil
Gasiza
Point 9
Lac Ngezi
Visoke
Centre de recherches de Karisoke
Visoke 3711 m
Parking
Bisate
Village de Kinigi
Commune de Kinigi
Piste des porteurs
Mikeno 4437 m
Kabara
Karisimbi 4507 m
Commune de Kigombe
RUHENGERI
Lac Bulera
Lac Luhondo
Commune de Mukingo
Vers Gitarama
Vers Kigali
Commune de Nkuli
Lac Kivu
Vers Gisenyi
2500
3000
3500
4000
Limites du parc
Routes
Sentiers pédestres
Piste d'atterrissage
Cratères
Campement/huttes
Sommets
Zones de lave chaude
Forêts coloniales mixtes
Bambou
Forêts d'hagenias/hypericum
Senecio et lobélies géants

CENTRE DE RECHERCHES DE KARISOKE

(A partir de croquis faits de mémoire par Ian Redmond)

1. Cimetière des gorilles. Tombe de Dian à la droite (est) des autres tombes.
2. Cabane de Dian (surnommée « Le mausolée » par Dian). Cheminée intérieure en briques.
3. Cabane des invités.
4. Cabane du milieu.
5. Tente-cabane - tente safari couverte d'un toit de zinc - ma préférée.
6. Première cabane - celle figurant sur les photos de la N.G., la mienne de 1976 à 1978.
7. Abri cuisine / Buanderie.
8. Poulailler, servant éventuellement de dortoir aux patrouilles !
9. Maison de l'équipe, « Maison des hommes », petites fenêtres et un grand lit, leur choix !
10. Foyer des hommes pour faire du feu, cuire des haricots et des pommes de terre, et bavarder.
11. Centre météo installé quelques mois avant la mort de Dian.
12. « Cabane de Kelly » ou cabane du fond.
13. Foyer pour faire du feu, couper du bois - table et bancs. Ancien porte-drapeaux (drapeaux du Rwanda et de la N.G.).
14. La plupart des sentiers sont couverts de gravillons (des cailloux de lave gris et de grosses pierres) et bordés de terre battue et de barrières en baguettes d'hypéricum de 45 cm de hauteur.

Toutes les cabanes sont équipées de toilettes de campagne, un trou profond avec une boîte perforée au sommet, le tout surmonté d'un toit et encadré de nattes en guise de murs.

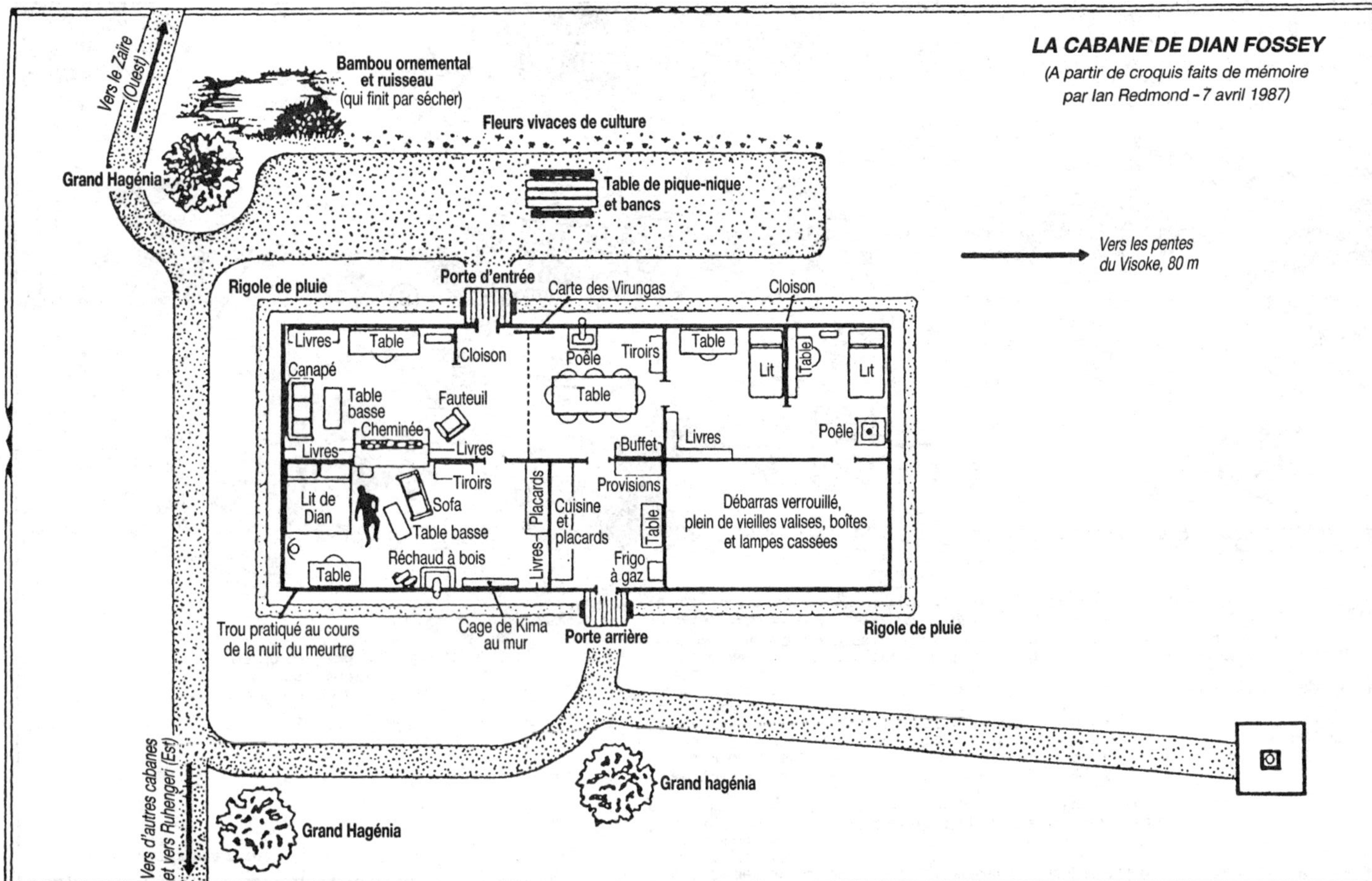

LA CABANE DE DIAN FOSSEY
(A partir de croquis faits de mémoire
par Ian Redmond - 7 avril 1987)
Vers le Zaïre (Ouest)
Bambou ornemental
et ruisseau
(qui finit par sécher)
Fleurs vivaces de culture
Grand Hagénia
Table de pique-nique
et bancs
Vers les pentes
du Visoke, 80 m
Rigole de pluie
Porte d'entrée
Carte des Virungas
Cloison
Livres
Table
Cloison
Canapé
Table
basse
Fauteuil
Cheminée
Livres
Livres
Tiroirs
Lit de
Dian
Sofa
Table basse
Réchaud à bois
Table
Poêle
Table
Tiroirs
Placards
Livres
Cuisine
et
placards
Buffet
Provisions
Table
Frigo
à gaz
Table
Lit
Table
Lit
Livres
Poêle
Débarras verrouillé,
plein de vieilles valises, boîtes
et lampes cassées
Trou pratiqué au cours
de la nuit du meurtre
Cage de Kima
au mur
Porte arrière
Rigole de pluie
Vers d'autres cabanes
et vers Ruhengeri (Est)
Grand hagénia
Grand Hagénia

1

Ce ne sont ni le destin ni la fatalité qui m'ont conduite en Afrique. Ni même une histoire d'amour. J'avais un désir profond de vivre avec des animaux sauvages dans un monde qui n'aurait pas encore été complètement transformé par les humains. Je suppose que je voulais réellement remonter le cours du temps. Je croyais depuis mon enfance qu'aller en Afrique, c'était cela ; mais lorsque j'ai enfin pu faire mon premier voyage en 1963, les choses n'étaient plus les mêmes. Mis à part les déserts et les marécages, les lieux qui n'avaient pas été exploités étaient rares. Je n'ai découvert ce que je cherchais qu'à la fin de mon voyage.

Au cœur même de l'Afrique centrale, sur un site si élevé qu'on y grelotte plus qu'on n'y transpire, se dressent de vieux volcans majestueux, hauts de quatre mille mètres et couverts d'une riche végétation tropicale. Ce sont les Virungas.

Le voyage en Afrique a été l'un des nombreux rêves qui ont peuplé l'enfance solitaire de Dian Fossey. Son père, George Fossey, fils d'un immigrant anglais, était un homme corpulent, affable et sociable qui adorait sa fille et détestait la petite vie étriquée d'agent d'assurances qu'il menait à San Francisco. Pour se consoler, il buvait beaucoup et finit par avoir des démêlés avec la justice, qui se conclurent par un divorce en 1938, quand Dian avait six ans. Un an plus tard, sa mère Kitty épousait Richard Price, un entrepreneur ambitieux et intransigeant. Au début, George Fossey essaya de rester en contact avec Dian, lui envoyant des photos de lui-même dans son uniforme de marin pendant la guerre. Mais son nom était tabou chez les Price et il finit par disparaître de la circulation.

Malgré ses efforts pour l'appeler papa, Dian ne fut jamais adoptée par son beau-père. Richard Price était un traditionaliste rigide qui croyait aux vertus d'une discipline stricte. Jusqu'à l'âge de dix ans,

Dian n'était pas autorisée à prendre ses repas avec ses parents et elle dînait à la cuisine avec la servante. Pour se justifier, Price disait : « J'ai été élevé dans l'idée que les enfants dînent avec les adultes quand ils deviennent adultes. »

Comme beaucoup d'enfants solitaires, Dian aimait les animaux et se réchauffait à leur amour inconditionnel. Mais elle n'avait pas le droit d'en posséder et se consolait avec un poisson rouge qui recevait toute son affection refoulée, faute de destinataires. La mort du poisson la désola.

Quand je l'ai trouvé flottant sur le ventre dans l'aquarium de ma chambre, j'ai pleuré toute une semaine. Mes parents ont pensé en être enfin débarrassés et je n'en ai jamais plus eu d'autre. Une camarade de classe m'a offert un hamster, mais ils ont jugé qu'il était sale et l'affaire a été classée.

Tout en ayant une situation matérielle confortable, les Price n'aidèrent pas Dian sur le plan financier. Et aussitôt après le lycée, elle subvint à ses propres besoins. En 1949, elle suivit des cours de comptabilité, chose qu'elle détestait, et travailla comme employée dans un grand magasin. Pendant toutes ses années d'études, elle consacra ses week-ends et ses vacances à faire des petits travaux dans des bureaux, des laboratoires et même une fois dans une usine.

Un des épisodes heureux de sa jeunesse fut la découverte de l'équitation. Ses bons rapports avec les chevaux lui valurent une place dans un ranch du Montana. Cela se passait pendant l'été de ses vingt et un ans, mais elle perdit ce travail – « le meilleur que j'aie jamais eu » – en attrapant la varicelle. Un des jeunes gens du ranch se souvient d'elle comme d'un être « complètement fasciné par les animaux : les chevaux, les chiens, un bébé coyote, tout ce qui marchait ou volait. Elle aimait bien les gens, mais ne leur faisait pas suffisamment confiance ».

En 1950, s'opposant à la carrière commerciale vers laquelle Richard Price la dirigeait, Dian décida de faire des études de vétérinaire et s'inscrivit à l'université de Californie, à Davis. Elle était fermement décidée à partager sa vie avec les animaux ; mais malgré d'excellents résultats dans les disciplines littéraires, la botanique et la zoologie, elle n'avait aucun penchant pour la science « pure ». A son grand désespoir, elle échoua à ses examens de deuxième année, vaincue par la physique et la chimie qui la dépassaient.

Sans se décourager pour autant, elle décida de s'occuper d'enfants handicapés et prépara un diplôme d'ergothérapie qu'elle obtint en 1954. Pendant les neuf mois qui suivirent, elle fit des stages d'interne dans plusieurs hôpitaux et eut affaire à des malades atteints de tuberculose, expérience qui la marqua de manière indélébile.

Elle se choisit un poste qui était aussi éloigné de la Californie que le permettaient les frontières des États-Unis. Et à l'exception de brèves visites aux Price, elle ne revint plus jamais dans ce pénible berceau de son enfance.

Le nouveau foyer de Dian, le Korsair Children's Hospital, à Louisville dans le Kentucky, était un vieux bâtiment en bois tout à fait à son goût.

C'est un hôpital religieux et je suis surprise qu'ils m'y aient engagée. Je serai la directrice du département d'ergothérapie, fonction pour laquelle je me sens plutôt inapte. Mon assistante est une vieille dame d'une cinquantaine d'années auprès de laquelle je me sens un peu comme un pou, mais les gens sont détendus et amicaux. Les enfants arrivent directement de l'arrière-pays. Ils sont transportés depuis les collines, en camion, en jeep et même à cheval. Je suis excitée à l'idée de partir le mois prochain avec les médecins pour un voyage de « ramassage » d'enfants. Il est même possible que nous allions dans la région où quatre shérifs ont été tués au cours des trois dernières années. Ces enfants sont atteints de troubles physiques et affectifs, ils se sentent perdus dans notre monde. Leur âge mental est inférieur à leur âge réel et ils donnent l'impression d'animaux sauvages parqués là, sans aucun espoir d'évasion. Ils ont besoin d'une gentillesse et d'une patience infinies pour leur faire sentir que la vie vaut la peine d'être vécue.

Bien qu'ayant habité dans une grande ville, Dian détestait la vie urbaine et son premier souci fut de se chercher un logement à l'extérieur de Louisville. Elle finit par trouver un cottage délabré dans une vieille ferme en ruine baptisée Glenmary.

Les propriétaires l'encouragèrent à participer aux travaux saisonniers et elle put ainsi mettre à profit ses connaissances en médecine vétérinaire. Elle était dans son élément.

Je n'ai jamais vu un site aussi beau que celui-ci en automne. A Glenmary, le sol est couvert des feuilles rouges, vertes, brunes et or des forêts. Les pâturages sont encore verts et encadrés d'arbres que l'on croirait enflammés. En me réveillant, je me précipite à toutes les fenêtres de la maison, aveuglée par tant de beauté. Il m'arrive souvent de voir un raton laveur ou un opossum trottiner dans ma cour avant que le troupeau de quatre-vingt-dix têtes d'Angus ne leur vole leur petit déjeuner. Quand je reviens de mon travail, je passe une vingtaine de minutes à nourrir une multitude de chats de ferme, le chien de berger blanc qui vient de l'autre côté de la colline et ceux d'ici, Mitzi, Shep et Brownie, qui m'ont adoptée comme si j'étais une des leurs.

Une amitié solide se noua entre Dian et Mary White Henry, la secrétaire de l'administrateur en chef de l'hôpital. Mary White était la fille d'un célèbre cardiologue de Louisville et elle introduisit son amie dans les cercles mondains de la ville.

Dian n'était pas une beauté classique, mais elle plaisait à beaucoup d'hommes qui la trouvaient séduisante. Très grande et mince, elle avait de beaux cheveux bruns, un regard intense et pénétrant, des traits prononcés et la grâce d'une jeune pouliche. Quelques hommes, parmi les plus en vue de la ville, la courtisèrent mais ne trouvèrent pas grâce à ses yeux. Celui qui convenait le plus à ses goûts était Franz Forrester, un jeune Rhodésien à la tête ébouriffée qu'elle avait connu chez les Henry.

Franz était le fils cadet d'une grande famille autrichienne qui possédait de vastes propriétés agricoles et avait des intérêts financiers en Afrique. Surnommé Pookie par ses intimes, il fut sans doute comme beaucoup d'autres assez proche de Dian pour exiger d'elle une réponse sérieuse qu'il n'obtint pas.

Il est du sud de la Rhodésie, superbe, mais plus jeune que moi. C'est le fils d'un comte autrichien se réclamant de sang impérial. Il a une foule de grands projets pour nous deux, mais je ne pense pas avoir le temps.

Il est possible que, comme ce fut le cas avec tant d'autres, Dian se soit esquivée, mais ce dernier était plus tenace que les autres.

Des lettres, des lettres, des lettres, de New York, de Londres, d'Irlande, de Paris, Rome et d'Afrique du Sud. Les dames du bureau de poste n'en reviennent pas. En ce moment, Pookie vient d'arriver de New York avec des envies folles de s'amuser à Louisville. Récemment, il m'a envoyé un « pouf ». Pouah ! j'imagine que c'est un tabouret. Le dessus est en peau de zèbre. Ce n'est pas mal, mais on dirait une tumeur qui aurait poussé sur mon tapis mexicain. En le voyant, les chiens l'ont aussitôt attaqué, mais l'odeur en a tellement imprégné la maison qu'ils ont fini par s'y habituer.

Toujours grâce à Mary White, Dian rencontre un homme encore plus impressionnant. Un jour, pour rendre service à son amie, elle va chercher un écrivain qui faisait une retraite dans un monastère appelé Gethsémani, à deux heures de route de Louisville. Là-bas, elle rencontre un brillant prêtre irlandais aux yeux bleus, à l'enthousiasme contagieux et manifestant un intérêt certain pour les choses terrestres.

J'ai du mal à y croire. Ce moine trappiste, le père Raymond, a un faible pour moi. Dimanche dernier, Mary White m'a appelée pour me dire qu'il arrivait à Louisville et voulait me voir. C'est vraiment l'un des événements les plus gratifiants de ma vie. Quand on lui parle, on a l'impression d'être sur un volcan en activité. Les idées fusent dans tous les sens. Après l'avoir quitté, la pensée continue de couler pendant des jours comme de la lave. Je ne deviens pas bigote, mais ce fut une expérience cruciale. Quel homme !

C'en était sûrement un. Environ un mois plus tard, Dian écrivit à sa mère et lui dit incidemment qu'elle s'était convertie au catholicisme. Ce n'était en fait qu'une conversion passagère, mais la famille en fut horrifiée.

Kitty Price était inconsolable. « Je ne cesse de pleurer et n'arrive pas à en prendre mon parti, sanglota-t-elle au téléphone en apprenant l'affreuse nouvelle, je n'aurais jamais pensé que tu ferais un pas aussi sérieux sans nous consulter. »

Kitty et Richard Price étaient encore loin de se douter de tout ce que Dian serait capable de faire de sa vie.

Pendant que des liens intimes s'établissaient entre Dian et le père Raymond, Franz Forrester poursuivait sa cour assidue et proposa même à la jeune femme de lui offrir un billet de voyage aller simple pour l'Afrique.

Dian était déjà intriguée par ce continent. En 1957, elle avait rencontré un impétueux reporter de Louisville qui avait fait le grand voyage et lui avait communiqué son enthousiasme. Elle était fascinée par le monde qu'il décrivait et peut-être aussi un peu par lui.

L'idée de me trouver dans un lieu où les animaux ne sont pas parqués dans des enclos m'attire tellement. S'il retourne en Afrique comme il l'espère, je le suivrai.

Le journaliste s'en alla un jour en Floride et disparut de la circulation. Mais le rêve d'Afrique demeura intact.

En 1960, Mary White participa à un safari africain et le désir assoupi de Dian se ranima. Elle déclina à grand regret l'invitation de Mary qui lui proposait de l'accompagner. La cause inavouée de son refus était qu'elle ne pouvait pas payer son voyage. Cela la décida à réunir les fonds nécessaires pour participer à un safari dans l'avenir le plus proche. « J'économise le moindre sou pour l'Afrique », écrit-elle à sa mère peu après le départ de Mary, peut-être dans le vague espoir d'obtenir l'aide des Price.

Bien qu'elle ait été fortement tentée, elle ne pouvait pas accepter l'offre de Franz Forrester. Si le prix à payer pour aller en Afrique était le mariage, elle le refusait. Elle voyagerait par ses propres moyens ou pas du tout. Elle commença donc à accumuler de la documentation sur les safaris, mais fut affolée par les prix. La décision fut tout de même prise de se rendre en Afrique avant la fin de 1963.

Au mois de juin de cette année-là, Dian essaya de louer les services d'un guide safari de Nairobi et fit des efforts désespérés pour réunir les cinq mille dollars requis pour le voyage. Elle fit une tentative d'emprunt auprès des Price qui lui donnèrent d'abord une réponse affirmative, puis se rétractèrent sous prétexte que l'aventure était téméraire et dangereuse. Finalement, elle hypothéqua son salaire des trois années à venir auprès d'un organisme d'emprunt à un taux d'intérêt scandaleux de vingt-cinq pour cent.

Sa famille était évidemment outrée par l'ampleur de la dette qu'elle venait de contracter. Même son oncle et sa tante, Flossie et Bert Chapin, qui l'avaient financièrement aidée pendant ses années à l'université étaient horrifiés. « C'est de la folie, lui dirent-ils. Si seulement tu avais le moindre bon sens, tu annulerais tout. »

Inébranlable, Dian essaya de rassurer sa famille en leur disant qu'elle rentrerait dans ses frais en faisant des articles, des photos et même un film sur son voyage.

En attendant, elle lisait tout ce qui lui tombait sous la main. Le livre du zoologiste américain, George Schaller, *L'Année du gorille,* dans lequel il consigne ses observations sur le gorille de montagne au Congo belge, l'impressionna tout particulièrement. Le sujet présentait beaucoup d'attraits journalistiques et Dian projeta d'ajouter à son voyage deux semaines supplémentaires pour visiter les volcans du Virunga en Afrique centrale, lieu d'élection de cette espèce rare.

Tout en préparant son voyage, elle poursuivait sa correspondance avec Franz Forrester et lui promettait de visiter la propriété familiale. « J'ai fait nettoyer ma tenue de cavalière, écrit-elle à sa mère, l'équitation est une affaire importante dans la famille de Pookie. » Elle prépare aussi des chaussures de marche, un surplus militaire et des morceaux de sucre et des savonnettes pour les autochtones.

Dian souffrait depuis toujours de crises d'allergie et craignait qu'elles ne perturbent son séjour en Afrique : « Il y a trois semaines, j'ai mangé un minuscule pruneau, écrit-elle à sa famille, pour voir si je contrôlais bien mes allergies. Eh bien, au bout d'une heure, j'avais les yeux enflés, de la fièvre, j'ai vomi et ma gorge était enflée jusqu'à l'étouffement. J'ai vraiment peur. » Elle était sujette aussi à de fortes crises d'asthme et à des pneumonies répétitives. Ses poumons étaient tellement barrés de cicatrices qu'elle comparait les radiographies à un plan des rues de Los Angeles superposé à celui de New York. Le plus gros des bagages de Dian consistait en une boîte à pharmacie qui pesait une vingtaine de kilos.

Elle emportait aussi ses vaccins immunologiques.

Avec tous ces vaccins, j'étais encore une fois sur la touche. Ils semblent plutôt provoquer les maladies que les prévenir. Je me sens comme ces personnages des romans d'Ernest Hemingway atteints d'une de ces crises cycliques de fièvre-délire-frissons-guérison.

Un mois avant son départ, Dian eut de nouveau une pneumonie dont elle essaye de tirer le meilleur parti. « En faisant abstraction des frais de maladie, dit-elle à sa mère, je n'aurais pas pu avoir de meilleur cadeau de voyage. Cela me permettra de me reposer pendant une semaine avant mon départ. »

Son itinéraire comprenait le Kenya, le Tanganyika, l'Ouganda, le Congo belge et la Rhodésie du Sud. Elle partit le 26 septembre 1963 avec de grandes espérances et un excédent de bagages de trente kilos. Pendant son escale au Caire où l'avion devait se réalimenter en carburant avant Nairobi, elle se sentait fiévreuse et avait des nausées. Les trente-six heures suivantes furent un cauchemar. Trop de monde et trop de bruit, des bouillottes et des repas mal digérés dans des hôtels minables. Mais les symptômes disparurent aussi mystérieusement qu'ils avaient surgi, et trois jours plus tard, Dian était dans un car qui la transportait de Nairobi à Treetops, la station chic du Mount Kenya Safari Club où elle devait retrouver son guide blanc. En attendant son arrivée, il y avait d'autres rencontres africaines fascinantes.

Partout, de soyeux phacochères et des babouins. Un buffle et un rhinocéros, mais trop sombre pour faire des photos. Des singes Sykes, des singes Colobus, des crânes à cimier...

Le lendemain de son arrivée à la luxueuse station, épuisée de fatigue elle dormit jusqu'à sept heures du soir. Puis elle se prépara avec coquetterie pour le dîner, remontant ses cheveux en chignon et mettant une bague et des boucles d'oreilles clinquantes que sa mère lui avait données.

Elle fut accueillie par l'acteur William Holden, propriétaire de la station, qui l'invita à sa table en compagnie d'un roi du pétrole du Texas, d'un millionnaire écossais, chasseur de renom, et de deux autres chasseurs blancs. Pendant que ces « vieux routiers » bavardaient, ses yeux brillaient d'excitation mais elle parlait peu. « Ces gens-là connaissent vraiment l'Afrique dont jusqu'à présent je me contentais de rêver. »

Deux nuits plus tard, John Alexander, le guide qu'elle avait engagé par correspondance, arrivait accompagné de deux autres clients. Il était tellement occupé avec eux qu'il ne prêta pas la moindre attention à Dian. Elle avait rêvé d'une collaboration étroite avec un héros épique africain, mais le Grand Blanc – comme elle l'appellera plus tard – ne lui adressa pas la parole jusqu'au lendemain. Elle se coucha, malade de dysenterie et de déception, mais se réveilla de bonne heure, mit sa tenue de safari et s'apprêta à partir dès l'arrivée de son guide. Mais les heures passaient, personne n'arrivait et Dian versait des larmes de rage.

Il me dégoûte ! Déjà dix heures et demie ! Qu'il aille au diable !

John Alexander finit par arriver, l'embarqua dans sa Land Rover et ils traversèrent Nairobi en direction du Sud, vers la plaine de Serengeti en Tanzanie.

Aussitôt en route, Dian se détendit, se demandant si elle n'avait pas trop sévèrement jugé son compagnon. Il connaissait sûrement les animaux qu'elle voulait tellement voir et savait sans doute où les trouver. Au fil des jours, elle s'acharnait sur son appareil photo, regrettant le gaspillage de la moindre occasion pour voir ou photographier des animaux.

– Voulez-vous vous arrêter pour vous reposer et déjeuner ? demanda John Alexander un jour, à midi.

– Non ! fut la réponse de Dian. Nous ne faisons que commencer, ne traînons pas.

Le 3 octobre, ils arrivaient à Travo, à l'extrême sud-est du Kenya. Dian passa la matinée à photographier des éléphants, des bébés rhinocéros et des buffles. La nuit, elle souffrit encore de dysenterie et de vomissements, et se réveilla épuisée. Cela ne l'empêcha pas de vouloir repartir à l'aube et de tempérer son impatience en attendant son guide qui était de plus en plus léthargique.

Alexander est malade, mais qui s'en soucie ! Debout à 6 h 30 et dehors. Photos de buffles surtout. Pas de lions. Observé des babouins au petit déjeuner. Quel appétit !

Quelques jours plus tard, ils arrivaient au sommet du cratère Ngorongoro, un célèbre site du Masaï, au nord de la Tanzanie. Dian souffrait de vertiges depuis sa tendre enfance et pendant toute la descente abrupte vers le cratère, elle se cacha sur le plancher de la Land Rover pour n'émerger qu'à leur arrivée sur un sol plat.

Le fond du cratère est une vaste plaine avec des marécages et un petit lac. Les Masaïs y conduisent leurs troupeaux et les guerriers y chassent encore le lion malgré l'interdiction du gouvernement. Les mouches voilent littéralement la face des bébés. Dès notre sortie de la voiture, les mouches et les gens se sont abattus sur nous, mais l'insecticide a pris soin des mouches, et les shillings des gens. A moins d'un shilling, il est impossible de prendre une photo. J'ai un grand sac de verroterie bourré de belles choses bien criardes. A leur vue, leurs yeux s'allument, ils sifflent, poussent des oh et des ah, s'en emparent, mais ne m'épargnent pas mon shilling.

Dian était aussi déçue par les Masaïs que par son guide.

Vu cinq lions mâles, des troupeaux de gnous, des zèbres, des chevaux sauvages... Un rhinocéros nous a attaqués, mais Alexander était incapable de maintenir la voiture à une bonne distance pour que je puisse les filmer. Résultat : plusieurs mètres de pellicule avec le ciel et des soubresauts. Je ne suis pas contente de lui, mais je devrais plutôt lui être reconnaissante de ne pas boire, ce qui est rare par ici. Il sait conduire, trouver le gibier et ne prend pas de risques indus. Mais, Dieu ! qu'il est ennuyeux. J'ai l'impression en sa présence d'avoir une énorme mouche tsé-tsé sur la tête. Il est très, très british et je leur ai trouvé un surnom : Masaï blanc. Arrogant, orgueilleux et manquant totalement de consistance. Il suffit qu'un natif éternue devant eux pour qu'ils se mettent à maugréer, jurer et menacer.

Mais Alexander est vraiment détestable. Hier, lorsqu'il a prétendu qu'un Africain avait été insolent avec lui, j'ai failli les laisser tomber, lui et sa Land Rover. Il m'a gâché tout un après-midi d'observation de la faune. Cela dit, quand il veut obtenir quelque chose, il peut être aussi obséquieux qu'un mouton. Il a beau être grand et bien fait, pour ma part je le trouve laid.

Au bout d'une semaine de voyage, Dian accorda la priorité à sa caméra et se fit aussi présentable que possible pour visiter la gorge d'Olduvaï, au sud du parc national de Serengeti. Elle espérait y rencontrer le Dr Louis Leakey, paléoanthropologue célèbre.

Dès les années trente, Leakey avait découvert des fossiles anthropoïdes dans la gorge d'Olduvaï. Ses découvertes avaient clairement prouvé que l'homme existait depuis bien avant que l'on ne le supposait et que ses origines se trouvaient non pas en Asie, mais en Afrique orientale. L'interprétation qu'il faisait de la place de ces fossiles dans l'arbre généalogique de l'homme était un grand sujet de controverse parmi ses pairs. Mais le grand public l'aimait pour sa capacité à mettre à la portée de tous un domaine aussi obscur et passionnant du savoir humain. Dans les années soixante, il était déjà tellement célèbre que l'interroger relevait de l'exploit journalistique.

Malgré de faibles chances de l'y trouver, Dian avait décidé d'aller rencontrer Leakey sur le terrain, dans son camp. Comme il avait déjà soixante ans, Leakey préférait séjourner à Nairobi plutôt que dans le climat chaud et rude de la gorge.

Se dessinant derrière un rideau de brumes humides et chaudes, le site du camp d'Olduvaï semblait désert et indifférent : quelques baraquements gris et ternes, des Land Rover poussiéreuses et des petits camions. Mais lorsque Dian et Alexander garèrent leur voiture dans le parking en soulevant un nuage de poussière rouge, quelques autochtones et un couple de dalmatiens bruyants surgirent devant eux comme des apparitions. Ils étaient accompagnés d'un gnou monté d'un singe Sykes en qui Dian reconnut les célèbres animaux de Leakey.

Puis elle identifia avec enchantement Leakey en personne, avançant vers elle à grandes enjambées, ses cheveux blancs au vent, sa tenue kaki rapiécée aux genoux et une barbe poivre et sel de deux jours.

Toujours heureux d'accueillir une belle femme dans son camp, Leakey prit la main de Dian dans les siennes et la jeune femme lui répondit avec un enthousiasme si chaleureux et prolongé qu'il accueillit l'intruse comme une invitée de marque.

Il l'interrogea sur ce qu'elle avait déjà vu et ce qu'elle souhaitait encore voir. « Je veux surtout aller dans la région des volcans du Virunga pour y voir le gorille de montagne », lui répondit-elle.

Leakey observa pensivement la jeune femme couverte de poussière, négligée, mais séduisante. « Êtes-vous intéressée par les gorilles en tant que simple spectateur ou journaliste ? » demanda-t-il.

– C'est bien plus que cela, Dr Leakey, dit-elle avec sérieux, j'ai l'intention de venir un jour ici pour y vivre et y travailler.

– Je comprends mieux. Vous savez sans doute que le gorille est un sujet d'étude absolument passionnant et négligé jusqu'à ce jour. Il peut éclairer l'évolution et le comportement de nos lointains ancêtres hominidés... Mais puisque vous êtes là, désirez-vous faire un tour dans les fouilles ? Je ne peux pas y aller moi-même, mais un des hommes vous y accompagnera.

– Ce serait merveilleux, mais me permettez-vous auparavant de vous photographier ? Le meilleur cadeau de ce safari est d'avoir eu la chance de vous rencontrer.

Et Dian adressa à Leakey le sourire d'une femme qui se savait admirée.

Dian suivit le guide, accompagnée d'un Alexander maussade et totalement ignoré pendant toute cette entrevue. Elle photographia d'abord ces sépultures immémoriales, puis ils se dirigèrent vers d'autres fouilles où les ouvriers venaient de mettre à jour le crâne fossilisé d'une girafe géante. En essayant de reculer pour prendre une photo, Dian glissa, tomba et se foula la cheville. Grimaçant de douleur, elle murmura à Alexander qui se trouvait près d'elle : « Oh, m... ! je crois que je vais vomir ! »

Il la regarda d'un air désapprobateur, constatant au passage que, loin de Leakey, l'humeur exécrable de Dian Fossey avait repris le dessus.

Incapable de marcher, Dian se fit transporter jusqu'au camp où Leakey s'occupa personnellement d'examiner et de panser sa cheville pendant que sa femme, Mary, lui préparait une boisson fraîche.

Avant de se quitter, Leakey posa la main sur l'épaule de Dian et lui dit : « Essayez tout de même d'aller voir ces gorilles. Vous me faites l'impression d'une personne qui peut surmonter la douleur. Et faites-moi signe. »

Pendant qu'Alexander prenait le chemin du retour, Dian se demandait dans un état d'extase mêlée de douleur si la dernière phrase de Leakey était sérieuse ou bien si c'était une simple formule de politesse.

Au cours des quatre jours suivants, Dian et Alexander roulèrent vers le Nord, longèrent le lac Victoria et traversèrent une jungle luxuriante en direction de Kampala en Ouganda. Les querelles répétées avec son guide rendaient Dian furieuse. Le safari n'avançait pas assez vite à son goût ; quant au guide, il n'était pas sûr de bien gagner son salaire quotidien. De plus, il n'avait pas très envie de conduire Dian au Congo pour qu'elle y voie des gorilles.

– Les meurtres ne sont qu'un prétexte pour vous dérober, lui disait-elle avec colère.

– Ce n'est pas facile répondait-il avec entêtement. Il y a des problèmes politiques au Congo et la voiture et l'équipement nécessitent une assurance supplémentaire. Êtes-vous prête à la payer ?

– Je vous ai déjà *dit* que je n'ai plus d'argent, répondit-elle avec fureur.

Ce damné chasseur blanc n'a même pas demandé de visa pour le Congo et il vient me réclamer des frais supplémentaires. Le coût du visa, la réparation de la Land Rover, des cadeaux pour les guides de montagne et une nouvelle assurance ! Il finira par avoir un chèque en blanc, c'est tout ce qui me reste !

Sa cheville guérissait lentement, mais elle ne pouvait toujours pas porter de bottes et marchait avec des chaussures.

Je suis heureuse d'avoir temporairement quitté le Kenya et le Tanganyika, ce qui signifie un congé des Britanniques. En Ouganda, il y a quelques Européens et au Congo, des Belges et des Français bien plus ouverts que les Anglais. Il y a tellement de tribus de natifs autour du lac Victoria qu'il est impossible de les distinguer les uns des autres. Des Indiens et une centaine d'autres types métissés. Les costumes sont aussi confondus que la couleur de la peau, et tous me regardent ! J'ai repéré deux jeunes garçons Masaïs qui s'étaient peints en rouge ocre. Ils étaient aussi merveilleux et effarouchés que des animaux, mais je suis tout de même parvenue à les photographier.

Le matin du 15 octobre, le couple arriva au village de Kisoro, près de la frontière entre l'Ouganda, le Congo et le Rwanda. Ils ne se parlaient presque plus, mais Dian profitait de ce silence pour mieux observer les scènes africaines.

L'hôtel Traveler's Rest où ils étaient descendus n'était pas très distant de la région du gorille de montagne, et le propriétaire de l'hôtel, Walter Baumgartel, connaissait bien ces animaux insaisissables. Il informa Dian et Alexander que les célèbres photographes Joan et Alan Root se trouvaient actuellement sur le mont Mikeno, dans la partie congolaise des Virungas, où ils filmaient des gorilles depuis quelques semaines. Le chasseur blanc accepta à contrecœur d'essayer de les rejoindre.

Ils passèrent la frontière en direction du Congo et arrivèrent un jour plus tard au pied du mont Mikeno. Tard dans la soirée, ils atteignirent à pied le sommet.

Nous sommes maintenant dans un camp sur les hauteurs des Virungas. Le Grand Blanc et moi avons commencé notre ascension en partant d'un petit village peuplé d'une centaine de Noirs habitant dans des huttes en paille au pied de la montagne. Après des heures de marchandage, nous avons engagé onze porteurs et deux guides. L'altitude ici est d'environ 4 000 mètres et vous imaginez l'état de mes poumons pendant l'ascension. J'ai mis six heures à atteindre ce camp et en arrivant je pensais mourir. Ma cage thoracique brûlait, mes jambes craquaient et ma cheville était comme prise entre les mâchoires d'un crocodile. Je ne comprendrai jamais comment ces porteurs arrivent à grimper en portant chacun quinze kilos sur la tête.

A mi-chemin, le guide principal a été attaqué par un gorille ! Je n'entendais que les cris de l'animal, mais le temps d'arriver sur les lieux, il s'était déjà enfui. J'étais très déçue de n'avoir pu le voir et encore plus déçue de ne pas comprendre le récit de l'incident en Swahili. Le Grand Blanc n'était évidemment pas disposé à traduire.

En arrivant au camp, notre cuisinier Manuel est venu vers moi en courant, il m'a regardée et s'est mis à appeler au secours. Je ne voyais pas de quoi j'avais l'air : les lèvres enflées, les yeux injectés et la salive coulant de ma bouche. Il m'a apporté de l'eau, a préparé du thé et m'a déchaussée. Je me suis effondrée.

Quelques jours plus tard, Alan et Joan Root qui habitaient dans une cabane branlante tout près de nous et ressentaient notre présence comme une intrusion m'ont proposé de les accompagner. Bien qu'il soit calme et doux, je ne me sens pas très à l'aise avec lui. Ses lunettes cerclées de gris lui donnent un air très studieux et il s'est voûté à force de guetter la bonne prise de vue. On sent son assurance et la conscience qu'il a d'être l'un des meilleurs au monde. Sa femme Joan semble être faite à son image. Ils se meuvent sur le terrain comme des « pro » pendant que je halète derrière eux.

Le terrain était presque à pic et, pour y arriver, il a fallu nous accrocher à des racines ou marcher à quatre pattes. Pendant longtemps, nous n'avons trouvé aucune trace de gorilles, puis nous sommes arrivés à un endroit où treize d'entre eux avaient dormi la veille.

C'est ici que se situe l'expérience qui devait marquer à jamais la vie et l'avenir de Dian.

Le son a précédé la vue, l'odeur a précédé les deux sous la forme d'une horrible puanteur musquée, à la fois animale et humaine. Puis l'air cristallin des hauteurs a été brisé comme une vitre par une série de cris aigus et assourdissants. Rien ne vous prépare à une avalanche de sons aussi terrifiants. La seule chose qui m'a empêchée de dégringoler des sommets brumeux du volcan a été la présence derrière moi de Manuel, et devant moi de Sanweke, le pisteur d'Alan Root.

Nous nous sommes enfoncés jusqu'aux cuisses dans un lit humide d'orties brûlantes entourées d'un mur impénétrable de feuillages. Nous étions gelés. Pendant une minute, la forêt glaciale et brumeuse est restée étonnamment silencieuse. Puis des cris encore plus féroces, ponctués de battements comme ceux d'un tambour ou du tonnerre, ont déchiré le silence. Aussitôt après, la forêt a retrouvé son calme, mais nous étions encore glacés de terreur.

La masse verte et luxuriante nous empêchait de voir, mais Sanweke s'est mis aussitôt à tailler une ouverture avec son panga sans faire le moindre bruit. J'ai rampé à côté d'Alan et nous avons regardé. Ils étaient là : les démons des légendes locales ; l'origine du mythe de King-Kong ; les derniers rois des montagnes d'Afrique.

Un groupe de six gorilles adultes nous observait avec appréhension à travers la fenêtre pratiquée dans ce mur végétal. Une phalange de corps noirs, énormes et indistincts, surmontés de faces de cuir verni, et des yeux bruns très enfoncés et doux. Ils étaient grands et imposants, mais pas du tout monstrueux. Ils avaient même plutôt l'air de pique-niqueurs surpris par des intrus. Leur regard brillant nous scrutait nerveusement à travers des sourcils épais, essayant de deviner si nous étions dangereux ou non. Ils se demandaient sans doute s'ils devaient s'enfuir ou rester sur place. « Kweli mudugu, yanga. » Ces mots en swahili, murmurés par un Manuel frappé de terreur et qui voyait, lui aussi, son premier gorille résumaient parfaitement ce que je ressentais : « Dieu ! Voilà sûrement mes ancêtres. »

Le lendemain, j'ai quitté le mont Mikeno avec la certitude d'y revenir un jour pour en savoir plus sur les gorilles du Virunga.

Après trois heures et demie d'efforts pour redescendre de la montagne à travers le tonnerre, les éclairs et la boue, Dian arriva au Traveler's Rest, gelée et couverte de boue de la tête aux pieds.

Walter Baumgartel l'accueillit chaleureusement et, après une bonne nuit de sommeil, Dian se réveilla avec le caquetage des poules et le bruit de langue du chat siamois qui lapait son lait sur la terrasse. En regardant par la fenêtre ouverte, elle vit Baumgartel traverser la cour en pyjama pour lui apporter un broc d'eau chaude pour sa toilette. Dans le lointain, le bleu-vert des Virungas semblait se dissoudre dans la brume matinale. Elle les regarda se refermer lentement sur leur propre mystère.

2.

Dian n'eût jamais pensé qu'elle éprouverait tant de plaisir à voir Franz Forrester comme ce fut le cas à sa descente de l'avion, à l'aéroport de Salisbury. Pookie était là, parmi la foule qui attendait à la sortie, accompagné de sa mère, une femme belle et souriante. Ils l'emmenèrent d'abord en ville, dans leur belle propriété familiale où Dian commença par raconter ses déboires avec le chasseur blanc.

« Ne le laissez pas gâcher votre voyage, lui dit Mme Forrester, chassez-le de votre esprit. »

Le jour suivant, Dian et Franz partaient en direction du sud, vers la grande plantation de tabac que possédait la famille, près de Victoria. C'est là qu'elle rencontra pour la première fois le frère aîné de Franz, Alexie. Torse nu, cheveux noirs, grand et musclé, il était en train de conduire son tracteur dans le champ de tabac. Dian fut impressionnée.

La ferme des Forrester est tout à fait charmante – des chevaux, des jardins, un court de tennis, une belle maison qui se fond bien dans le paysage et une quantité de domestiques noirs. Je les aime tous, mais Alexie est assez remarquable. Il aurait tendance à être arrogant, mais il a en même temps une certaine force que je n'ai jamais ressentie chez Pookie. C'est un célibataire de trente et un ans, et sans doute le plus bel homme que j'aie jamais rencontré. Nous nous sommes si bien entendus que nous avons presque ignoré Pookie qui a boudé pendant toute la soirée.

Pookie veut m'emmener voir les chutes de Victoria, mais si j'y vais je ne reverrai pas Alexie. Donc...

La politesse fut plus forte que la passion et Dian partit voir les chutes. Mais ce n'était pas la dernière fois qu'elle voyait Alexie.

Dès son retour à son travail à l'hôpital, elle reçut une lettre de lui.

Alexie ! Oh, quelle lettre ! Il est parti au Mozambique pour y visi-

ter les plantations de tabac, mais trouve que l'endroit n'est pas sûr pour les Blancs. « Ce n'est pas le lieu qui convient pour se marier, fonder une famille et construire un avenir », dit-il. Mon opinion semble lui importer et, au cas où je serais d'accord, il désire venir ici pendant un certain temps pour étudier à l'université Notre-Dame.

Dian est d'accord, mais réservée : « Je pense que vous aimerez ce pays, mais pas au point de vouloir y vivre. Je serai heureuse de vous montrer " ma ferme " et de vous présenter aux quatre-vingt-dix membres de la famille Angus. »

A l'automne suivant, Alexie arrive d'abord à New York, puis à Notre-Dame où il s'inscrit. Dian espérait le revoir assez rapidement, mais elle découvre très vite que pour Alexie, il y a un temps pour chaque chose. Il lui téléphone assez souvent, mais prend son temps pour venir à Louisville. « Il y a six cents kilomètres de route et je n'ai pas de temps à perdre pour le moment », lui dit-il.

Les retrouvailles ont enfin lieu en novembre, pendant la fête de Thanksgiving.

Alexie vient de partir après un séjour d'une semaine ici... J'ai besoin d'une autre semaine pour récupérer. Les ouragans et les tornades ont beaucoup à apprendre de lui ! Il a trouvé un travail à mi-temps qui occupe tous ses week-ends et l'a empêché de venir me retrouver plus tôt.

Dian le trouve d'abord guindé dans son habit de ville, mais dès qu'il se met en tenue de campagne pour participer aux travaux de la ferme de Glenmary, il exerce sur elle la même attraction que la première fois. Ils deviennent amants. Mais en repartant pour Notre-Dame, il laisse derrière lui une femme plongée dans la confusion et le ressentiment.

Je n'arrive pas encore à exprimer ce que je ressens à son égard. Tout ce que je peux dire est que je ne m'engagerai pas sérieusement aussi longtemps qu'il sera encensé de la sorte. Il semble souffrir d'une certaine hypertrophie crânienne, et partout les gens l'abordent à genoux pour partager l'aura et le magnétisme de cette brillante personnalité.

La brève histoire d'amour semblait déjà décliner. Dian se plongea alors dans divers projets. Tout en continuant à travailler à l'hôpital, elle organisa pour des sommes modiques des séances de diapositives dans des clubs locaux, essaya de vendre son film de 16 mm à un programme de télévision, voulut intéresser le *National Geographic* à ses photos de la tribu Karamojong et prépara plusieurs articles pour des revues.

Elle consacrait trois heures par soirée à écrire, raturant systématiquement la moitié de ce qu'elle avait fait la veille. Un de ses articles intitulé « J'ai photographié le gorille de montagne » se terminait ainsi :

C'est à grand regret que j'ai quitté les Virungas, les Roots, Sanweke et les familles de gorilles que j'ai appris à connaître et à respecter pour leur indépendance et leur majesté.

Je suis profondément concernée par leur avenir. Pendant combien de temps encore continueront-ils à prospérer face aux intérêts contradictoires, ceux des braconniers, des agriculteurs et des bergers qui menacent leur habitat ? Le Congo qui vient d'accéder à l'indépendance cessera-t-il de s'occuper des trésors anthropoïdes qu'il abrite ? Comme tant d'autres animaux sauvages, le gorille deviendra-t-il la victime infortunée de notre temps et soumettra-t-il son avenir aux appétits frénétiques de l'humanité ?

L'article fut refusé par le *Saturday Evening Post, Life* et *Reader's Digest.* Il y eut de longs mois de découragement avant que les souvenirs africains ne trouvent un éditeur. Un journal de Louisville finit par les publier dans son supplément hebdomadaire ; les articles étaient accompagnés de photos en couleur que Dian avait prises des gorilles, de sa rencontre à Olduvaï avec le célèbre paléontologiste Louis Leakey et d'autres scènes de safari. En recevant son premier chèque de 100 $, elle en éprouva une telle fierté qu'elle se fit photographier avec le billet et l'envoya à sa mère, en Californie.

Avec la publication de ces articles, Dian fut promue au rang des petites célébrités de Louisville.

Samedi prochain, je suis invitée à dîner chez Jim et Ann Pope pour y montrer mes films de safari au maire, au directeur du zoo de Louisville et à d'autres. Je crains que le directeur du zoo ne découvre mon ignorance. En tout cas, j'ai une nouvelle robe et un collier de perles, et si je prends un kongoni pour un cerf, j'aurai au moins un air digne.

Les refus des publications nationales permirent à Dian de réaliser qu'elle ne maîtrisait pas encore son écriture, et elle décida de s'inscrire au *Famous Writer's School,* un cours d'écriture par correspondance, dirigé par des écrivains américains.

Appliquant consciencieusement ses leçons, elle commença à écrire un roman pour la jeunesse qui avait pour décor l'Afrique.

Lorsque son amie Mary White lui en demanda des nouvelles, Dian lui répondit d'un air maussade : « Les clés sont encrassées par ma sueur qui leur coule dessus et j'essaie désespérément d'achever ce truc avant qu'il ne m'achève ! »

Elle finit par envoyer le manuscrit aux éditions Doubleday et, avec un sens étonnant de la liberté, revint aussitôt à la ferme pour occuper ses loisirs à mettre la main à la pâte ou à s'amuser avec les chiens.

A Noël, Alexie refusa l'invitation de Dian qui lui proposait de revenir à Louisville. Furieuse, elle s'en alla passer les fêtes avec ses parents, en Californie. A son retour :

J'ai retrouvé mon courrier qui contenait deux lettres d'Alexie dans le style des « pardonne-moi ». Ensuite un coup de téléphone et une autre longue lettre. Il arrive enfin le 28 pour une durée de quatre jours. Entre nous, je serai bien heureuse de le voir, mais j'espère que je ne le montrerai pas !

Et après la visite :

Oui, Alexie déclare maintenant qu'il veut m'épouser. Il n'en sera pas question tant que je n'aurai pas fini de payer mes dettes du safari, ce qui signifie un délai de dix-sept mois et quinze jours. D'ici là, beaucoup de choses peuvent arriver, mais c'est un risque que nous devons prendre.

Entre temps, Doubleday envoya sa réponse au sujet du manuscrit. L'éditeur pensait que pour tirer un meilleur parti d'un matériel aussi riche, le livre devrait s'adresser au public adulte.

« Je respecte leur opinion, dit-elle à un ami, mais je ne vois pas pourquoi le livre ne pourrait s'adresser aussi bien aux jeunes qu'aux adultes. Je refuse de laisser tomber mes personnages ; ils sont le produit des entrailles de ma Smith Corona et ne peuvent plus être avortés. »

Doubleday proposa de lui renvoyer le manuscrit avec un certain nombre de suggestions et de corrections. Mais comme les modifications exigées étaient trop importantes, Dian perdit tout espoir et abandonna le livre.

Elle pensait avoir renoncé aussi à Alexie Forrester quand il lui écrivit pour lui dire que sa mère arrivait aux États-Unis et qu'elle désirait rencontrer ses parents.

La nouvelle était si subite qu'avant même d'avoir pu prévenir sa mère, la comtesse Forrester arriva à San Francisco, suivie d'Alexie. Mme Price était transportée.

– J'aurais aimé les recevoir convenablement, se lamente-t-elle, mais que puis-je faire en si peu de temps ?

– Tu ne dois rien faire de spécial, lui dit Dian.

– J'imagine que s'ils viennent ici, ton ami a des intentions sérieuses.

– C'est difficile à savoir.

– Alors à quoi rime tout cela ?

– Ne le prends pas trop au sérieux, maman. Mme Forrester a une sœur religieuse à San Francisco, il est probable qu'elle soit venue pour la voir.

Alexie et sa mère vinrent dîner chez les Price, accompagnés de

Sœur Maura, une des principales administratrices du système scolaire catholique de Californie. Kitty et Richard accueillirent cordialement leurs invités, mais Kitty tremblait d'émotion et pensait que l'avenir de sa fille était entre ses mains.

Comme Dian l'avait bien pressenti, les Forrester ne furent pas impressionnés par les Price. Si Alexie et sa mère firent des efforts pour dissimuler leur froideur, Sœur Maura ne cacha pas son hostilité. Fidèle à des positions strictement catholiques, elle jugeait que les Price vivaient dans le péché puisque Kitty était divorcée. Les liens déjà instables entre Dian et Alexie n'en devinrent que plus précaires.

Pour essayer de se débarrasser de sa dette de safari, Dian se replongea dans son travail. Elle vivait si parcimonieusement qu'il lui arrivait de ne pas payer son loyer, et une fois même la compagnie d'électricité lui coupa le courant.

Cette période grise était adoucie par une poignée de riches admirateurs de Louisville. Tout en les trouvant parfaitement superficiels, Dian ne pouvait se passer de leur présence aussi bien pour impressionner sa mère que pour se faire pardonner, en quelque sorte, son échec avec l'illustre Alexie.

« Ma vie sociale est un tourbillon. La crème de la société de Louisville. Je vois surtout ce gros barbu qui a un poste à l'université, mais n'a pas vraiment besoin de travailler. Jamais pressé. Un après-midi, nous sommes allés chez sa sœur pour faire du cheval : très cossu, avec une écurie pleine de chevaux de parade, un jockey et un écuyer pour chaque cheval. A l'heure de l'apéritif, je leur ai montré les films africains. Ensuite, il m'a traînée à une autre soirée dans une énorme propriété avec piscine olympique, courts de tennis, jardins soignés et une go-go girl engagée pour la soirée. Comme tu le vois, je n'ai pas le temps de broyer du noir à cause de cet Alexie qui continue tout de même à m'appeler. »

Aussi imprévisible et abrupt que de coutume, Alexie fit son apparition à Louisville et joua au prétendant assidu. Il ne lui proposa pas le mariage, mais l'exigea et insista pour en fixer la date au mois d'août suivant. Dian voulait bien être entraînée par lui, mais pas submergée.

Il m'a promis une bague de fiançailles qui est un bijou de famille ayant appartenu à la famille royale autrichienne, mais il a fini par m'offrir un négligé en soie et dentelle, superbe mais importable.

Le week-end a été un rêve. L'un des plus beaux de ma vie. Nous avons passé la journée à parler d'amour à Glenmary, et le soir nous sommes allés chez les Henry. Nous avons dîné d'un chateaubriand et de vin dans un grand restaurant, puis avons dansé jusqu'à l'aube.

Lorsque Alexie repart pour Notre-Dame, les doutes de Dian sur un avenir commun sont quelque peu dissipés. Mais cette euphorie est de courte durée. Au bout d'un mois, Alexie change d'avis.

« Maintenant, il veut retarder le mariage de deux ans ! écrit-elle aux Price. Il prétend ne pas pouvoir assumer financièrement le mariage tant qu'il est étudiant. Bien sûr, j'ai l'intention de travailler, mais cela n'entre pas dans ses conceptions. Pour lui, l'épouse laborieuse est marquée de terribles stigmates. Sa tante religieuse semble l'avoir énormément influencé. Je sais que ni toi ni moi ne lui avons plu. Tu sais bien, ton divorce et tout le reste. Mais je te prie de ne pas te désoler. Je lui ai clairement signifié que s'il ne se décidait pas, je n'avais pas l'intention de l'attendre pendant deux ans. »

Quelques semaines plus tard, en mars 1966, le Dr Louis Leakey dont elle n'avait plus entendu parler depuis sa visite à Olduvaï arriva à Louisville au cours d'une tournée de conférences. A partir de ce moment-là, la vie de Dian prit un tour irréversible.

3.

Une heure avant la conférence, la salle était déjà presque pleine et j'ai été obligée de m'asseoir au fond. J'avais pris avec moi les trois articles que j'avais écrits pour le Courrier Journal *de Louisville. Après la conférence qui a captivé toute l'assistance, je me suis mêlée à la file de gens impatients de parler au Dr Leakey. Quand mon tour est arrivé, il m'a adressé un grand sourire et m'a longuement serré la main. J'étais si surprise qu'il m'ait reconnue que je lui ai fourré entre les mains les vieux articles moisis tout en balbutiant qu'il pourrait être intéressé par celui que j'avais écrit sur Olduvaï.*

Ses yeux se sont rétrécis et il m'a lancé un de ces regards aiguisés qui me sont devenus si familiers par la suite. « Miss Fossey, n'est-ce pas ? Attendez que j'aie fini avec tout ce monde. » Ne sachant pas ce qui m'attendait, je me suis retirée au fond du podium où il est venu me rejoindre pour me bombarder de questions. Étais-je allée à Kabara ? Avec qui y étais-je allée ? Pourquoi y étais-je allée ? Combien de fois avais-je pu voir des gorilles ? Quelle était ma profession actuelle ? Quels étaient mes projets d'avenir ?

Je lui ai dit que je ne désirais qu'une chose : consacrer ma vie à travailler avec les animaux, que c'était mon rêve de tout temps et que j'étais surtout intéressée par le gorille de montagne des Virungas.

Leakey fut frappé une fois de plus par l'intensité de cette grande et belle femme dont il avait gardé le souvenir.

– Comment va votre cheville ? S'est-elle bien remise ?

Elle le regarda, étonnée de le voir se souvenir de cet incident, puis elle rit.

– Oui, vous m'avez fait un beau pansement. Chaque os est à sa place.

– Venez me voir à mon hôtel demain matin, à huit heures. Vous êtes peut-être exactement ce que je cherche pour entreprendre une longue étude sur les gorilles.

Cette nuit-là, une moitié de mon esprit pensait au millier de choses que j'avais à faire avant de partir pour les Virungas pendant que l'autre moitié me rappelait à l'ordre : « Ce n'est pas possible. Les choses n'arrivent pas ainsi ! » Le matin, en route vers l'hôpital, je me suis précipitée à l'hôtel. Je portais ma vieille blouse blanche réglementaire alors que je mourais d'envie de me présenter dans ma belle tenue de safari.

Notre entretien a duré près d'une heure. C'est surtout le Dr Leakey qui a parlé. Il a vanté les mérites de Jane Goodall qui étudiait les chimpanzés depuis bientôt six ans. Elle était l'exemple même de l'aptitude des femmes à observer et à étudier les animaux beaucoup mieux que les hommes ; il était profondément convaincu que la femme était plus patiente et plus capable de se donner pleinement.

Il avait déjà « testé » vingt-deux candidats, mais aucun d'eux ne l'avait satisfait. Je me suis demandé pourquoi moi, une simple ergothérapeute, serais plus qualifiée que les autres. Tout en étant absolument convaincue de ma réussite, je me suis surprise en train de lui fournir des arguments en ma défaveur : primo, je n'avais pas les fonds nécessaires à financer le voyage. Il a rejeté cette objection en disant que c'était un problème mineur et qu'il n'aurait aucun mal à le résoudre. Ensuite, je lui ai fait remarquer que j'avais bien suivi des études de vétérinaire pendant deux ans, mais que je n'avais aucune formation en anthropologie, éthologie, biologie, zoologie et autres « logies ». Leakey a rejeté cet argument aussi en ironisant : « Je n'ai pas besoin de gens trop qualifiés. Je préfère ceux qui ne sont pas spécialistes parce qu'ils abordent le travail avec plus d'ouverture et moins d'idées préconçues. » Alors j'ai avancé mon âge : trente-quatre ans. « Mais c'est l'âge idéal pour entreprendre ce genre de travail, a-t-il protesté. Vous avez la maturité qu'il faut pour ne pas vous lancer dans des actions inconsidérées. »

Puis nous avons parlé du travail de George Schaller et au moment où je pensais que notre entretien s'achevait, il m'a demandé à brûle-pourpoint : « Vous êtes-vous fait opérer de l'appendicite ? » Comme je lui ai répondu par la négative, il s'est lancé dans des histoires horribles sur des gens que l'appendicite avait condamnés à une mort lente, dans des régions isolées. Et en conclusion, il m'a dit : « Donc, il faut vous faire enlever votre appendice. »

Pendant les semaines qui ont suivi, j'ai continué à travailler avec les enfants infirmes que j'aimais tant sans rien laisser paraître de mon excitation intérieure. Je donnais évidemment la priorité à mon opération d'appendicite qui, comparée à l'ampleur du projet, sem-

blait un sacrifice mineur. Le remboursement de mes dettes ne me permettait pas de financer les frais d'hospitalisation et il fallait que je mette un médecin ami dans le secret. Je lui ai demandé s'il connaissait un chirurgien qui serait d'accord pour présenter l'intervention comme nécessaire. Le chirurgien a été trouvé, la date fixée, il ne me restait plus qu'à feindre avec persuasion une crise d'appendicite. Il a suffi de deux jours de gémissements et de contorsions en appuyant parfois sur le mauvais côté. C'était une opération de routine, sauf le moment où je me suis réveillée sur mon lit d'hôpital en criant : « Est-ce que les gorilles valent vraiment tout cela ? »

A mon retour, une lettre du Dr Leakey m'attendait à la maison. Elle commençait ainsi : « En fait, il n'y a pas d'urgence à vous faire opérer de l'appendicite. » De colère, j'ai failli défaire mes points de suture.

Mais à la lecture des lignes suivantes, mon exaspération s'est transformée en joie. Le Dr Leakey me faisait une offre d'emploi en bonne et due forme, à condition que je le veuille encore et qu'il puisse obtenir une subvention convenable.

La lettre était comme un bristol d'invitation pour le paradis. Louis Leakey précisait qu'il essaierait d'obtenir un budget pour financer son voyage, créer un campement, engager un ou deux aides africains, payer sa nourriture et le matériel photographique. Il pourrait même lui donner un petit salaire qu'elle compléterait, comme Jane Goodall, en écrivant des articles sur ses recherches.

La *National Geographic* lui paraissait être un sponsor possible, mais il fallait qu'elle veuille bien leur offrir les anciennes photos et articles qu'ils avaient refusés. Anticipant sur l'avenir, Leakey pensait même que Dian aurait besoin d'un cameraman pour produire un film télévisé dont elle pourrait tirer de gros bénéfices. Quant à la *National Geographic,* elle pourrait lui demander, en complément à ses articles scientifiques, un livre destiné au grand public.

Il aurait aimé qu'elle soit le plus tôt possible « sur place », mais il n'avait pas encore obtenu son permis de séjour pour Kabara et devait rencontrer à ce sujet l'ambassadeur du Congo à Nairobi.

Deux jours après avoir reçu la lettre de Leakey, Dian présenta sa démission au *Korsair Children's Hospital.* Elle avait l'intention d'aller en Californie et d'attendre chez les Price l'argent et le permis de séjour que Leakey devait lui envoyer.

Lorsqu'elle annonça sa décision à Alexie, il fut d'abord incrédule, puis furieux. « Tu es folle, lui dit-il. Une femme blanche, seule, dans cette partie de l'Afrique ! Veux-tu te suicider ? »

Quant aux Price, ils furent encore plus secoués que le jour où Dian leur annonça sa conversion au catholicisme.

– Que t'arrive-t-il ? pleura Kitty. Pourquoi nous fais-tu cela ?

– Maman, c'est une occasion unique, se justifia Dian. Elle ne se répétera plus jamais et je ne peux pas la refuser.

– Occasion ? Vivre avec des gorilles et des indigènes sauvages ?

– Tu ne comprends pas, maman. Je vais entreprendre des recherches passionnantes qui n'ont jamais été faites.

– Pourquoi n'es-tu pas comme les autres femmes ? gémit sa mère. Prends exemple sur Mary White, elle est si heureuse. Qu'as-tu fait des *vraies* occasions qui se sont présentées ?

– Je suis différente de Mary. Je désire autre chose.

Quand Dian fit part de ses projets au père Raymond – le moine trappiste qui l'avait initiée au catholicisme –, il sembla soulagé de la voir s'éloigner d'Alexie dont il était probablement un peu jaloux.

« Ce projet de recherche en Afrique est un don de Dieu, écrit-il aux Price. Elle ne se contentera jamais des choses ordinaires dont se satisfont les filles de son âge. Elle a besoin de s'accomplir pleinement avant d'être à l'aise sur cette terre. Elle ne sera jamais parfaitement satisfaite tant qu'elle n'aura pas tendu vers la sainteté qu'elle recherche... »

Dian se tint fermement à sa décision.

Il était temps que j'aborde l'étape suivante sur la route de Kabara et que je me détache des liens profonds qui m'attachaient à Louisville. Quitter cet endroit que j'aimais – les enfants, ma maison, les chiens de la ferme et mes amis – a été une des choses les plus difficiles.

Dian s'en alla donc en Californie, mais découvrit très vite qu'après tant d'années d'indépendance, il lui était difficile de vivre avec les Price.

Les mois passaient sans le moindre signe de Leakey et Dian glissait dans la dépression. Tout en étudiant le swahili et en suivant un cours de primatologie à l'université de Stanford, elle commençait à penser qu'elle avait raté son projet, comme d'ailleurs tout le reste.

Désespérée, elle écrivit à Leakey :

« Le 1er août, j'ai quitté tout ce que j'aimais et qui m'appartenait dans le Kentucky et je suis arrivée en Californie. J'ai fait tout cela parce que votre lettre donnait à penser que mon départ était imminent. Je comprends que des obstacles inattendus dont vous n'êtes pas responsable vous retardent, mais je ne pourrai pas supporter trois autres mois improductifs comme ceux-ci...

« Si vous pensez qu'il se passera un autre mois avant de pouvoir me faire venir, je me verrai dans l'obligation de chercher un emploi d'ergothérapeute quelque part aux États-Unis... Ce n'est certainement pas ce dont je rêvais, mais je suis financièrement et physiquement incapable de supporter un autre mois de désœuvrement. »

Peu de temps après, Leakey envoyait un télégramme annonçant que la Fondation Wilkie qui finançait Jane Goodall depuis des années avait accepté de subventionner le projet des gorilles. Les fonds de la *National Geographic* mettraient encore quelques semaines à être débloqués, mais la subvention Wilkie permettait déjà de mettre le projet en place.

Les bagages de Dian comprenaient une machine à écrire, quatre appareils de photos, un tripode, des objectifs et une quantité innombrable de pellicules. Elle avait fait d'énormes provisions de papier, de cahiers, stylos, rubans de machine et papier carbone. Elle s'était équipée aussi d'une quantité de vêtements résistants composés de jeans, de parkas et d'autres surplus de l'armée.

Le 15 décembre 1966, Dian Fossey partait enfin pour l'Afrique.

Comme sa mère était trop contrariée pour lui faire ses adieux, c'est Richard Price qui parla à sa place : « Je n'ai pas besoin de te dire que ta mère est brisée, lui dit-il sévèrement. Tout ce que j'espère est que cette expérience puisse t'apprendre quelque chose de sensé, mais je n'en suis même pas sûr. »

Dian retourna une dernière fois à Louisville où elle refit ses adieux à ses amis, ses collègues et aux enfants de l'hôpital. Elle téléphona aussi à Alexie qui était toujours furieux : « Si telle est ta décision, je n'y peux rien, mais je pense que tu la regretteras un jour », lui dit-il. « Je ne t'oublie pas, Alexie, et je ne te dis pas adieu », lui répondit-elle.

Ensuite, elle alla à Washington pour prendre contact avec la *National Geographic* qui la subventionnait.

Malheureusement, au moment où je m'apprêtais à quitter la Californie, j'ai eu encore une pneumonie et il va sans dire que j'ai donné à mes sponsors une piètre image de « l'intrépide fille aux gorilles ». Je devais apprendre plus tard que le vice-président de la National Geographic *avait écrit au Dr Leakey pour émettre de sérieuses réserves quant à mes aptitudes pour ce genre de travail.*

Pendant qu'elle attendait à l'aéroport de Londres le vol de nuit pour Nairobi, toussant et tremblant de fièvre, bourrée d'antibiotiques, son attention fut attirée par un appel dans le haut-parleur :

« On demande Mme Root. Mme Root est priée de se présenter au bureau d'information pour un appel téléphonique. » Le nom n'a rien évoqué pour moi jusqu'au moment où j'ai aperçu Joan se précipiter vers le téléphone où l'attendait un appel d'Alan. J'ai traversé le hall avec une cargaison de mouchoirs en papier et me suis plantée devant elle au moment où elle disait : « Devine qui est là, Alan ? Dian de Fossey de Kabara. » Il y a eu un murmure sur la ligne, puis elle m'a demandé : « Que faites-vous ici ? » « Je pars étudier les

gorilles des Virungas à Kabara. » A l'autre bout du fil, j'ai entendu l'exclamation incrédule d'Alan.

C'était le tour de notre vol et dans la salle d'embarquement, j'ai rapidement expliqué à Joan la manière dont les choses avaient tourné. Je sentais que tout ce projet paraissait insensé à Joan aussi. Nous avons changé de sujet et parlé de leur dernier projet de film aux Galapagos. Ce n'est que bien plus tard que je devais comprendre l'importance de cette rencontre inattendue.

Le matin du 22 décembre, j'étais reçue à l'aéroport de Nairobi par la secrétaire du Dr Leakey, Mme Crisp, qui m'a conduit aussitôt dans un petit hôtel près du musée Coryndon où se trouvait leur bureau. En arrivant dans le patio de l'hôtel, j'ai glissé sur le gravier et atterri le plus gracieusement possible sur mes genoux. Pendant que je regardais le sang jaillir de la blessure, Mme Crisp s'est exclamée sur un ton que seules les femmes anglaises savent prendre : « Oh ! Quel dommage ! Vous avez filé vos bas ! » J'ai éclaté d'un rire hystérique qui a permis à Mme Crisp d'avoir le temps de se poser des questions sur les capacités de recrutement de son employeur.

Premier jour en Afrique ou non, il fallait que je dorme d'abord. J'ai été réveillée en fin d'après-midi par un appel du Dr Leakey qui me fixait un rendez-vous pour le lendemain matin au musée. Il semblait encore plus accueillant que la dernière fois où je l'avais rencontré à Louisville et son enthousiasme de voir un autre de ses projets se réaliser renforçait le mien. Il m'a présentée à son équipe, puis nous avons rapidement dressé une liste du matériel que je devais emporter à Kabara. Le Congo était en pleine agitation politique, je n'avais pas encore la permission officielle de travailler dans le parc des Virungas, et aucun de nous n'avait eu l'idée de faire un voyage de reconnaissance. Nombreux étaient ceux qui pensaient que c'était une manière bien imprudente d'entamer un projet de recherche à long terme, mais nous étions trop impatients de commencer.

Il a tout de même fallu que je me plie à un retard supplémentaire, celui des congés de Noël. Dr Leakey voulait que je passe les fêtes en compagnie de Jane Goodall et de son mari, Hugo van Lawick, qui partaient camper pendant quelques jours près du lac Beringo. Ce projet ne m'enchantait guère, mais le Dr Leakey en avait décidé ainsi.

Jane et Hugo m'ont cordialement accueillie parmi eux. Leur caravane comportait un petit arbre de Noël artificiel décoré de ballons. Et un œuf d'autruche qui est une denrée très périssable y répandait une odeur assez peu traditionnelle.

Une terrible épidémie de polio avait frappé les chimpanzés de

Gombe, la station de recherche où travaillait Jane. On leur avait expédié une précieuse cargaison de vaccins qu'ils étaient pressés d'administrer à leurs chimpanzés en le mélangeant à des bananes. Le Dr Leakey pensait que je pourrais les accompagner pour voir comment fonctionnait leur station.

Je suis partie pour Gombe, emportant avec moi un sac en fausse peau de léopard que mes parents m'avaient offert, il y a longtemps. L'imitation étant parfaite, j'ai demandé à Jane s'il ne valait pas mieux cacher le sac au moment où les chimpanzés viendraient manger leur banane vaccinée. Jane m'a assuré que les animaux n'y prêteraient aucune attention, mais je l'ai tout de même posé dans un coin éloigné de la pièce. Le premier couple de chimpanzés n'a pas réagi. Ils ont pris leur banane et sont repartis. Mais une femelle à l'œil aiguisé a remarqué le sac. Elle a poussé un cri perçant et s'est enfuie, suivie d'autres compagnons qui n'avaient même pas eu le temps de le voir. Je l'ai aussitôt caché dans une autre pièce, mais les chimpanzés n'ont pas osé revenir avant plusieurs heures.

Dès mon retour à Nairobi, les préparatifs pour Kabara ont repris de plus belle. Joan Root a été d'une aide précieuse pour les achats de nourriture et autres nécessités du camp. Il ne restait plus qu'à choisir un véhicule approprié, tâche que le Dr Leakey se réservait. Nous sommes allés dans un garage de Nairobi où il a aussitôt choisi une Land Rover d'occasion. Le toit en toile ne fermait pas correctement et le moteur souffrait de mystérieuses maladies internes. Le Dr Leakey est monté dans la voiture pour la tester dans les quartiers résidentiels de Nairobi. A mesure que la voiture émettait des bruits de freins, de boîte de vitesses et de moteur, piétons et véhicules respectueux du code de la route se rangeaient sur son passage. La voiture est revenue au garage essoufflée, mais ayant gagné l'estime du Dr Leakey qui a décidé de l'acheter.

Dans l'après-midi, je me suis retrouvée dans le parc d'animaux sauvages, accompagnée d'un des travailleurs africains de Leakey qui était censé m'apprendre l'art consommé de la conduite d'une Land Rover. Sur notre chemin, la peur confondait les stries des zèbres et je semais la panique parmi la gente animale. L'Africain ne parlait pas l'anglais et mon swahili rudimentaire n'encourageait pas à la conversation. Mais pendant que je conduisais tout en essayant d'admirer les fauves et de chercher des mots dans mon dictionnaire bilingue, ses gestes et les expressions de son visage reflétaient toute une palette d'émotions allant d'une légère appréhension jusqu'à l'horreur la plus pure. En me quittant après notre « leçon », il pensait sans doute que je ne serais pas capable de quitter Nairobi et encore moins de voyager jusqu'au Congo.

Il n'était pas le seul à émettre des réserves sur mes chances de succès. Alan Root considérait tout le projet comme une pure folie et il l'a dit en termes clairs au Dr Leakey : il était impensable d'envoyer une femme totalement inexpérimentée à plus de mille kilomètres de distance et sans même les permissions nécessaires à entreprendre ses recherches.

Heureusement pour moi, trop occupée à caser tout mon matériel dans la Land Rover surnommée Lily, j'ignorais cette confrontation. Deux jours avant mon départ, Alan m'a annoncé son intention de me suivre avec sa propre voiture pour s'assurer que je ne me tromperais pas de pays et pour m'aider à accomplir les formalités nécessaires à créer un camp de recherches. Je savais la perte de temps que cela représentait pour lui, mais en même temps je ne voyais pas comment j'aurais pu m'en sortir sans son aide.

Peu de temps avant de quitter Nairobi, j'ai rencontré Mary Leakey que je n'avais pas revue depuis 1963. Je n'oublierai jamais son accueil : « Alors, vous êtes la fille qui veut faire concurrence à Schaller, n'est-ce pas ? »

C'était une appréciation difficile à porter.

4.

Le convoi de deux voitures surchargées qui emportait Dian Fossey vers les Virungas cahotait sur les routes poussiéreuses, traversant les savanes et les jungles du Kenya et de l'Ouganda.

Quatre jours après avoir quitté Nairobi, Alan Root et Dian arrivèrent au Traveler's Rest Hotel, à Kisoro en Ouganda, à huit kilomètres de la frontière congolaise.

Walter Baumgartel souhaita la bienvenue à Dian. Mais en apprenant qu'elle se préparait à entreprendre des recherches sérieuses sur le gorille de montagne, il fut à la fois ravi et consterné. « Depuis des années, j'ai essayé de pousser à la création d'une telle entreprise, mais l'idée de vous savoir partir toute seule, en ce moment, dans les Virungas m'indispose. »

Il raconta à Dian que la province du Kivu était en rébellion contre le gouvernement central congolais et que les militaires, indisciplinés dans le meilleur des cas, étaient devenus imprévisibles dans leur comportement envers les étrangers.

Prenant à part Alan Root, Baumgartel le mit aussi en garde. « Vous savez comme les choses peuvent mal tourner. Usez de votre influence. Nous pouvons peut-être la convaincre de rester ici et de travailler avec les gorilles du mont Muhabura, en attendant que les choses se calment au Congo. »

Root sourit et haussa les épaules. « Vous ne la connaissez pas, Walter. Elle est capable de traverser les flammes et le déluge pour aller à Kabara. Mais nous verrons bien. Peut-être la frontière sera-t-elle fermée. »

La frontière était ouverte et malgré quelques difficultés administratives, le savoir-faire et l'assurance de Root les fit arriver au Congo. Le lendemain, ils firent une halte à Rumangabo, centre administratif du parc des Virungas, où ils engagèrent deux bons travailleurs pour le camp et deux gardiens armés qui les accompagneraient sur le site. Ils laissèrent leur voiture dans le petit village de Kibumba, au pied du mont Mikeno ; et comme Dian l'avait fait trois ans plus tôt, ils engagèrent une équipe locale pour transporter le matériel à plus de mille mètres d'altitude, sur la plaine de Kabara où Dian vivrait pendant les deux années à venir.

Cette ascension que j'avais déjà faite était réellement poignante. Le long du parcours, il y avait des paysages d'une majesté à vous couper le souffle. Les courbes lointaines des volcans semblaient se multiplier à l'infini. La piste était bordée de merveilleux hagenias touffus qui me semblaient si familiers que j'avais envie de courir pour leur serrer la branche. La pesanteur des membres et le souffle court que l'on ressent en altitude m'étaient aussi agréablement familiers.

Les porteurs grimpaient tranquillement sous la surveillance d'Alan, mais nous n'avons vu aucune trace de gorilles. Nous avons relevé de nombreuses traces de buffles et d'éléphants et ceci était un bon signe. En arrivant sur la prairie de Kabara, le signe le plus encourageant a été de constater qu'elle était intacte ; en fait, elle n'avait pratiquement pas changé depuis mon dernier passage qui remontait à trois ans.

Root ne pouvant pas rester plus de deux jours, tous deux se partagèrent le travail et consacrèrent toute leur énergie à des tâches fastidieuses, mais nécessaires à l'installation d'un camp et au repérage des gorilles. Alan donna à Dian un rapide cours de pistage.

« Nous avons trouvé des traces fraîches d'un groupe de gorilles sur le col relativement plat, adjacent à la montagne. Dans mon excitation, je me suis précipitée sur le passage laissé par les gorilles dans le feuillage dense, avec la ferme conviction de rencontrer le groupe à tout moment. Au bout de cinq minutes de « pistage », j'ai réalisé qu'Alan n'était pas derrière moi. Perplexe, je suis revenue sur mes pas et l'ai trouvé, assis patiemment, à l'endroit même où nous avions découvert leurs traces.

« Avec une tolérance et une politesse toutes britanniques, Alan a dit : « Dian, si jamais vous désirez rencontrer des gorilles, vous devez plutôt suivre les traces de l'endroit où ils vont que celles, à l'envers, d'où ils reviennent. » C'était ma première leçon de pistage et je ne l'ai jamais oubliée [1]. »

La veille du départ d'Alan, Dian frissonna en entendant des gorilles mugir et battre leur poitrine, à huit cents mètres du camp.

---

1. Extrait de *Des Gorilles dans les brumes*, de Dian Fossey.

Le lendemain matin, de bonne heure, la veille du trente-cinquième anniversaire de Dian, le 15 janvier 1967, Alan inspecta une dernière fois le camp : la cabane rafistolée où habiteraient les travailleurs africains ; la tente de Dian avec ses rigoles fraîchement creusées ; les latrines entourées de paravents et les tonneaux de pluie pour collecter l'eau potable. Satisfait par l'installation, il souhaita bonne chance à Dian et s'engagea sur la piste de retour.

Je n'oublierai jamais le sentiment de pure panique que j'ai éprouvé en le regardant partir. Il était mon dernier lien avec la civilisation que j'avais connue. Je me suis surprise en train de m'accrocher au pilier de la tente pour ne pas courir après lui.

L'étrangeté de cet isolement presque total ne m'a pas quittée pendant plusieurs semaines. Je n'arrivais pas à écouter la radio que le Dr Leakey m'avait gentiment pressée d'emporter parce qu'elle ne faisait que souligner mon sentiment de désolation. Je ne pouvais ni lire les ouvrages scientifiques et de vulgarisation que j'avais emportés, ni utiliser ma machine à écrire. Tous ces liens avec le monde extérieur ne faisaient qu'accentuer ma solitude.

Quatre jours après le départ d'Alan Root, le pisteur congolais, Sanweke, arriva au camp. Dans sa jeunesse, il avait pisté des gorilles pour Carl Akeley et plus tard avait occupé les mêmes fonctions auprès de George Schaller. Il avait aussi été le guide de Joan et Alan Root. Dian l'avait rencontré au cours de sa visite à Kabara en 1963 et avait eu l'occasion d'apprécier ses qualités remarquables. C'était un visage familier et son arrivée apaisait un tant soit peu son terrible sentiment de solitude.

19 janvier. Quitté le camp à 8 h 30 avec Sanweke, vers la piste de Bitshitsi. Au bout d'une heure, nous avons trouvé une seule trace fraîche de gorille, sur la droite. Nous l'avons suivie en passant à travers de grandes orties et nous avons vu que quatre autres traces la rejoignaient. Nous avons entendu un aboiement aigu, nous sommes allés dans cette direction sur le sentier principal, avons traversé un ravin en marchant sur un tronc d'arbre, puis nous avons grimpé en suivant des traces de nourriture ; nous sommes redescendus dans un ravin très escarpé et enfin avons grimpé sur les pentes du Mikeno où nous sommes tombés sur les gîtes nocturnes du groupe. Des excréments dans chacun des gîtes et tout le long de la piste. Nous sommes revenus vers Bitshitsi et, au bout de dix minutes, nous avons vu à notre gauche un gorille adulte en train de se chauffer au soleil. En nous voyant, il a poussé un aboiement aigu et a disparu. Nous avons suivi la piste et avons retraversé le ravin. A cet endroit, toute la pente était à découvert, exposée au soleil, et là, nous avons rencontré un mâle adulte – un noir-noir – de huit à neuf ans qui nous a regardés sans manifester de crainte. Il était 11 h 10. Il a poussé des petits cris, plutôt comme des rots, puis s'est mis à se battre la poitrine (cinq à huit battements à chaque fois) et a terminé deux de ses battements en s'accrochant aux branches. Pendant l'intervalle de trois à cinq minutes qui a séparé les battements, deux femelles plus âgées ont fait leur apparition. Puis le chef de famille au dos argenté a surgi derrière le jeune mâle après avoir poussé quelques « wraaagh » tonitruants.

Ce premier vrai contact qui avait duré plus de trois heures comprenait une famille de neuf gorilles que Dian appela le Groupe 1.

C'était le début d'une série de rencontres qui dura jusqu'à la saison des pluies. Les gorilles descendirent alors de la montagne, bien au-dessous du camp, et le brouillard, la boue et les trombes d'eau rendirent le pistage quasiment impossible. Vers la fin de janvier, Dian avait déjà à son actif près de vingt-quatre heures d'observations qu'elle notait chaque soir sur des feuillets dactylographiés.

A cette époque, son contact avec les animaux est encore maladroit. Elle tient tellement à les observer qu'elle finit par les importuner et les provoquer.

Le 26 janvier : *A 9 heures, j'ai quitté le camp toute seule, Sanweke avait la malaria. A 9 h 20, j'ai entendu un aboiement sur la droite, non loin de la piste Bitshitsi... C'était le Groupe 1... J'ai fait quelques pas de manière à être dans la clairière quand les animaux me verraient, et j'ai failli me trouver nez à nez avec le mâle noir-noir. J'ai mesuré la distance plus tard, nous étions à deux mètres l'un de l'autre. Il est debout, cligne les yeux, ouvre la bouche, pousse un cri et court à une distance d'une vingtaine de mètres vers les broussailles qu'il arrache. Des cris fusent de partout maintenant et une mère avec son petit, une vieille femelle et un jeune, grimpent à un arbre. La vieille femelle et le jeune frappent l'arbre et leur poitrine, puis le jeune court vers la vieille femelle. La mère est assise, accrochée à une branche de la main droite et tenant le petit de l'autre. Elle lâche la branche et se bat la poitrine, frappant en même temps le petit. Elle se dresse sur ses pattes, veut descendre, mais continue à me regarder avec hésitation. Puis, en un clin d'œil, elle jette le petit sur son dos et fait un saut de près de trois mètres pour atterrir sur une branche inférieure, couverte de mousse. Elle s'y accroche pendant une seconde avec ses quatre pattes et fait un autre bond de trois mètres vers le sol. En atterrissant, elle pousse un cri perçant pendant que le petit pousse un pleur aigu. Je m'inquiète pour eux parce que mon intention n'est pas de leur faire du mal. Au même instant, la vieille femelle fait la même chose, mais en sautant vers la branche inférieure, elle dégringole et se cogne le dos contre le sol. Elle pousse un cri terrible et quatre autres cris se font entendre dans les buissons.*

Dian avait appris dans le livre de Schaller qu'il valait mieux être tout le temps visible plutôt que surgir d'un coup et effrayer les animaux. Elle découvrit très vite que cette méthode présentait l'avantage de satisfaire la grande curiosité des gorilles et de les attirer vers elle. Elle essaya d'aiguiser leur curiosité en leur parlant doucement, mais cela les effraya et les fit fuir. Elle essaya alors d'imiter leurs sons, en particulier ce grondement profond, *naooooom,* qui fait plutôt penser à un ronronnement et qu'elle qualifie de « son de contentement ». Elle imita aussi leurs gestes en se nettoyant comme eux ou en grignotant des tiges de céleri sauvage et veilla à rester, en leur présence, dans une position accroupie et soumise.

Mais il y eut d'inévitables maladresses.

Aujourd'hui, Sanweke et moi avons été chargés par deux gorilles et ce n'était pas du bluff, mais bien leur intention. Nous étions dans le bas de la colline, à une trentaine de mètres d'un groupe, quand un mâle au dos argenté et une femelle ont décidé de nous chasser. Ils nous ont d'abord mis en garde pendant une fraction de seconde en poussant des cris et des grognements qui semblaient venir de toutes les directions, puis ils ont dévalé la colline dans un galop qui a fait trembler la terre. J'avais décidé de résister, mais lorsqu'ils ont surgi à travers le feuillage en fonçant directement sur moi, mes jambes ont réagi d'elles-mêmes malgré tout ce que j'avais lu sur les gorilles qui n'attaquaient pas vraiment. Je me suis arrêtée pour essayer de les dissuader avec ma voix, mais ceci n'a fait qu'aggraver la situation. Et lorsque leurs longues canines jaunes et leurs yeux sauvages n'étaient plus qu'à cinquante centimètres de moi, j'ai piqué un plongeon dans le feuillage épais qui bordait la piste. Emportés par leur élan, ils sont passés en trombe. Heureusement qu'ils ne sont pas revenus à la charge parce que je n'étais pas en état de me défendre. J'avais plongé en un clin d'œil, mais j'ai mis quinze minutes à m'extraire du feuillage. Quel sac de nœuds !

A mesure que les gorilles dévoilaient leur personnalité et se différenciaient, Dian leur donnait des noms. Le premier, Sans-nez : *Je pense que c'est une vieille femelle et c'est la première que j'ose nommer, mais c'est ainsi que je pense à elle – elle a l'air de ne pas avoir de nez.* Puis vient Ferdinand, un grand noir-noir, suivi d'une flopée de baptisés : Pucker, Mzee, Solomon, Dora, Hugger, Scapegoat (bouc émissaire), Popcorn, Tagalong, madame Moses, Cassius, Monarque... et même un adolescent surnommé Alexie.

Dian arriva assez rapidement à développer un sens aigu de l'observation et à repérer les traces aussi bien que les meilleurs pisteurs africains. Elle remarqua que les branches inclinées par le passage des animaux indiquaient la direction de leur voyage. Les marques de griffes des gorilles étaient claires sur la terre humide, et des chapelets d'excréments s'alignaient régulièrement le long d'un parcours emprunté par un groupe. Des culs-de-sac formés par des animaux isolés qui errent à la recherche de nourriture pouvaient être identifiés en cherchant à voir s'il existait une couche de feuillage inclinée en arrière, dans la direction du sentier principal emprunté par le groupe. Elle apprit à voir de loin si, le long de leur parcours, les lianes ou les écorces d'arbres avaient été endommagées.

Dian découvrit aussi que l'odeur caractéristique des gorilles imprégnait le feuillage et qu'il était possible de les suivre ainsi, à condition d'avoir envie de se mettre à quatre pattes. Leurs excréments aussi fournissent des indications précieuses sur la distance à laquelle se trouvait le groupe, sa taille, sa composition et même son état d'esprit collectif. La fraîcheur des excréments pouvait être évaluée par son degré de tiédeur et par le nombre de mouches, d'œufs et d'asticots posés dessus. La taille des excréments dénonçait la taille des gorilles et un examen attentif apportait des renseignements précieux sur la composition et l'âge d'un groupe donné. Quant à l'état d'esprit du groupe, les excréments de gorilles non perturbés avaient la même odeur et la consistance que du crottin de cheval, alors que des gorilles en fuite ou furieux avaient la diarrhée.

Deux mois après son arrivée à Kabara, Dian reçut une longue lettre du rédacteur de la revue *National Geographic* où il lui exposait ce que l'on attendait d'elle.

Ils veulent tout faire, exactement de la même manière qu'avec Jane Goodall : des séries pour la télévision et les revues, et un livre pour le grand public. Ils me demandent de commencer à préparer mon premier article. Je recevrai deux mille dollars pour l'article et de cinquante à deux cents dollars par photo, selon leur taille.

Dian avait été attirée, dès le début, par la possibilité d'être publiée par la *National Geographic,* aussi se mit-elle immédiatement à l'ouvrage.

C'est à cette époque-là qu'elle commença à avoir des problèmes avec les braconniers.

Les braconniers des Virungas étaient, en général, des pygmées Batwa – surnommés Twa – qui chassaient l'antilope et d'autres gibiers, à l'aide de pièges, de lances, d'arcs et de flèches. Leur habileté à pister et prendre au piège était légendaire. Autrefois, ils vivaient librement dans les forêts, laissant les activités agricoles à la tribu, plus nombreuse, des Hutu qui font partie du peuple Bantu. La chasse dans le parc était interdite, mais les antilopes y vivaient et les Batwa prenaient le risque calculé de se faire attraper.

En ce moment, pendant la saison des pluies de mars, la plupart des éléphants, des buffles et quelques gorilles ont quitté la montagne pour de plus basses altitudes. Dans le but de localiser des gorilles, Sanweke et moi sommes descendus sur le côté est du volcan, dans une région de forêts très fréquentée par les chasseurs Twa. Nous en avons rencontré quatre dans la partie la plus sombre et profonde de la forêt, et pendant que Sanweke les menaçait de son fusil, je leur ai pris leurs lances et leurs pangas. Sanweke voulait leur faire quitter la forêt en les évacuant vers le village le plus proche, mais ils nous ont échappé parce que je n'arrivais pas à les surveiller et que Sanweke me protégeait en même temps. Je peux dire que c'était le jour le plus horrible de ma vie. Nous avons marché pendant cinquante kilomètres à travers la montagne, les forêts et les villages avant de pouvoir atteindre le centre administratif du parc parce qu'il nous était impossible de revenir par où nous étions venus, les Batwa s'y trouvaient. Nous avons fait six heures de marche dans l'obscurité et près de douze heures sous une pluie battante.

Trouver de la nourriture en quantité suffisante était un autre problème auquel Dian se trouvait confrontée. Elle n'était pas très douée pour adapter sa cuisine et ses habitudes alimentaires aux produits locaux. Elle avait une poule, Lucy, et un coq, Dezi. Elle essayait aussi de cultiver un potager. Il arrivait à la poule de lui pondre un œuf, mais le potager était si souvent saccagé par des éléphants nocturnes et autres animaux sauvages qu'elle finit par y renoncer.

Pendant mes voyages d'approvisionnement mensuel, j'achète des pommes de terre, des carottes, des artichauts, des salades et tout ce qui me semble appétissant, au village de Kibumba, au pied de la montagne. Puis, je vais dans la petite ville de Goma pour voir des amis anglophones et acheter des conserves. Enfin, je vais à Kisoro, à deux heures de route du pied de la montagne, pour prendre mon courrier au Traveler's Rest et m'offrir un bon repas.

A mon grand regret, les produits en conserve n'offrent aucune variété. Surtout la viande. Je ne peux trouver que des saucisses de Francfort, du corned-beef et un peu de charcuterie au-dessous de tout. Alors, je me rabats sur le thon et le fromage en attendant que ma poule veuille bien me pondre un œuf que je lui réclame aussitôt. Elle commence à bien se débrouiller maintenant parce que je lui prépare, tous les matins, un bol de céréales agrémenté de raisins. Et aussitôt qu'elle l'a fini, elle pond un beau calibre « A ». Mais pas de céréales, pas d'œuf. Je lui donne aussi un morceau de beurre et de fromage tous les soirs.

La nourriture se dégradait rapidement, ou alors Dian constatait qu'elle n'en avait pas acheté suffisamment ; elle en était alors réduite à se contenter de pommes de terre. Ce qui n'était pas aussi insupportable que de manquer de cigarettes, chose qui lui arrivait régulièrement.

Mais rien de tout cela ne tempérait son enthousiasme. Dans ses lettres à la maison, elle décrit sa joie de vivre dans la prairie, parmi les gorilles.

« Je suis pelotonnée sur ma couchette et l'intérieur de ma tente ressemble à une vente de charité de l'Armée du Salut : des vêtements mouillés et boueux, accrochés partout, autour de la lampe, dans le vain espoir de les voir sécher. Tout ce qui m'appartient est mouillé.

« Cependant, les nuits sont spectaculaires quand il y a la pleine lune, et pour une raison que j'ignore, le ciel se dégage tous les soirs. Le volcan Kirisimbi se dessine dans le brouillard, à cinq mille mètres d'altitude, à la gauche de ma tente, et son sommet enneigé semble percer le ciel et les étoiles – à cette altitude, elles ressemblent à des petites lunes scintillantes – qui lui rendent hommage. Lorsque la lune est pleine, de mystérieux reflets argentés couvrent la prairie, les collines environnantes et la montagne, et aux abords de la tente, une multitude de petits yeux réfléchissent les rayons de la lune. Hier soir, un grand troupeau de buffles est venu se nourrir à cinquante mètres de moi, sans même remarquer que j'étais assise à l'ombre, sous le “ porche ”.

« La nuit est peuplée de sons qu'il est impossible d'entendre pendant le jour. Les éléphants barrissent dans les gorges entre les montagnes, les buffles reniflent, des gorilles solitaires se battent la poitrine et poussent leur cri, la plainte douce et lancinante de l'Hyrax arboricole – un petit animal aux allures de lapin qui n'a rien de commun avec les créatures de cette terre – se termine sur une note abrupte, comme quelqu'un qui aurait un gros rhume et se moucherait, enfin les oiseaux nocturnes poussent leurs cris inquiétants, hululent, ricanent ou se lamentent. »

Dian se sentait de moins en moins étrangère à Kabara. Et dans un souci de stabilité et de permanence aussi bien que par besoin d'un minimum de confort, elle décida de s'installer dans l'une des deux pièces de la cabane des hommes.

Je viens de finir d'installer une chambre dans la hutte et elle est superbe. Les vilaines cloisons de bois sont couvertes de nattes végétales tissées, pour moi, par les indigènes et les supports en bois sont camouflés par du bambou rapporté de la montagne, replanté ici et qui donne maintenant une belle ombre verte. Des photos, des peaux, des défenses et des trompes sont accrochées ici et là, et j'ai fabriqué des rideaux avec des tissus africains. J'aurai une cheminée d'ici la semaine prochaine.

Le travail marche bien, j'ai pu suivre un groupe de gorilles pendant un mois et j'arrive à m'approcher à dix ou vingt mètres d'eux sans les effrayer. Mais pour être franche jusqu'au bout, je dois dire qu'ils ont l'air très embarrassés par mon espèce. Je les ai habitués à ma présence en les singeant et ils sont fascinés par mes grimaces et comportements que je ne répéterais, à aucun prix, devant quiconque. Je me sens ridicule, mais cette technique semble marcher et grâce à la proximité, je suis arrivée à observer des choses inconnues jusqu'à ce jour.

La semaine dernière, deux d'entre eux se sont approchés à une distance de sept mètres de moi, alors que le reste du groupe était à dix ou vingt mètres, pendant plus d'une heure ! Il n'existe pas de mots pour décrire l'intensité de cette scène et je ne l'oublierai jamais de ma vie. Mais j'avais, en même temps, un peu peur parce que, s'il arrivait quelque chose, j'étais en bas de la pente et il n'y avait aucun arbre, à proximité, pour y grimper ou m'y cacher. Lorsqu'un des dos argentés a commencé à s'exciter à force de me bluffer en courant, en se battant la poitrine et en cassant des arbustes, j'ai dû arborer mon « visage menaçant ». Ne riez pas, c'est très efficace. Inutile de dire que j'étais très impressionnée par ses prouesses, mais il valait mieux que je maintienne la distance entre nous ; alors, je lui ai fait une horrible grimace qui a aussitôt amadoué Ferdinand. Il s'est assis et s'est mis à manger nerveusement, tout en me surveillant du coin de l'œil, mais au moins ses mains étaient occupées et il a fini par se lever et s'en aller.

C'était vraiment une heure qui justifiait tout le reste et mon seul regret est qu'il n'y ait eu personne à mes côtés pour assister à cette scène ou la photographier.

Au bout de six mois de séjour, mes notes de travail sont si volumineuses qu'elles risquent d'envahir toute ma tente. Ce mois-ci, j'ai consacré beaucoup de temps à ce que je pourrais appeler, avec optimisme, la préparation de ma thèse : analyse des notes, classification, cartes, graphiques, etc. Quelque chose de complet et de consistant est en train de se dégager de cette masse de pages et je suis plutôt fière de ce qui a été créé.

En ce moment, en juin, la saison des pluies en est presque à sa fin et de nombreux buffles et éléphants viennent ici parce que l'étang local est l'unique point d'eau, à quelques kilomètres à la ronde. J'ai l'impression qu'un animal se cache derrière chaque arbre. Je ne crains pas trop l'éléphant parce qu'il n'y a aucun danger à tomber sur l'un d'eux. Mais les buffles se cachent souvent dans le feuillage et il est difficile de dire lequel d'entre nous est plus surpris lorsque nous nous trouvons nez à nez. L'autre jour, j'étais en train de ramper sur une typique piste de gorille, lorsque j'ai remarqué que le mince tronc d'arbre auquel je voulais m'agripper semblait bouger. J'ai écarté quelques lianes et je me suis retrouvée à quelques centimètres d'une jambe de buffle ! Cette créature idiote n'avait pas remarqué ma présence et je me suis empressée de ramper sous une longue bûche tout en poussant des grognements qui ont affolé tout le troupeau. Je parie qu'ils courent encore.

Dans la mare, il y a deux oies d'Égypte qui sont belles à voir, mais n'ont aucun sens de la musique. Je les appelle Olivetti et Corona Smith. Elles sont venues faire un tour dans la prairie pour échanger des menaces avec mon coq Dezi qui se prend pour le roi de la montagne. Il a déjà réussi à intimider deux corbeaux au cou blanc qui sont obligés maintenant de venir près de la tente pour recevoir à manger (la tente est hors de l'enclos de Dezi). Avec le chant du coq, le croassement des corbeaux et les oies qui cacardent, il est impossible de dormir le matin.

Un des problèmes qui risquaient de troubler le petit paradis de Dian était ses rapports avec les travailleurs du camp. Le premier accrochage eut lieu avec le cuisinier.

Mon cuisinier, Phocas, est revenu après neuf jours d'absence. J'étais prête à le congédier, mais je n'avais aucun remplaçant convenable sous la main. Il travaille parfaitement bien, mais il est tellement rude et insolent qu'il m'est insupportable. Je lui ai donc signifié que je le gardais à l'essai ce mois-ci et j'ai triplé ses tâches et l'ai traité comme un chien. C'est ce que j'aurais dû faire dès le début parce qu'il m'obéit à la lettre et semble enfin me respecter. Il en est de même avec les gardiens du parc. Il est impossible d'être gentil avec eux. Si on leur donne une cigarette un jour, ils veulent tout le paquet le lendemain. Alors je gronde et je donne des ordres, mais je me sens seule et juste au moment où je commence à maîtriser le swahili je n'ai personne à qui parler.

Les choses se dégradèrent au point qu'elle pensa appeler Leakey au secours.

« Docteur Leakey, je répugne à vous écrire ces lignes que vous n'aimerez pas lire, mais j'ai besoin d'une “ aide ” ici, le plus tôt possible, même si ce n'est que pour quelques semaines.

« Depuis que la nouveauté de ma présence ici s'est usée, les gardes sont de plus en plus insoumis et les problèmes de discipline ont fini par me vaincre. Le mensonge, le vol, les récriminations et la mendicité n'en sont qu'un aspect qui n'affecte pas vraiment mon travail. Mais tirer sur des animaux en train de paître sur la prairie ou désobéir à mes ordres au moment même où j'observe un groupe de gorilles ont eu un effet certain sur mes observations de ce mois-ci, et je n'aimerais pas que cela se répète...

« Sachez qu'il m'est pénible de demander de l'aide, mais dans les circonstances actuelles, veuillez le considérer comme un impératif. »

Elle s'exprimait encore plus brutalement dans une lettre aux Price :

« Je suis d'une humeur noire et j'ai du mal à écrire dans cet état d'esprit. Ces Africains vont finir par m'avoir. Malgré ma répugnance à le faire, j'ai écrit au Dr Leakey pour qu'il m'envoie un " mzunga " – un Blanc – à la main de fer qui m'aidera à renforcer la discipline. Comme je suis seule ici depuis longtemps, ils commencent à me manquer de respect parce que, dans leur esprit, je suis une entité solitaire... Sanweke a été horrible tout ce mois-ci, menaçant de tirer sur le gibier et me désobéissant au moment où nous observions les gorilles. Le quinze de ce mois, j'ai déversé ma colère accumulée et lui ai demandé de faire ses bagages. La nuit suivante, un coup de feu m'a réveillée : c'était le cuisinier qui a peur de dormir ici la nuit et qui tirait sur un troupeau d'éléphants venus paître sur la prairie. J'étais furieuse et les jours suivants je n'ai évidemment pas rencontré la moindre trace de gorille. Sanweke est revenu avec un autre garde et ils sont maintenant aussi obéissants que pendant ma première semaine de séjour ici. Mais je leur ai dit que leur comportement avait été signalé aux grands patrons des recherches et du parc, et qu'ils seraient sanctionnés. J'espère que Leakey ne me laissera pas tomber, sinon je perdrai complètement la face devant eux. »

Dian entretenait une correspondance avec ceux qu'elle avait quittés, aussi bien par besoin de s'épancher que pour partager ses expériences. Lorsqu'elle faisait son voyage d'approvisionnement mensuel et qu'elle s'arrêtait au Traveler's Rest, elle y trouvait souvent une lettre des Price, de Mary White et même parfois d'Alexie. Elles contenaient des allusions à peine voilées sur la rude leçon que Dian était en train de prendre et leur espoir de la voir revenir à la civilisation avec un peu plus de maturité. Ces phrases la déprimaient.

Il y avait aussi des moments de solitude et de tension lorsqu'elle-même était rongée par les doutes et la peur, dans cette région isolée des montagnes de l'Afrique centrale. Ses problèmes de discipline et de manque de respect n'étaient pas imaginaires. D'autres les avaient eus avant elle : Joan et Alan Root, Walter Baumgartel et d'autres encore avaient prédit, pour cette raison-là, l'échec du projet de Dian Fossey.

5.

Le 9 juillet 1967, Dian revint de sa journée dans la forêt avec les gorilles et se trouva face à un problème encore plus compliqué. Un groupe de soldats et de porteurs l'attendaient dans le camp. Le directeur du parc des Virungas leur avait donné l'ordre de l'escorter après avoir déménagé de la montagne.

Rumangabo, le 7 juillet 1967

Chère Mademoiselle Dian Fossey,

Ces derniers temps, la situation a empiré dans notre Congo. Je vous conseille de quitter la forêt aussitôt que possible. Vous pouvez venir rester ici ou à Goma en attendant de nouvelles instructions. Autrement, nous déclinons toute responsabilité sur ce qui peut vous arriver dans notre parc.

J'espère que vous considérerez mon conseil d'un œil amical.

Cordialement vôtre
Anicet Mburanumwe

La lettre avait été écrite deux jours après que des mercenaires européens, au service du chef rebelle, Moïse Tschombé, eurent pris Kisangani et Bukavu, mettant ainsi toute la région est du Congo en état de siège. Parmi la population et les troupes du gouvernement, il existait déjà une tendance anti-blanc rampante. La frontière entre le Congo et l'Ouganda venait d'être fermée. Le trafic commercial aérien était interrompu, ainsi que les services postaux et téléphoniques. Les soldats commettaient des atrocités des deux côtés. Si on tenait compte de ces circonstances, le conseil du directeur, Mburanumwe, était justifié, mais Dian le prit comme une violation outrageante de sa liberté.

Comme son travail la maintenait dans l'isolement, elle savait peu de chose sur les événements de la région. Elle ne manifestait à l'égard de la politique de l'Afrique centrale aucun autre intérêt que celui qui concernait son propre besoin de stabilité. C'est la raison pour laquelle elle ne comprit pas la gravité de la crise congolaise pendant l'été 1967. Mais elle fut bien forcée de suivre le « conseil » du directeur et n'eut pas d'autre choix que de descendre de sa montagne.

Le 12 juillet, elle écrit aux Price :

« Depuis trois jours, je suis une réfugiée ingrate et malheureuse. Je devrais être reconnaissante aux autorités du Parc de m'avoir arrachée aux mâchoires du viol, de la cruauté et du meurtre – c'est ce qu'ils disent –, mais je n'arrive pas à me faire à l'idée de rester au Congo jusqu'à la réouverture des frontières. Je ne peux pas comprendre ce qui se passe. Je peux comprendre qu'il y a *matata mkubwa* – un gros désordre – à cause de Tschombé et des mercenaires, mais qu'il me faille quitter mon travail, la paix et la joie de ma prairie sur la montagne, ceci m'est incompréhensible. »

Lever le camp en si peu de temps ne fut pas une mince affaire. Je reconnais que j'ai beaucoup pleuré, surtout lorsque les nattes ont été arrachées aux murs de ma hutte, que ma tente a été ramassée et que tout le travail que j'avais fait pendant six mois a été défait. Je n'ai vraiment compris ce que ce lieu signifiait pour moi que lorsque j'ai dû le quitter, sans savoir si j'y reviendrais ou non.

En descendant au village, je pensais être déjà blindée contre les émotions, mais des femmes et des enfants s'étaient réunis pour me dire kwa heri *– au revoir – et je me suis remise à pleurer, suscitant parmi eux les pleurs et la tristesse. Je suis sûre que tout cela ressemble à un mauvais film ; je n'étais pas très à l'aise en traversant le village, marchant vaillamment à la tête d'une file de porteurs en sueur, avec les montagnes majestueuses se dressant derrière moi, les yeux brouillés par les larmes et déclarant aux gens qui s'étaient réunis pour me saluer : « Je reviendrai ». En y repensant, je me dis que même un mauvais film ne supporterait une telle réplique !*

Le voyage de quarante-cinq minutes entre le village et l'administration du parc était un vrai cauchemar. Partout des soldats, des barrages et des barricades. A chaque arrêt, un homme en uniforme, bourré de bière et portant un fusil, faisait subir un interrogatoire au conducteur et me dévisageait avec insistance. Tout cela était stupide et inutile.

Actuellement, je suis clouée dans l'énorme château construit par l'administration coloniale belge pour gérer le parc et je reçois les « dignitaires » en visite. Je pense que tous les gens du coin sont déjà venus ici au moins deux fois, traînant derrière eux leur famille et leurs enfants. Je pense avoir fait une erreur en invitant la première fournée de visiteurs à prendre le thé dans l'énorme salle de réception. Ils y sont restés pendant des heures, n'ayant rien d'intéressant à dire ! J'ai fait une autre erreur en jouant au football avec les enfants – ils se servaient de la vessie gonflée d'une vache sacrificielle – qui reviennent tout le temps ici.

J'ai choisi une petite chambre sur la façade du château, avec une vue merveilleuse sur les Virungas. Mais ceci m'expose au regard des spectateurs qui font la queue devant la porte ! De ma fenêtre, je vois aussi un des barrages militaires dressés sur la route ; le jour où il disparaîtra, j'irai au Traveler's Rest pour voir ce qui se passe, poster mon courrier et en recevoir.

Dans son livre, *Des gorilles dans la brume*, Dian raconte avoir passé deux semaines extrêmement désagréables à la direction du parc, à Rumangabo. Pendant la première semaine, elle n'arrive pas à savoir pourquoi elle n'a pas le droit d'aller à Kisoro, en Ouganda. A travers des bribes de conversations, *j'ai appris que la direction du parc était gardée afin d'assurer la sécurité d'un général qui viendrait en visite à Rumangabo, en provenance de la ville assiégée de Bukavu. Ce n'est qu'après une visite au camp militaire et après avoir lu un télégramme que j'ai compris que j'étais une suspecte pour le général. Constatant que chaque heure passée en captivité ne faisait qu'amoindrir mes chances de libération, j'ai décidé de m'évader.*

La version des événements, donnée par Dian, a la coloration de ses dons d'écrivain. La visite au camp militaire de Goma avait en fait pour but de régler un problème bureaucratique concernant l'immatriculation de Lily, sa Land Rover. Tout son contact avec les redoutables militaires se réduisit à un après-midi passé à remplir des formulaires. Quant au « général », il semble probable que son ombre omniprésente ait été créée à des fins purement dramatiques et narratives.

Ce qui s'est réellement passé est consigné dans deux déclarations sous serment, faites par Dian, peu après les événements en question. L'une d'elles était destinée à l'ambassade américaine au Rwanda et l'autre à Louis Leakey. Elles sont moins palpitantes que la version publiée, mais ce qui y est dit n'est pas moins poignant.

L'histoire commence le 1er juin. Au cours d'un de ses voyages habituels à Kisoro, les douanes congolaises, à la frontière, notent que le permis de séjour de Lily, la Land Rover, expire dans une semaine. Ils lui rappellent que si elle ne le renouvelle pas, ils encaisseront la caution de trois cents dollars, versée à son arrivée au

Congo. Dian n'est pas d'accord, prétend qu'il y a une erreur sur le permis et qu'elle a encore un mois devant elle.

Les douaniers se montrent compréhensifs et acceptent qu'elle revienne un mois plus tard, s'acquitte de sa dette et régularise la situation de la voiture. Mais lorsqu'elle revient le 1er juillet, leur compréhension semble avoir disparu, et Dian fait face à un imbroglio bureaucratique qui risque de lui coûter quelques centaines de dollars d'amendes et de contraventions. Elle proteste haut et fort mais en vain et demande alors l'aide du directeur du parc, Anicet Mburanumwe, qu'elle conduit aux douanes centrales de Goma pour qu'il en réfère aux autorités supérieures. On lui conseille de soumettre le problème au douanier en chef de la frontière qui est en déplacement, mais devrait revenir vers le 10 juillet.

Elle revient au camp de Kabara, d'autres événements plus graves surviennent entre-temps, et le 9 juillet, elle est conduite, sous escorte, chez le directeur du parc.

Le 10 juillet, Dian obtient la permission des autorités du parc pour aller à la frontière et régler, une fois pour toutes, son problème de voiture. Mais il se passe une semaine avant que la situation militaire se stabilise et qu'elle puisse se déplacer. Elle part enfin, conduite par un gardien et accompagnée d'un secrétaire bilingue qui reçoit l'ordre de l'assister dans ses démêlés bureaucratiques.

A la frontière, l'officier de douane congolais semble ivre et de mauvaise humeur. Il pousse les papiers d'un geste de la main et ordonne à quelques soldats de confisquer Lily comme une voiture non enregistrée.

Dian est livide et sa réaction, consignée dans la déclaration sous serment destinée à Leakey, reflète son tempérament.

J'ai aussitôt sauté dans la voiture, pris la clé, l'ai mise dans ma poche et me suis installée devant le volant. Le secrétaire s'est fait tout petit et le conducteur a essayé de me protéger, mais il a été repoussé par les militaires qui sont arrivés au pas de course, bourrés de gin local.

Je voudrais que les choses soient claires : après la tentative d'un des soldats de m'arracher à la voiture, personne ne m'a touchée ni menacée de son fusil. Je connais une flopée d'injures internationales qu'ils semblaient comprendre. Mais l'heure suivante a été une espèce de cauchemar. Chaque soldat m'ordonnait de sortir en criant, hurlant, menaçant et le grand homme était celui qui criait le plus. Comme je refusais de sortir, il a ordonné à l'un des soldats de m'emmener en prison, ainsi que le chauffeur et le secrétaire. Ce dernier, plus pâle que moi, m'a conseillé de quitter la voiture. Mais le chauffeur était prêt à attaquer celui qui oserait me toucher et, de ma place, j'ai continué à injurier et menacer les militaires qui s'approchaient trop près de moi.

Cette scène prend fin lorsque l'officier de douane exhibe un document émanant de la capitale, Kinshasa, et donnant l'ordre aux militaires de se saisir de tous les véhicules en situation irrégulière. Dian est obligée de s'incliner devant une autorité aussi indiscutable. Par l'entremise de son chauffeur, elle demande à l'officier de douane s'il lui est possible de libérer la voiture en payant, en liquide, la somme de trois cents dollars.

Cette proposition l'a immédiatement pacifié, jusqu'au moment où il a compris que je devais retourner à Kisoro et retraverser la frontière pour chercher l'argent. Alors, il s'est remis à crier et à écumer de rage, au point d'effrayer même les militaires. Il a fini par accepter, mais à condition de garder mon passeport et de me faire accompagner par un garde congolais. Je n'étais pas très contente de lui laisser mon passeport, mais je préférais cela à la perte de ma voiture. Je n'étais pas ravie non plus lorsque le militaire congolais s'est glissé sur le siège avant de la voiture et m'a ordonné de m'asseoir sur ses genoux. Le chauffeur lui a demandé de me laisser tranquille, j'en ai fait de même et nous sommes allés à Kisoro où j'ai raconté mes problèmes à M. Baumgartel.

Baumgartel était consterné. Il mesurait les risques d'une confrontation avec les militaires congolais dans les conditions actuelles de la loi martiale. Son hôtel était déjà plein d'Européens qui s'y étaient réfugiés, fuyant le chaos du Congo et racontant des atrocités. Il supplia Dian de rester à Kisoro en attendant que le calme revienne dans la province de Kivu ; mais Dian n'était pas plus prête à suivre son conseil que la première fois où elle était entrée au Congo, en compagnie d'Alan Root. Elle n'avait aucune intention d'interrompre son travail pour un incident aussi banal qu'une insurrection armée. Elle envoya un télégramme à Leakey, disant qu'elle était en sécurité à Kisoro et qu'elle avait besoin de trois cents dollars.

Pendant ce temps-là, Baumgartel avait appelé à l'aide un capitaine ougandais qui envoya promener le garde congolais en direction de la frontière. Comprenant qu'il ne pouvait influencer Dian, mais seulement la secourir, Baumgartel lui prête la somme nécessaire.

Le lendemain matin, Dian, le chauffeur et le très malheureux secrétaire bilingue retournèrent à la frontière, escortés par le capitaine ougandais. L'officier de douane reçut l'argent, lui rendit son passeport et sa voiture avec des papiers en règle. Après avoir remercié le capitaine ougandais, Dian retourna à la direction du parc, à Rumangabo.

Après son départ, Baumgartel et ses clients remarquèrent, dans le ciel, un avion qui risquait de se faire descendre par l'artillerie, des deux côtés de la frontière. Il tourna autour du village et finit par atterrir sur un terrain vague près de l'hôtel. C'était un avion affrété par Leakey, dès la réception du télégramme de Dian, pour la ramener à Nairobi.

Dian était loin de vouloir quitter le Congo et plutôt décidée à revenir à Kabara. Elle fit remarquer au directeur du parc qu'il n'existait aucun ordre militaire lui interdisant de vivre là-haut. Tout en mesurant bien les risques, elle désirait tenter sa chance, dit-elle. Peut-être intimidé par ce ton péremptoire ou bien simplement las de l'entendre, le directeur accéda à sa demande.

Le jour suivant, elle alla à Kibumba, le village au pied de la montagne, déchargea ses bagages et trouva des porteurs. Puis elle repartit vers le parc pour ramener un deuxième chargement et deux gardes. Elle en profita aussi pour écrire deux mots à Leakey :

« J'ai retrouvé les mêmes gardes qui m'avaient aidée à démonter la tente parce que je ne sais pas du tout comment la remonter. J'étais sur le point de partir quand le secrétaire d'Anicet est arrivé, tenant à la main un télégramme des militaires m'interdisant formellement de retourner à la montagne.

« Dr Leakey, cet ordre m'affecte encore plus que la première lettre d'Anicet, datée du 9 juillet ! Vous ne pouvez pas imaginer ce que signifie ce retard à un moment crucial où j'étais en train d'apprivoiser les gorilles et les habituer à ma présence. Je *sais* que les gens du parc n'ont pas la moindre idée de ce que j'essaye de faire. Deux semaines perdues *maintenant*, au moment même où j'arrivais à les habituer, équivalent à deux *mois* gaspillés sans aucune raison. »

Le lendemain, accompagnée de nouveau par un officiel du parc, Dian alla au quartier général militaire de Goma pour faire appel de la décision. On lui signifia poliment qu'elle devait attendre deux à quatre mois avant de pouvoir remonter à Kabara.

Furieuse, elle revint au château où elle broya du noir tout en contemplant la vue du Karisimbi. Le « palace » lui faisait maintenant l'effet d'une prison. Jour après jour, le désordre, le nombre de soldats et les flots de bière de banane croissaient dans la région. Elle commença à être réveillée par des visiteurs invisibles qui frappaient à sa porte. Elle demanda et obtint une sentinelle armée.

Elle finit par comprendre qu'elle ne gagnait rien à rester là, à attendre. Le 26 juillet, elle rangea ses notes, prit une de ses poules et une grande partie de son équipement, les chargea sur Lily et prit la direction de la frontière.

En arrivant à Bunagana, on m'a dit que la frontière était fermée et que les clés avaient disparu. J'ai attendu pendant cinq heures, puis un prêtre accompagné d'un malade est arrivé du Congo et a obtenu la permission de le faire hospitaliser en Ouganda. Quand j'ai compris que l'homme de la frontière avait les clés, j'ai pu le soudoyer pour qu'il me fasse passer.

Les choses n'étaient pas aussi simples. Dian n'avait plus d'argent liquide et il lui fallut persuader les gardes de la laisser aller à Kisoro pour en chercher. L'histoire se répétait.

Lorsque Dian gara sa Land Rover devant l'entrée de l'hôtel, Walter Baumgartel la vit sortir de sa voiture en trébuchant et sur le point de s'effondrer. Pendant que les clients de l'hôtel l'entouraient, Baumgartel tomba sur un malheureux soldat congolais qui accompagnait Dian et avait pour ordre de la ramener à la frontière dès qu'elle aurait trouvé l'argent promis; C'est ainsi qu'il décrit la scène dans ses Mémoires, *Parmi les gorilles de montagne* :

« Je lui ai dit, Miss Fossey n'est pas votre prisonnière. Elle restera ici. Si elle veut partir, je l'attacherai à cet arbre que voici ! Mais j'ai promis de la ramener, proteste le garde. Ils me tueront si je ne le fais pas. Alors, il vaut mieux vous tuer ici, ai-je dit. Il a fini par partir. »

Le jour suivant, l'ambassadeur américain au Rwanda arriva à l'hôtel pour emmener Dian à son ambassade, à Kigali, capitale du Rwanda, avant de l'expédier à Nairobi où Leakey l'attendait avec impatience. Elle fut poliment interrogée par les fonctionnaires de l'ambassade qui lui demandèrent de préparer une déclaration sous serment, décrivant la manière dont elle avait été traitée par les Congolais.

– Avez-vous subi des dommages matériels ? lui demanda-t-on.

– Une partie de mon matériel de camp, une tente et... oh, oui... une de mes poules a été kidnappée.

– Miss Fossey, avez-vous été physiquement maltraitée ou malmenée ?

– Eh bien, j'ai été injuriée en français et en congolais. Et un soldat a essayé de m'arracher à ma voiture, mais n'y a pas réussi. Non, on n'a pas abusé de moi.

Une rumeur largement répandue prétend que Dian avait été violée par les soldats congolais, sous-entendant par là un viol collectif. Mais son témoignage écrit de sa propre main, quelques jours après sa fuite, ne mentionne ni le viol, ni la tentative de viol, ni aucune autre forme d'agression. Dian, elle-même, a nié énergiquement toute cette histoire.

Mais les mythes – en particulier, ceux qui sont racistes et lubriques – ont la vie longue.

6.

Dian se retrouva au Rwanda qui était le plus petit, le plus peuplé et le plus pauvre des pays africains. Cinq millions d'habitants y vivaient sur une superficie pas plus grande qu'une région de taille moyenne. Haut perché sur le plateau central du continent, à quelques kilomètres au sud de l'équateur, le Rwanda était couvert autrefois de forêts luxuriantes. Mais pour subvenir aux besoins de deux cents habitants au kilomètre carré, la terre avait été livrée aux exploitants agricoles et aux propriétaires de mines de charbon. Quelques forêts précaires et leur faune survivaient dans deux parcs nationaux : A'kagera au nord-est et le parc des Volcans, au sommet des montagnes du Virunga, au nord-ouest.

Bien que surpeuplé et surexploité, le Rwanda avait une beauté sauvage et dramatique. Les plis rocheux de ses montagnes faisaient penser à une version terrestre de la houle impétueuse de l'Atlantique et la chaîne des vieux volcans se dressait au nord comme un archipel enneigé, se dessinant sur le bleu intense du ciel des tropiques.

Pendant ses premiers jours dans le pays, Dian n'avait ni le temps ni l'envie d'admirer ces paysages. « Elle était très préoccupée, littéralement obsédée », raconte Rosamond Carr, une des premières Blanches que Dian rencontra au Rwanda.

Rosamond Carr était une petite bonne femme de cinquante-trois ans qui s'était expatriée des États-Unis et vivait depuis trente ans à l'ombre des Virungas. Elle gagnait sa vie en cultivant et en vendant des fleurs aux hôtels et refuges dispersés autour du lac Kivu et dans la capitale, Kigali. Un jour, à la fin du mois de juillet 1967, Rosamond Carr reçut une invitation à déjeuner chez l'attaché militaire américain, à Kigali.

« En chemin, j'ai rencontré la femme de l'ambassadeur qui m'a dit : vous allez rencontrer, à ce déjeuner, une fille très étrange. C'est Dian Fossey qui a fait des recherches sur les gorilles du Congo d'où elle vient de s'échapper. Elle est à la recherche d'un endroit pour y monter un camp, mais soyez prudente. Elle est vraiment *très* bizarre ».

« Bizarre ? Elle a sûrement des raisons de l'être après de telles péripéties. Je suis donc allée déjeuner chez les Frayzes et je n'oublierai jamais cette première rencontre. Elle était si séduisante, si *vivante*. Je veux dire qu'avec sa longue tresse noire et son regard brillant, elle était absolument épatante. Elle portait une robe absolument superbe, d'un mauve lilas et d'une coupe raffinée. Et comme elle avait de très grands pieds, les seules chaussures qu'elle arrivait à porter étaient une paire de tennis crasseux et *énormes*. Elle se tenait, là, avec sa robe superbe, ses beaux cheveux et ces horribles chaussures !

« En voyant, dans ses yeux, cette expression absolument sauvage, j'ai compris ce que la femme de l'ambassadeur voulait dire.

« La table était mise avec du cristal et de l'argenterie. Nous avons pris place et Dian a aussitôt sorti un carnet de notes des plus ordinaires et bon marché. Elle a ignoré ses hôtes, les Frayzes, m'a regardé droit dans les yeux et m'a dit : « Madame Carr, j'ai quelques questions à vous poser. » Les questions étaient nombreuses, une vingtaine presque. Elle en posait une, la cochait dans son carnet et passait à la suivante. La première question était : « Puis-je m'installer dans votre plantation pour reprendre mes recherches sur les gorilles ? »

« Eh bien, ai-je répondu, vous le pouvez, mais vous ne trouverez pas de gorilles sur le versant rwandais du mont Karisimbi. Elle a dit : « Oh non, vous avez tort. Les gorilles sont bien là. » Je lui ai dit sur un ton catégorique : « Je suis désolée, mais ils ne se trouvent *pas* sur ce versant du Karisimbi. »

« Elle ne connaissait pas ce côté de la montagne, mais persistait dans son idée et me bombardait de questions. Les pauvres Frayzes étaient exclus de la conversation et semblaient assister à un déjeuner mondain. »

Dian n'avait pas plus de temps à consacrer aux mondanités qu'au paysage. Elle appréhendait la réaction de Leakey quant à son « échec » au Congo, et avait la ferme intention de recréer une base de recherches sur le versant rwandais des Virungas, avant de le rencontrer à Nairobi. Elle avait déjà obtenu la permission des autorités rwandaises pour s'installer dans le parc des Volcans qui jouxtait le parc congolais des Virungas, à Kabara. Mais elle n'avait encore trouvé personne qui sache où étaient les gorilles. Comme Rosamond Carr habitait près des pentes boisées des volcans, elle avait espéré trouver, chez elle, un appui. Son attente ne fut pas déçue.

« La seule personne qui a une réponse à votre question, dit-elle à Dian après le repas, est sur le point de quitter Nairobi pour Paris. Vous pourrez la rencontrer quand vous serez à Nairobi. Elle s'appelle Alyette de Munck, c'est une charmante Belge qui a passé une bonne partie de sa vie en Afrique, près des volcans qu'elle connaît bien pour les avoir escaladés. »

A cause de la situation instable au Congo, Alyette avait envoyé ses enfants étudier en Belgique, elle venait d'apprendre la mort de son mari à Paris et se retrouvait toute seule dans la ferme qu'ils avaient achetée au Rwanda.

« Alyette se sentira très seule et aura besoin de se distraire, avait dit Rosamond à Dian. Il est possible que vous et vos gorilles arriviez juste à propos. »

Le 12 août 1967, Dian faisait les cent pas dans la salle d'attente de l'aéroport de Nairobi en attendant le vol d'Air France, en provenance de Paris. Elle dévisagea les passagers du vol et finit par remarquer une belle femme, plus âgée qu'elle, accueillie par trois jeunes gens. Après le décès de leur père, la rencontre était émouvante et Dian se tint à l'écart.

Elle-même ne se trouvait à Nairobi que depuis une semaine, et elle était nerveuse et inquiète. Elle avait abandonné ses recherches au Congo, avait eu une suite de mésaventures et se retrouvait sans travail et pratiquement sans le sou. Elle redoutait sa rencontre avec le Dr Leakey qui s'était toujours vanté d'avoir pu poursuivre des recherches en Afrique et au Moyen Orient, dans les pires conditions politiques. Et s'il pensait qu'elle avait surestimé le danger qui lui avait fait quitter Kabara ? Et même s'il comprenait la situation, trouverait-il des fonds pour l'aider à établir un autre camp ?

Mais toutes ses craintes disparurent devant l'accueil chaleureux de Leakey qui la félicita pour son courage et son ingéniosité dans sa fuite du Congo. Il l'emmena dans un restaurant où ils discutèrent de son avenir. Leakey parla avec enthousiasme de la nécessité d'entreprendre des recherches sur les orangs-outangs de Bornéo ou les gorilles des basses terres, en Afrique occidentale.

Dian ne semblait pas enchantée. Elle tenait fermement à ses gorilles de montagne et le lui dit.

« Je resterai avec eux, docteur Leakey. Rien ne m'en empêchera. Ils m'intéressent plus que tout au monde ! M'aiderez-vous à recommencer au Rwanda ? »

Leakey fut séduit par son esprit et sa détermination.

« Je n'oserai pas vous barrer la route, lui dit-il en riant. Mais promettez-moi de ne pas vous approcher de la frontière congolaise et de revenir immédiatement à Nairobi si vous êtes menacée par les militaires. »

Une semaine plus tard, il la convoqua dans son bureau du musée pour lui annoncer que la Fondation Wilkins était prête à financer sa réinstallation au Rwanda.

Les trois jeunes gens qui attendaient Alyette de Munck à l'aéroport de Nairobi venaient d'achever leurs études à l'université de Louvain. Comme récompense, Alyette et son mari leur avaient promis un safari en Afrique orientale. Mais la mort subite d'Adrien de Munck avait bouleversé tous ces projets.

Invitée à dîner dans leur hôtel, Dian passionna les jeunes gens avec ses histoires de gorilles et dissipa l'atmosphère de deuil qui pesait sur la famille. Alyette lui en était reconnaissante et, avant la fin de la soirée, elle l'invita à s'installer dans leur plantation, au pied des Virungas rwandais. Elle lui proposa même de lui donner un coup de main pour monter son camp dès qu'elle aurait choisi le lieu approprié. Ils se donnèrent rendez-vous à la plantation des Munck, une semaine plus tard.

Quelques jours après, Dian revint à Kigali, reprit sa Lily délabrée, y chargea son matériel et s'engagea sur l'unique route asphaltée du Rwanda, en direction des Virungas. Elle traversa une région surpeuplée, à l'ouest de la capitale, Ruhengeri, un amas de cubes en ciment et de bâtiments en brique.

Puis elle quitta la route principale et s'engagea sur des chemins qui serpentaient à travers les lopins de terre des fermiers et leurs huttes au toit de chaume. Voilée par la fumée qui se dégageait des fours à charbon, la vallée présentait un spectacle de désolation. Pas de lignes téléphoniques ni électriques, pas de ronronnement de machines, pas de voitures, de camions, ni de tracteurs. Elle finit par discerner un mouvement et un bruit continus, et comprit qu'il émanait de milliers de corps humains. C'étaient les habitants de la vallée, occupés à extraire leur nourriture quotidienne de cette terre volcanique rouge et grasse qu'ils cultivaient tous les jours.

Au fond de la vallée, la route envahie par les traînées de lave était détériorée et les huttes des fermiers étaient plus proches. Des hommes et des femmes, portant des enfants sur leur dos, allaient et venaient. Ils avaient une allure noble et fière, mais Dian ne put s'empêcher de penser à toutes les maladies dont ils étaient souvent les victimes : fièvre jaune, choléra, malaria, typhoïde, etc.

Elle finit par arriver à la plantation, mais Alyette était absente. Le personnel de la ferme lui expliqua tant bien que mal que quelque chose de mauvais était arrivé aux garçons et que la dame était allée les voir.

Envahie par un horrible pressentiment, Dian reprit la piste de lave, en direction de la propriété de Rosamond Carr. Soudain, au bout de plusieurs heures de voyage, la piste déboucha sur un chemin recouvert de gravier. Des vaches de Jersey paissaient à l'ombre de vieux pins et les couleurs vives des fleurs et du gazon qui entouraient un cottage recouvert de lierre semblaient avoir surgi d'un rêve. Au bruit de la voiture, Rosamond sortit sur le pas de la porte, très élégante, mais avec une expression sombre sur le visage.

– Où est Mme de Munck ? lui demanda Dian avec inquiétude. Je suis arrivée chez elle, mais les domestiques ont été incapables de me dire ce qui s'est passé. Qu'y a-t-il ?

– Il s'est passé quelque chose de terrible, répondit Mme Carr. Vous savez bien qu'Yves, Philippe et Xavier avaient l'intention d'aller à Kisoro, de passer une nuit chez Walter Baumgartel et de revenir ici le lendemain. Mais ils ne sont jamais arrivés ! Au bout de trois jours, Alyette a traversé la frontière ougandaise en direction du Traveler's Rest.

En la voyant, Baumgartel eut le pressentiment immédiat d'un désastre et lui demanda d'une voix étouffée :

– Qu'est-ce qui vous amène, madame ?

– Je cherche mes garçons, répondit-elle. Ils auraient dû arriver depuis des jours. Peut-être ont-ils des problèmes avec leur Land Rover et ont-ils besoin d'être dépannés.

Baumgartel se souvient de cet épisode qu'il qualifie « d'un des pires moments de sa vie ». « Nous savions très bien tous les deux qu'ils ne pouvaient arriver au Rwanda, raconte-t-il. S'il leur était arrivé quelque chose là-bas, tout le monde l'aurait immédiatement su. Ils ont dû se tromper de route et entrer au Congo, plongé dans une confusion sanglante. »

Mme de Munck fit des recherches frénétiques à travers ses nombreuses relations en Ouganda et au Congo. Elle finit par apprendre que les jeunes gens s'étaient, en effet, trompés de route et avaient échoué à Bunagana, à la frontière congolaise. Là-bas, ils avaient été arrêtés, accusés d'être des espions et des mercenaires. Un officier de l'armée congolaise à Goma lui avait dit au téléphone, avec les meilleures intentions du monde : « Il faut que vous soyez courageuse, madame. Les garçons ne sont pas en état d'être transportés. » Elle en avait conclu qu'ils étaient blessés et s'était mise en quête d'une ambulance. Mais avant même d'en avoir trouvé, elle apprenait, par des fonctionnaires de l'ambassade de Belgique à Kigali, que les trois jeunes gens avaient été tués par les militaires congolais.

« Quand j'ai dit à Dian ce que je savais, raconte Rosamond Carr, elle a failli en perdre la raison. Je pense que toutes les émotions accumulées en elle depuis sa propre expérience du Congo se sont d'un coup libérées. J'ai fini par la calmer, puis elle a dit : " Je passerai la nuit ici, avec vous et après, il faut que je sois avec elle. " Le lendemain matin, nous sommes allées à Ruhengeri où se trouvait Alyette. Elles se sont embrassées, ont pleuré, puis Alyette a dit qu'elle voulait, qu'elle avait plus que jamais *besoin* d'aider Dian. »

Au cours des jours tristes qui suivirent, Dian fit son possible pour réconforter Alyette, tout en étant, elle-même, au bord de la dépression.

Elle écrit aux Price : « Je ne peux rien vous dire de sensé, en ce moment. Il s'est passé trop de choses. Vous ne pouvez imaginer l'horreur qui règne dans ce pays. Chaque lettre que j'écris ressemble à une dépêche de journal. C'est irréel, à peine crédible. Alors, j'y ai renoncé.

J'écris tout juste pour dire que je vais bien et qu'on s'occupe de moi. Mais je ne sais pas si je suis mentalement assez forte pour en supporter plus.

Mes trois nouveaux amis – Yves, Philippe et Xavier – ont été tués par les Congolais, à Rumangabo, le lieu dont je m'étais échappée. Nous nous sommes mis d'accord pour ne jamais dire la vérité à leur mère, Mme de Munck. Mais ils ont été torturés pendant dix-huit heures, de la manière la plus sauvage. Les événements du Congo ne peuvent être couverts par la presse comme ceux du Viêtnam, et personne ne sait ce qui arrive vraiment. En comparaison de ce qui se passe là-bas, le reste du monde ressemble à un jardin d'enfants.

Je reste auprès de Mme de Munck et la douleur que j'éprouve pour elle est impossible à supporter. Le pire est mon inaptitude à faire face à une telle situation. Personne n'y croirait, aux États-Unis. »

La lettre, gribouillée sur un aérogramme à un moment de dépression profonde, devait avoir un effet galvanisant sur les Price.

Progressivement, les effets de cette sombre tragédie s'atténuèrent et, au mois de septembre, Dian s'installa dans la « maison du haut » de la plantation des Munck, au pied du mont Karisimbi. Elle se mit à sonder les forêts, à la recherche de traces de gîtes de gorilles. Elle avait décidé de poursuivre ses recherches en restant le plus près possible de la région à gorilles du Congo et d'avancer vers l'est, au cœur des forêts tropicales, à la lisière de la frontière rwandaise.

Le premier jour, accompagnée de porteurs et d'un guide du parc, elle arrive à des alpages, à quatre mille mètres d'altitude et campe à portée de fusil de la frontière congolaise. C'était une expédition décevante, les pentes étaient infestées de bétail cornu qui parcourait les forêts d'hagenias, site habituel des gorilles.

Mais le jour suivant les résultats furent plus encourageants.

Nous étions à une demi-heure de la frontière et je ne pouvais résister à la tentation d'explorer les pentes du Karisimbi qui se trouvaient dans le territoire congolais et faisaient face au Mikeno où vivait mon Groupe II de gorilles. Même si la chance a une maigre part dans ce genre de travail, ce jour-là, elle était au rendez-vous. Je me suis trouvée nez à nez avec le Groupe II sans même avoir à le pister. Je ne les avais pas vus depuis dix-neuf semaines, mais ils m'ont reconnue et après quelques cris d'alarme et des battements de poitrine, ils se sont postés à cinq mètres de moi. J'étais émue de constater que, pendant mon absence, une des femelles avait mis bas, et que tous les animaux étaient en bonne santé. Le plaisir de ces retrouvailles n'a fait que renforcer mon regret d'avoir perdu le contact avec ces animaux.

Puis, tournant le dos au Congo, Dian se dirige vers l'est, en direction des forêts inconnues, sur les pentes du Karisimbi, au Rwanda. Elle les explore pendant dix jours et constate avec inquiétude qu'elles sont envahies par des troupeaux qui rôdent dans le parc national. Elle trouve et détruit de nombreux pièges de braconniers. Pis encore, elle voit son « guide » recevoir des pots-de-vin des nombreux braconniers qu'ils rencontrent. Tout cela est évidemment illégal et Dian n'y peut rien. Elle commence même à se demander si Rosamond Carr n'avait pas raison en affirmant qu'il n'y avait pas de gorilles au Rwanda.

Le dixième jour, elle traverse les hauts alpages, sur la face nord du Karisimbi pour voir ce que l'autre versant de la montagne lui réservait. A quatre mille mètres d'altitude, elle découvre toute la chaîne des Virungas et ajuste ses jumelles pour observer le col, situé entre le Karisimbi et le mont Visoke, au nord. A sa grande joie, elle découvre un relief tout à fait approprié à l'habitat des gorilles. C'est là que je devrais installer mon camp, se dit-elle immédiatement.

Le 24 septembre 1967, de bonne heure, Dian et Alyette vérifient une dernière fois le matériel chargé sur les voitures et prennent la direction des sommets. Leur destination précise était la plantation d'un Hollandais, détaché au titre d'aide étrangère, et vivant assez près du mont Visoke. Il supervisait un projet du Marché commun qui consistait à aider le Rwanda en y introduisant et y cultivant une plante, le pyrethrum. A ce titre-là, il connaissait bien la montagne, ses habitants et voulait bien aider Dian à y faire monter son matériel.

Dian venait seulement de prendre connaissance de ce projet et était consternée par ses effets sur le parc des Volcans. Pour réaliser ce plan ambitieux, il fallait dégager dix mille hectares de terrain – plus du tiers de la superficie du parc – et le distribuer aux fermiers, après avoir abattu les forêts de bambous et d'hagenias. Ces petits cultivateurs recevaient leur terrain gratuitement, à condition de se consacrer à la culture du pyrethrum, cette espèce de marguerite qui, une fois séchée, était expédiée en Europe et servait à la fabrication d'un pesticide organique. Le gouvernement rwandais et les initiateurs du projet voyaient dans cette solution un léger remède aux problèmes d'emploi de ce pays surpeuplé. Mais Dian considérait tout cela comme une abomination qui réduirait encore plus l'espace vital des gorilles, au point de poser la question de leur survie. Dans les mois qui suivirent, Dian se lança dans une campagne infructueuse contre le projet du pyrethrum.

Les Hollandais avait engagé quarante porteurs qui attendaient ces dames dans un abri en tôle, au pied de la montagne. La grêle succédait à la pluie et les porteurs mécontents exigeaient soit de retarder le voyage, soit d'augmenter leurs gages. Les choses finirent par s'arranger et une file d'hommes, pieds nus, s'engagea sur le sentier boueux, portant sur la tête des paquets volumineux. Les deux femmes fermaient la file qui zigzaguait sur le sol visqueux.

Le nouveau parc était situé à près de trois mille mètres d'altitude, sur les pentes brumeuses du Visoke. Dian était étonnée par la quantité de visages qu'ils rencontraient sur leur chemin. Des hommes, des femmes et des enfants les accompagnaient, les dévisageant avec curiosité.

Le parc des Volcans commençait sans aucune transition là où les terres cultivées s'arrêtaient. Ils se trouvaient soudain plongés dans le silence impressionnant des forêts humides et moussues. Ils marchèrent pendant trois heures, se frayant un chemin à travers un passage ouvert par les troupeaux de buffles et d'éléphants. Par deux fois, Dian donna l'ordre de s'arrêter dans des sites qui lui semblaient propices à l'installation d'un camp. Mais le porteur principal et le guide insistaient pour continuer, persuadés de trouver mieux, un peu plus haut. A 16 h 40, le soleil fit enfin son apparition à travers le feuillage dense et mouillé et le groupe se retrouva sur une prairie longue et étroite, à plus de trois mille mètres d'altitude, sur un haut plateau, au sommet d'un col reliant les monts Visoke, Karisimbi et Mikeno. La clairière était couverte d'un gazon épais, entourée de forêts et d'hagenias moussus. Un petit ruisseau traversait paresseusement la clairière. Les porteurs avaient tenu leur promesse, c'était un site idéal. C'était aussi le plus bel endroit que Dian ait jamais vu.

Les porteurs se mirent à monter les tentes, l'une pour Dian et l'autre pour les aides qu'elle avait l'intention de recruter le soir même parmi les porteurs. La nuit commençait à peine à tomber quand ils entendirent le *pok-pok-pok* caractéristique du battement de poitrine des gorilles.

Cette nuit-là, étendue sur sa couchette, épuisée, Dian savoura cet instant.

7.

Poussée par un sens aigu de son destin, Dian inscrivit l'heure précise de la découverte de son camp qu'elle allait baptiser du nom de Karisoke, un composé des monts Karisimbi et Visoke. C'était le 24 septembre 1967, à 16 h 30 précises.

Si elle avait pu deviner jusqu'au bout la nature de ce destin, elle aurait noté aussi l'heure de l'apparition, ce soir-là, d'un étrange troupeau de bétail et de deux bergers Watusi qui conduisaient lentement leurs animaux à travers la prairie et le petit cours d'eau qui coulait près des tentes. Ou alors, elle aurait marqué le moment de l'arrivée de deux braconniers Batwa, armés de flèches, de lances et d'arcs, et qui s'étaient proposé de montrer à Dian l'emplacement d'une famille de gorilles, à quarante-cinq minutes de distance du camp.

Dian choisit d'ignorer les bergers dans l'immédiat, mais eut du mal à décider s'il lui fallait chasser les braconniers du camp ou bien accepter leur offre. Elle finit par les suivre sur la piste des gorilles, mais leur lança un avertissement sévère disant que, dorénavant, elle ne tolérerait pas la présence de troupeaux ou le braconnage dans la partie du parc qu'elle occupait.

Cette nouvelle fut sans doute accueillie avec scepticisme aussi bien par les Tutsi que par les Batwa. Les deux tribus parcouraient les pentes des Virungas depuis des temps immémoriaux : les Tutsi se servaient des prairies et des bois comme lieux de pâturage et les Batwa chassaient partout, utilisant la viande et les peaux pour leur propre usage ou pour les vendre aux fermiers d'en bas, les Hutu.

Le parc était légalement interdit aux chasseurs et aux bergers depuis sa création par les Belges, quelques dizaines d'années plus tôt. Mais les tribus montagnardes s'étaient arrangées avec les gardiens du parc qui étaient mal payés pour leur fournir, en échange de leur complicité, de la viande, du lait et même de l'argent. Malgré ce pacte tacite, Dian décida que le règlement du parc devait être renforcé. Elle était si intraitable à ce sujet qu'elle fut très vite en désaccord avec Alyette de Munck et Rosamond Carr.

« Vous devez tenir compte des traditions des habitants, conseillait Alyette. Ils dépendent de ce qu'ils peuvent tirer de cette terre. Soyez juste avec eux. »

Dian ne se laissait pas fléchir. « Les Batwa sont de purs et simples braconniers, disait-elle. Ils installent partout des pièges pour les antilopes et les hyrax, mais le pire est qu'ils finissent par attraper aussi des gorilles. Je sais très bien que les adultes peuvent s'en échapper, mais ils en sortent infirmes pour le reste de leur vie. Et nous savons tous que certains braconniers tuent délibérément des gorilles pour les débiter sous forme de souvenirs aux hordes de touristes assoiffés de trophées et qui exhibent, dans leurs salons, des mains de gorilles desséchées en guise de cendriers. Les braconniers attrapent aussi des bébés gorilles pour les vendre aux zoos. Il *faut* que la réglementation du parc soit renforcée, sans quoi il ne restera plus de gorilles ni ici ni ailleurs. »

Les protestations de Rosamond Carr n'eurent pas plus d'effet sur ce que Dian pensait des bergers Tutsi.

« Les bergers ruinent l'habitat parce qu'ils ont trop de bêtes, Rosamond. Ils en possèdent dix fois plus qu'il ne leur en faudrait, par pur prestige. Ils en ont tellement que la terre, piétinée par les animaux, semble avoir été labourée. Ils écrasent les plantes que les gorilles mangent, les coupent de leurs lieux d'approvisionnement et les forcent à se réfugier sur les hauteurs froides et humides où ils finissent par attraper des pneumonies. Ces altitudes sont mortelles pour eux. Il faut que les Tutsi réduisent la quantité de leur bétail et les fassent paître hors des limites du parc. »

A travers son désaccord avec Alyette et Rosamond, Dian comprit que très peu de gens accordaient la priorité à la survie des gorilles. Mais elle resta inflexible.

Je suis arrivée aujourd'hui dans un camp de braconniers déserté. Un chien efflanqué gardait l'entrée d'une hutte adossée à un grand hagenia. Les seuls autres signes de vie étaient des traces de pas fraîches dans les deux sens de la piste. Une antilope fraîchement tuée était posée sur le toit de la hutte. Je l'ai offert au pisteur en guise de compensation et pour qu'il m'aide à détruire les soixante tiges de bambou préparées par les braconniers pour en faire des pièges. Il s'est mis à la tâche avec bonne volonté, m'aidant à briser les grosses tiges. Après avoir détruit les pièges potentiels, je suis entrée dans la hutte où j'ai trouvé un grand sac de millet dont j'ai éparpillé les grains aux quatre vents, des cordes spécialement tissées pour les pièges et quelques chungas, *des pots en fer pour la cuisine. Je n'ai pas l'âme d'un voleur, mais je veux rendre la vie difficile aux braconniers et je n'ai donc pas hésité à embarquer tout ce matériel sur le dos de mon Africain. Nous avons quitté le camp, apparemment sans nous être fait remarquer, à l'exception du chien qui nous regardait d'un air malveillant, à travers le feuillage. Je crois que les braconniers étaient alignés près de lui et regardaient, mais peu importe. J'ai tout de même laissé les haillons rouges que l'un d'eux avait mis à sécher au soleil. Je ne suis pas encore réduite à voler les habits d'un homme !*

Alyette de Munck, qui connaît l'Afrique depuis sa naissance, m'accompagnait. Bien que ce continent lui ait fait perdre ses enfants, rien ne peut entamer son amour pour cette terre et même le mot amour est trop faible pour qualifier cette union. A cause de ce camp de braconniers, une banale promenade d'après-midi – marquée par la beauté d'un fleuve coulant au fond d'une jungle, parmi les orchidées sauvages et les lianes – s'est transformée en une querelle entre nous deux.

Pendant que j'étais en train de casser, un à un, les pièges en bambou, elle s'est tenue à l'écart et m'a demandé de quel droit, moi, une Américaine qui n'étais là que depuis quelques mois, j'empiétais sur les droits des Africains dont c'était le pays. Je continuais à casser les pièges tout en ne pouvant m'empêcher d'être d'accord avec elle. L'Afrique appartenait bien aux Africains.

Mon amie continuait à plaider leur cause.

« Ces hommes ont le droit de chasser. C'est leur pays ! Vous n'avez pas le droit de détruire leurs efforts. »

Elle a peut-être raison. L'Africain qui vit près des limites d'un parc n'a pas d'autre choix que le braconnage, s'il veut vivre et se nourrir. Mais en même temps, pourquoi fermer les yeux quand un homme transgresse une loi, pourquoi ne pas prendre des mesures contre lui ? L'homme qui tue des animaux aujourd'hui tuera demain les gens qu'il trouvera sur son chemin. Il reconnaît bien l'existence d'une loi qui le lui interdit, mais si cette loi n'est pas appliquée, il est libre d'agir à sa guise. S'il est en mon pouvoir de la mettre en application pour empêcher le meurtre des animaux, je dois le faire. Et c'est ainsi que j'ai continué à casser le bambou, ce piège efficace et flexible du dernier gibier en Afrique.

Dian et Alexie s'écrivaient de manière aussi imprévisible que l'étaient leurs relations : elle, par intermittence, lui, de plus en plus souvent et avec la conviction qu'elle le suivrait là où il déciderait d'aller.

Les dernières lettres d'Alexie parlent de quitter Notre-Dame et d'aller à Chicago pour y préparer un doctorat en religions comparées. Il s'attend à ce que je revienne rapidement aux États-Unis pour vivre avec lui à Chicago, après nous être unis par les liens sacrés du mariage. Dès l'obtention de son diplôme, ses recherches doivent nous mener en Amérique du Sud ou en Afrique du Nord où nous continuerons à être heureux. Malheureusement, on dirait que j'ai perdu mes lunettes roses, alors qu'il semble avoir gardé les siennes.

A la recherche d'alliés, Alexie restait en contact avec les Price, et les aventures effrayantes dont Dian et les Munck furent les victimes au Congo les poussèrent à agir.

Au cours des derniers jours de septembre, Alexie rencontra les Price à New York. On acheta une bague de fiançailles, un billet d'avion et Alexie fut investi d'une mission de sauvetage, celle de ramener Dian à la civilisation. En prenant l'avion, il était convaincu que, mise au pied du mur, Dian choisirait le mariage et abandonnerait ses recherches.

Mais en la retrouvant dans son camp, sur la montagne, il fut horrifié. Vêtue de jeans déchirés et d'un vieil anorak, les cheveux emmêlés par la pluie, les yeux écarquillés d'étonnement, elle avait l'air d'une créature barbare, sortie de la jungle.

Alexie lança son ultimatum – moi ou les gorilles – et fut stupéfié par le refus de Dian. Il insista.

« Marions-nous, dit-il, et je renoncerai à l'université. Nous irons en Rhodésie et nous nous occuperons de la ferme. Je ne veux plus que nous soyons séparés. »

Dian était inflexible.

– C'est impossible, chéri. Tu renoncerais à trop de choses. Nous avons tous les deux des projets à réaliser.

– Nous pouvons les réaliser ensemble. Si tu *dois* rester ici, je pourrais, par exemple, y rester aussi... *pendant un an...* et à condition que nous partions après...

– Ce n'est pas possible, Alexie. Retourne préparer ton doctorat. Faisons ce que nous avons à faire. Peut-être d'ici à deux ans, nous verrons mieux comment les choses vont tourner.

Alexie quitta le camp, malheureux et humilié. Arrivé à Kisoro, il écrivit une lettre d'adieux à Dian et la confia à Walter Baumgartel. Dans cette lettre, il lui disait qu'elle était libre de garder la bague ou de la jeter dans le petit ruisseau, près du camp. Ses derniers mots étaient : « Tu m'as vu pleurer, ma chère, et c'étaient les dernières larmes que je verserai jamais pour toi. »

Tout en étant soulagée par la conclusion de cette histoire, Dian ne pouvait s'empêcher de se défendre.

Il est arrivé ici comme le chevalier Galaad, mais qui lui a demandé de me sauver ? Il s'est mis à tout critiquer : il a dit que les Rwandais me détestaient, qu'ils m'appelaient une femme sauvage et voulaient que je parte, que je rendais la vie impossible à ma mère. Tant et si bien qu'il m'a forcée à le chasser.

Elle raconte une partie de l'histoire à Leakey qui lui répond : « Je suis ravi de savoir que vous avez trouvé un bel emplacement avec plein de gorilles sur le Karisimbi et j'espère que tout va bien marcher dorénavant. J'espère surtout que le jeune homme envers qui vous avez été grossière a compris que vous ne voulez pas de lui dans votre vie. Vous avez des choses tellement importantes à faire. »

Au cours des semaines suivantes, Dian trouva deux autres familles de gorilles, ce qui signifiait qu'elle avait virtuellement à sa disposition un groupe à observer n'importe quel jour de la semaine.

La réussite touchait aussi d'autres aspects de sa vie.

Elle était en train de finir un article pour la *National Geographic.* Trois éditeurs lui avaient écrit pour lui proposer de préparer un livre sur ses expériences avec les gorilles. L'université de Cambridge, en Angleterre, acceptait sa demande d'inscription à un doctorat, sur base de ses notes de recherches préliminaires. Elle se préparait à y passer le premier semestre de l'automne 1968.

En attendant, elle se délectait à la vision des Virungas.

J'ai fait un grand travail d'observation dans la région des volcans. Et cela m'a permis de voir les paysages les plus fantastiques dont j'aie jamais rêvé. Hier, j'ai découvert un fleuve qui se jette du haut du mont Karisimbi vers le Congo, en une série de cascades spectaculaires... J'ai vraiment eu l'impression d'être la première Blanche à le contempler et, ce jour-là, j'ai renoncé à chercher des gorilles.

Malgré les difficultés matérielles et l'isolement, Dian commençait à tirer une grande satisfaction de sa vie de solitaire. Elle s'observe dans une série de rêveries, à la fois très imagées et méditatives.

Je dois dire que, malgré les fuites, ma tente en toile est un gîte heureux. Quand la journée est claire, elle rayonne au soleil du matin et m'annonce les aubes pluvieuses en s'assombrissant légèrement. J'ai la chance d'avoir un serveur de thé qui, en dépit de mes jurons matinaux, me sert ponctuellement mon thé à six heures. Il frappe un coup au mât de la tente avec le couvercle de la théière et se sauve. Ce n'est pas une heure aussi aberrante, c'est même le moment du réveil dans la plupart des pays, mais je pense que je commence à devenir une vieille dame, et c'est une heure qui me paraît bien matinale.

Lorsque la lune est pleine, c'est un sacrilège que de rester à l'intérieur de la tente. Dehors, c'est l'appel du violet, des sommets enneigés irisés et du dessin dentelé de la mousse et des feuilles contre le ciel bleu argent. La silhouette particulière de chaque arbre se profile à la lueur de la lune : certains sont sinistres, d'autres comiques, mais aucun n'est banal et n'appartient au monde diurne. Walt Disney serait heureux d'y rencontrer Pluto, un hypérium dont les extrémités moussues ressemblent exactement à ce personnage. Mais tout ce paysage est différent pendant le jour.

Ces soirs-là, il suffit de sortir de la tente pour être happé par ce qui se passe dehors. Inévitablement, le mamelon enneigé du Karisimbi brille et le scintillement de ce triangle se marie avec les défenses de l'éléphant solitaire, errant près du ruisseau, à côté de la tente. Lorsque je sors, au clair de lune, il lève ses défenses et barrit comme pour dire que la nuit lui appartient et que je suis une intruse. Quand cela arrive, je renonce à la silhouette des arbres, à la phosphorescence argentée du Karisimbi et à la lueur dorée de mon feu de camp parce qu'il est vrai que la nuit appartient aux animaux et que je suis une intruse. Mais en même temps, je me demande pourquoi l'éléphant et le buffle rôdent autour de mon camp, ces nuits-là. Est-ce parce qu'ils se sentent plus en sécurité, ou bien le spectacle de la lune les rend-il, comme moi, inconscients des dangers potentiels ?

Dans ces moments-là, je ressens la nécessité de pister l'éléphant solitaire pendant qu'il se gratte et se nourrit le long de la prairie. Il semble ne pas entendre ma voix et n'accorde aucune attention à ma personne ou à mon ombre, alors qu'il est à portée de ma main. Mais les buffles ne sont pas si émus par la lune. Ma présence est signalée par des ronflements et des beuglements avant même que j'aie pu distinguer leurs yeux jaunes à la lisière de la prairie.

Et pourquoi, ces nuits-là, le Visoke choisit-il toujours de voiler sa face médiocre avec des nuages, alors que le Karisimbi et le Mikeno tendent leurs splendides sommets vers la lune comme pour tirer le meilleur parti de ses reflets argentés ? Et pourquoi les hiboux et l'hyrax refusent-ils de se joindre à la litanie nocturne lorsque le ciel brille d'un éclat argenté ? Ils se taisent comme pour laisser la place au murmure du ruisseau, au ronflement des buffles et au barrissement de l'éléphant. Ils se ménagent pour les nuits sombres comme s'ils savaient que leur présence était superflue par les nuits de pleine lune.

A travers une ouverture entre les arbres de la prairie, j'arrive à voir les gros nuages de pluie qui couvrent la vallée pendant que la lune brille ici. C'est dommage que ceux qui sont au-dessous de moi ne puissent la voir ainsi, mais, à mon tour, je ne vois pas le soleil comme ils le voient.

Pourquoi tous les romans africains commencent-ils par « C'était une nuit chaude, la lune était pleine, l'hyène poussait son appel, les moustiques grouillaient », etc. ? Pourquoi dois-je m'excuser en disant qu'il fait toujours froid ici ? En réalité, j'ai de la chance de voir la lune et quant au moustique, la brave bête qui grimperait jusqu'au Karisoke serait bien courageuse. Je présenterais mieux les choses en disant que je suis un être non commercial : ma tente est propre, je prends un bain tous les soirs et je ne participe pas à un safari au Kenya. Je vois plus de plaies et de cas de lèpre chronique que le Dr Schweitzer, mais je ne suis sûrement pas une missionnaire...

Hier, j'ai suivi mon programme habituel : six heures d'ascension et de descente dans des ravins, sur des pentes inclinées à 70 pour 100. Au-dessus du plus terrible d'entre eux, j'ai crié comme un bébé qu'on baptise parce que je suis agoraphobe, j'ai peur du vide. Je me demande si je ne me suis pas trompée de métier. Je commence à le penser à cause de mon incapacité à contrôler ce vertige des hauteurs.

Les gens souffrent de peurs diverses : certaines sont justifiées, d'autres sont imaginaires, certaines éveillent la sympathie et suscitent l'attention. Mon agoraphobie n'est pas un moyen d'attirer l'attention sur moi, elle est réelle. C'est le seul point où je manifeste un véritable courage, alors qu'on me félicite pour mon travail au Congo et avec les gorilles. Le seul danger auquel je dois vraiment faire face, dans ce travail, est le risque de glisser sur une pente rocheuse et moussue qu'un petit enfant pourrait enjamber, mais qui me laisse tremblante et sans force.

Dans son isolement, Dian pense plus souvent à son père, George Fossey. Elle garde toujours cette photo de lui en uniforme de marin. En grandissant, Dian avait eu l'occasion de le rencontrer quelques fois. En 1959, elle avait fini par recevoir une lettre de lui, à Louisville, et une correspondance sporadique s'était établie entre eux.

Parfois, elle lui écrivait de Karisoke, épanchant son cœur à cet étranger qu'elle aimait d'instinct.

J'ai reçu une autre lettre de papa. Il ne se sentait pas bien, mais sa femme semble s'occuper de lui. Je me demande ce qu'il penserait des Virungas. Il a toujours aimé les grands espaces, mais n'a jamais eu l'occasion d'en profiter vraiment. Peut-être est-ce la raison pour laquelle je suis ici...

A la fin de l'année 1967, Dian écrit à Leakey :

« J'ai du mal à imaginer qu'une année vient de s'écouler depuis mon arrivée au Congo, alors que je n'ai même pas fait la moitié du programme que je m'étais imposé. J'ai accumulé 485 heures d'observation, dépassant ainsi Schaller, mais je reste encore en deçà de mes espérances. Maintenant, je suis impatiente de savoir ce que les prochaines 485 heures m'apporteront, et j'espère que j'en saurai deux fois plus que maintenant.

« Il y a deux semaines, j'ai établi quelques bons contacts avec le Groupe 8. Mais c'était à six heures de distance du camp et sur le territoire congolais, je ne pouvais pas m'avancer plus loin. Le jeune adulte, Peanuts, et le noir-noir, Samson, se sont approchés à quatre mètres de moi. Comme au cours de notre premier contact, ce petit groupe de six membres était calme et réceptif, et leur comportement d'attaque était réduit au minimum. J'ai pu suivre aussi pendant deux jours, un dos argenté, gravement blessé, – le troisième dominant du Groupe 4 – après quoi j'ai perdu sa trace. Mais les traces que j'ai relevées aujourd'hui montrent qu'il a repris suffisamment de forces pour suivre son groupe, bien qu'avec une journée de retard. J'ai enregistré aussi quelques très bonnes séquences de jeu de ce groupe, autour de l'Oncle Bert, le dominant argenté, et d'autres membres plus jeunes. »

L'observation des jeux avait une importance particulière. Dian commençait à penser qu'il s'agissait là d'un aspect de la vie quotidienne des gorilles que les humains n'avaient pas encore découvert et dont ils ne mesuraient pas toute la portée. Les gorilles ne jouaient jamais en présence d'observateurs et le fait que Dian ait pu les voir prouve la confiance qu'ils avaient en elle. Mais il restait un problème, celui de la présence d'intrus qui la gênaient dans ses observations. C'est ce qu'elle écrit à Leakey : « Le 23 janvier, j'irai à Kigali pour faire prolonger mon visa et renouveler le permis de travail dans le parc. A cette occasion, j'ai l'intention d'adresser une requête urgente au ministère pour qu'il intervienne auprès des braconniers dont la présence et celle de leurs troupeaux a dépassé le seuil de tolérance. Depuis la fin de la saison des pluies, il y a un afflux de bétail et d'hommes, et les mugissements des uns et les cris des autres ont fait fuir les gorilles, à l'exception d'un groupe qui s'est réfugié au sommet du Visoke. C'est une situation déplorable. »

A la suite de cette requête, l'Office rwandais du tourisme et des parcs nationaux (l'ORTPN) prit l'engagement de doubler les patrouilles effectuées par des gardes armés et accorda à Dian la permission de faire appel à ces gardes pour chasser du parc les bergers et leurs troupeaux. Ce qu'elle fit immédiatement en leur demandant d'évacuer le bétail qui se trouvait sur les pentes du Visoke. Mais comme elle l'explique à Leakey, « les gardiens ne vivent pas dans le parc et ne montent ici qu'une fois par mois ou lorsque je les fais venir. Malheureusement, la semaine dernière, en montant ici, le conservateur du parc et un garde ont été attaqués par des bergers qu'ils ont rencontrés sur la piste inférieure. La tête du garde a été presque écrasée et depuis, leur enthousiasme pour surveiller cette région s'est un peu refroidi ».

Elle avait aussi quelques problèmes avec les travailleurs africains du camp, mais elle maîtrisait mieux la situation maintenant.

Un de mes deux pisteurs a augmenté sa consommation de haschich et m'a rendu la vie impossible en novembre et décembre. C'était un excellent pisteur et j'ai regretté d'avoir à m'en défaire, mais il devenait trop violent. Il est revenu la semaine dernière et j'ai dû tirer au-dessus de sa tête pour le chasser. Il est reparti aussitôt. J'ai envoyé un rapport à M. Descamps, un conseiller belge auprès des autorités du parc, faisant état de mon usage d'un revolver. Il m'a envoyé un mandat d'arrêt pour cet homme, au cas où il reviendrait.

Dian devait faire face à deux autres problèmes : ses petits maux et sa notoriété croissante.

En avril 1968, elle attendait avec impatience la décision de Leakey en ce qui concernait sa participation à un symposium sur les primates et qui se tiendrait au mois de juin, aux États-Unis.

« L'une des raisons mineures pour lesquelles j'aimerais aller aux États-Unis est que mes dents commencent à pourrir. J'avais utilisé la plupart de mes économies à les faire soigner avant mon départ, pour éviter ce genre de désagrément. Un de mes amis américains pourra les soigner plus vite et moins cher qu'ici. Mais encore une fois, ceci n'est pas une raison pour faire le voyage, ce n'est qu'une motivation de plus. En attendant, je protège ce qui reste et couvre mes gencives d'un produit que mon garçon de tente m'apporte toutes les semaines de son village. Même si cela ressemble à un mélange de *merde* et de poussière d'aspirateur, cela soulage ma douleur. »

Dans la même lettre, elle écrit : « Une bonne femme anglaise, une psychiatre, a essayé de monter ici, mais Descamps l'en a empêchée. Elle est revenue à Kigali en répandant sur mon compte des histoires : il paraît que je me fais prendre et embrasser par des gorilles. Et maintenant, l'ambassadeur américain s'attend à ce que je sois internée d'un jour à l'autre... Descamps a renvoyé quatorze autres personnes, surtout des curieux et des missionnaires du Rwanda. Cela me met hors de moi et je ne pense pas que Descamps doive s'inquiéter de me protéger du public. »

Le mois suivant, Dian reçut une réponse de Leakey, lui annonçant qu'il avait trouvé des fonds pour l'envoyer aux États-Unis pour le congrès. Aussitôt, à des lieues de sa prairie, elle se mit à imaginer ce qu'elle raconterait à ses amis de Louisville, entre deux séances chez le dentiste.

Puis, un télégramme d'Alan Root lui annonça son arrivée à Karisoke, en juin, pour préparer un film sur le camp, commandé par la *National Geographic.*

Le regret de renoncer à la conférence fut tempéré par la promesse de Leakey de lui payer un voyage de consolation, au mois d'octobre de la même année.

Avant l'arrivée d'Alan, la vieille tente de Dian fut remplacée par une cabane de quatre mètres sur sept, composée de deux pièces, et grossièrement construite avec du bois revêtu de tôle ondulée. Le projet avait été lancé, financé et surveillé par Alyette de Munck. Dian avait peint l'extérieur de la cabane en vert pour qu'elle se fonde dans le paysage et avait décoré l'intérieur de tissus, de peaux, de masques et d'autres objets de l'artisanat local. Des rideaux jaunes étaient accrochés à la grande fenêtre de la façade et l'ensemble dégageait un air de permanence. Karisoke n'était plus un simple nom, mais un lieu réel.

8.

Après avoir vécu si longtemps en solitaire, Dian commençait à se sentir un peu comme une « sauvageonne ». Elle vit donc d'un très bon œil l'arrivée d'Alan Root qui devait passer l'été 1968 au camp. Ce fut une période productive pour tous les deux. Pendant qu'Alan filmait les gorilles ou prenait des photos, Dian et ses pisteurs rwandais exploraient les pentes escarpées du Visoke et du Karisimbi. A la fin de l'été, elle avait réussi à repérer neuf groupes ou familles de gorilles, quatre-vingts spécimens, au total, qu'elle arrivait à identifier et nommer.

Alan Root devait quitter le camp vers la fin du mois d'août, mais la *National Geographic Society* lui avait trouvé un remplaçant en la personne de Robert Campbell, un autre photographe qui continuerait à filmer les animaux et garderait le camp pendant le voyage de Dian aux États-Unis.

Dian initia ce jeune Écossais à la vie du camp et lui présenta l'équipe et les gorilles. C'est à ce moment-là qu'elle apprit, par un télégramme de sa belle-mère, Kathryn, le suicide de son père, George Fossey.

La nouvelle l'affecta profondément et ce père disparu devint plus réel qu'il ne l'avait jamais été. Dian éprouvait le besoin de partager son chagrin avec quelqu'un et il n'y avait à ses côtés que le nouveau venu, Bob Campbell. C'était un jeune homme sensible qui savait écouter et se taire, et qui gagna la sympathie de Dian au point qu'elle lui montra la première lettre qu'elle avait reçue de son père.

Le 15 avril 1959

Ma très chère Dian,

J'imagine que tu seras surprise d'avoir de mes nouvelles, mais je viens tout juste d'avoir ton adresse par R.S. Il l'a obtenue par une fille qui était à l'école avec toi. Il y a un an et demi, j'ai demandé ton adresse à Hazel, mais je n'ai jamais reçu de réponse.

Mon bébé, je me suis remarié avec une personne merveilleuse et nous sommes très heureux. C'est arrivé il y a deux ans. Nous vivons maintenant à Inverness, à Tomales Bay. C'est un très bel endroit. On y rencontre des biches, des ratons laveurs et des cailles. Ma chérie, j'avais tellement envie de t'écrire et de savoir ce que tu devenais. J'ai appris que tu avais renoncé aux études de vétérinaire et que tu avais choisi l'ergothérapie.

S'IL TE PLAÎT, écris à ton papa et raconte-lui tout. Si tu as une photo de toi, S'IL TE PLAÎT envoie-la-moi. Kathryn est impatiente de rencontrer ma jolie fille et elle suggère d'aller te voir si tu le veux bien. Est-ce qu'il t'arrive de venir sur la côte ?

S'IL TE PLAÎT, mon bébé, écris-moi et parle-moi de toi. Je suis tellement impatient de savoir ce que tu fais. S'IL TE PLAÎT, mon bébé, s'il te plaît, écris.

Avec tout mon amour
Ton papa
George Fossey

Dian manifestait très rarement ses émotions profondes et elle regretta d'avoir montré son chagrin qui était l'expression de la perte de son père comme de celle de son enfance. Mais la réaction discrète et compréhensive de Bob Campbell la rassura.

Bob est si gentil. Il écoute, mais ne parle pas de ces choses-là de manière embarrassante. Nous nous entendons très bien et j'espère qu'il pourra rester ici après mon retour.

Le 24 septembre 1968, Dian prit un petit avion pour Kigali, puis pour Nairobi. Après deux ans d'absence, c'était la première fois qu'elle revenait dans son pays. Mais pendant ce temps-là, elle avait changé, c'était une autre femme avec une autre vie et elle ne savait plus très bien si son vrai « foyer » était encore aux États-Unis.

Elle passa d'abord quelques jours à Nairobi, en compagnie du Dr Leakey pour faire le point sur son travail. Puis elle prit l'avion pour l'Angleterre où elle devait rencontrer son directeur de thèse qui avait été aussi celui de Jane Goodall. C'était le professeur Robert Hinde de Cambridge. L'étape suivante était Washington où elle devait essayer de trouver des fonds auprès de la *National Geographic* et visionner le film qu'Alan Root venait de réaliser. Ce n'est qu'après toutes ces formalités qu'elle devait se replonger dans sa vie d'antan qui lui paraissait si lointaine.

Elle quitta donc Washington en direction de Louisville. Des gens qu'elle ne connaissait pas habitaient maintenant dans la ferme qu'elle aimait tant ; la mère de Mary White chez qui elle passa le plus clair de son temps ne correspondait plus à son souvenir ; et, dans l'ensemble, Louisville était décevant.

Dès son arrivée aux États-Unis, Dian avait téléphoné, par devoir, à sa mère, Kitty Price. « Crois-tu que tu auras le temps de voir ta mère ? » s'était lamentée Kitty. « Bien sûr. Dès que j'aurai fini mon travail et que je me serai fait soigner les dents », avait répondu sa fille.

Mais Dian n'était pas pressée. Elle consacra quelques journées à trier et classer des centaines de diapositives qu'elle avait expédiées à Mme Henry pour qu'elle les lui garde en lieu sûr. Puis elle subit une petite intervention chirurgicale à l'œil et passa des heures sur le fauteuil du dentiste. N'ayant plus aucune autre excuse, le temps vint d'aller retrouver la chaleur de la Californie et de supporter la froideur des Price.

Kitty se répandait en reproches et lamentations. « La vie que tu mènes nous torture. Pourquoi nous punis-tu ainsi ?

– C'est ma carrière, maman. C'est le but de ma vie.

– Ces lettres que tu nous écris. Elles ont un affreux effet sur ta mère. As-tu besoin de raconter tous ces détails ? » renchérit le beau-père.

– Je n'écris que la vérité... je veux partager ce que je fais avec vous. Et c'est ce que je *veux* faire. Vous devez le comprendre. J'ai trente-six ans et c'est ma vie.

Pendant le reste du séjour, Dian et les Price se forcèrent à ne plus provoquer de discussions. Surtout en ce qui concernait Alexie Forrester, Dian était intraitable.

Beaucoup de bla-bla à propos d'Alexie. J'ai raté ma chance ! Maman en a pleuré en disant que j'étais folle. Dommage qu'ils n'aient pu l'épouser !

Mais malgré tout, les Price ne pouvaient cacher la fierté qu'ils éprouvaient devant le succès naissant de Dian. Avant son départ pour l'Afrique, ils lui offrirent un petit magnétophone et elle choisit quelques cassettes qu'elle aimait : du piano classique, les Beatles, Frank Sinatra, Edith Piaf, du jazz, et la musique du film *Docteur Jivago.*

Sur la route de retour, Dian s'arrêta de nouveau à Londres où se trouvait Louis Leakey qui lui confectionna un repas de fête.

Leakey s'est escrimé autour de deux oies rôties, accompagnées de sauce africaine et d'autres plats exotiques qu'il a l'habitude de préparer. Il adore cuisiner, mais il faut nettoyer la cuisine après son passage.

Trois jours plus tard, elle était de retour en Afrique où l'attendaient Rosamond Carr et la Land Rover de Dian.

Le lendemain, dimanche, je suis allée au village, au pied de la montagne pour informer les porteurs de mon retour. Ils m'attendaient et lorsqu'ils m'ont vue, ils ont versé de vraies larmes. Je n'en reviens pas. Après leur avoir laissé quelques messages pour Robert Campbell, je suis partie à Kisoro et j'ai passé la nuit au Traveler's Rest. Lundi matin, après avoir fait des provisions, je suis remontée au camp où tout semblait marcher comme à l'ordinaire. Mes Africains étaient fous de joie et je ne peux vraiment pas comprendre pourquoi ils m'aiment alors que je les injurie du matin au soir.

Bob Campbell était prêt à passer une nuit de plus au camp pour me raconter tout ce qui s'était passé pendant mon absence, ce qui était très gentil de sa part, d'autant plus que j'avais pris un retard fou. Il est reparti mardi matin. Depuis, j'ai perdu six jours à essayer de retrouver mes groupes de gorilles, ce qui est extrêmement contrariant.

Quelques semaines s'écoulèrent avant de pouvoir les retrouver. Les frontières des terrains qu'elle explorait reculaient tous les jours et elle finit par admettre, à contrecœur, que si elle voulait recenser tous les gorilles de la région, il lui fallait de l'aide.

Partager Karisoke avec d'autres Blancs n'était pas une chose évidente. Tout en attendant avec impatience la visite de ses amis proches, Rosamond Carr, Alyette de Munck ou Alan Root, elle avait appris à aimer et apprécier sa solitude et sa responsabilité sans partage sur l'activité du camp. Mais elle finit par demander à Leakey de lui trouver un photographe qui serait prêt à vivre dans le camp pour y faire des films et des photos sur la vie des gorilles. Elle lui demanda aussi un ou deux étudiants qui recenseraient la population de gorilles.

« Robert Campbell ferait bien l'affaire, mais s'il n'est pas libre, je vous fais confiance pour choisir quelqu'un qui voudrait bien installer son propre camp à dix minutes de distance du mien. J'espère que cette demande ne vous paraît pas trop excentrique. Mais je perds assez de temps le soir à rédiger mes notes et je n'aimerais pas m'encombrer de quelqu'un à qui je devrais faire la cuisine ou la conversation. Si vous connaissez un photographe qui s'accommoderait d'une telle situation, je m'entendrai sûrement avec lui. »

Dian avait eu beaucoup de mal à localiser le Groupe 5 et quand elle finit enfin par les retrouver, à quelques kilomètres du camp, elle fit une expérience assez terrifiante.

Les petits et les jeunes gorilles se trouvaient devant les dos argentés et ces derniers, croyant leurs petits en danger, sont devenus très menaçants. Puis, dans un acte d'intimidation, un des jeunes est pratiquement tombé de l'arbre, sur mes genoux, ce qui a entraîné une série d'attaques des dos argentés qui voulaient protéger leurs petits.

Ce comportement agressif des jeunes qui se sont approchés de moi sans la « sanction » des dos argentés ébranle ma confiance. Je me demande si j'arriverai jamais à me mélanger à eux.

Elle n'avait pas besoin de s'en inquiéter. Un mois plus tard, elle envoya à Leakey le télégramme suivant :

> TOUS LES 6 MEMBRES DU GROUPE 8 M'APPROCHENT À UNE DISTANCE DE 1 À 3 MÈTRES. J'ESPÈRE UN CONTACT PHYSIQUE D'ICI UNE SEMAINE. J'AVAIS JUSTE BESOIN DE PARTAGER MON ÉMOI AVEC VOUS. DIAN.

Mais le contact physique qui devait constituer le point culminant de cette technique si peu orthodoxe et couronner des mois de patience et d'observation fut retardé par une grave entorse. Dian dut interrompre son travail sur le terrain pendant deux mois.

Le 24 février 1969, en revenant au camp avec son pisteur, elle trouva un message urgent d'un de ses amis médecins, à Ruhengeri. Un jeune gorille, capturé par les braconniers, avait été remis au conservateur du parc qui l'avait enfermé dans une cage minuscule, près de son bureau.

Le lendemain matin, Dian dévala la montagne et se précipita à Ruhengeri. Une foule d'enfants bruyants entourait l'un des baraquements de l'administration du parc. L'objet de leur attention était un jeune gorille, enfermé dans une petite cage. L'animal – un mâle de trois ans – lui montra faiblement ses crocs lorsqu'elle chassa les enfants et ouvrit la porte de la cage pour mieux le voir. La pauvre créature était très malade et dégageait une odeur nauséabonde.

Hors d'elle, Dian se précipita dans le bureau du conservateur.

– D'où vient ce bébé et que ferez-vous de lui ? lui demanda-t-elle.

Sans se laisser impressionner par sa colère, il lui expliqua qu'il avait engagé un célèbre braconnier du nom de Munyarukiko pour capturer un bébé gorille.

– Pourquoi ? fulmina Dian.

– Quelques visiteurs allemands désirent posséder un ou plutôt deux gorilles de montagne pour les exposer au zoo de Cologne.

Les Allemands avaient offert au conservateur une Land Rover qui serait suivie d'une grosse somme d'argent, destinée au travail de « conservation » dans le parc. De plus, le conservateur recevrait un billet de voyage gratuit pour accompagner la marchandise à Cologne. « Malheureusement, comme Mademoiselle peut le constater, le jeune gorille n'est pas en état de voyager », dit le fonctionnaire.

Dian devait découvrir plus tard que, pour capturer le jeune animal, il avait fallu tuer un groupe de dix gorilles adultes qui tentaient de protéger leur petit, sur la face sud du mont Karisimbi. Les braconniers avaient attaché les mains et les pieds du petit captif à des tiges de bambou et l'avaient gardé dans cette position pendant trois ou quatre jours. Plus tard, il avait été placé dans une cage où il lui était impossible de se retourner ou de se tenir debout. Enfin, il avait été amené à Ruhengeri, les membres toujours liés. Lorsque Dian le découvrit, il était gardé par le conservateur depuis deux ou trois semaines. Les fils de fer qui liaient les poignets et les chevilles de l'animal lui avaient fait des blessures qui s'étaient infectées ; il souffrait de malnutrition, de déshydratation et avait du mal à respirer.

Convaincue que le bébé ne pourrait survivre plus d'un ou deux jours à Ruhengeri, Dian était prête à négocier à n'importe quel prix avec le conservateur pour ramener l'animal à Karisoke et s'en occuper. Elle promit de le soigner et de le renvoyer dès qu'il serait guéri pour qu'il puisse être expédié à Cologne.

Pendant que l'équipe transformait une des chambres de la cabane en une pouponnière tapissée de feuillage, Dian descendit en trombe à Kisoro pour acheter des antibiotiques, des analgésiques, du glucose, des vitamines et du lait concentré. Les porteurs transportèrent le bébé qu'elle appela Coco dans un petit parc pour enfants.

Le travail sur le terrain fut oublié et Dian se mit à pouponner jour et nuit, faisant avaler au jeune gorille du lait additionné de médicaments et allant même jusqu'à le coucher dans son propre lit, pendant une période de crise. Tous les jours, la chambre était nettoyée, désinfectée et regarnie d'herbe fraîche et de branchages. Au bout du cinquième jour, Coco manifesta de très légers signes de guérison.

Puis, le 4 mars, ce fut un nouveau choc. En voyant des porteurs s'approcher de sa cabane et transporter un baril en bois, suspendu à deux barres en bambou, elle comprit immédiatement ce qui l'attendait.

Un des porteurs lui tendit un message de son ami, à Ruhengeri : « Ils en ont capturé un autre pour le zoo de Cologne et le conservateur aimerait que vous vous en occupiez. Je pense qu'il avait peur de vous l'écrire lui-même, mais le voilà. »

Ce soir-là, elle écrivit une lettre à la secrétaire de Leakey : « Je deviens cinglée. Ils ont capturé un deuxième bébé, une femelle de trois ans, en meilleur état que le premier qui risque fort de mourir.

« Ce matin, je les ai mis ensemble sans que cela pose le moindre problème, mais j'ai peur que le deuxième soit infecté par le premier et je ne sais pas si je dois tout de suite commencer un traitement d'antibiotiques. »

Elle décrivait le régime alimentaire et le traitement médical de Coco et poursuivait : « C'est tout ce que je sais faire. C'est peut-être mauvais, mais quand vous recevrez cette lettre, il sera déjà trop tard pour changer. Toutes vos suggestions seront les bienvenues...

« Comme le premier, le nouveau bébé aussi a des doigts palmés à son pied droit. En observant leurs réactions, j'ai pensé qu'ils étaient peut-être de la même famille, et ces doigts palmés semblent confirmer mon hypothèse... Inutile de dire qu'il m'est impossible de poursuivre mon travail sur le terrain, en ce moment. Je prends des notes sur les bébés, mais je ne les ai pas encore recopiées à la machine. »

Trois semaines plus tard, les bébés allaient bien et elle écrivit de nouveau à la secrétaire de Leakey :

« Je joue à la maman gorille trois heures par jour et je vais leur chercher dans la forêt ce qu'elle a de plus raffiné à leur offrir : par exemple, des mûres comme ils n'en ont jamais mangé.

« Leurs selles sont maintenant parfaites, si l'on peut ainsi définir des selles. Je suis encore préoccupée par les horribles plaies faciales de la femelle que j'ai appelée Pucker. J'ai un très bon médicament pour les soigner, mais nos rapports se détériorent considérablement chaque fois que j'essaye de l'appliquer et je mets plusieurs jours à la réapprivoiser... Et maintenant, c'est Coco qui en a une sur le visage.

J'emmène parfois Coco dans la forêt, mais il est très timide à l'extérieur. Je suis sûre que Pucker nous suivrait bien, mais je préfère être accompagnée ; c'est l'animal le plus obstiné que j'aie jamais rencontré et je l'imagine très bien grimpant au sommet d'un hagenia de plus de vingt mètres et refusant d'en descendre...

Je ne peux toujours pas partir observer mes groupes, mais je remplis des cahiers de notes sur le comportement de ces deux monstres qui sont fascinants et ressemblent en tout point à tous les jeunes animaux sauvages. C'est passionnant de les observer de si près ! Grâce à la présence de la deuxième, je peux me dispenser de les pouponner pendant la nuit, mais ils en ont besoin pendant le jour. Il faut que je leur apprenne la signification de “ non ”, mais vu leur obstination, ce sera plutôt comique. Pour le moment, je ne regrette plus les jours de travail perdus, ce que j'observe est un complément important à mes recherches. »

Pendant ses rares moments de liberté, Dian se précipitait sur sa machine pour écrire des lettres furieuses au maire de Cologne, au directeur du zoo, aux diverses sociétés de protection de la faune et à tous ceux qui étaient susceptibles de l'aider à arrêter l'exportation des jeunes animaux.

Mais tous ses efforts étaient inutiles.

Le « conservateur » reste absolument imperturbable. Il est monté hier au camp pour me dire que les gorilles devaient arriver le 4 avril à Kigali, pour être expédiés le 5 en Allemagne. Il ne sait même pas comment s'y prendre et m'a demandé de tout organiser. Il était très nerveux et d'après ce que j'ai pu comprendre, toute cette histoire est une affaire privée entre l'ORTPN et le zoo de Cologne. Le voyage a été avancé de trois semaines et je pense que les lettres que j'ai écrites aux autorités y sont pour quelque chose. Je ne peux ni ne veux garder indéfiniment ces animaux, mais j'aimerais que Bob Campbell ait le temps d'en faire quelques photos. Le Dr Leakey s'est arrangé pour lui obtenir un séjour de six mois ici. Avec son aide, j'espère encore faire changer d'avis les autorités rwandaises ; le retour de ces bébés à la vie sauvage est peut-être encore possible.

Rien ne fut possible et Bob Campbell arriva au moment où l'on préparait les caisses pour le voyage des jeunes gorilles. Quatre jours avant la date de départ, Dian fit une ultime tentative de sauvetage.

Samedi, j'ai reçu un télégramme de la part de la Société pour la préservation de la faune, interdisant catégoriquement l'exportation des animaux. C'était ma dernière chance pour les rendre à la vie sauvage. Mardi matin, munie du télégramme, de photos de la cage et des bébés et accompagnée d'Alyette de Munck qui servirait d'interprète, je suis allée à Kigali. Ce fut un échec. Le directeur du service du Tourisme et des parcs nationaux ne voulait rien savoir. Mais ce voyage de deux jours n'a pas été complètement inutile. J'ai pu raconter l'histoire à quelques personnalités du gouvernement qui se sont dites choquées par le comportement de l'ORTPN. Je leur ai offert quelques photos des bébés que Bob Campbell avait prises, ils en étaient ravis.

Le directeur de l'ORTPN a proposé que le conservateur fasse capturer deux autres gorilles pour moi. Ces gens-là n'ont aucun sentiment de culpabilité ! Maintenant, je dois consulter un autre rapport sur ce que j'ai appris à Kigali : la faute incomberait au zoo de Cologne qui aurait commandé les deux animaux. J'ai eu une rencontre positive avec un membre de l'ambassade d'Allemagne pour contrecarrer, à l'avenir, ce genre de projets. Il paraît que deux autres zoos d'Allemagne sont à la recherche de gorilles, mais comme il ne s'agit que d'une rumeur, je ne peux pas la faire figurer sur mon rapport.

Les bébés prirent l'avion le 3 mai et, grâce aux soins de Dian, arrivèrent sains et saufs à Cologne. Ils moururent en 1978, dans leur cage du zoo, après avoir amusé pendant neuf ans ce primate supérieur qu'est l'homo sapiens.

Le départ de Coco et de Pucker ne ramena pas pour autant le calme dans la vie de Dian.

Le 10 mai, à 1 h 30, je me suis réveillée au bruit des flammes qui avaient envahi le mur d'en face et le plafond, au-dessus de la cheminée ! Avec beaucoup de calme et de présence d'esprit, je suis sortie de la maison en hurlant, j'ai trébuché sur une barrière, j'ai pu revenir de la cuisine avec deux récipients d'eau et j'étais en train de les lancer sur les murs quand mes hommes sont arrivés au secours. Quel gâchis, mais nous avons pu l'éteindre.

Puis, le lendemain, mes chères poules ont commencé à mourir. Chacune avait un nom et elles vivaient avec moi depuis longtemps. Elles avaient attrapé une maladie transmise par une poule que j'avais rapportée du village pour la manger. Je ne peux pas tuer les miennes. Je les ai aussitôt isolées dans des cages individuelles pour les soigner, mais il n'en reste plus que deux sur dix-neuf et je pense que l'une d'elles mourra avant ce soir.

L'incendie fut une bonne excuse pour améliorer le confort du camp. Une fois de plus, Alyette proposa ses services d'entrepreneur et surveilla les travaux. Elle fit construire une cuisine en tôle ondulée et une cabane à provisions. Le camp comprenait maintenant deux cabanes permanentes et deux tentes : l'une pour les travailleurs du camp et l'autre pour Bob Campbell. Elles étaient situées en contrebas de la prairie, à quelque distance de la cabane de Dian.

Après le départ de Coco et Pucker, il fallut quelques mois pour que les observations reprennent leur cours habituel. Dian initia Campbell au pistage des gorilles et au rituel d'approche. Elle éprouvait une sympathie croissante pour ce jeune Écossais sensible et tranquille. Mais son travail était rendu difficile par une longue période de sécheresse qui avait chassé les gorilles de leur territoire habituel. Ils étaient partis à la recherche d'autres sources alimentaires et elle mit quelques semaines à les localiser.

Hier et aujourd'hui, j'ai pu établir deux excellents contacts avec le Groupe 8, surtout avec Peanuts qui est assez curieux et joueur pour chercher la proximité. Hier, il a manifesté des capacités de raisonnement en essayant d'attraper un bonbon que j'avais mis à côté de moi.

C'était une sucette avec laquelle j'ai fait une grosse mise en scène : je me suis mise à grignoter le bout tout en imitant les sons de plaisir qu'émettaient Coco et Pucker en mangeant leurs aliments favoris. Peanuts était au comble de l'excitation, et alors j'ai posé le bonbon à côté de moi tout en me détournant légèrement. Au lieu de le prendre aussitôt, ce qu'il aurait pu faire très facilement, il a essayé de tirer vers lui les feuillages sur lesquels le bonbon était posé. Il était sur le point d'y arriver quand la sucette a glissé dans la poussière, disparaissant ainsi de sa vue. Il en était malade !

Pour le travail de recensement des gorilles, Leakey avait engagé un jeune homme anglais, rencontré à Nairobi. Mais Dian constatait, au fil du temps, que la vie isolée dans les Virungas exigeait des capacités physiques et mentales que la plupart des candidats ne possédaient pas ou qu'ils n'arrivaient pas à développer par manque de motivation profonde.

Le jeune étudiant anglais avait eu droit à un cours intensif sur les gorilles et, au bout de peu de temps, s'était trouvé un pisteur indigène avec lequel il s'était installé sur une autre montagne, à quelques kilomètres de Karisoke. Ses notes de recherche qu'un coursier faisait parvenir à Dian devinrent rapidement si bizarres qu'elle se posa des questions sur son équilibre mental. Elle finit par apprendre par son équipe qu'il faisait une consommation massive de haschisch. Vers la mi-septembre, elle demanda à Leakey la permission de le congédier.

Le recensement était un aspect important de ses recherches et cette dernière mésaventure ne faisait que se rajouter à celles de ces derniers mois. De plus, son état de santé semblait prendre un mauvais tournant. Elle avait de fortes douleurs de poitrine et craignait d'avoir attrapé la tuberculose. La peur de cette maladie avait hanté son enfance et s'était renforcée à l'époque où elle avait travaillé avec des patients tuberculeux à l'hôpital de Duarte, en Californie. Quand un médecin, voisin de Rosamond Carr, confirma ses soupçons, elle en fut si alarmée qu'elle écrivit à Leakey, lui demandant de la rencontrer à Nairobi.

Leakey était débordé comme d'habitude, voyageant pour recevoir des prix ou réunir les fonds nécessaires à poursuivre ses recherches. Il lui donna rendez-vous le 8 octobre à Nairobi, entre deux voyages en Europe et aux États-Unis.

En la recevant à l'aéroport, il ne fit aucun effort pour cacher le plaisir qu'il éprouvait à la revoir. Grande et droite, confortablement vêtue de jeans et d'une chemise de travail, ses longs cheveux tressés en une belle natte, Dian était l'une des femmes les plus marquantes qu'il ait jamais rencontrées.

« Je n'aime pas faiblir, mais je suis au bout du rouleau, lui raconta-t-elle. Tout s'est ligué contre moi. Coco et Pucker me manquent terriblement et je ne veux même pas penser à ce qui leur arrivera à Cologne. Je veux continuer le travail de recensement, mais il m'est impossible de le faire sans être convenablement aidée.

Les bergers et les braconniers me rendent folle. Et pour couronner le tout, j'ai peur d'avoir attrapé la tuberculose. »

« Ma chère amie, vous avez besoin de vacances, lui répondit gaiement Leakey. Quand j'y pense, j'en ai autant besoin que vous. Laissez-moi m'en occuper et j'organiserai quelque chose. En attendant, je vais vous prendre rendez-vous chez le meilleur spécialiste du Kenya pour qu'il examine vos poumons. »

Dian subit une série de tests, prit des médicaments pour enrayer ses symptômes, mais le diagnostic définitif ne pouvait être établi que dans quelques jours. Leakey avait de la suite dans les idées et, un beau matin, Dian et lui quittèrent Nairobi pour un safari dans les plaines verdoyantes du sud du Kenya. En compagnie de cet homme enthousiaste et tant admiré, Dian oublia tous ses soucis.

Le safari organisé par Leakey n'avait rien à voir avec celui que Dian avait fait, six ans plus tôt, sous la houlette de John Alexander, le « Grand Blanc ». Les véhicules étaient confortables et équipés d'air conditionné. Les tentes comportaient des douches et des lits confortables. On servait une nourriture délicieuse, accompagnée de bons vins. Dans ces conditions idylliques, Dian succomba au charme des nuits étoilées dans la savane odorante. Quant à Leakey, il fit plus que succomber et il tomba follement amoureux de sa compagne.

Ils revinrent une semaine plus tard à Nairobi où Leakey devait prendre un avion pour Londres. Le jour de son départ, il écrivit à Dian trois lettres aussi ardentes que celles d'un adolescent transi d'amour. Il était affolé par cette longue séparation dans l'espace et dans le temps, mais se consolait avec le souvenir de cette « semaine paradisiaque » et la conviction que, dorénavant, ils appartenaient l'un à l'autre.

9.

Pendant les semaines qui suivirent, Leakey envoya à Dian des lettres passionnées, mais cet amour était à sens unique et ne recevait pas de réponse. De retour à Nairobi, à la mi-novembre, il commençait à perdre tout espoir de la voir ou, à défaut, d'avoir de ses nouvelles. Il lui proposa de partir pour un autre safari et, devant son silence, lui écrivit pour lui dire qu'il lui offrait un rubis et aimerait avoir son avis sur la taille et la forme de la bague. « Je désire que vous l'ayez rapidement comme un gage de mon profond intérêt... »

Les lettres de Leakey avaient un effet inhibant sur Dian. Elle était embarrassée par l'attitude servile du grand Louis Leakey, ce parangon de force et de volonté. Peut-être se sentait-elle aussi un peu coupable d'éprouver de plus en plus d'intérêt pour Robert Campbell.

Elle finit par lui envoyer une courte lettre plutôt officielle, accompagnée d'un long rapport sur un récent voyage à Kabara. Elle pensait ainsi tempérer ses ardeurs et réinstaurer leur ancienne amitié, mais ce ne fut pas le cas.

Enchanté d'avoir enfin une réponse, Leakey lui répondit avec des débordements de joie et lui annonça que les résultats de ses analyses montraient qu'elle n'avait pas de tuberculose.

A la fois reconnaissante et apitoyée par cet amant de soixante-sept ans, Dian lui écrivit une lettre chaleureuse et gaie, lui donnant des nouvelles des gorilles, mais passant ses sentiments sous silence. Dans son journal, elle écrit sur un ton affolé :

Je ne sais pas quoi faire avec Leakey. Mon Dieu, quel gâchis.

La réponse qui arriva par le courrier suivant était euphorique. Leakey faisait des plans pour la rencontrer à Cambridge, alors que Dian comptait sur son long voyage en Angleterre pour tempérer sa passion.

Depuis son retour à Karisoke, Dian était submergée par un monceau de notes qu'elle devait mettre en ordre en vue de son premier semestre à Cambridge.

Elle était aussi très occupée sur le terrain. Au début du mois de novembre, elle s'était aventurée dans les montagnes de Kabara, au Congo, consciente du risque de se faire emprisonner par les militaires ou les gardes du parc. Mais elle tenait à savoir ce qui était arrivé aux groupes de gorilles de Kabara.

La distance à vol d'oiseau ne dépassait pas trois kilomètres, mais Dian et ses deux pisteurs marchèrent pendant cinq heures sous une pluie torrentielle pour atteindre la prairie familière. Une fois sur place, elle ne retrouva qu'un seul de ses groupes et, de plus, en mauvais état. Elle ne rencontra ni soldats, ni gardiens de parc, mais tomba sur de nombreuses traces de braconnage et sur des troupeaux qui avaient envahi la région. Aidée de ses deux hommes, elle prit le grand risque de démanteler une soixantaine de pièges de braconniers et de détruire quelques abris construits par les bergers. Mais ce n'était là qu'un geste symbolique. Il fallait qu'elle se rende à la triste évidence : une bonne moitié des gorilles qu'elle avait observés en 1967 avait disparu.

Peu de temps après cette aventure, Dian devait faire face à un danger encore plus grave.

Le 17 novembre, j'ai été mordue à la jambe par un chien de braconnier, mais comme la blessure semblait insignifiante, je n'y ai pas prêté attention. A mon grand embarras, les gens, autour de moi, en ont fait grand cas parce que plus de 60 pour 100 des chiens errants du Rwanda étaient porteurs de la rage et que cette maladie est fatale si elle n'est pas immédiatement traitée.

Tout le monde m'a poussée à m'en occuper, mais je n'en avais pas le temps. Leakey qui a été mis au courant m'a immédiatement expédié des seringues et des vaccins, mais je ne les ai pas utilisés. Au cours de mon voyage suivant dans les montagnes, au mois de décembre, j'avais déjà oublié toute cette histoire. Je suis descendue pour poster mon courrier, faire des courses et accompagner Bob Campbell qui partait à Nairobi pour passer Noël avec sa femme. Je suis remontée pour mettre à profit mes quelques semaines de solitude et préparer mon voyage en Angleterre. Mais, très rapidement, j'ai commencé à me sentir faible, presque incapable de me tenir debout, en proie à des sueurs et des frissons ; mes oreilles bourdonnaient, j'avais le vertige et de la fièvre.

Ne plaisantons pas. J'ai sérieusement pensé que j'avais la rage, mon unique livre de médecine confirmait tous les symptômes. Alors je me suis dit que j'allais mourir et que je n'étais pas du tout prête. Ce soir-là, j'ai rampé jusqu'à la porte d'entrée et j'ai tiré un coup de pistolet en l'air pour appeler mes gens ; j'ai demandé à deux d'entre eux d'aller vers la maison européenne la plus proche – les bâtiments administratifs du parc – et de me rapporter des médicaments parce que j'allais très mal. J'étais touchée par ces hommes qui s'enfonçaient dans la nuit, avec une torche pour unique protection, alors que la région est pleine de buffles, l'unique animal que les Africains craignent.

J'ai passé le reste de la nuit à combattre mon délire en lisant un livre parce que j'avais peur de m'endormir. Vers 5 h 30 du matin, mon matelas était trempé de sueur, mais j'étais gelée.

Un peu plus tard, M. Descamps frappait à la porte et ce brave petit Belge m'est apparu comme un ange gardien. Ses premiers mots ont été « Mon Dieu » parce que j'étais, paraît-il, d'une couleur plutôt bleuâtre. Il a ordonné au garçon d'apporter un bac d'eau glacée, m'a tirée du lit et m'a enveloppée dans des serviettes mouillées et froides. C'était un vrai supplice ! Après une vingtaine de minutes de ce traitement, il m'a ordonné de me changer, puis « Allez », dehors. Un teepoy, une sorte de gros panier équipé de solides poignées, était porté par six Africains. On m'y a installée avec une pile de couvertures et avant même que j'aie pu dire kwa heri, les hommes ont commencé à me porter d'une manière si délicate et silencieuse que je ne sentais même pas les branches d'arbres défiler au-dessus de ma tête. C'était une expérience plutôt étrange. Je n'étais pas en possession de toutes mes facultés, mais j'étais tout de même consciente du silence des porteurs et de la beauté étincelante et fraîche du matin.

En arrivant à la Land Rover, je commençais à être plus consciente de mon environnement. On me transporta à l'hôpital le plus proche et tous les médecins et infirmières francophones de Ruhengeri me traitèrent comme un cas de rage. Personne ne parlait l'anglais et j'ai appris, en trois jours, plus de français qu'au cours des trois dernières années.

La journée a été une succession de piqûres douloureuses, accompagnée d'un torrent de français. C'était un hôpital destiné à soigner les autochtones, et entre les allées et venues de l'équipe européenne, j'entendais les pleurs des bébés malades, le bourdonnement des mouches, et l'odeur de leur cuisine imprégnait ma chambre. Pour agrémenter tout cela, il y avait aussi des incidents comiques : une infirmière française qui semblait manger de l'ail à tous les repas venait me voir et en me demandant « Comment ça va ? », dégageant une odeur qui me donnait des nausées.

Au bout de trois jours de ce traitement, sentant que mon esprit allait succomber avant mon corps, j'ai préparé mon sac à dos, prête à affronter le docteur pour lui dire que je partais. Mes sujets de *mécontentement étaient nombreux : il n'y avait pas d'autre eau potable que celle que les infirmières apportaient de chez elles ; les repas étaient préparés dans un horrible hôtel de Ruhengeri et livrés par le propriétaire qui puait le whisky et ne se réveillait jamais avant midi. Pour nous servir le petit déjeuner, il eût fallu qu'il le prépare la veille au soir.*

Rosamond Carr fit son apparition au moment même où je m'apprêtais à partir. Elle avait appris que j'avais des problèmes et avait tout laissé tomber pour voler à mon secours. De ma vie, je n'ai été aussi heureuse de voir quelqu'un. En moins d'une heure, j'étais libérée et nous étions en route vers la plantation où je devais continuer les piqûres contre la rage pendant onze jours. J'occupais une belle chambre avec une superbe vue sur les jardins, les domestiques étaient à mes petits soins et je suis restée chez Rosamond jusqu'à la fin du traitement.

Le 30 décembre, j'ai pris la direction du camp et, fort heureusement, c'était le jour où Bob Campbell revenait de Ruhengeri. Alors, nous avons fait la route ensemble en prenant largement notre temps.

Dès les premiers jours de 1970, les pluies et les brumes saisonnières s'arrêtaient, le soleil brillait sur la forêt, arrachant Dian à sa cabane avant même qu'elle soit complètement rétablie. Accompagnée de Bob Campbell, elle repartit à la recherche des gorilles, passa dix journées très fructueuses, couronnées par un événement exceptionnel. Peanuts, le jeune noir-noir du Groupe 8, fut le premier gorille de montagne à établir un contact physique avec un être humain.

Peanuts a quitté son arbre pour se pavaner devant moi avant de commencer à s'approcher. Il aime se donner en spectacle. Il s'est frappé la poitrine, a jeté en l'air des poignées de feuilles, s'est pavané en frappant le feuillage autour de lui, puis, d'un coup, il était à côté de moi. Son expression indiquait qu'il m'avait amusée et que maintenant c'était mon tour. Il s'est assis pour me regarder me nourrir, mais comme il ne semblait pas très impressionné, j'ai changé d'activité. J'ai commencé à me gratter la tête bruyamment pour émettre un son qui leur est familier, les gorilles ayant l'habitude de se gratter souvent.

Presque aussitôt, Peanuts aussi s'est mis à se gratter. C'était à se demander qui singeait qui. Puis je me suis étendue sur le feuillage pour paraître aussi inoffensive que possible et lentement, je lui ai tendu la main. Je lui ai d'abord présenté la paume qui ressemble plus à celle des gorilles que le dos de notre main. Quand j'ai vu qu'il reconnaissait cet « objet », j'ai lentement retourné la main et l'ai laissée, posée sur le feuillage.

Peanuts semblait réfléchir pour savoir s'il devait accepter ma main, cet objet étrange et familier qui lui était tendu. Finalement, il a fait un pas, a tendu sa propre main et a délicatement passé ses doigts sur les miens. A ma connaissance, c'est bien la première fois qu'un gorille sauvage s'approchait d'un être humain au point de lui « donner la main ».

Peanuts s'est assis et a regardé ma main pendant un moment. Puis, il s'est redressé et a donné libre cours à son excitation en se battant la poitrine. Ensuite il est parti rejoindre son groupe qui mangeait tranquillement sur la colline, à vingt-cinq mètres au-dessus de nous. J'ai exprimé ma propre joie en pleurant. C'était le plus beau cadeau de départ que j'eusse pu espérer avoir.

Pour couronner le tout, Bob Campbell avait fixé l'événement sur une séquence que la *National Geographic* publia dans une double page. Sur la photo, l'expression du visage de Dian est proche de l'extase.

Une semaine plus tard, le 11 janvier 1970, Dian errait dans les rues étroites et vénérables de Cambridge, à la recherche de Darwin College où elle devait suivre un trimestre de cours pour la préparation de son doctorat. C'était un des plus anciens et prestigieux centre de recherches en sciences naturelles.

Au début, elle fut charmée par le cadre et stimulée par ses camarades d'études. Mais son enchantement fut de courte durée.

Dans cette partie de l'Angleterre, il fait noir jusqu'à 9 h 15 du matin, puis la grisaille succède au noir jusqu'à environ 17 h 00 où il fait nuit. Je me sens comme une taupe. Robert Hinde, mon directeur de thèse, vient me chercher vers 8 h 30 pour m'emmener au laboratoire de Maddingley où je passe des journées entières, penchée sur mes notes, sur l'ordinateur ou sur l'équipement sonographique.

Je ne me sens pas particulièrement heureuse : il faut se plier à des milliers de règles, la ville est agitée et pleine de monde, les gens se donnent de l'importance, l'air est lourd, gris et brumeux tout au long de la journée et il est impossible de préserver son intimité. Je pense qu'il me faut le temps de m'y habituer, mais je n'ai jamais eu ce problème en Afrique. Ici, j'ai l'impression de dépendre des gens pour la moindre chose et je déteste cela.

Pendant ce temps-là, à Nairobi, Leakey attendait, sans succès, des nouvelles ou une reconnaissance de son amour.

Dian lui avait écrit brièvement pour lui dire qu'elle se sentait enfermée et aliénée à Cambridge, et que l'étiquette et le protocole lui importaient peu. « Je ne me sens pas à l'aise avec les gens, et tout cela n'en vaut pas la peine. »

Leakey essayait de lui remonter le moral en lui donnant des nouvelles encourageantes. Il voulait convaincre Robert Hinde de réduire le temps de présence de Dian en Angleterre et lui suggérait même de renoncer à son doctorat. Ce qui importait, disait-il, était de présenter ses recherches de manière scientifique. Il avait l'intention d'aller à Londres vers le 5 ou le 6 février et espérait l'y rencontrer.

Mais la vie est imprévisible et, peu après son arrivée à Londres, Leakey eut une attaque cardiaque et fut transporté d'urgence dans un hôpital.

Dian lui écrivit immédiatement, mais mit un mois à aller lui rendre visite à Londres, à une heure et demie de trajet de Cambridge.

Leakey guérit vite et se remit à travailler et à voyager. Il lui arriva de rencontrer Dian, mais elle était toujours attentive à limiter ces rencontres et à éviter toute situation d'intimité.

Leakey ne se décourageait pas pour autant et continuait à exprimer son amour dans toutes ses lettres, dans des notes griffonnées au bas de leur correspondance « officielle », qu'il dictait à sa secrétaire.

Il continuait à la presser d'accepter le rubis qu'il avait fait monter sur une bague. Elle finit par céder à contrecœur et le garda comme une de ses possessions les plus précieuses.

La dernière lettre, retrouvée dans les papiers de Dian date de janvier 1972, quand elle était encore à Cambridge.

Leakey semblait abattu ; tout allait mal, il n'arrivait pas à réunir des fonds et un projet d'études sur les orangs-outangs était sur le point d'échouer. Dépassé par les problèmes financiers qui affectaient même ses propres recherches, il terminait sa lettre en souhaitant que Dian « soit auprès de lui pour calmer cette affreuse incertitude et lui apporter la paix ». Peut-être avait-il le pressentiment que le temps lui était compté. Quelques mois plus tard, une deuxième crise cardiaque devait mettre fin à la vie et aux amours de Louis Leakey.

10.

Dian n'était pas heureuse à Cambridge, mais en se préparant à quitter l'université, en mars 1970, à la fin de son premier trimestre, elle reconnaissait à contrecœur la nécessité de ces études.

Il faut avoir son passeport pour le domaine scientifique. Sans le doctorat, il est très difficile d'être financé ou d'avoir de très bons étudiants qui travaillent sur le projet. Si on n'a pas ce Grand Diplôme, on en fait les frais.

Elle avait l'intention de retourner à Cambridge, en octobre, pour une période de six mois, mais il fallait qu'elle trouve, auparavant, quelqu'un qui soit capable de s'occuper du camp et des gorilles pendant son absence.

Les candidats ne manquaient pas. Depuis qu'elle avait publié son histoire avec les gorilles dans l'édition de janvier 1970 de la *National Geographic,* elle avait acquis une certaine notoriété ; elle recevait un courrier volumineux de toutes sortes de gens qui voulaient venir à Karisoke. Mais la plupart de ces volontaires ne l'intéressaient pas.

Cela peut sembler terriblement arrogant de ma part, mais je ne veux pas que mon camp soit envahi par des hippies, des resquilleurs et autres aventuriers qui veulent « travailler pour rien ». Cette espèce-là peut toujours s'amuser à protester en Amérique, mais je n'en veux pas ici.

Elle finit quand même par trouver un candidat idéal. Il s'agissait d'un ancien enseignant qui s'était remis à étudier pour préparer une licence de zoologie et avait fait des recherches sur des orangs-outangs captifs. Il avait écrit au Dr Hinde pour se renseigner sur des recherches au niveau du doctorat, et Hinde avait transmis la lettre à Dian.

« J'ai enfin trouvé le bon candidat, écrit-elle à Leakey. Il s'appelle

Alan Goodall, sans aucun rapport avec Jane ! Je sais que vous l'aimerez, cher Louis, parce qu'il est honnête, franc, intelligent, adonné à son travail, il a le sens de l'humour, du bons sens, de l'humilité et, par-dessus tout, de la maturité. C'est ce jeune homme qui doit me remplacer pendant mon absence du camp et même me seconder dans mes recherches qui commencent à être trop étendues pour une seule personne. »

Alan Goodall était marié et lorsque Dian le rencontra à Cambridge, sa femme attendait un enfant. Après l'expérience désastreuse du fumeur de haschisch, il semblait représenter la stabilité et la maturité que Dian recherchait.

Comme il avait une charge de famille, Dian accepta de lui faire verser un petit salaire – l'équivalent de 500 francs par mois – et assura le voyage de sa famille au Rwanda.

Leakey n'était pas d'accord :

– Vous êtes trop généreuse. Après tout, c'est moi qui essaye de réunir les fonds.

– Généreuse ! lui répondit Dian avec fureur. Tout le monde ne travaille pas pour rien ! Si je ne reçois pas une aide convenable, je me verrai dans l'obligation d'abandonner le projet !

Leakey capitula. Et Goodall accepta de diriger Karisoke pendant que Dian passerait deux autres trimestres à Cambridge.

En été, dès son retour dans les Virungas, Dian passa tout son temps disponible avec les gorilles. Bob Campbell l'accompagnait souvent et prenait des photos pour illustrer un deuxième article qui devait paraître dans la *National Geographic,* en octobre 1971. Il préparait aussi un film pour une émission télévisée. Le contact proche avec les gorilles faisait maintenant partie de la routine et tout en travaillant dans des conditions très difficiles, Campbell arrivait à fixer quelques images remarquables de communion entre les deux espèces.

Dian appréciait énormément sa présence. Depuis qu'elle lui avait confié le chagrin de la mort de son père, elle ressentait une certaine affinité pour cet homme modeste qui travaillait tout le temps sans se plaindre. Il lui arrivait de se poser des questions sur sa vie à Nairobi, mais sachant qu'il était marié, elle n'entrait jamais dans sa vie privée.

Leur étroite collaboration professionnelle s'était rapidement transformée en une relation personnelle très intense. C'est pour lui que Dian commença à teindre des cheveux qui, à trente-huit ans, commençaient à grisonner. Quant à Campbell, il lui inspirait des comportements plus domestiques. Elle aimait lui faire la cuisine et il avait un effet apaisant sur son humeur versatile.

Parfois il rentrait à Nairobi et Dian appréhendait ces départs. Sa présence lui manquait et il lui arrivait de se mettre à boire, le soir, pour tromper la solitude. Pendant son absence, elle passait des heures à coudre des rideaux ou à enjoliver son intérieur dans l'attente de son retour.

Mais sa vie privée n'empiétait pas sur ses recherches, ni sur la guerre qu'elle menait contre les braconniers et les bergers. Infatigable et implacable, elle continuait à démanteler les pièges, à détruire les abris et à chasser le bétail hors des limites du parc. Parfois elle réagissait avec une telle férocité qu'elle en était elle-même horrifiée. Ce fut le cas au cours d'un affreux incident qui survint au mois de mai.

Un pauvre buffle était resté coincé entre deux branches d'arbre quand deux bergers Tutsi sont arrivés et l'ont trouvé dans cet état. Ils ont coupé la chair de ses pattes de derrière et l'on laissé vivant et horriblement torturé. C'est dans cet état que mes hommes l'ont trouvé. J'ai chargé mes petits pistolets et suis partie à la recherche du pauvre animal. Il était encore plein de courage et grognait de toutes ses forces pour défendre ce qui lui restait de vie. J'ai eu du mal à tuer une telle manifestation de bravoure et j'ai pleuré en déchargeant les balles dans sa peau. Je pense que je n'oublierai jamais ses yeux.

D'avoir eu à tuer cet animal a eu sur moi des effets que je n'aurais pas imaginés. Je me retrouve en train de venger la cruauté des Tutsi en tirant sur leurs animaux pour les rendre infirmes. J'avais l'habitude de tirer en l'air ou à côté des troupeaux, mais maintenant, je vise leurs pattes arrière et j'ai déjà fait quelques bonnes victimes.

Cela ne me rend évidemment pas meilleure que les cruels Tutsi, mais du coup, la région est débarrassée du bétail et le buffle, l'éléphant et le gorille peuvent revenir dans leur territoire.

Au mois de septembre, Dian avait installé Alan Goodall à Karisoke et s'apprêtait à partir, d'abord pour Los Angeles, puis pour Cambridge. Elle devait participer à un événement qui, plus que tout autre, devait confirmer sa renommée de naturaliste d'envergure mondiale. Une fois de plus, c'était Louis Leakey qui avait tout organisé pour la faire inviter à un dîner au profit de la Fondation Leakey ; Dian devait y faire un exposé en tant qu'invitée de marque. Elle était intimidée par cet auditoire de notables et se demandait si elle parviendrait à les intéresser à son sujet pendant une heure. Mais dès qu'elle monta sur scène, merveilleusement habillée, et qu'elle montra la première diapositive de gorilles en l'accompagnant de commentaires avec son petit accent du sud, le public fut conquis.

Un tonnerre d'applaudissements couvrit ses derniers mots et paradoxalement, ce triomphe marqua en même temps la fin de sa dépendance de Leakey. Elle ne devait pas tarder à avoir suffisamment d'influence dans les milieux académiques pour pouvoir gérer Karisoke par ses propres moyens. La preuve lui en fut fournie une semaine plus tard, quand elle obtint de nouveaux crédits de la part de la *National Geographic,* sans l'aide de Leakey.

Sous la tutelle de Dian, Alan Goodall avait appris la routine quotidienne à Karisoke ; l'observation des gorilles et la chasse aux braconniers et aux bergers. Mais il avait du mal à s'adapter à l'isolement, à la rudesse du climat et au pistage des gorilles qui exigeait de solides qualités physiques.

Les dos argentés l'avaient attaqué une ou deux fois en guise de parade et pour réagir à sa présence. Découragé par tous ces obstacles, Alan commençait à se demander s'il ne s'était pas trompé dans son choix. En fait, il avait essayé de démissionner le jour même du départ de Dian pour Los Angeles, mais elle était arrivée à l'en dissuader. Goodall relate cette scène dans son propre livre, *Les gorilles errants :*

« Elle a écouté le récit de mes malheurs avec sympathie, puis m'a raconté qu'elle avait éprouvé les mêmes difficultés en arrivant ici, trois ans plus tôt. Après le départ d'Alyette de Munck qui l'avait accompagnée, elle s'était retrouvée toute seule, au sommet de la montagne, et quand un des Africains de l'équipe était venu lui parler, elle s'était enfermée dans sa cabane. Plus tard, en consultant son dictionnaire, elle avait compris que l'homme lui avait tout simplement demandé si elle avait besoin d'eau chaude ! Telle est la peur de l'inconnu. »

Selon les critères rigoureux de Dian, son travail de recherche laissait un peu à désirer, mais c'était un homme énergique et déterminé et un ardent défenseur de l'environnement.

Une fois, il était allé jusqu'à tirer sur un braconnier en fuite avec le pistolet de calibre 32 que Dian lui avait laissé. Goodall admet l'avoir blessé à la jambe, alors que Dian soutenait qu'il l'avait atteint dans le dos. Le braconnier était allé se faire soigner à l'hôpital de Ruhengeri où il avait comme voisin de lit le jardinier d'Alyette. En apprenant l'histoire, Mme de Munck s'était précipitée à Karisoke pour interroger Goodall qui avait tout reconnu. Elle lui avait lu l'acte d'accusation, mais heureusement pour lui, le gouvernement rwandais avait décidé de fermer les yeux sur l'incident.

Vers le début de novembre, Alan avait appris, par des rumeurs, que des paysans avaient tué quelques gorilles, au pied du mont Karisimbi. Accompagné de sa femme et de Guamhogazi, un des travailleurs du camp, il avait mis une demi-journée à arriver sur les lieux où ils avaient trouvé cinq cadavres mutilés : deux dos argentés, un mâle noir-noir et deux femelles adultes. Les animaux qui, heureusement, n'appartenaient pas à un des groupes d'étude avaient été tués à l'extérieur des limites actuelles du parc. Mais ils se trouvaient à l'intérieur des anciennes limites dont le tracé était encore visible. Les corps avaient été horriblement mutilés par des chiens, des hyènes et autres charognards, au point qu'il était impossible de déterminer la cause de leur mort. Mais en trouvant de nombreux cadavres, Goodall en avait déduit qu'ils avaient été soumis à un jet de pierres meurtrier par les paysans effrayés. Quant au bébé gorille, il avait dû être capturé au cours du massacre.

Dian avait lu avec colère le rapport qu'Alan lui avait envoyé à Cambridge. Tout en sachant la peur que pouvaient susciter des gorilles en colère, elle avait écarté l'hypothèse de la lapidation. Et le massacre s'étant produit dans la région même où Coco et Pucker avaient été capturés, elle en avait déduit que les auteurs étaient, une fois de plus, des braconniers qui avaient voulu capturer des bébés pour les zoos.

Furieuse, elle avait écrit une lettre au conservateur du parc, l'accusant d'incitation au meurtre et le menaçant de la colère de l'opinion publique internationale. Elle avait écrit aussi, dans la foulée, à son employeur, le directeur du Tourisme et des parcs nationaux, et à un ami qui travaillait à la compagnie aérienne Sabena, à Kigali : elle lui demandait de surveiller le cargo pour intercepter un chargement éventuel d'un bébé gorille. Elle mit aussi Alyette de Munck à contribution pour que ses gens fassent une enquête auprès des paysans. Mais n'arrivant à obtenir aucune information, l'incident lui servit de leçon. Elle monta, plus tard, son propre réseau d'informateurs à Ruhengeri et à Kigali, pour empêcher le trafic illégal et la nuisance aux animaux.

Le 12 mars 1971, Dian revint à Kigali. Elle s'y sentait de plus en plus chez elle. Alan Goodall s'en alla, elle fit construire une nouvelle cabane pour remplacer la tente dans laquelle Bob Campbell avait vécu durant l'année précédente et un peu plus tard, elle fait ajouter une quatrième cabane pour y loger les étudiants qui recensaient la population de gorilles du parc.

Les premiers étudiants à s'occuper de ce travail étaient deux jeunes Américaines : Jacqueline Raine et Marshall Smith. D'autres étudiants de Cambridge ne devaient pas tarder à les rejoindre : il s'agissait de Nick Humphrey, Sandy Harcourt, Graeme Groom et d'autres encore. A l'origine, les étudiants étaient logés dans les parties isolées du parc où la population de gorilles n'avait pas encore été observée. Plus tard, lorsque le recensement fut achevé et que l'accent fut mis sur le comportement de ces animaux, ils regagnèrent Karisoke.

Avant son deuxième départ pour Cambridge, Bob Campbell avait parlé à Dian de son éventuel divorce. Mais quand elle revint à Karisoke, en mars 1971, il lui avoua qu'il n'avait pas pu en parler à sa femme avec laquelle il vivait depuis dix ans.

Bien que déçue par ce qu'elle considérait comme de la lâcheté, Dian lui pardonna et leur relation reprit de plus belle.

Pour la première fois de sa vie, elle était réellement amoureuse et aspirait à fonder une relation stable avec Bob. Chaque fois qu'il retournait à Nairobi, elle espérait qu'il mettrait fin à son mariage, mais il remettait sa décision sans cesse à plus tard.

La situation demeura inchangée pendant tout l'été ; puis vers la fin novembre, Dian découvrit qu'elle était enceinte. Pour une femme blanche, il n'était pas facile de se faire avorter dans le Rwanda catholique. L'opération finit par être faite par un Belge qui travaillait au Congo, de l'autre côté de la frontière et qui accepta de venir à Gisenyi pour pratiquer l'intervention.

1er décembre : *Rendez-vous à 11 h. Il ne m'est jamais rien arrivé de tel et il me semble en avoir oublié une bonne partie. Pendant l'intervention, j'ai avalé ma langue et suis devenue écarlate. Nous sommes allés chez Rosamond dans la voiture de Bob. Le mont Nyiragongo en éruption toute la nuit. Ai eu besoin d'une piqûre pour dormir.*

Après quatre jours de convalescence, Dian insista pour revenir au camp. Malgré les protestations de Rosamond, elle prit la voiture, arriva au pied de la montagne et entreprit l'ascension à pied. Dans l'après-midi, elle commençait à avoir une hémorragie.

Complètement terrifiée, me suis mise au lit en attendant que Bob revienne de chez les gorilles. Ne lui ai pas dit ce qui n'allait pas et ne pense pas qu'il ait deviné à quel point cela allait mal.

Bien qu'elle lui ait caché l'ampleur du saignement, Bob resta à proximité du camp pendant trois jours. Au bout de ce temps-là, Dian fit demander des médicaments à l'hôpital de Ruhengeri. Le porteur revint avec des cachets et un message du Dr Weiss lui ordonnant de venir immédiatement à l'hôpital pour se faire soigner. Dian ignora le message et rassura Bob en lui disant que les médicaments finiraient par stopper l'hémorragie.

Elle avait tort. Le quatrième jour, elle était trop faible pour quitter le lit. Et Bob qui devait partir à Nairobi pour voir sa femme quitta le camp vers 10 heures du matin. Avant de prendre l'avion, il s'arrêta à Ruhengeri pour consulter le Dr Weiss. Il fut si alarmé par ce qu'il entendit qu'au lieu d'aller à l'aéroport, il engagea immédiatement dix porteurs, une litière et à 2 heures de l'après-midi, il était au chevet de Dian.

Trop faible pour résister, Dian se laissa transporter à l'hôpital et avant de repartir à Nairobi, Bob lui fit promettre qu'elle ne s'en irait pas avant d'avoir complètement guéri.

Deux jours plus tard, Dian saignait tellement que le Dr Weiss dut l'opérer d'urgence.

Ils m'ont fait une piqûre pour m'assommer et je me sens très faible maintenant. Après l'opération, je me suis entendue crier et j'en avais honte. Ils m'ont donné du plasma... Me sens plutôt vaseuse au réveil. Essaye de parler au Dr Weiss, mais n'entends rien. N'ai pas fumé jusqu'à cinq heures de l'après-midi. La plupart du temps, travaille sur le manuscrit de la National Geographic. *Dr Weiss m'a dit qu'il était resté des choses à l'intérieur. Maintenant que tout est enlevé, plus de saignements.*

Deux jours après l'opération et malgré la colère de son médecin, Dian voulait retourner au camp. « Vous êtes folle, lui dit le Dr Weiss. Vous pouvez avoir des complications. Si vous ne restez pas ici, je décline toute responsabilité. Ce que vous avez fait est déjà stupide et ce sera encore plus stupide de repartir. »

Il n'a pas été très gentil, mais je respecte son intégrité tout en n'étant pas très sûre qu'il ait dit la vérité. Une des infirmières est arrivée, dégoulinant de fausse sympathie parce que, dit-elle, je ne pouvais plus avoir de bébés. Dr Weiss dit que ce n'est pas vrai, mais je ne peux pas supporter la manière dont ils me regardent, comme si j'étais une criminelle. Je dois m'en aller d'ici.

Au cours des deux semaines qui suivirent Dian était d'une humeur si noire qu'elle s'abrutit de travail. Rosamond et Alyette l'avaient invitée pour Noël, mais il n'était pas question de quitter Karisoke à cette période de l'année. C'était la saison du braconnage et il n'y avait personne d'autre à Karisoke pour protéger les gorilles.

Le soir de Noël, elle distribua des cadeaux à son équipe et but quelques bouteilles de bière avec ses hommes. Puis elle revint dans sa cabane et continua à boire jusqu'au moment où elle s'endormit.

Le lendemain, elle écrivit des lettres, travailla à son rapport mensuel pour la *National Geographic* et, en l'absence de Bob, fit des projets pour améliorer son habitat. Mais elle était d'une humeur exécrable.

Ce matin, je suis sortie, furieuse de voir des vaches dans tout le camp. Pris mon revolver et tué une vieille vache d'une seule balle dans la nuque. Elle est tombée sur les genoux, a baissé la tête et est aussitôt morte. Deux bergers Tutsi étaient dans les environs. Ils ont eu peur, mais je leur ai demandé de venir chercher leur vache. Le lendemain matin, une quinzaine d'entre eux sont venus enlever le cadavre et le découper. Ils avaient si peur que je tire sur eux qu'ils étaient obséquieux.

Le 5 janvier 1972, après avoir entendu pendant plusieurs jours l'aboiement de chiens de chasse des Twa, elle décida d'aller patrouiller toute seule.

Jour J. Suis allée voir le Groupe 5. Ils se réveillent lentement et s'en vont déjeuner. Puis je vais sur la piste des braconniers et, ne trouvant pas de traces, je descends vers la clairière inférieure pour m'embusquer. Au bout d'une demi-heure d'attente, deux d'entre eux arrivent. Je les laisse s'approcher et tire trois coups. Ils ont pris leurs jambes à leur cou ! Après avoir attendu un moment, comme ils ne revenaient pas, je suis revenue au camp. Mes hommes étaient très impressionnés.

Deux jours plus tard, un groupe de gardiens armés arrivait à Karisoke, suivi de huit bergers Tutsi capturés. Comme il était tard, les gardiens et leurs prisonniers eurent la permission de passer la nuit au camp.

Je les ai eus. J'ai confisqué l'amulette en fourrure de singe de l'un d'entre eux. Le lendemain, je leur ai fait une démonstration de magie noire à laquelle le conservateur est venu assister. Nous avons mis des masques et brûlé de l'essence, c'était très efficace. Ils étaient terrifiés.

Tout en étant aussi implacable à leur égard, Dian avait une certaine sympathie pour les bergers. Elle était beaucoup plus dure avec les braconniers. Le traitement des deux groupes par la « magie noire » était une tactique qu'elle avait élaborée au cours de l'hiver 1970-1971. Elle comprenait des objets achetés dans les magasins de farces et attrapes, des masques de carnaval et d'autres déguisements intimidants. L'idée consistait à terroriser les bergers et les braconniers en les confondant. C'est avec des activités aussi innocentes que celles-là que Dian acquit plus tard une réputation de « sorcière amateur ».

Elle connaissait la pratique de la sorcellerie locale et respectait son influence sur les indigènes. Walter Baumgartel, Rosamond Carr ou Alyette de Munck l'avaient abreuvée d'histoires sur les effets maléfiques de la magie noire ou des malédictions. Il lui était déjà arrivé de congédier un travailleur du camp qui avait volé une mèche de ses cheveux « que cet imbécile avait l'intention d'utiliser comme un philtre d'amour ». Cela ne l'inquiétait pas, mais elle ne pouvait tolérer le manque de respect que cet acte impliquait.

Une autre fois, un des hommes de l'équipe lui avait demandé un prêt pour payer un sorcier qui annulerait le mauvais sort qu'un braconnier avait jeté sur lui. Elle avait d'abord refusé, mais en voyant la santé de l'homme se détériorer à vue d'œil, elle avait fini par accepter. Sans en être tout à fait sûre, elle pensait lui avoir sauvé la vie.

Le 20 janvier 1972, Bob Campbell revint au camp après une absence de quarante-deux jours soigneusement comptés par Dian.

Bob arrive enfin vers 17 h 30. Il est très heureux de me voir et le montre plus que jamais. Pendant que nous défaisons ses bagages dans sa cabane, il me parle de cette femme, J... Cela me met hors de moi et c'est comme si une partie de moi-même était morte. Il vient dîner. Après, de bruyantes revendications !

Leur histoire d'amour reprit, mais Dian n'avait plus confiance en Bob. Ses doutes se confirmèrent le jour où, à la poste de Ruhengeri, elle ouvrit une de ses lettres. Elle était écrite par un de leurs amis communs qui ignorait tout de leurs relations. Campbell avait laissé entendre, dans son entourage, qu'il quitterait bientôt Karisoke. Lorsque Dian l'en accusa, il ne s'en défendit pas.

Je n'ai jamais connu un tel chagrin, écrit-elle dans son journal.

Ils passèrent cette soirée-là dans la cabane de Dian, à la douce lumière de la lampe à huile. Bob finit par exploser : « Si je comprends bien, je dois faire mes bagages. C'est bien ce que tu veux, non ? »

Dian était trop malheureuse pour lui répondre. « Je pense que j'ai tout provoqué, dit-il d'un air sombre, je mérite tout ce qui m'arrive et je t'avais bien dit que tu me détesterais un jour. »

Mais l'idée de se séparer de Bob était trop douloureuse pour Dian et comme cela était déjà arrivé maintes fois par le passé, ils escamotèrent le problème en faisant l'amour.

Mais c'était une solution éphémère. Au cours des deux mois suivants, après avoir passé leur journée à pister, observer et photographier les gorilles, ils rentraient le soir pour se lancer dans des discussions interminables qui se terminaient soit par des disputes, soit en faisant l'amour, soit par tous les deux. Et le problème restait intact.

Vers la fin mars, avant que Bob ne reparte à Nairobi pour une période de deux semaines, Dian lui dit tendrement qu'elle l'aimait. « Alors fais-moi un peu plus confiance », la supplia-t-il, et ses yeux se remplirent de larmes.

Elle le regarda partir avec un mélange de chagrin et de colère. Et cette nuit-là lui parut si longue qu'elle la noya dans les somnifères.

Bob devait être rentré depuis trois jours. Son retard la plongea dans la panique et elle se mit à guetter le chemin par lequel il reviendrait.

Deux jours plus tard, quand il surgit dans la clairière, Dian était au comble du bonheur. Mais la déception s'était installée dans son cœur et elle commençait à croire que Bob ne quitterait jamais sa femme. Ils étaient toujours physiquement ensemble, mais dans le chagrin et la détresse.

La situation devenait invivable. Le 29 mai 1972, Bob Campbell quitta définitivement Karisoke. Ce furent des adieux déchirants.

« Dian, je t'aime, mais je ne sais pas comment le dire. » Bob m'a dit cette phrase aujourd'hui pendant que je pleurais, pleurais et pleurais. Je lui ai dit que je désirais son bonheur, alors il a enfoui sa tête et a pleuré.

Deux jours plus tard :

J'ai commencé à boire de bonne heure jusqu'à l'après-midi. Pour une histoire de tentes, j'ai rendu la vie noire au pauvre petit Nemeye qui ne le méritait pas. J'ai fini par me jeter sur mon lit après lui avoir écrit quelques lettres terribles et télégrammes que je ne lui enverrai pas. Bon Dieu, j'espère que bientôt quelqu'un montera ici.

Personne ne vint et, au lieu de descendre pour se consoler avec ses amis, elle s'entêta à rester au camp. Pendant les deux mois qui suivirent, Dian était plongée dans le désespoir et passait souvent ses journées à boire. Elle avait confié la surveillance des gorilles à ses deux pisteurs principaux, Nemeye et Rwelekana. La seule chose qu'elle était capable de faire était le réaménagement de la cabane de Bob. Elle ne commença à émerger de sa dépression que vers la mi-juillet pour se replonger dans le travail. Et comme par le passé, le contact avec les gorilles se révéla la meilleure des thérapies.

Le 12 juillet : *Je suis sortie le matin pour trouver le Groupe 4 dans la région d'Amok. Mais Oncle Bert semble de mauvaise humeur et tout en ne nous voyant pas, il pousse des cris d'avertissement. J'ai donc laissé Nemeye derrière moi et me suis approchée du groupe jusqu'au moment où ils se sont engagés dans un ravin, puis sur une pente très escarpée où je ne pouvais plus les suivre. Je les ai regardés manger et les ai laissés partir. Suis rapidement revenue au camp, puis repartie pour le Groupe 5 que Nemeye a trouvé sur la deuxième colline. J'ai eu un bref mais excellent contact avec eux. Revenue à la maison fatiguée. La nuit, près de ma fenêtre, un bongo et une antilope ont lancé deux appels. J'ai entendu l'Oncle Bert se battre la poitrine vers 10 h 30, cela venait du haut de la montagne. J'irai le revoir demain.*

Le 13 juillet : *J'ai entrevu un hyrax vers 8 h 40. Ai eu un merveilleux contact avec le Groupe 4. J'ai fait une expérience en montrant un miroir aux animaux : c'était vraiment réussi, surtout avec Simba et les autres qui sont si curieux. J'étais impressionnée par la manière dont ils se sont réunis pour se regarder comme des dames. Oncle Bert et Digit, le jeune noir-noir, ont regardé et sont repartis comme si ces bêtises les ennuyaient.*

J'ai enseigné la cuisine américaine à Kanyaragana et, ce soir, il m'a préparé un toast au fromage couvert de gelée ! J'ai dû me tromper quelque part !

11.

Dian commençait à émerger du désespoir profond dans lequel elle avait sombré. Aussitôt après, elle entra dans une des périodes les plus productives et heureuses de sa vie. Elle était sur le point d'assurer sa notoriété sur le plan académique, des étudiants de Cambridge et d'ailleurs, désireux de travailler à Karisoke, collaboraient régulièrement à son projet et elle pouvait enfin disposer d'un peu plus de temps pour se consacrer à son activité préférée : l'observation de ses gorilles.

En 1972, il existait huit familles composées de quatre-vingt-seize gorilles, situées en bordure ou dans la zone même de recherches. Pendant que les étudiants et l'équipe de pisteurs avaient l'œil sur les autres, Dian passait le plus clair de son temps avec le Groupe 4 qui s'était si bien habitué à sa présence qu'ils la considéraient comme un membre de la famille.

Il s'agissait du groupe que les braconniers lui avait montré dès le premier jour de son arrivée à Karisoke. A l'époque, il comprenait quatorze membres dont le chef était un vieux dos argenté qu'elle avait surnommé Whinny parce qu'il poussait des cris étranges comme des hennissements. A la mort de Whinny, en 1968, Dian et un groupe de porteurs l'attachèrent à des perches en bambou et le transportèrent à l'hôpital de Ruhengeri où il fut soumis à une autopsie. Le patriarche qui semblait avoir une trentaine d'années souffrait d'au moins trois maux qui avaient pu lui être fatals : une péritonite, une infection crânienne qui était peut-être une méningite et des poumons sérieusement atteints qui expliquaient peut-être ses hennissements.

Le groupe comportait deux autres dos argentés, Amok et l'Oncle Bert, mais ce fut à ce dernier qu'échut la charge de patriarche. Son demi-frère, Amok, semblait souffrir, selon Dian, d'une maladie chronique qui rendait son comportement imprévisible. Il finit par vivre en marge du groupe jusqu'au jour où il disparut.

Quant à Oncle Bert, ainsi nommé en souvenir de l'oncle de Dian qui l'avait financièrement aidée pendant sa jeunesse, il avait nettement le comportement d'un oncle et s'amusait souvent avec les plus jeunes du groupe. En le rencontrant pour la première fois en 1967, elle avait estimé son âge à cinq ans. Il y avait aussi le jeune mâle Digit, un noir-noir, qu'elle avait surnommé ainsi parce qu'il avait un doigt cassé et déformé. Il semblait aussi avoir cinq ans lors de leur première rencontre, en 1967. En 1972, il était encore assez jeune pour participer aux prouesses acrobatiques des adolescents, mais il commençait en même temps à assumer la protection de la famille.

Les deux femelles aînées du groupe étaient la Vieille Chèvre acariâtre qui semblait être la matrone et Mme X. Cette dernière avait une santé fragile qui empira après la mort de Whinny et elle finit un jour par disparaître.

Au cours de sa cinquième année d'études, Dian observait le comportement et l'évolution du groupe après trois morts, trois naissances et la migration de trois jeunes femelles. Toute la valeur et l'originalité de ces recherches résident dans l'observation du comportement des groupes sur une longue durée et dans les changements qui surviennent entre les groupes ou à l'intérieur d'une famille. Mais Dian était consciente qu'il n'était pas possible de comprendre les relations sociales du gorille de montagne tant qu'ils n'avaient pas été étudiés sur quelques générations.

Elle était souvent accaparée par les plus jeunes du Groupe 4 qui la traitaient presque comme une des leurs. Digit appréciait sa présence tout particulièrement. Dans de telles occasions, Dian renonçait à prendre des notes et s'abandonnait à la joie d'être ainsi acceptée par eux. Elle leur faisait la toilette et leur permettait d'en faire de même sur elle ; elle s'allongeait au soleil avec eux, chatouillait les tout-petits et échangeait des rots de complicité avec les femelles plus âgées. Ces contacts intimes étaient, pour elle, d'une intensité « incommunicable » et elle en était souvent émue aux larmes.

J'avais l'impression que Digit attendait avec impatience le contact avec les observateurs de Karisoke qui étaient pour lui une source d'amusement... Chaque fois que des étrangers m'accompagnaient, il semblait en éprouver du plaisir et m'ignorait complètement pour s'occuper d'eux en les reniflant ou en effleurant leurs vêtements ou leurs cheveux. Quand j'étais seule, il m'invitait souvent à jouer en se renversant sur le dos et en agitant ses jambes pendant qu'il me regardait en souriant comme pour me dire :

« Comment peux-tu me résister ? ». Dans de tels moments, je crains que mon impartialité scientifique ne m'ait souvent abandonnée [1].

En grandissant, Digit devint plus sérieux, mais le lien qui existait entre eux ne disparut pas.

Par un jour de pluie où elle devait observer le Groupe 4, Dian résista à la tentation d'aller retrouver Digit qui se protégeait du déluge à une dizaine de mètres des autres animaux. Ne voulant pas interférer dans son indépendance naissante, elle respecta sa solitude et s'installa à quelques mètres du groupe de formes accroupies, à peine visibles à travers l'épais brouillard. Quelques minutes plus tard, elle sentit un bras autour de ses épaules et rencontra le doux regard des yeux bruns de Digit. Il la regarda d'un air pensif, puis lui tapota la tête et s'assit à côté d'elle.

J'ai posé ma tête sur les genoux de Digit, une position qui était amicale et me permettait en même temps d'observer la blessure qu'il avait au cou. La plaie ne suppurait plus, mais elle avait laissé une longue cicatrice avec de nombreuses ramifications tout le long du cou.

J'ai lentement pris mon appareil pour faire une photo de la cicatrice. Mais j'étais trop près pour la mettre au point. Au bout d'une demi-heure, la pluie s'arrêta et Digit, sans crier gare, étira la tête en arrière et bâilla longuement. Je pris aussitôt un instantané. Sur la photo, mon gentil Digit a l'air du monstre King Kong à cause du bâillement qui avait découvert ses canines impressionnantes.

Digit s'était blessé au cou au cours d'une violente rencontre entre le Groupe 4 et le Groupe 8. Comme il s'était attribué la fonction de surveillance périphérique, il avait été le premier à essuyer les coups des intrus qu'il essayait de chasser. La blessure qu'il avait reçue s'était profondément infectée, son état de santé s'était détérioré, il était devenu solitaire au point que Dian avait craint qu'il ne devienne comme Amok. Mais heureusement, l'animal la détrompa rapidement.

Cette profonde affinité de Dian avec les gorilles était aussi incompréhensible pour les autres que pour elle-même qui avait du mal à l'expliciter. Parfois, elle y arrivait partiellement.

J'ai entendu un bruit dans le feuillage à côté de moi et suis tombée sur le beau visage confiant de Macho qui me regardait. Elle avait quitté son groupe pour venir vers moi. En sentant l'expression de douceur, de tranquillité et de confiance qui émanait des yeux de Macho, j'ai été envahie par la profondeur extraordinaire de nos rap-

---

1. Extrait de *Des Gorilles dans les brumes.*

ports. L'intensité poignante de ce don d'elle-même ne sera jamais altérée [1].

Tous ceux qui ont passé un certain temps en compagnie du gorille de montagne connaissent ce sentiment de parenté, mais pour Dian, il coulait de source. Les mots essentiels de ce passage révélateur sont *douceur, tranquillité* et *confiance,* trois éléments douloureusement absents de ses relations avec ceux de sa propre espèce.

Parmi les animaux, les gorilles n'étaient pas ses seuls amis. Son coq, Dezi, jouissait de la compagnie d'un important harem dont le sort n'était jamais celui des poules au pot. Elle nourrissait aussi deux corbeaux, Charles et Yvonne, qu'elle guettait à l'heure des repas. Et par les nuits calmes, elle observait avec affection les souris qui couraient dans tous les sens sur le plancher de sa cabane.

Cette nuit, des souris en train de s'accoupler. Deux autres se battent au milieu du plancher. Vraiment comique. Elle prodiguait de l'affection à son chien, Cindy, et au singe, Kima. En 1969, elle s'était arrêtée à une station-service, dans un village, quand un homme « au regard fuyant » l'aborda pour lui vendre, au prix de trente dollars, le contenu mystérieux d'un panier en osier. Dian prit le panier, souleva le couvercle et découvrit le petit singe Kima, ébouriffé et blotti dans l'obscurité. Après s'être lancée dans une diatribe féroce contre ce commerce illégal et immoral, elle emporta le petit animal avec elle.

C'était une petite femelle de deux ans et Louis Leakey et Rosamond Carr qui savaient d'expérience le pouvoir de multiplication de l'espèce ne purent empêcher Dian de l'adopter. Elle arriva à modérer les tendances destructrices de Kima en lui fournissant des espèces de poupées de son qu'elle fabriquait avec des chaussettes, ou bien des jouets qu'elle achetait aux États-Unis. Mais cela n'empêchait pas Kima de faire périodiquement des ravages dans le camp. Malgré de copieuses rations de pousses de bambou, de fruits et de légumes, le singe se prit d'une passion effrénée pour la nourriture humaine, y compris la bière, ce qui mit régulièrement en péril les repas et les provisions des habitants du camp.

Pendant le jour, Kima avait le droit de vagabonder dans le camp, ce qui avait pour résultat de terrifier les visiteurs – en particulier les Africains – qu'elle attaquait en poussant des cris et en les mordant. Elle mordait souvent les mains de Dian qui l'enfermait pour la nuit. Il arrivait que ces morsures soient sérieuses comme cette fois où un muscle de l'index de Dian fut atteint. La blessure mit des semaines à guérir, mais Dian n'en voulait jamais à Kima. Pendant la nuit ou

1. Extrait de *Des Gorilles dans les brumes.*

quand il faisait mauvais, le singe partageait souvent la cabane et la couche de sa maîtresse. Dian tolérait ses instincts destructeurs comme un tribut à payer à un animal domestique.

Quant à Cindy, c'était un petit chiot que ses amis européens « d'enbas » lui avait offert pendant l'été 1968. C'est ainsi qu'elle désignait le monde situé au-delà des volcans. Ce chien représentait, pour elle, celui qu'elle avait tant désiré pendant son enfance. Et de tous ses amis animaux, ce grand boxer brun devint son préféré.

Un jour, quand Cindy n'avait que neuf mois, elle suivit la piste des porteurs et disparut alors que Dian était occupée avec ses gorilles. Quand elle revint au camp, trempée et épuisée, et que l'équipe lui annonça la disparition de Cindy, elle se transforma en une furie vengeresse. Injuriés par Dian, les pisteurs partirent à la recherche du chien dont ils retrouvèrent les traces de pas parmi celles d'un groupe d'hommes. Il semblait évident qu'« elle avait été capturée et emportée par des bergers ou des braconniers ». Dian mit au point un stratagème désespéré. Aidée de ses hommes, elle encercla et captura quelques douzaines de bovins qu'elle ramena près de sa cabane. Puis elle demanda à ses pisteurs de diffuser le message suivant : pour chaque jour d'absence de Cindy, une vache serait abattue.

Vers le matin, l'infortuné berger Tutsi dont le troupeau avait été pris en otage s'aventura à l'entrée du camp pour annoncer que le chien avait été localisé dans un *ikibooga,* un camp de chasseurs appartenant à des braconniers dont le chef était Munyarikuko, de la tribu Twa. C'était ce même homme qui avait capturé Coco et Pucker après avoir tué presque tous les gorilles du groupe.

L'*ikibooga* était trop loin de Karisoke et l'état des poumons de Dian ne lui permettait pas d'y arriver rapidement. Elle arma ses hommes de pétards et de masques de carnaval et les envoya en expédition. Plusieurs heures plus tard, ils revinrent avec le chien et racontèrent en riant la terreur des braconniers devant cette attaque masquée et explosive. Le troupeau fut rendu à ses propriétaires, l'équipe fut récompensée et la vie à Karisoke reprit son cours normal.

Un an plus tard, Cindy était de nouveau kidnappée par l'incorrigible Munyarukiko et sa bande. Cette fois, elle fut sauvée par le père du même berger Tutsi qui l'avait localisée la première fois. C'était un vieillard grand et digne que Dian récompensa généreusement et envers lequel elle exprima sa gratitude plus tard, en engageant son fils à Karisoke.

Il lui fallut attendre jusqu'en février 1972 pour avoir l'occasion de savourer sa revanche sur Munyarukiko.

En revenant du Groupe 5, j'ai trouvé Munyarukiko accompagné par les gardiens du parc. J'étais ravie ! Il a fallu quatre personnes pour l'attraper. Il s'est échappé pendant que les gardiens me parlaient, mais ils l'ont rattrapé et ramené. Je lui ai craché dessus, l'ai frappé, puis il a eu droit à une scène de magie, accompagnée de gaz lacrymogènes. Ensuite, nous l'avons attaché avec des chaînes dans la cabane des hommes.

Le lendemain matin, Dian accompagna Munyarukiko et son escorte armée à Ruhengeri où il fut emprisonné par le préfet de police. Deux jours plus tard, il était condamné à deux ans de prison pour braconnage. Dian distribua vingt-cinq dollars à chaque gardien, une petite fortune investie dans l'espoir d'améliorer la surveillance du parc.

Dian n'avait aucune tolérance pour ceux qui maltraitaient les animaux.

Quand je travaillais dans le ranch de Montana, il y avait un de ces chasseurs qui adorait capturer des écureuils vivants. Il les pendait à une barrière et pendant que les animaux se débattaient, il s'exerçait à leur tirer dessus avec son fusil de chasse. Je lui ai demandé d'arrêter cela, mais il a ri et m'a envoyée promener. Il se préparait à la saison de chasse où il traquait le cerf et tout ce qui bougeait. Eh bien, quelqu'un a dû se charger de mettre de la boue dans son fusil parce qu'un beau jour, il a éclaté entre ses mains et le choc lui a cassé le nez. Bien fait pour lui !

Une autre fois, au cours d'un voyage à Ruhengeri, Dian et un étudiant conduisaient la voiture à travers la rue principale de la ville quand ils virent un homme qui frappait un berger allemand, malade et famélique. Avant même d'arrêter la voiture, Dian tira un coup à travers la portière pour secourir l'animal. Le bourreau du chien s'enfuit et Dian apprit par des badauds qu'il appartenait à une femme américaine, mariée avec un Africain. Elle mit l'animal dans sa voiture, trouva la maison de la femme et lui annonça, les dents serrées, que le chien ne lui serait rendu qu'après avoir été soigné à Karisoke. La propriétaire qui était nettement plus petite que Dian accepta, mais elle eut tout de même le courage de téléphoner plus tard à son hôtel pour l'accuser de vol d'animaux.

A Karisoke, un étudiant mécontent fut chargé de construire une cabane pour le chien et de le soigner sous la surveillance de Dian. Il finit par être remis à sa propriétaire avec des instructions strictes sur les soins à lui prodiguer et la menace de le reprendre pour de bon s'il était maltraité à nouveau.

Dian continuait à avoir un regard critique et désapprobateur sur les étudiants qui venaient travailler à Karisoke. Elle était surtout dérangée par leur douceur d'intellectuels et leur narcissisme juvénile qu'elle qualifiait de « moi-ïte ». Peut-être leur enviait-elle leur jeunesse et leur absence de responsabilités.

Je reviens d'un voyage à Kabara. Il y a quatre jours, j'ai dû y installer six petits vilains étudiants pour le travail de recensement. Je n'ai pu profiter de toute la beauté du site qu'en revenant à travers le col, accompagnée d'un porteur. D'avoir à changer les couches de six bébés m'a ôté la joie de ces quatre jours.

Parmi la douzaine d'étudiants des universités anglaises et américaines qui travaillèrent à Karisoke entre 1970 et 1974, quatre d'entre eux trouvèrent grâce aux yeux de Dian. C'étaient ceux qui plaçaient les intérêts des gorilles au-dessus des leurs. Ils gagnèrent son estime en adoptant la même attitude spartiate envers le manque de confort environnant, en se battant contre les braconniers et les bergers au risque de leur vie, en se vouant entièrement à la localisation et à l'observation des animaux par tous les temps et, par-dessus tout, en respectant les gorilles, ces créatures superbes qui leur accordaient le privilège de tolérer la présence humaine.

Parmi cette poignée de méritants, un étudiant se distinguait tout particulièrement : il s'agissait de Sandy Harcourt de l'université de Cambridge. Il avait abordé Dian après une séance de diapositives à Cambridge et lui avait demandé s'il avait une chance de travailler pour elle à Karisoke. Ses résultats universitaires étaient impressionnants et sa minceur sauvage lui plut. Elle accepta de l'engager pendant une période de trois mois au cours de l'été 1971 pour participer au recensement. Encouragé par Dian, il revint l'année suivante pour entreprendre des recherches sur le comportement des gorilles, en vue de sa thèse de doctorat.

Au cours de ses trois mois de recensement, Dian ne rencontra pas souvent Sandy Harcourt qui passait le plus clair de son temps dans des campements de fortune, isolé dans la nature. Mais lorsqu'il revint en juin 1972, Dian qui venait de rompre définitivement avec Bob Campbell l'installa dans la hutte qui s'était libérée et qu'elle s'était acharnée à redécorer.

Petit, mince, retroussant souvent les manches de sa chemise pour mettre en valeur ses bras musclés, Harcourt avait les traits classiques et anguleux de l'Anglo-Saxon. Ses yeux et ses cheveux bruns lui donnaient cet air intense des jeunes pilotes de guerre britanniques. Il était de vingt ans plus jeune que Dian qui le trouvait attachant. Au bout de quelques mois, il signait ses petits mots par « Tout mon amour, Sandy », et elle commençait ses réponses par « Mon très cher Sandy ».

Le journal de Dian montre bien la tendresse qu'elle éprouvait pour lui.

Nous sommes descendus faire des courses à Ruhengeri et, sur le chemin du retour, avons rencontré quelques bergers Tutsi avec leurs troupeaux de bétail. Sandy s'est lancé à leur poursuite comme un tigre et un jeune Tutsi a eu si peur qu'il est venu se réfugier auprès de moi. De retour au camp, Sandy a pleuré de rage : l'idée de rencontrer des vaches sur la piste où se trouvait le Groupe 6 ce matin lui était insupportable. Je lui ai préparé un gin-tonic et il s'est excusé d'avoir perdu son sang-froid. Pauvre garçon, je suis désolée pour lui, mais il doit apprendre à vivre avec cela. Il y a une semaine, nous sommes partis chercher le Groupe 5 et, le temps de les trouver, j'étais bien fatiguée. J'ai eu un accès de toux, mais Sandy a été si gentil et doux avec moi. C'est un plaisir que de l'avoir dans le camp.

Au mois de novembre, Dian confia Karisoke à Sandy Harcourt et à un autre étudiant de Cambridge, Ric Elliott, et partit pour les États-Unis. Elle devait aider la *National Geographic* à préparer le film tourné par Bob Campbell et Alan Root, puis se rendre à Cambridge pour y séjourner pendant un trimestre.

Quitter Sandy ne fut pas une chose facile.

J'avais préparé un petit déjeuner d'adieu qui était affreusement brûlé. Il était là, sans manger, très silencieux, et d'un coup, il a éclaté. Il a dit qu'il ne supporterait pas mon absence et m'a tenue si fort qu'il a laissé une marque sur mon bras. En quittant la montagne, nous étions tous les deux en larmes.

Harcourt était si déterminé à gagner l'admiration de Dian qu'il se mit à combattre de manière fanatique le braconnage et le bétail Tutsi.

Un jour, il était parti à la recherche du Groupe 5 qui se promenait près des champs des fermiers, au pied de la montagne. Il n'était pas à l'aise à l'idée qu'ils étaient « si près des météques » *(sic)*. Un groupe de gorilles avait été massacré à l'époque de Goodall, et Harcourt était persuadé qu'il s'agissait d'un acte de vengeance dirigé contre Goodall qui poursuivait les braconniers. Il craignait la même vengeance sur le Groupe 5 parce que lui-même avait tué quelques chiens de braconniers et une vache. Il avait dit à Dian qu'il regrettait de les avoir abattus, mais il était tellement en colère contre les braconniers qu'il ne refusait qu'une seule chose : tirer sur un homme.

Lorsqu'il lui avoua avoir frappé un Tutsi, Dian en fut très affectée. Mais il se justifia en disant que l'homme avait essayé de l'assommer et qu'en cas d'enquête policière, il pouvait plaider la légitime défense.

Dès son retour à Karisoke, Dian et ses étudiants continuèrent à harasser les bergers. En juillet 1973, elle partit à la poursuite d'un troupeau, accompagnée de Sandy et Ric Elliott. Le plus clair de la journée se passa à réunir le troupeau éparpillé dans une forêt dense et moussue. Finalement, ils réussirent à conduire le bétail hors de la piste, vers les terres cultivées où les bovins se mirent à saccager les plantations de pommes de terre et de haricots. Ayant toutes les raisons d'être en colère, les fermiers Hutu encerclèrent le trio de Blancs. Sandy commença à se battre avec quelques hommes, puis l'un des fermiers attrapa Ric Elliott et essaya de l'attacher. Sentant que la situation devenait incontrôlable, Dian sortit son pistolet pour couvrir leur retraite vers la montagne.

Tout en ayant gagné une bataille contre les bergers, les mesures sévères qu'elle était parfois obligée d'adopter préoccupaient et déprimaient Dian.

Vers la fin du mois d'août, le terrain d'observation était envahi par le bétail dans une espèce d'ultime tentative des Tutsi qui affirmaient ainsi leur droit ancestral sur la région. Dian et ses étudiants réagirent avec une férocité qui leur valut la victoire, mais les échanges de coups de feu tuèrent un grand nombre de bovins et plongèrent Dian dans le dégoût d'elle-même.

Je me déteste pour avoir fait cela. Ces pauvres vaches n'ont pas à mourir. Je ne peux pas le supporter. Pour fuir cela, j'ai grimpé sur les crêtes. Des nappes de brouillard tourbillonnaient avec la pluie, la pluie et encore la pluie. Pendant un moment d'accalmie, je me suis étendue sur l'herbe, j'ai regardé le camp que je surplombais et me suis demandé pourquoi je me faisais du souci. Dans quelques années, je serai morte et il ne restera rien du campement que les indigènes détruiront. Toute cette recherche donnera un doctorat et beaucoup de bêtises. Et c'est tout !

Le problème du bétail dans le parc finit par se résoudre en 1973, quand Dian fut convoquée à Ruhengeri, dans le bureau du nouveau préfet de police désigné par la dictature militaire qui venait de prendre le pouvoir au Rwanda.

J'étais morte de peur parce qu'il s'agissait des vaches et j'étais plutôt prête à faire de la prison que de payer pour les avoir tuées. Mais le nouveau préfet était un homme charmant, parlant parfaitement l'anglais (il a été ambassadeur en Amérique, au Kenya, à Paris et en Belgique) et il a réglé toute l'affaire. J'étais accompagnée de mon porteur principal, Gwehandagoza, qui me servait de témoin et qui a raconté à tout le monde que le préfet avait pris notre parti. Depuis lors, les troupeaux ne se sont montrés que deux fois, mais nous ne jugeons plus très sage de les tuer. J'en ai eu assez.

12.

Au cours de l'été 1973, une autre poignée d'étudiants, destinée à y laisser une marque durable, arriva à Karisoke. Il s'agissait, entre autres, de Kelly Stewart, la fille de l'acteur James Stewart. Bien qu'élevée à Hollywood, elle était l'antithèse même de la « tête de linotte ». Ses lunettes cerclées de métal et sa coiffure de collégienne lui donnaient plutôt l'air du stéréotype de l'étudiante en zoologie de Stanford. Mais son esprit mordant et son intelligence brillante faisaient d'elle une personnalité atypique. Elle gagna très vite l'estime de Dian en vivant la routine quotidienne avec enthousiasme malgré le mauvais temps, les piqûres d'araignée, les orties brûlantes et la dysenterie.

C'était la première fois qu'une femme vivait en permanence dans le camp. Et malgré l'écart d'âge – Dian était de vingt ans son aînée – les deux femmes devinrent vite amies, échangeant des confidences ou se rencontrant le soir autour d'un verre.

Kelly s'amusait souvent à faire des rapports de travail en vers de mirliton. Un jour où Dian lui avait demandé d'observer le comportement sexuel des gorilles, elle lui soumit les observations suivantes, mises en vers libres :

Introduction

Quant au gorille sauvage
Et à son comportement sexuel,
On en sait bien peu de chose.
Dans ce texte sont présentées
Quelques données recueillies
Sur le terrain,
Pour éclaircir certains aspects
Du sexe du gorille sauvage.

Périodicité

Si les lèvres enflées des singes
Sont difficiles à rater,
Les vulves des gorilles
Offrent plus de subtilité.
Nous avons mesuré les cycles
Et vu nos sujets s'accoupler.
L'ovulation est de deux jours
Et les cycles de vingt-huit.

Copulation

Les initiateurs de l'acte
Étaient souvent bien communs.
C'est aux femelles que revenait
De mettre en branle
L'engin de copulation...

« Elle est si intelligente ! » s'écria Dian, admirative, en lisant le rapport. Et pour la récompenser, elle lui offrit un gorille en peluche.

Mais dès l'automne, l'admiration de Dian diminua tandis que celle de Sandy Harcourt s'accrut. Kelly essayait d'entretenir, sans trop de succès, une relation équilibrée entre les trois.

Kelly arrive chez moi à 20 h 30 pour me « rendre » Cindy. Sa gentillesse est assommante. En réalité, elle fourre son nez pour savoir où je suis et ce que je fais. La lumière, dans la hutte de Sandy, s'est éteinte de bonne heure et la sienne, encore plus tôt. Puis elle s'est rallumée et ses rideaux étaient bien fermés. Qui pensent-ils donc tromper ?

Les mois passaient, Kelly et Sandy étaient de plus en plus amoureux et Dian de plus en plus irritée, pour ne pas dire plus jalouse. Non pas qu'elle éprouvât une passion pour Harcourt, mais plutôt par instinct de propriété et parce qu'elle ne supportait pas la compétition avec « cette jeune fille grosse et acnéique qui devrait faire le travail pour lequel elle est venue ici ».

Heureusement pour tout le monde, Dian devait quitter Karisoke vers la fin octobre pour une tournée de conférences aux États-Unis, à l'occasion de la sortie du film commandé par la *National Geographic.* Après quoi, il fallait qu'elle passe ses quatre derniers mois d'études à Cambridge.

Cette fois, les adieux avec Harcourt ne furent pas tendres. « Pas de larmes, pas de baisers, il était maussade. » Cette humeur était peut-être due au fait qu'il allait temporairement perdre les deux femmes, Kelly se préparant aussi à partir pour Cambridge où elle devait commencer un doctorat sous la direction de Robert Hinde.

Dans la partie californienne de sa tournée, Dian rencontra les parents de Kelly et quelques-uns de leurs amis célèbres, tels qu'Alfred Hitchcock.

Ouah, quelle maison que celle des Stewart ! Et quel changement pour Kelly à Karisoke. Ses parents se sont mis en quatre pour me faire plaisir et ils m'ont vraiment plu. Je leur ai dit sans mentir que Kelly était l'une des meilleures étudiantes que j'aie jamais eues. Hitchcock a voulu savoir si les gorilles étaient vraiment effrayants. Je pense qu'il a envie de faire un film d'épouvante avec eux. Je lui ai dit qu'ils étaient aussi dangereux que des petits agneaux, il a grommelé et s'est retourné pour parler avec quelqu'un d'autre.

L'accueil chaleureux des Stewart aida Dian à surmonter l'antipathie qu'elle éprouvait à l'égard de leur fille. Dès l'arrivée de Kelly en Angleterre, elle fut heureuse de la revoir et d'entendre des nouvelles récentes de Karisoke. Même si leur ancienne intimité était perdue, les deux femmes s'appréciaient, sortaient souvent ensemble et parfois se caressaient à rebrousse-poil.

– Je regrette que ma relation avec Sandy se soit mise entre nous, dit un soir Kelly, en sortant d'un cinéma de Cambridge.

L'obscurité arrangeait bien Dian :

– Comment s'est-elle mise entre nous ? Je ne vous suis pas.

– Eh bien, je sais que cela vous dérange, mais j'aime vraiment ce garçon.

– La seule chose qui m'intéresse est que le travail soit bien fait, coupa Dian.

– Est-ce que vous tenez à lui ? persista Kelly.

– Laissons tomber ce sujet. Sandy pourrait être mon fils.

Malgré ces moments de tension, Dian fit son possible pour obtenir une aide financière qui permettrait à Kelly de revenir à Karisoke.

Dian ne revint en Afrique que vers le début de mai 1974. Bien qu'elle ait pratiquement fini ses études à Cambridge, elle ne se sentait ni particulièrement soulagée, ni enthousiaste à l'idée de revenir chez elle. A voir la masse de nuages à travers le hublot de l'avion, elle éprouvait même une certaine appréhension. Au cours de son long séjour en Angleterre, son état de santé – et surtout celui de ses poumons – s'était détérioré. Elle avait toujours négligé son corps, ignoré ses limites et surtout les limites de l'âge. Elle commençait à avoir des doutes sur ses capacités physiques dans la voie qu'elle s'était choisie.

Sandy Harcourt aussi entrait en ligne de compte. D'après le ton des lettres qu'il lui avait écrites pendant son absence de six mois, on sentait qu'il commençait à se prendre pour le roi de Karisoke et considérait Kelly Stewart comme la dame qui devait partager ce pouvoir avec lui. Dian prévoyait et craignait un conflit épuisant.

Elle retarda l'inévitable en passant une semaine à Nairobi. Mais la ville ne présentait plus une grande ressource de distraction. Les courses et quelques visites mondaines à l'ambassade américaine ne pouvaient effacer la mémoire de Louis Leakey qui était mort vers la fin de 1972. Elle gardait un souvenir vivace de l'amour qu'il avait éprouvé pour elle et du confort et de la chaleur qu'il lui avait offerts. Peut-être regrettait-elle de ne pas avoir accepté tout cela comme elle avait accepté son dernier cadeau, la bague en rubis.

Enfin, le jour où elle ne pouvait plus retarder son retour au camp arriva.

J'ai pris l'avion pour Kigali, samedi, et le dimanche 5 mai, j'ai loué une voiture pour aller à Ruhengeri où j'ai cherché un hôtel. Effrayée à l'idée de grimper sur la montagne, ai décidé de ne pas y aller aujourd'hui. J'ai un peu bu, écrit à Joan et Alan Root au sujet du problème avec Harcourt, puis suis allée me promener. Ai rencontré quelques Africains que je connais, ils se sont arrêtés pour un brin de commérage. Ça allait mieux, suis revenue à l'hôtel pour dormir.

En descendant dîner, j'ai trouvé Kelly qui m'attendait. Elle était descendue de la montagne pour « bavarder » avant que je remonte. Le genre de chose qui verse de l'huile sur le feu. « Êtes-vous toujours mon amie ? m'a-t-elle demandé après dîner. J'ai dit qu'il me fallait attendre et voir. « Je n'ai jamais ressenti, envers un homme, la tendresse que je ressens pour Sandy », m'a-t-elle dit. « Eh bien, amusez-vous, ai-fait, mais je pense que c'est bien ce que vous faites. » « Oh, non ! s'est-elle écriée. Si vous pensez que nous avons couché ensemble, vous vous trompez. Il en a peur. »

C'en était trop. L'huile qu'elle versait sur le feu s'est enflammée et j'étais déjà, là-haut, dans ma chambre avant même qu'elle ait pu terminer sa phrase.

Je suis montée le lendemain, accompagnée de Gwehandagoza et d'une foule de porteurs qui ont transporté tout ce que j'avais ramené d'Angleterre et des États-Unis, surtout pour les hommes. J'ai mis près de trois heures à arriver et j'étais épuisée. Cindy et Kima ainsi que les hommes étaient ravis de me voir, mais pas de trace de Sandy. Il avait vécu dans ma maison et tout était en désordre. Le canapé était sale, tout était sale. De vieilles chaussures, des vêtements imprégnés de sueur. Il manquait des meubles. J'étais furieuse.

Plus tard, il est revenu de chez les gorilles en passant carrément devant la maison. Deux heures plus tard, il est venu. « Merci d'avoir pris soin de mes affaires », lui ai-je dit. « Eh bien, a-t-il dit, vous n'avez pas été très gentille avec moi. » Puis il a eu le culot de dire que j'aurais pu venir dîner dans « leur » cabane. J'ai pris mon courage à deux mains pour y aller et leur ai dit : « J'ai été presque aussi bien reçue que si j'avais la peste. » Kelly est devenue si blanche que j'ai dû partir. Et Kima m'a mordue quand j'ai essayé de la rentrer à la maison.

Au cours de la semaine suivante, il n'y eut aucun rapport entre les deux camps, puis Sandy – sans doute à l'instigation de Kelly – envoya une branche d'olivier à Dian.

Il reconnaissait que l'année précédente, il y avait eu « un malentendu inutile » entre lui et une étudiante qui s'occupait de recensement. Mais si Dian pensait qu'il se passait une chose semblable entre lui et Kelly, elle se trompait. Il s'excusait pour tout « malentendu » et signait la note, « Avec amour, moi ».

Dian qualifia ce geste d'ouverture de « note imbécile » qui ne méritait pas de réponse, mais en même temps, elle comprit qu'il fallait sortir de cette impasse. Le 15 mai, elle alla chez Harcourt pour réinstaurer des rapports plus sereins, mais Sandy ne manifesta aucune bonne volonté.

Il est devenu furieux, a serré les poings et a grincé des dents au moindre mot. Je suis revenue chez moi, FURIEUSE et je reste FURIEUSE. J'ai terriblement mal aux poumons.

Kelly qui essayait désespérement de réparer les choses était sur le point de craquer. Elle envoya à Dian d'abord une note furieuse et le jour suivant, un mot d'excuse. Dian sauta sur l'occasion pour arrêter les hostilités et rendit visite, ce soir-là, à Kelly et à Sandy séparément. Puis elle les convoqua ensemble dans sa propre cabane.

Une trêve précaire suivit ces rencontres, chacune des parties restant sur des positions défensives. Mais Dian était au moins arrivée à recréer une atmosphère de travail à Karisoke et elle se remit à travailler à sa thèse sans trop d'enthousiasme.

Harcourt semblait momentanément satisfait de retrouver une position de subalterne. Et pourtant, il avait amassé une telle quantité d'observations sur le terrain qu'il était en passe de devenir la deuxième autorité mondiale sur les gorilles de montagne.

Vers la fin mai, Dian se sentait si mal qu'elle pensait avoir une nouvelle pneumonie. Cette idée l'effrayait encore plus qu'avant.

C'est bien la première fois que je pense ne pas être suffisamment résistante pour m'en sortir.

Deux jours après avoir fait cette prédiction pessimiste, elle tomba dans une fosse de drainage en essayant d'éviter un buffle qui attaquait dans le camp. Elle entendit claquer un os de sa cheville et ressentit une douleur insupportable. Elle se traîna vers sa cabane et commença à se soigner en prenant surtout des somnifères pour calmer ses douleurs atroces. Mais elle était consciente de ce qui se passait autour d'elle.

Hier soir, Kelly et Sandy ont passé la nuit ensemble... Elle a deux jours de retard sur ses notes. J'en ai marre de cet endroit. Je suis sûre de m'être cassé un os... C'est enflé, noir et douloureux.

Quand Kelly se présenta avec ses rapports en retard, Dian était d'une humeur massacrante : « Tu ne peux pas faire l'amour à ta guise, aboya-t-elle, rappelle-toi que le travail passe avant tout le reste ! »

Kelly se mit à pleurer et partit en courant.

Deux jours plus tard, Dian était piquée au genou par une de ces araignées venimeuses qui erraient dans le feuillage de la clairière.

C'est une mauvaise piqûre qui fait souffrir mon autre jambe. Cette semaine n'est pas la bonne, c'est le moins qu'on puisse dire. Sandy m'a envoyé un petit mot où il essaye de sauver la face. Il propose de m'aider à aller voir le Groupe 4 qui est assez près du camp. Nous y sommes allés et j'ai eu une belle rencontre avec Digit qui semblait savoir que j'étais malade et me regardait droit dans les yeux. C'était formidable et ça sentait bon. J'étais heureuse malgré ma douleur. Retour à la maison épuisée, mais Sandy était correct pendant tout l'après-midi.

Une fois de plus, le contact avec les gorilles fut le meilleur des traitements et malgré son genou toujours douloureux et la piqûre infectée, Dian manifesta une certaine joie de vivre.

Un autre incident mémorable avec une antilope. Comme d'habitude, en me réveillant, j'ai regardé par les fenêtres de ma hutte et je suis tombée sur un spectacle plus digne des films de Walt Disney que de la réalité. Toutes les poules, conduites par Walter, avançaient, d'un air embarrassé vers une jeune antilope. La tête des poulets oscillait comme des yo-yo sur leur cou mince. L'étrange antilope se dandinait dans leur direction, la queue battant l'air d'un mouvement saccadé de métronome et les narines frémissantes. Puis chaque poule a frotté son bec contre le petit nez dans un mouvement de profond intérêt réciproque. Juste à ce moment-là, Cindy est arrivée, trottinant innocemment sur le chemin et s'est arrêtée, la patte en l'air, devant cette vision étrange. C'en était trop pour le jeune mâle qui s'est enfui en poussant un aboiement, sa belle queue blanche déployée [1].

1. Extrait de *Des gorilles dans les brumes.*

Pendant les semaines qui suivirent, Dian n'eut pas d'autre choix que s'appuyer sur ses deux étudiants pour la remplacer auprès des gorilles. A partir du 17 juin, il fut évident que sa cheville ne guérirait pas sans recevoir les soins appropriés, et Dian descendit à contrecœur à l'hôpital de Ruhengeri. La descente le long de la piste détrempée fut un supplice qui dura cinq heures. Les radiographies montraient qu'elle s'était cassé le péroné, juste au-dessus de la cheville, aussi nettement que s'il avait été tranché au couteau.

Elle resta à l'hôpital le temps de se faire bander la jambe et alla aussitôt à l'aéroport où elle devait recevoir un nouvel étudiant des États-Unis. C'était un jeune homme brun, timide et sérieux du nom de Richard Rombach.

Tout en gardant ses distances au début, elle se prit rapidement d'affection pour lui. L'étudiant solitaire établit d'excellents rapports non seulement avec les gorilles, mais aussi avec la lunatique Kima et avec Cindy. Dian était contente de constater qu'il faisait passer les gorilles avant tout et ne les poussait jamais au-delà des limites de leur tolérance.

Quant à Kelly et Sandy, ils considéraient Rombach comme un intrus qui profitait du temps des pisteurs et des groupes de gorilles, domaines dont ils se sentaient en quelque sorte les propriétaires. Il fut donc reçu plutôt froidement et raillé pour son inaptitude à pister et à s'adapter à la brousse.

Deux semaines après son arrivée, il quitta le camp un matin pour aller voir les gorilles. En temps normal, comme il était encore novice, il aurait dû se faire accompagner par un pisteur ou un étudiant plus avancé. Mais comme il était conscient de l'hostilité à son égard, il partit seul à la recherche du Groupe 5 et se perdit rapidement.

Ce soir-là, quand sa disparition fut signalée à l'heure du dîner, Dian voulut savoir pourquoi Rwelekana ne l'avait pas accompagné.

Kelly a répondu qu'il n'aimait pas *aller avec Rwelekana qui était trop lent à son goût et que Sandy en avait profité pour partir avec Rwelekana. J'ai dit que c'était absurde et Sandy m'a répondu : « S'il est perdu, c'est de sa faute. Le Visoke était visible toute la journée et il* n'aurait pas dû *se perdre ! » Finalement, Sandy a dit que c'était de* ma *faute parce que je prenais le temps des pisteurs en leur faisant fabriquer de nouveaux placards.*

Une battue fut organisée, mais au bout de cinq heures de recherches infructueuses, Dian commença à s'inquiéter.

Si le garçon est mort, ce sera entièrement *la faute de Sandy qui veut monopoliser les pisteurs et partiellement celle de Kelly qui ne voulait pas que le garçon aille avec eux. Tous les deux se sont moqués de lui et l'ont ridiculisé. Je ne peux pas tolérer cela même si je n'entrevois pas de grand avenir pour ce petit. Il est au moins honnête.*

Au grand soulagement de tous, les pisteurs finirent par retrouver Rombach et le ramenèrent au camp, épuisé et affamé, mais intact. Pendant les quelques semaines qui suivirent cet incident, il fut un peu mieux traité par Sandy et Kelly. Mais quand Dian partit pour un rapide voyage en Californie et une conférence en Autriche, Harcourt s'empressa de le remettre à sa place.

« Richard, il faut que tu saches, même si cela te déplaît, que dans tout centre de recherches les travaux des étudiants en doctorat passent avant ceux des autres...

« Je regrette de t'avoir dérangé, mais il est un fait que si tu continues à voir les Groupes 4 et 5 aussi souvent et longtemps que tu l'as fait jusqu'à présent, ton travail gênera celui de Kelly et le mien. Nous avons été admis à Cambridge et auprès de Dian en tant qu'étudiants en doctorat ; nous sommes obligés d'écrire une thèse. Cela demande une quantité impressionnante d'informations. Nous n'arriverons pas à les réunir si tu continues à interpréter ton sujet comme tu l'as fait jusqu'ici. Après avoir lu ces mots, j'espère que tu comprendras que tes recherches passent après les nôtres et celles de Dian. »

Dian attendait depuis longtemps ce séjour d'une semaine à Vienne, à l'occasion du congrès de la Société internationale de primatologie qui réunissait des spécialistes du monde entier. Elle savait qu'elle serait l'une des vedettes et attendait avec impatience le moment où elle parlerait devant un auditoire nombreux et attentif. Il n'était pas impossible non plus que l'aventure y attende cette femme encore jeune et séduisante.

Le premier matin, elle se réveilla à Vienne avec de fortes douleurs à la cheville. Elle s'adressa à l'ambassade américaine qui la dirigea vers un hôpital spécialisé. Après avoir examiné les radiographies, les médecins furent étonnés d'apprendre que Dian faisait usage de sa jambe dans cet état, depuis cinq semaines. « Comment supportez-vous cette douleur ? » lui demandèrent-ils.

Je leur ai dit que je n'avais pas tellement le choix à Karisoke. Ils m'ont placé sur un brancard, ont entouré ma jambe de compresses humides et m'ont dit de rester étendue pendant une heure. Un médecin très séduisant qui passait dans le couloir m'a demandé si j'avais toujours mal. Il m'a expliqué que j'aurais pu guérir en un mois si j'avais gardé le lit et maintenu ma jambe en position surélevée. Puis un jeune interne, Anton, s'est mis à me parler des gorilles. Il est cultivé et me tient compagnie pendant que je fais sécher mon plâtre. Ensuite, il m'a emmenée en pleine ville en taxi et nous avons marché ! Puis sommes allés dans un café. Il est vraiment très très jeune, mais intéressant. Après, il a plu à torrents. Nous avons marché encore, et un taxi nous a ramenés à l'hôtel et dans ma chambre.

Le lendemain, elle mit au point sa conférence jusqu'au moment où Anton arriva pour l'emmener d'abord à l'opéra, puis dîner et enfin dans sa chambre de l'hôtel Astoria. La deuxième rencontre fut décevante et renforça la préférence de Dian pour les hommes plus âgés.

Le jour suivant fut entièrement consacré à l'ouverture du congrès où Dian assista aux conférences, y rencontra des collègues et se plut en leur compagnie.

Robert Hinde préside les séances. Je ne le trouve pas au mieux de sa forme. Jane Goodall était la suivante. Un Hollandais a fait une communication ennuyeuse à mourir, il était le seul à être pire que moi.

J'avais le vague à l'âme. Plus tard, au dîner, ils ne nous ont pas donné le temps de traîner au bar, mais nous ont inondé de vin, au repas. Je ne l'ai pas supporté et j'ai fini par pleurer à table !

Puis deux chanteurs ont poussé des « yodel » en mon honneur et je leur ai répondu par des « yodel » et me suis sentie beaucoup mieux. Tout le monde a dansé pendant que je restais ASSISE *avec ma jambe plâtrée. Robert est venu m'inviter à danser en me soutenant par les bras, je me sentais comme une statue, mais il a fait de son mieux.*

Ensuite l'atmosphère s'est bien réchauffée. Jane Goodall a défait ses cheveux et s'est déchaînée. Je ne l'ai jamais vue dans cet état... Nous sommes restés jusqu'à quatre heures. Et le matin, j'avais mal aux cheveux.

Le lendemain, Dian constata l'étendue de sa notoriété en se faisant raccompagner à son hôtel par un groupe de primatologistes japonais. Ils avaient entendu qu'elle avait entraîné une armée de gorilles à attaquer les braconniers et qu'elle menait avec eux des opérations d'attaque armée !

Dian quitta Vienne pour Londres où elle passa quelques jours dans un studio d'enregistrement, à préparer la narration d'un film télévisé de la *National Geographic* sur les primates. Puis elle prit le train pour Cambridge où elle passa une semaine en compagnie de son directeur de thèse, Robert Hinde. Sa notoriété était maintenant si solidement établie qu'elle en sentit les retombées même à Cambridge où l'atmosphère était différente. *Tout le monde est très amical,* écrit-elle, quelque peu surprise. *En fait, très gentil.*

A la fin de la semaine, elle prit l'avion pour San Francisco où elle rendit une brève visite à ses parents et à son oncle Bert qui venait de perdre sa femme. Ce n'était pas un voyage agréable. Elle éprouvait de la tristesse pour son oncle et cette détresse qu'elle avait si souvent ressentie en présence des Price.

Une semaine plus tard, en revenant à Nairobi, c'était comme si ce voyage éclair n'avait jamais eu lieu.

Le ciel, au-dessus du Kenya, est si bleu et le soleil paraît tellement plus haut qu'en Angleterre. C'est si bon d'être presque chez soi.

Depuis qu'elle était devenue célèbre, les voyages de Dian comprenaient une visite de courtoisie à l'ambassade américaine de Nairobi. Les vols pour le Rwanda étaient bihebdomadaires et en attendant son avion, Dian déjeuna avec l'ambassadeur et sa femme qui étaient très au fait des derniers potins à Washington et en Afrique orientale. La seule source d'information de Dian étant son abonnement à la revue *Time* qui arrivait à Karisoke avec un mois de retard ou pas du tout, ce genre de conversation la fascinait.

De retour au Rwanda, Dian fut accueillie à l'aéroport par un assistant de l'ambassadeur à Kigali qui la priait de venir à l'ambassade, ce soir-là, pour y présenter le film de la *National Geographic* en présence de diplomates et de dignitaires du Rwanda, du Zaïre et de l'Ouganda.

J'étais si fatiguée que cela me paraissait impossible. Mais la soirée a été une réussite éclatante ; pendant soixante-treize minutes, j'ai narré le film en français, en swahili et en kinyarwandan. Le succès était tel qu'ils m'ont encensée et que le président du Rwanda m'a ordonné *d'organiser à Kigali une projection privée pour lui et son équipe dirigeante, composée de militaires de haut rang.*

Dix jours plus tard, je suis allée au palais, vêtue de ma robe grecque, et je me suis confrontée aux mêmes problèmes de langage. Le président semblait extrêmement amusé, mais j'étais nerveuse. A la fin, l'ambassadeur était soulagé, mais très satisfait par la soirée. A l'exception de quelque roi ou reine, nous étions les premiers Blancs à avoir été autorisés à entrer dans le palais depuis le coup d'état militaire de l'an dernier.

Et enfin, le bouquet final : la semaine dernière, le président du Zaïre, Mobutu, m'a invitée à Kinshasa pour lui *montrer le film. C'était encore une autre histoire. Mais Mobutu semblait concerné par les gorilles et cela justifiait tout le voyage.*

Il ne reste plus que les présidents de Tanzanie et d'Ouganda, mais je doute fort que j'obéirai au père Amin !

Sa cheville n'était plus plâtrée, mais elle souffrait encore beaucoup et ses contacts avec les gorilles étaient très réduits. Elle consacrait le plus clair de son temps à la préparation de sa thèse, à la rédaction d'innombrables rapports et à une correspondance croissante avec des amis, des collègues et des gens, à travers le monde, intéressés par ses travaux. Il y avait aussi le défilé permanent des VIP, des diplomates et autres invités qui venaient passer la nuit au camp et jetaient un coup d'œil aux gorilles. Dian devait les recevoir convenablement et l'été 1974 passa ainsi rapidement.

Vers la mi-septembre, Sandy Harcourt et Kelly Stewart commencèrent à faire leurs préparatifs pour quitter Karisoke : Sandy devait passer dix-huit mois à rédiger sa thèse et Kelly suivrait trois mois de cours à Cambridge. Le 24 septembre, pendant que Kelly mettait de l'ordre dans ses notes, Sandy décida de rendre une dernière visite aux gorilles.

En chemin, il fut attaqué et gravement blessé d'un coup de corne par un buffle.

Ce matin, vers 9 h 30, j'étais devant ma machine près de la fenêtre quand je l'ai vu tituber devant ma porte. Son visage était couvert de sang et il saignait abondamment du nez. j'ai ouvert la porte et il s'est effondré dans mes bras. J'ai vu du sang sur son pantalon. Je lui ai demandé si c'était un chien. Il a dit non et a perdu connaissance.

J'ai appelé mes hommes qui ont failli s'évanouir à sa vue ! J'ai couvert Sandy, surélevé sa jambe, mis un oreiller sous sa tête et ôté son pantalon. J'ai alors découvert que toute la partie intérieure de sa cuisse était déchiquetée, avec les muscles pendant à l'extérieur comme des lambeaux. J'ai mis trois heures à tout nettoyer soigneusement, remettre les chairs en place et arrêter le saignement. Quand il reprenait conscience, il criait et se plaignait, c'était insupportable et je n'avais rien d'autre que mes calmants à lui donner. De toute façon, il valait mieux ne rien lui administrer de plus fort parce qu'il était en état de choc, son pouls était faible, son visage verdâtre, il était froid et respirait péniblement.

Au bout de trois heures de lutte pour bander sa plaie, les hommes m'ont aidé à le mettre au lit. Je l'ai veillé pendant trois jours et trois nuits avant de le faire transporter sur un brancard, à l'hôpital.

Dian ne pouvait s'empêcher de pavoiser.

Kelly a été d'une grande aide. Après avoir pleuré pendant trois jours et trois nuits, elle a été terriblement jalouse de moi parce qu'elle ne pouvait rien faire et que Sandy m'était très reconnaissant.

Puis elle est partie avec lui à l'hôpital de Ruhengeri pour des piqûres de pénicilline et de tétanos, et aussitôt après, ils ont pris l'avion pour l'Angleterre.

Il semblerait qu'il ait vu le buffle se tenant immobile, à une distance de deux mètres. Il a perdu son sang-froid et l'a attaqué pour l'effrayer. Évidemment, il est arrivé le contraire et c'est le buffle qui l'a attaqué. Il l'a attrapé avec ses cornes, l'a balancé en l'air, puis s'est roulé sur lui avant de l'encorner plusieurs fois et s'enfuir. Je ne saurai jamais comment il a pu revenir au camp. Son corps était en lambeaux et ses vêtements et son sac à dos dans un état inimaginable.

Tout en n'entretenant pas des relations privilégiées, Dian et Richard Rombach se sentirent soulagés par le départ de Kelly et de Sandy.

Sandy doit rédiger sa thèse pendant dix-huit mois et semble être parti pour de bon. Quant à Kelly, elle est censée revenir ici en janvier, mais cela ne me déplairait pas qu'elle change d'avis. A mon retour de Californie, le petit garçon de New York était en larmes. Je lui ai permis de rester ici pour un autre mois d'essai et il travaille beaucoup mieux depuis le départ de Sandy et Kelly. En fait, toute l'atmosphère du camp s'en trouve améliorée.

13.

Les travaux de Richard Rombach s'étaient peut-être améliorés, mais sûrement pas son sens de l'orientation. Le 13 octobre 1974, il se perdait de nouveau.

Quelle nuit. Basili et Nemeye commencent leurs recherches à 17 h 40. Je les suis dix minutes plus tard et nous partons sur la piste aux éléphants. Ils grimpent au sommet du cratère, je reste pour faire du feu. Impossible. Nous revenons à la maison vers 23 h, fatigués, mouillés et gelés. Basili et le forestier descendent chercher dix autres hommes pendant que Nemeye et moi faisons des plans pour le lendemain.

Les hommes ne reviennent que vers 5 h 45 ou 6 h, ce qui me met en rage. Ils commencent les recherches et je prépare un point de rencontre avec une litière, des couvertures, du feu, de l'eau et un peu de nourriture. Attendre me met hors de moi. Nous restons assis dans le brouillard et la pluie jusqu'au retour du premier groupe d'hommes. Ils n'ont pas eu de chance, ils ont cherché tout autour du cratère et sur la piste des touristes. Vingt minutes plus tard, Bambari arrive et annonce qu'ils l'ont trouvé. Basili l'avait découvert de l'autre côté de la montagne, juste au moment où il a commencé à pleuvoir. Nous y allons avec un brancard et le trouvons en train de marcher... Je lui demande s'il a une blessure ou une fracture, il dit non.

Dian était prise d'une humeur maternelle et tenait à ce que son organisation méticuleuse serve à quelque chose. Rombach qui était tombé dans un ravin, mais ne souffrait que de contusions fut obligé de s'étendre sur le brancard pour être transporté dans le camp. Dian lui mit des vêtements secs et l'accompagna (toujours sur un brancard) à Ruhengeri, au domicile du Dr Weiss qui venait de partir pour une urgence.

Jusqu'à ce jour, le Dr Peter Weiss, cet imposant et irrésistible chirurgien français de cinquante-huit ans, n'avait pas été un admirateur de Dian, et réciproquement. Mais cette fois-ci et de la manière la plus inexplicable, il se passa entre eux quelque chose de dramatique et d'explosif.

Le Dr Weiss et un deuxième médecin examinent Richard, Weiss me tient la main avec force. Je suis au bord des larmes. Cette fois-ci, le Dr Weiss est si gentil et bon envers moi. Pas du tout comme avant.

Pendant que Rombach était envoyé à l'hôpital en observation, Dian était invitée à dîner avec Weiss et son étrange famille qui comprenait une « épouse » noire, un enfant noir, deux enfants blancs et deux métisses.

Pendant le dîner, il me demande : « Vous n'avez pas peur de moi ? » Nous avons parlé aussi de ses « obligations morales » et des miennes qui étaient « mentales ». Il m'a demandé si je croyais être aussi tributaire de mon style de vie que lui du sien. Je lui ai dit oui, il m'a répondu qu'il me respectait plus pour cela.

Il n'a pas permis à sa femme de venir à l'hôpital avec nous – elle était en colère – mais sa fille nous a suivis... Rombach a pris un somnifère.

Dian essaya de dormir à l'hôpital pour surveiller son étudiant, mais finit par y renoncer et se chercha une chambre à l'hôtel le plus proche. Mais dès le matin, elle était au chevet de Rombach, à l'heure de la tournée matinale.

Le Dr Weiss est arrivé à 8 h 20, accompagné d'un autre jeune médecin, beau et bien bâti. Ils lui ont mis un plâtre et je ne vois que le Dr Weiss.

Rombach et moi devons aller au service de radiographie. Les résultats sont bons et je le remets au lit. Puis je le quitte et vais voir Weiss qui opère, j'attends longtemps.

Après avoir fini, il exige que je déjeune chez lui, à midi. Je refuse et il est réellement furieux. Il me dit de ne jamais revenir. « Vous ne m'aimez pas. Vous ne voulez pas sortir avec un vieux dos argenté. »

Je dis que j'ai du travail, il crie : « Allez-y alors ! » Je ne peux pas dire ce que je veux parce que l'infirmière est là et je ne sais pas ce que je ressens.

Dans le désarroi le plus total, Dian s'arrêta au bar de l'hôtel pour prendre un verre avant de retourner au pied de la montagne et monter à Karisoke. Ce soir-là, elle recourut à un étrange rituel auquel elle sacrifiait dans les grands moments. Elle brûla de l'argent – quelques milliers de francs –, ce qui représentait une somme importante si l'on considère la précarité permanente de ses finances. Peut-être achetait-elle ainsi la bonne volonté des dieux. Le lendemain matin, elle envoya à Weiss un petit mot accompagné de la photo d'un gorille à dos argenté. « Les dos argentés sont mes préférés. Malgré leur tempérament imprévisible, ils sont nobles et intelligents. »

La journée se passa à travailler peu et à regarder rêveusement deux tourterelles se courtiser devant sa hutte.

On dirait que je me dérobe. Je ne sais pas ce qui se passe. Quel sentiment étrange...

Le lendemain, c'est l'explosion de joie.

Une vraie lettre d'amour du Dr Weiss ! Mais quelle lettre ! J'ai passé la journée à essayer d'y répondre. Quelle sensation merveilleuse ! J'ai X le soir, pas de dîner. J'ai le béguin. Qui l'eût cru !

Avoir X était le code secret de Dian pour désigner l'alcool.

En moins d'une semaine, Weiss se mettait à escalader la montagne pour passer la nuit avec Dian. Il venait seul ou parfois accompagné d'un de ses enfants. Dian attendait ces visites avec impatience.

Je me suis lavé les cheveux dans l'attente de mon amour. Dieu, je désire Peter. Je languis après lui. Oh, Peter, j'ai besoin de toi.

Soudain sa vie baignait dans la joie.

6 novembre : *Merveilleux contact avec le Groupe 4 dans la région du col où ils sont arrivés après avoir traversé la prairie qui longe la piste du camp. C'était d'autant plus fantastique que j'étais au-dessous, le temps s'est dégagé comme à Kabara où j'avais découvert la richesse du col... J'ai suivi aussi des traces fraîches de buffles. Superbe contact, mais je n'ai pas pu voir Vieille Chèvre et son bébé... J'ai assisté au flirt de Macho et d'Oncle Bert. J'ai repéré un autre dos argenté et découvert des traces fraîches de Peanuts se dirigeant vers le col. Trouvé aussi des excréments, j'espère ceux d'Amok, déposés dans le courant du mois dernier. Excellente journée. J'ai rentré Kima pour la nuit et Richard Rombach est venu me rendre compte de sa journée avec le Groupe 5. C'était parfait parce que je suis de nouveau amoureuse.*

Mais aussitôt, elle exprime sa crainte de voir cette histoire tourner court comme les autres.

Vers le soir, j'ai eu peur de trop l'aimer et de le perdre, de me retrouver seule une fois de plus.

8 novembre : *Une autre lettre d'amour de Peter. Je sais qu'il n'a pas le temps de les écrire, mais je ne peux croire qu'il m'aime autant qu'il le dit. En tout cas, j'ai un espoir pour demain et dimanche. Oh Peter, j'ai besoin de toi.*

Le lendemain, Dian recevait un mot de Weiss qui remettait sa visite à la semaine suivante.

J'ai reçu deux lettres de Peter. Il prétend être de garde à l'hôpital ce week-end. Entre-temps, j'avais tout préparé pour lui et les enfants. C'est ce qui m'a fait tant de peine. Il ne vient pas et tout était fin prêt. Il est comme tous les hommes, les promesses ne lui coûtent pas cher... Je ne lui écrirai pas maintenant. Il savait parfaitement qu'il était de garde ce week-end et il doit aller à Kigali lundi... L'amour peut faire mal et je suis tellement seule.

Dans ces cas-là, quand elle se sentait rejetée par ceux de sa propre espèce, elle allait chercher une consolation auprès des gorilles. Mais cette fois, même eux n'étaient pas au rendez-vous.

Rwelekana et moi sommes partis à la recherche de Vieille Chèvre et de son bébé. Je vais sur la Piste des Bovins qui s'est allongée depuis la dernière fois, descends vers la grande prairie des hagenias abattus, puis mon instinct me dit d'aller vers la région des orties. Toujours pas de piste. J'ai failli tomber sur un buffle. Je pataugeais dans la boue quand j'ai entendu un grognement. Je pensais que c'était loin, mais je l'ai aperçu à trois mètres de moi. Il a donné un coup de tête et a fait un pas dans ma direction. J'ai calculé que s'il me voyait partir dans la direction opposée, il s'en irait, c'est ce qui est arrivé. Je me suis frayé un chemin à travers les orties, ai émis des sons de gorilles, mais c'est le sifflement de Rwelekana qui m'a répondu. Je l'ai rejoint, puis me suis retournée pour apercevoir encore un autre buffle !... Nous avons passé des heures à tourner en rond sans rien voir, puis nous sommes rentrés à la maison à travers les orties. Il pleuvait et le chemin était horrible.

A mesure que le jour de visite de Peter Weiss s'approchait, son humeur s'améliorait.

L'air a une odeur forte comme le goût de la lobélie, pleine des promesses d'éléphants, de buffles et de gorilles derrière chaque buisson. Il fait clair, on aperçoit les étoiles, mais il n'y a pas de lune. Edith Piaf chante fort sur le magnétophone. Je ne pense pas qu'il aimera le disque, mais il appréciera la nuit si fraîche... Je ne vis que pour demain... Dieu, je l'aime et je suis si heureuse.

Le samedi, Dian prépare une quantité de « bons plats », nettoie sa cabane, natte ses cheveux et se fait belle. Elle accorde un congé pour la journée à son pisteur et à son homme de camp. Puis elle se met à attendre impatiemment.

Je suis folle avant leur arrivée et comme ils sont en retard, je pense qu'ils ne viendront pas.

Mais à la tombée de la nuit, en voyant Weiss et deux de ses enfants, Mimish et Pierre, s'approcher de la cabane, elle oublia toute sa colère.

Dian et Peter Weiss passèrent une bonne partie de la nuit à s'aimer et à bavarder. Il lui parla de sa famille – son père et sa mère étaient morts, un frère et une sœur vivaient en France – et de sa carrière médicale. Il avait terminé ses études de médecine en 1939, puis s'était battu pendant la guerre, mais il ne voulait pas en parler parce que c'était « trop horrible ».

Il lui raconta que sa femme africaine, Fina, avait beaucoup d'amis et était prête à « tuer » Dian. Elle exigeait vingt mille francs rwandais pour accepter de le quitter. Tout en prétendant qu'ils ne s'aimaient plus, il acceptait que Fina continue à vivre dans sa maison de Ruhengeri, « juste pour s'occuper des enfants ».

Au cours de ses visites suivantes, Weiss devait reconnaître qu'en fait il n'était pas marié avec Fina qui était la mère de trois de ses cinq enfants. Il lui expliqua qu'il s'était marié en France en 1949, s'était séparé de sa femme en 1961, mais étant catholique n'avait vraiment pu être libre qu'à sa mort, en 1974.

Rien de ce qu'il pouvait faire ou dire ne semblait modérer les ardeurs de Diane ou calmer sa terrible anxiété qui était le revers de la médaille.

Je suis si vieille, ridée et laide, c'est affreux. J'essaye de m'arranger pour Peter, mais à quoi bon !

Le 15 décembre, ils commencent à parler mariage et au même moment survient un événement qui, en d'autres temps, eût occupé toute une page de son journal. Mais elle ne lui consacre qu'une brève mention.

Le jour de Noël, une patrouille m'a amené un braconnier, Hategeka. Je l'ai battu avec des orties et lui ai appliqué ma propre magie sumu. Les trois gardes qui l'ont raccompagné avaient peur de mon sumu.

Le jour suivant avait lieu la traditionnelle fête de Noël en compagnie des travailleurs du camp et de leurs familles.

Nous avons travaillé comme des fous pour tout préparer. Tout le monde est arrivé vers onze heures, mais il a fallu attendre que Rwelekana et Burumbé finissent de préparer le repas. Je pense que nous étions trente et un, j'ai renoncé à compter. Ils semblaient s'amuser et ont bu beaucoup de bière. Puis ils se sont arrêtés de boire et ont mangé des tonnes de nourriture. Il fallait voir la taille de leurs portions ! Puis j'ai distribué les cadeaux... J'ai vraiment aimé la femme de Burumbé et leur bébé. Ils se sont sûrement amusés. Le pisteur a amené son père et sa mère, de vieilles personnes très aimables, surtout le père.

Plus tard, ils ont voulu danser et chanter pour la joie. Quel spectacle pendant près d'une heure ! Mukera s'est révélé un formidable danseur. Il a réellement le sens du rythme. Je n'ai jamais rien vu de pareil. Bagalo a tapé sur le tambour, les deux forestiers ont d'abord dansé, puis c'était le tour de Kanyaragana et de la femme d'un forestier. Des danses très sexy. Ensuite les hommes ont entamé leurs chants qu'ils ont conclus avec une chanson sur Mlle Dian Fossey. La poussière s'envolait et les vers à bois étaient chassés de leurs trous. Tout le monde est reparti heureux et j'étais ravie.

Kima a passé toute la journée à crier dans sa cage, mais au moins personne n'a été mordu. Après leur départ, Burumbé et Rwelekana ont tout nettoyé et mis en ordre. J'ai fait une sieste de deux heures, avalé un énorme dîner et suis partie faire une grande promenade. La lune était claire et belle. Je n'ai pas rencontré d'animaux, mais un hibou m'a suivie de branche en branche. C'était un enchantement. J'aurais aimé que Peter soit là.

Pendant le début de l'année 1975, la passion que Dian éprouvait pour Weiss se poursuivit au même rythme. Rien d'autre ne semblait l'intéresser, même pas les allées et venues d'étudiants et de chercheurs. Le retour de Kelly Stewart au mois de janvier n'occupe pas une grande place dans son journal, sinon une remarque plutôt malveillante sur la quantité de bagages qu'elle avait apportés. Quant au malheureux Richard Rombach, son départ n'est même pas mentionné.

A la fin du mois de janvier, un botaniste fraîchement arrivé à Karisoke pour y étudier la végétation du mont Karisimbi met le feu à sa hutte par inadvertance. Dian et trois Africains combattent l'incendie en transportant des seaux d'eau depuis le ruisseau du camp. Mais le bâtiment et de nombreux livres de Dian étaient sérieusement endommagés. Dian était à bout : « J'en suis malade. » Cette nuit-là, elle tombe pendant qu'elle transportait un précieux crâne de gorille qui glisse de ses mains et se casse. C'était un des plus mauvais jours de ces derniers mois. Mais le lendemain même, elle est transportée.

Peter apporte un catalogue français plein de photos de bagues d'alliance. J'étais tellement heureuse qu'il ait commandé pour moi une bague de fiançailles et une montre bracelet.

Mais les cadeaux de fiançailles restèrent bloqués à la douane et quand ils arrivèrent au mois d'avril, ce fut la déception.

La bague et la montre sont arrivées, mais il ne veut pas les retirer de la douane. Il dit que les taxes sont élevées parce qu'elles contiennent de l'or. Il a demandé aux douanes de les réexpédier en France. Je suis tellement blessée, mais il ne le saura jamais.

L'incident avait suffi à la replonger dans le cercle de la dépression et de l'anxiété.

Le 29 avril : *Hier il a demandé si nous pouvions nous marier dans trois semaines à l'ambassade et a envoyé des invitations.*

Ensuite il a dit : « Je t'épouserai à ton troisième mois de grossesse. » Je sais qu'il s'esquive.

Le 4 mai : *Je suis déçue que Peter ne soit pas venu hier soir et qu'il n'ait même pas envoyé un mot. Je pense que tout est fini. Si je n'arrive pas à avoir un enfant, il ne voudra pas de moi et je pense que je ne n'en aurai pas.*

Le 17 mai : *J'ai écrit à Peter pour lui dire qu'il n'avait qu'à reprendre Fina. Je le regrette maintenant... j'ai passé toute la journée à penser à lui et n'ai rien fait d'autre. S'il ne monte pas ce week-end, je ne lui écrirai plus.*

Une fois de plus, Dian se tourne vers ses amis des mauvais jours.

Ce matin, je suis allée voir le Groupe 4 et les ai trouvés tout près du camp comme s'ils étaient en train de venir me voir. Une belle journée ensoleillée, j'ai passé des heures avec Digit et Oncle Bert. Nous sommes restés étendus au soleil. Je me suis même endormie et en me réveillant, j'ai trouvé Flossie penchée sur moi avec une expression inquiète, comme si elle craignait que je me sente mal. Je suis revenue à la maison pour travailler sur mes notes, mais j'étais trop fatiguée. J'ai pris un bain dans ma nouvelle baignoire en fer-blanc et me suis occupée de nettoyer les ravages du botaniste. Les notes ont pris un temps fou. Je prends encore des somnifères à cause de Peter. Je ne pense qu'à lui et travailler me semble littéralement impossible.

Le lendemain, il pleuvait et Dian resta à la maison. Le bois était humide, la cheminée fumait et le soir, Kima cassa l'une des précieuses lampes à kérosène. Déprimée et malheureuse, Dian se coucha de bonne heure. Une demi-heure plus tard, elle entendit frapper à la porte de sa hutte : c'était Peter Weiss, mouillé et tremblant, qui venait se faire pardonner.

Il avait apporté une montre et une bague achetées sur place pour remplacer celles du catalogue

La montre est celle d'un homme, c'est marqué sur la garantie. La bague aussi ressemble à celle d'un homme. La pierre est jolie, mais la monture est laide et grossière. Je sais que la montre lui était destinée et qu'il me l'a donnée par générosité.

Peter s'en alla à 5 heures du matin pour arriver à l'hôpital à l'heure de ses tournées. Il laissa Dian dans un état de confusion totale.

Il dit que nous ne saurons jamais nous adapter l'un à l'autre, ce qui ressemble fort à des adieux. Il était si sombre en disant que je mourrais avant lui ! Quand il a vu que je pleurais sans rien dire, il a changé d'avis et a dit : « Non, tu ne mourras pas la première. Ce sera moi. Mais en restant ici, tu gâches ta vie et la mienne. »

Elle passa le mois suivant à osciller entre l'espoir et la déception, essayant de se plonger dans le travail tout en attendant d'éventuels petits mots de Peter. Ils étaient dans une impasse. Il refusait de monter la voir et lui demandait de descendre.

Il dit que je dois descendre, mais si je le fais, c'en sera fini de moi et il aura gagné. Il le sait. Pour vivre avec lui, il faudrait que je renonce à Karisoke, comment puis-je faire cela ?

Vers la fin juin, Peter céda et grimpa à Karisoke. Les retrouvailles furent passionnées. Le week-end suivant, Dian descendit à Ruhengeri.

Je m'en vais voir mon Peter pour le prendre dans mes bras et être dans les siens !... Eh bien, j'y suis allée mais il était renfrogné et morose. Il se taisait et quand il a fini par parler, nous nous sommes disputés parce que je ne voulais pas venir habiter chez lui avec ses enfants. J'en avais assez de ces manipulations, je suis partie passer la nuit seule, à l'hôtel.

Dian avait proposé quelques solutions de compromis : passer tous ses week-ends à Ruhengeri, ou bien alterner deux semaines au camp et une semaine en ville.

Quand je reçois des étudiants correctement préparés, qui savent surveiller le braconnage et les travaux de recherche des divers groupes, je peux m'en aller. Nous pourrions même partir en France pour un mois.

Aucune de ces propositions ne convenait à Peter, mais il la désirait si fort qu'il continuait à monter à Karisoke et il arrivait même que ses visites soient joyeuses.

Le 12 juillet : *Peter s'est réveillé à sept heures du soir. C'était incroyable ! Une des plus belles nuits que nous ayons jamais passées... Il s'est mis à genoux et m'a juré son amour en me disant : « Je n'aime que toi, tu es tout entière à moi. » Il ne pouvait pas faire semblant. C'était sans doute vrai.*

Dans cette situation, Dian avait besoin dans le camp d'une amie à qui se confier. Elle l'avait fait avec Kelly Stewart pendant quelque temps, mais leurs relations étaient malaisées. Elles se gâtèrent complètement quand Dian intercepta et se mit à lire le courrier qu'échangeaient Kelly et Sandy Harcourt. Dian était choquée par l'antipathie véhémente de Sandy à son égard, elle la qualifiait de « véritable haine ». Comme elle ne trouvait pas d'explication à cette inimitié, elle s'imagina que Kelly l'attisait par jalousie.

Elle cessa d'ouvrir les lettres quand elle comprit que la jeune femme le savait. Plutôt qu'affronter Dian et risquer une dispute, Kelly avait dessiné un cadenas au dos d'une lettre destinée à Sandy. Puis elle l'avait remise à Dian qui s'occupait d'expédier le courrier du camp.

C'était suffisant pour que Dian éprouve de la honte et ne touche plus aux lettres. Mais pendant des semaines, les deux femmes ne se parlèrent plus, gardant leurs distances et ne communiquant que par des petites notes. Vers la fin de l'été, Dian se mit à rechercher la compagnie de Kelly dans le seul but de soulager la confusion de ses sentiments et les doutes qu'elle éprouvait envers Peter. Kelly était une auditrice attentive, mais après ces confessions, Dian notait toujours dans son journal : « J'ai trop parlé. »

Ces péripéties amoureuses avaient aussi d'autres effets sur elle. Elle avait du mal à se souvenir des dates et s'aperçut un jour qu'elle s'était trompée de semaine dans son journal.

Je suis réellement dans la confusion. Ma tête ne vaut rien.

Elle perdait aussi ses affaires et avait passé une semaine à chercher un revolver qui était rangé à sa place, parmi ses papiers.

Par une sinistre journée de septembre, Dian descendit à l'aéroport de Kigali pour chercher Peter qui revenait d'un mois de vacances en France. En revenant à Ruhengeri, ils trouvèrent Fina dans un état hystérique devant la maison de Peter et prête à faire un esclandre.

Tous les enfants étaient avec elle, à l'exception de Joseph qui était avec nous. Devant tous les voisins qui nous regardaient, elle m'a poursuivie avec un bâton et Peter a couru après elle. Je ne l'oublierai jamais. Elle criait et lui aussi. Je me suis retirée et j'ai dit aux hommes de retenir Fina et d'aider Peter. Elle était folle. Il a sans doute souffert parce qu'elle a failli le tuer avant que les hommes ne la maîtrisent. Nous sommes allés dans la maison. J'ai voulu savoir qui garderait ma voiture. Il m'a dit de ne pas m'inquiéter, mais elle est arrivée avec son bâton et a cassé mon pare-brise tout en tenant Sophie dans les bras. Après, je ne me rappelle plus trop. Il l'a enfermée dans l'office et est allé appeler la police. Pendant son absence, elle a cassé toutes les vitres pour essayer de s'enfuir. Je la surveillais tout en essayant de me cacher dans la maison. Sophie courait après moi en pleurant et en criant. Les autres enfants étaient cachés dans la chambre à coucher. Peter est revenu avec deux policiers et ils l'ont emmenée. Tous les voisins regardaient, mais personne ne l'a aidé.

Vers trois heures de l'après-midi, il est allé à la prison pour la faire libérer, mais à condition qu'elle accepte de quitter la ville. Je ne comprenais pas qu'il la laisse ainsi s'en aller. J'ai pris la voiture du garage et lui ai fait poser un nouveau pare-brise.

Guamhogazi, le chef porteur de Dian, gardait la voiture en compagnie d'un *zamu*, un gardien. Dian passa la nuit avec Peter.

J'ai fait un affreux cauchemar et me suis réveillée en criant. Le lendemain, nous sommes remontés ensemble. Je n'ai mis qu'une heure et demie à grimper, ce qui n'est pas mal pour moi, mais il trouvait que j'allais trop lentement. Samedi non plus il n'était pas de très bonne humeur et s'est comporté comme si je lui posais un problème. Je me souviens de Fina en train de le battre, de ses gros seins sous son T-shirt jaune et du petit Pierre me repoussant quand j'ai essayé de l'empêcher de regarder. Quant à Yves, il a disparu et n'est pas revenu.

Je ne suis arrivée ni à faire parler Peter ni à le faire rire. Je sais qu'il pense à autre chose qu'à son impossibilité de faire l'amour, mais à quoi ? Il dit que nous ne nous marierons que si j'insiste ou si j'attends un bébé. Mais il pense que je ne le pourrai pas et ne semble pas y être intéressé. Je suis certaine qu'il ne m'aime plus.

Maintenant je sais que je ne me marierai jamais.

Le 2 novembre, Dian et Kelly étaient en train de bavarder devant la hutte de Dian quand elles entendirent un cri : « Ce n'est qu'un hibou », dit Kelly. Elles tendirent l'oreille et entendirent encore le cri. Dian pensa rapidement à plusieurs possibilités : ce pouvait être Fina ou un braconnier en colère. Depuis que des étudiants américains qui travaillaient dans le centre de recherches de Jane Goodall en Tanzanie avaient été kidnappés et rançonnés par des hors-la-loi politiques, tout semblait possible.

Pour ne pas prendre de risques, Dian enferma Kelly dans l'office et partit chercher son pistolet. C'est alors qu'elle vit Basili en train de traverser la prairie en hurlant. C'était un nouvel incendie. Des vêtements que Kelly faisait sécher près du poêle avaient pris feu et les flammes avaient déjà attaqué les murs et le plafond de sa hutte.

J'ai fait sortir Kelly, puis suis partie les aider pour tirer de l'eau. Mais comme je ne suis pas très efficace à ce jeu, je me suis mise à mouiller la maison. Mais le feu avait pris de l'avance, les hommes étaient paniqués et nous avons perdu un temps précieux à ne rien faire. Sommes restés jusqu'à 3 h – et moi jusqu'à 4 h 30 – du matin, à essayer de sauver ses affaires. Je suis épuisée.

La cabane l'était aussi. Mais la perte la plus grave était le monceau de notes que Kelly avait accumulées sur les gorilles.

Très secouée ce matin. J'avais du mal à bouger. Kelly est abasourdie. L'ai invitée pour le petit déjeuner et lui ai dit de dresser une liste de ce qui manque et d'acheter le matériel pour reconstruire la cabane. Je ne me souviens pas de la journée... J'étais malade le soir, j'ai vraiment X et me suis effondrée. Très mal. Aucune lettre de Peter.

Cette nuit-là, Dian fut réveillée par un cauchemar et se surprit en train de frapper Kima qui dormait avec elle.

Elle tremblait de peur. Je me sens si mal et inquiète pour tout ce qui est en train de m'arriver.

Sinistre et titubante, l'année tirait vers sa fin. Kelly Stewart partit en décembre pour un autre trimestre à Cambridge où elle devait retrouver Sandy Harcourt. Dian restait seule à Karisoke avec son équipe d'autochtones.

Les premiers jours de 1976, elle essayait d'apporter les dernières corrections à sa thèse de doctorat, mais la détresse qu'elle éprouvait l'empêchait de se concentrer.

Je travaille toute la journée, fais de courtes pauses d'après les conseils de Hinde, mais n'y arrive pas. Ce travail n'a pas de fin... Kima est d'humeur solitaire... Je ne me suis jamais sentie aussi seule de ma vie.

Elle se mit à pleurer pour rien ou par pure fatigue. Les doses d'alcool augmentèrent. Son journal devint incohérent, un mot griffonné ici ou là, ou parfois rien du tout. Elle glissait rapidement sur la pente de la dépression.

Le 23 janvier : *J'ai écrit une lettre horrible à Peter. J'en ai tellement assez de tout.*

Au mois de février, son journal avait dégénéré en gribouillis illisibles tracés avec violence sur le papier. Elle s'était fait mal au bras et la douleur l'empêchait de dormir.

Le bras va mal. Ne peux pas dormir. Éveillée toute la nuit. J'em... le monde. Non, Peter.

Progressivement l'écriture reprit forme, mais les débuts du journal étaient toujours aussi laconiques.

Le 10 février : *Pas bien du tout. Ne peux plus dormir. Le bras va très mal.*

Le 11 février : *Pas bien. Fais des lectures pour la soutenance de la thèse.*

Le 12 février : *Demandé à Nemeye de rester ici pour surveiller le feu pendant que je veillais et terminais la thèse.*

Quelques jours plus tard, son écriture revenait à la normale, mais son état d'esprit ne s'était amélioré que très faiblement.

Grosse tempête de grêle. Kima est très effrayée. Je descends. Mon bras va si mal que je décide d'aller à Ruhengeri. Première sortie depuis des mois, mais Peter était à Gisenyi et n'est revenu qu'à 18 h30. J'ai dû attendre dans son bureau. Il semblait heureux de me voir et a été très doux. M'a fait prendre un bain. J'ai pleuré presque toute la nuit.

Le jour suivant, Dian passait des radiographies à l'hôpital de

Ruhengeri et découvrait qu'elle souffrait d'un cas de tendinite aiguë.

Je suis allée chercher les radios, puis dans le bureau de Peter où tout le monde, vraiment tout le monde, l'attendait. Il y avait une infirmière d'Ouganda avec une fillette atteinte de bilharziose et un bébé en train de mourir d'une fracture du crâne. En voyant le bébé, je me suis mise à pleurer. Peter est tellement respecté et aimé, j'étais fière de lui et honteuse de moi-même.

Lentement, elle reprit ses esprits et se coula dans la routine du camp, cherchant une fois de plus à compenser sa solitude par le contact avec les gorilles.

Sortie à la rencontre du Groupe 5. Contact fantastique. Tous les dos argentés se sont approchés de nous. Puck vole les objectifs après que j'ai pris des photos... J'ai emporté un numéro de la National Geographic *avec moi et Puck était très drôle en regardant les photos de gorilles. Mais il a fini par être* trop *drôle, se comportant comme un fou et me donnant du fil à retordre en fin de contact. Il doit penser que je suis aussi forte que lui. Je me suis demandé pour la première fois s'ils ne commençaient pas à trop s'habituer à moi.*

En mai 1976, Dian retournait à Cambridge. Sa thèse venait d'être acceptée et il ne lui restait plus qu'à la soutenir. Elle n'avait jamais eu son diplôme de maîtrise ni même sa licence en ergothérapie et ses connaissances en zoologie étaient réduites, mais son étude sur les gorilles des montagnes du Virunga contenait une telle masse d'informations originales et variées que le jury lui accorda son titre avec plaisir.

Désormais, elle s'appelait Dr Fossey.

Après Cambridge, Dian partit pour la Californie où elle devait participer à un colloque organisé par la *National Geographic Society*, en même temps que le Dr Jane Goodall et une autre candidate au doctorat, Biruté Galdikas. C'étaient les trois dames primates de Leakey ou comme on aimait les nommer parfois, les « trimates ». L'occasion était rare pour l'auditoire, mais épuisante pour Dian qui avait la dysenterie.

Après la visite habituelle aux Price, elle partit pour Washington où elle confia des films et des photos à ses sponsors de la *National Geographic* et rendit compte au Comité de recherches de l'état des choses à Karisoke. En revenant en Afrique au mois de juin, son équilibre affectif s'était presque rétabli.

Son premier souci fut de retrouver ses gorilles. Le lendemain de son arrivée, elle partit avec Rwelekana pour une randonnée de vingt-deux kilomètres le long desquels elle ne trouva – fort heureusement, écrit-elle – aucune trace de pièges ou de braconniers.

Une semaine plus tard, elle fit une expédition dans les montagnes de Kabara au Zaïre (désormais, c'est ainsi que s'appelait le Congo) pour s'assurer que tout allait bien pour les gorilles de cette région.

Au cours de l'été 1976, quelques étudiants travaillèrent à Karisoke et Dian les surveilla de près. Certains d'entre eux supportaient mal les « interférences » de Dian, ce qui provoqua des affrontements qui l'exaspéraient.

Qui leur a fourni ce travail ? Qui leur a montré comment faire ? L'arrogance de ces je-sais-tout est incroyable. Un petit merdeux de New York avec une maîtrise m'a demandé où j'avais passé la mienne. Je lui ai demandé de m'appeler dorénavant DOCTEUR *Fossey.*

Au mois d'août, elle eut des problèmes avec un groupe d'étudiants français.

Je suis allée dans leur hutte pour leur dire qu'ils avaient du retard sur leurs notes et l'un de ces morveux m'a poussée vers la porte et m'a fait rouler le long des marches et par terre. Je pense qu'il m'aurait battue à mort si mes hommes n'avaient pas été présents. Il a crié : « Vous nous traitez comme des singes. » Je pense qu'il est en train de craquer. En tout cas, je garderai ma porte fermée à clé jusqu'à mercredi prochain, jour de leur départ.

L'« étudiant » qu'elle préférait pendant cette période n'était pas du tout un étudiant. Elle avait trouvé Tim White pendant qu'il faisait de l'auto-stop sur la route de Ruhengeri. C'était un jeune Américain qui parcourait le monde à la force de ses semelles. Arrivé en Afrique centrale, il s'était dirigé vers les Virungas après avoir entendu parler des gorilles. Tout en n'ayant aucune formation universitaire, c'était un excellent travailleur sur le terrain qui se dépensait sans compter pour la cause des gorilles. Mieux encore, c'était un bricoleur inventif, ce qui était rarement le cas d'un étudiant en doctorat de Cambridge ou de Stanford. Dès son arrivée, toutes les lampes Aladin et les poêles du camp furent réparés.

Pendant cet été-là, Dian ne vit pas souvent Peter Weiss, mais continua à recevoir des informations secrètes sur le comportement de Fina.

Fina a été vue par Guamhogazi à Ruhengeri avec les enfants, dans le magasin indien. Si elle fait des courses en ville, c'est qu'elle vit avec Peter.

Le 12 octobre : *Guomhogazi a rapporté que Fina était dans la voiture de Weiss avec les enfants. MAIS dans l'après-midi, il était seul dans la voiture tandis qu'elle marchait sur la route, derrière l'hôpital.*

Au début du mois d'octobre, Kelly Stewart revenait à Karisoke pour y poursuivre ses études. Dian lui fit bon accueil, mais une certaine contrainte régnait entre elles.

Je suis allée voir Kelly qui s'est teint les cheveux, mais est toujours aussi grosse. Elle a commencé par dire : « Je suis heureuse de voir... » puis a laissé sa phrase inachevée. Elle a accroché au mur un dessin de gorille fait par Sandy Harcourt et m'a montré une amulette de fertilité que la sœur de Sandy lui a donnée. J'imagine qu'ils se marieront dès qu'elle aura terminé son travail ici. Je lui souhaite beaucoup de bonheur...

Le 24 octobre au matin, Dian reçut une « lettre passionnée » de Peter. C'était la première depuis des mois et, malgré sa décision de l'oublier, elle décida immédiatement d'aller le voir.

En arrivant, il était chez lui et m'a désirée aussitôt, mais dix minutes plus tard le téléphone sonnait, une césarienne à l'hôpital, et il est parti pendant une heure et demie. Puis les enfants sont arrivés, horreur. Nous avons recommencé, un type est venu prendre une bière et j'ai dû attendre dans la chambre à coucher. Ensuite le dîner. Il a dit peu de chose au sujet de Fina, sinon qu'elle était venue déjeuner trois fois.

La visite était plus que ratée et en revenant le lendemain à Karisoke, Dian apprit que Cindy avait essayé de la suivre à Ruhengeri, ce qui avait eu des conséquences désastreuses.

Elle a couru sur le chemin après la voiture et deux braconniers, bourrés de boisson, sont sortis d'un bar et lui ont lancé des pierres. Ils l'ont blessée en même temps que Semitoa qui essayait de l'attraper. Mes hommes l'ont reprise alors qu'elle fuyait les braconniers et l'ont ramenée à la maison. Il n'y a rien de cassé, mais elle est blessée. Nemeye a dit que je devrais les attaquer, alors je l'ai fait.

Un des deux hommes qui avait lancé des pierres sur le chien passa deux mois en prison. L'autre ne fut pas retrouvé.

Deux mois plus tard, un groupe de gardiens du parc arriva à Karisoke, accompagné d'un prisonnier. Il fut identifié comme l'homme qui avait disparu après avoir lancé des pierres sur Cindy.

Il paraît qu'il se cachait au Zaïre. Il était ivre. J'ai joué à « lançons des pierres à Cindy » et failli l'achever.

Tim White, le jeune auto-stoppeur, quitta Karisoke au début du mois de décembre pour continuer son tour du monde. C'était un jour triste pour Dian. Mais son remplaçant venait d'arriver. C'était Ian Redmond, un jeune Anglais qui allait surpasser même Tim White. Dian le considérait comme le meilleur des étudiants, mais elle jugeait plutôt son dévouement à l'égard des animaux que ses succès académiques.

Le 7 novembre : *Ian arrive vers 7 h 30, habillé de shorts et sans chaussures. Il est fou. Cet enfant ne tiendra pas le coup ici.*

Le 8 novembre : *A 9 h 30, le gars Redmond n'a toujours pas pris son petit déjeuner, il veut faire des films, des photos et des tas d'autres choses. Quelle confusion. Il est arrivé d'Angleterre à Monbasa avec 9 £ ! C'est impossible !*

Tout en le jugeant écervelé, elle ne pouvait pas s'empêcher de l'aimer. Elle commença à l'appeler, à la fois par dérision et affection, « le garçon », « le gars », et parfois « l'enfant ».

Dans un effort constant de recoller les morceaux, Peter Weiss l'invita à passer Noël avec lui et les enfants. Toujours pleine d'espoir, elle descendit vers la ville.

Peter m'a fièrement offert un magnétophone. Au dîner, nous avons bu du champagne et mangé du gâteau, rien de plus... Nous étions seuls au petit déjeuner, puis il est parti jouer avec sa voiture. Je m'ennuie tellement. Je travaille sur des diapositives.

Un excellent filet pour le déjeuner, puis il fait une sieste. Je reviens à mes diapos et voilà qu'arrive Fina. J'avais peur, mais elle ne m'a pas parlé. J'ai ramassé les prises et suis revenue dans la chambre à coucher. Nous avons attendu qu'elle parte.

Le soir, nous avons joué au Master Mind et j'ai gagné. Nous avons rejoué après dîner et il a tout perdu.

Le lendemain de Noël, elle revint à Karisoke, désenchantée et enfin convaincue de l'impossibilité de partager une vie avec Peter Weiss. Il fallait donc qu'elle continue à vivre du mieux qu'elle le pouvait.

Remonté là-haut dans le froid et l'humidité. Changé de vêtements et préparé la fête pour les deux jeunes qui avaient l'air de s'apitoyer sur leur sort. Ian m'a offert un mobile fabriqué avec des couvercles de boîtes de conserve et Kelly quelques dessins. J'ai donné à chacun une pile d'affaires. C'était très agréable. J'ai préparé un bon dîner et nous nous sommes amusés tandis que la grêle s'abattait comme une furie sur le toit. Ils sont partis bien après minuit. Je ne pouvais pas dormir, tout cela me fatigue tellement.

Le lendemain soir Kelly m'a raconté que le garçon avait passé le plus beau des Noëls et qu'il n'avait jamais eu tant de cadeaux.

14.

Les fêtes de Noël 1976 à Karisoke avaient été plutôt agréables. L'amitié entre Dian et Kelly avait retrouvé une certaine chaleur et Ian qui débordait d'enthousiasme pour les gorilles commençait à lui plaire. L'équipe africaine fonctionnait bien ; les braconniers semblaient avoir été temporairement vaincus ; et les gorilles étaient à l'abri des intrusions intempestives des hommes.

Mais le tableau n'était pas aussi idyllique qu'il le paraissait. La santé de Dian se détériorait et il lui était de plus en plus difficile de sortir par temps humide pour faire sa visite quotidienne aux gorilles. Enfermée dans sa hutte, elle s'enlisait dans les demandes incessantes de ses sponsors aux États-Unis qui exigeaient d'elle des rapports scientifiques mensuels. La survie de Karisoke qui recevait leurs subventions en dépendait. Cette avalanche de rapports empoisonnait son existence. Depuis qu'elle avait obtenu son titre de docteur, elle était submergée, par ailleurs, par des demandes de publication de ses recherches. Enfin, elle commençait à écrire un livre sur sa vie avec les gorilles et destiné au grand public.

En janvier 1977, elle reçut la visite de Barbara et Richard Wrangham, des amis de Cambridge. Quelques jours plus tard, sous prétexte de les accompagner, elle alla à Kigali pour rendre une visite impromptue à Peter. L'idée était malencontreuse. Des pluies torrentielles avaient inondé les routes et après avoir laissé sa voiture à un kilomètre de Ruhengeri, Dian se présenta devant la porte de Peter, trempée et couverte de boue.

A son grand soulagement, Fina n'était pas là. Peter la reçut et l'aima plutôt à contrecœur, lui manifestant un accueil plus passif que chaleureux. Dian essaya d'ignorer les raisons évidentes de ce comportement.

Je pense qu'il essayait de cacher ses relations avec Fina ou bien se sentait coupable, ce que je peux comprendre.

Le lendemain matin, de bonne heure, elle remontait le long de la piste glissante vers Karisoke, luttant contre une nouvelle attaque de pneumonie. Après s'être bourrée d'antibiotiques, elle se glissa dans son lit, mais elle ne pouvait pas dormir. Elle passa la nuit à écouter la pluie marteler le toit de sa cabane et à penser à Peter. L'avait-elle perdu pour de bon ? Elle ne pouvait pas le croire. Dès le matin, elle décida de tirer la situation au clair et de redescendre à Ruhengeri. Voyant qu'elle était malade, Basili lui proposa de l'accompagner, mais elle lui dit d'un ton brusque de s'occuper de ses affaires.

Peter venait de rentrer de l'hôpital quand Dian tomba sur lui, l'accablant de reproches entrecoupés de demandes d'amour pathétiques. Weiss finit par admettre qu'il entretenait des rapports avec Fina.

Quand je le lui ai demandé clairement, il n'a pas pu mentir. Je suis sûre qu'elle est encore enceinte et qu'il va l'épouser.

– L'aimes-tu vraiment ? lui demanda Dian pour le provoquer.

– J'aime beaucoup de monde, lui répondit-il froidement.

A la fois concerné par elle et en colère, Weiss lui servit un verre de rhum et la mit au lit. Ce n'était pas le lit de la réconciliation et Dian avala trois cachets avant de s'endormir.

Il s'en alla de bonne heure et Dian se réveilla avec la certitude d'avoir été une fois de plus chassée du sanctuaire réconfortant du cœur humain.

Je suis restée pendant longtemps sur son lit et j'ai pleuré. Je tenais Sophie dans mes bras, mais je savais que je l'avais perdue aussi.

Quittant pour la dernière fois la maison de Peter Weiss, Dian partit chez Rosamond Carr. En arrivant chez elle par la piste cahotante, elle se sentait si mal qu'il fallut l'aider pour sortir de la voiture.

Comme elle l'avait si souvent fait, Rosamond fit entrer Dian et la réconforta.

Elle était si gentille avec moi. Elle m'a préparé un bon repas, m'a fait prendre un bain chaud et m'a mise au lit.

Quelques jours plus tard, malgré les protestations de Rosamond, Dian repartit au camp pour se faire soigner par ses « Africains » et finir de guérir sa pneumonie.

Pendant que Ian, Kelly et les pisteurs continuaient à se frayer un chemin parmi les forêts et les orties, collectant d'infimes informations qui s'ajouteraient à la chronique des gorilles, Dian se battait pour retrouver un semblant de normalité.

Le 24 janvier, elle partit avec Nemeye sous une pluie battante pour voir le Groupe 4 à Honeyman Hill. Les notes scientifiques de

Dian concernant cette journée sont si confuses qu'il semble évident que son intérêt n'était pas scientifique, mais personnel. Elle avait rampé pendant cinq heures dans une végétation touffue pour communiquer avec des êtres dont elle savait qu'ils ne la rejetteraient pas.

Oncle Bert était tellement merveilleux, il s'est reposé à côté de moi et tous les autres nous ont entourés. Le petit Kweli, le bébé d'Oncle Bert, est venu s'asseoir à mes pieds tandis que sa mère, Macho, faisait sa toilette tout en me surveillant du coin de l'œil pour s'assurer que j'étais une bonne baby-sitter.

Tard dans la journée, un gros orage balaya la clairière où ils étaient en train de se nourrir. La visibilité était presque nulle quand Digit, le préféré de Dian, émergea de l'obscurité. Il dévisagea pendant quelques secondes sa silhouette évanescente, la pluie dégoulinant sur son pelage brillant. Puis, dans un geste qui semblait être celui d'une sympathie délibérée, il arracha une tige de céleri sauvage, la débarrassa de ses grosses feuilles extérieures, la déposa aux pieds de Dian et disparut dans les ténèbres.

L'accalmie des braconniers s'était poursuivie jusqu'en février, mais dès la fin de janvier, l'interruption de la trêve se prépara avec Seregera, un ancien braconnier qui était devenu gardien et avait travaillé pour Dian. Elle avait fini par le congédier en 1972 et il venait d'être libéré de prison. Seregera considérait Karisoke comme son terrain de chasse et en voulait suffisamment à ce camp pour revenir y exercer ses méfaits.

Les problèmes commencèrent le 7 mars. Nemeye et Ian se trouvaient avec le Groupe 5 sur le versant ouest du mont Visoke quand une présence invisible effraya les gorilles que la panique dispersa dans la nature. Nemeye les suivit et se retrouva sur un sentier qui surplombait leur lieu de nourriture. Là-haut, dans la vase, il découvrit quelques paires de traces de pieds si fraîches qu'elles n'avaient pas encore été couvertes par la pluie. Nemeye ne pouvait se permettre de poursuivre, à lui seul, tous ces braconniers, mais en essayant de retrouver son *bazunga,* il découvrit que Ian était reparti au camp sans lui.

Ce soir-là, Dian réunit un conseil de guerre et condamna Redmond pour avoir renoncé à poursuivre les braconniers.

– Pourquoi donc ne les avez-vous pas poursuivis ? Si vous l'aviez voulu, vous auriez pu les attraper.

Ian savait faire mieux que simplement se défendre. Il écouta tranquillement Dian, puis se porta volontaire pour contre-attaquer le lendemain.

C'était le genre de réaction que Dian admirait. Ils préparèrent un ratissage à travers la région d'étude et jusqu'à l'intérieur du Zaïre où les braconniers avaient l'habitude d'installer des camps temporaires.

Si Ian s'était humilié la veille, il se rattrapa le 8 mars. Pieds nus parce que ses compagnons n'étaient pas chaussés, vêtu d'un T-shirt et de shorts élimés, il conduisit les trois pisteurs hors du camp, à l'aube d'une journée froide et sombre. En revenant à la tombée de la nuit, la petite troupe était épuisée mais glorieuse. Après avoir ratissé le col du mont Mikeno, ils avaient détruit trois abris de braconniers et démantelé vingt et un pièges récents.

La contre-attaque des braconniers mit dix jours à venir. Le 18 mars, deux groupes au moins s'infiltrèrent dans la partie nord-ouest de la région d'étude et la couvrirent de pièges. Ian et Nemeye arrivèrent à en détruire trente-cinq en deux jours, mais Dian était très préoccupée par la sécurité du Groupe 5 qui hantait cette région.

Ils sont trop loin. Nous ne pouvons pas trouver tous les pièges. Un jour ou l'autre, l'un d'eux sera pris.

Comme elle détestait s'immiscer dans leur vie, elle décida à contrecœur de les évacuer vers une région plus sûre.

C'était une entreprise traumatisante pour les deux parties. Ian et quatre autres hommes encerclèrent le Groupe 5 au nord tout en faisant tinter des clochettes de chiens de braconniers et en imitant leurs sifflements.

Quel charivari ! L'air froid était saturé de l'odeur de peur. Le jeune mâle, Icare, poussa des cris furieux et prit la tête de ce qui allait être la débâcle. Les femelles et les jeunes animaux suivirent le mouvement. Les clochettes et les sifflements suivaient implacablement. Icare passa plusieurs fois à l'attaque de l'ennemi invisible. La piste de leur fuite était couverte de feuillage écrasé et d'excréments sur lesquels les bergers glissaient et tombaient. La forêt résonnait avec les échos des cris de terreur des animaux.

Dian ne participait pas à l'action.

Je reste ici pour être sûre de ne rien entendre. C'est HORRIBLE, *mais cela doit être fait.*

Sa fureur contre les braconniers qui l'avaient forcée à infliger cette humiliation à ses amis était en train de se transformer en démence.

Le 1er avril, Kelly Stewart fit ses adieux et partit rejoindre Sandy Harcourt en Angleterre où elle devait faire ses préparatifs de mariage pour le mois de juin. Malgré la tension qui avait souvent régné entre elles, l'affection de Dian avait survécu à toutes ces péripéties et elle versa un torrent de larmes à son départ. Peut-être pleurait-elle aussi le mariage à venir et le deuil du sien.

Le 3 avril, un groupe de six braconniers repassa à l'attaque. Cette fois, ils envoyèrent leurs chiens sur le Groupe Wageni et les poursuivirent pendant quelques centaines de mètres. Ian et Vatiri qui se trouvaient sur place par hasard évitèrent de justesse ce qui aurait pu être un massacre de gorilles. Ils poursuivirent les braconniers jusqu'au sommet du mont Visoke, à une altitude de 4 500 mètres et une température à peine au-dessus du zéro, mais n'arrivèrent pas à les attraper.

Dian était convaincue que les braconniers voulaient encore des têtes et des mains de gorilles et, le lendemain matin, elle organisa une contre-attaque avec l'aide de tout le camp. Il grêla toute la journée et quand il ne grêlait pas, une pluie froide pénétrait les os. Dian avança jusqu'au Groupe 5, mais elle était tellement épuisée qu'elle revint au camp et s'effondra. Vatiri, Nemeye, Rwelekana, Ian et deux autres hommes patrouillèrent autour du mont Visoke, mais ne trouvèrent que quelques pièges et aucun braconnier.

C'est dans ce moment de tension qu'un nouvel étudiant arriva. Léonard était un jeune biologiste américain dont les idées sur l'Afrique et les gorilles étaient encore plus romantiques que celles de la moyenne des gens. La réalité le frappa de plein fouet quand, le lendemain de son arrivée, Ian l'enrôla dans une patrouille qui grimpa pendant cinq heures, à bout de souffle, jusqu'au sommet du mont Visoke. Au lieu du rêve idyllique de gorilles dans une jungle tropicale, Léonard se retrouva embarqué dans une guerre, au cœur des forêts, contre des pygmées invisibles armés de lances, d'arcs et de flèches, le tout plongé dans un univers glacial et humide, hanté par des éléphants grincheux, des léopards invisibles et des buffles agressifs.

Une semaine après l'arrivée de Léonard, Nemeye fut attaqué par un buffle qui monta la garde jusqu'à la tombée de la nuit sous l'arbre où il s'était réfugié, tremblant comme une feuille. Le lendemain, quand Dian revint examiner les lieux, le buffle surgit d'un fourré proche et la fit grimper à l'arbre.

C'en était trop pour Léonard. Dian lui avait demandé de consacrer une partie de son temps à analyser les excréments des gorilles pour y détecter des parasites ; c'était sans doute la goutte d'eau qui avait fait déborder le vase. Le 15 avril, de bonne heure, il fit ses bagages. Il avait bien fait de partir à ce moment-là, car les événements de la journée l'auraient sûrement épouvanté.

Au milieu de la matinée, Basili appela gaiement Dian pour qu'elle savoure le spectacle de cinq gardiens de parc traînant derrière eux un minuscule prisonnier. Dian reconnut aussitôt ce Batwa déguenillé et pieds nus qui n'était autre que Munyarukiko, le célèbre braconnier des Virungas qui l'avait tant tourmentée. Le voyant ainsi, humilié et abattu, sa joie fut si grande qu'elle en oublia sa perspicacité naturelle.

Les gardes avaient une longue histoire à raconter et malgré mon long commerce avec ces hommes qui avaient l'habitude de perdre leurs prisonniers en route après avoir reçu une récompense de ma part, j'ai avalé leur récit avec la crédulité d'un enfant.

Ils prétendaient avoir passé deux jours et deux nuits à poursuivre Munyarukiko sur les alpages du Karisimbi et l'avoir enfin trouvé en compagnie de sa bande, préparant un piège à buffle. Ils déploraient la fuite des autres, mais ils avaient au moins pris le braconnier vedette et me l'avaient amené comme preuve de leur incessant labeur et surtout pour toucher leur récompense.

Quand ils ont refusé de le persuader – avec l'habituel fouet aux orties – de nous dire le nom de ses compagnons, j'ai été plutôt étonnée. En fait, ils ne voulaient même pas s'en approcher et j'ai été assez sotte de croire qu'ils avaient peut-être peur d'un nouveau sumu.

Je leur ai demandé pourquoi ils n'avaient pas rapporté l'arc, les flèches, la lance, le panga de Munyarukiko, bref, toute la panoplie classique du braconnier. Ils m'ont répondu que les autres hommes les avaient emportés. Cela semblait bizarre parce qu'un braconnier, même s'il est poursuivi, n'abandonne jamais ses outils de commerce. La situation est devenue encore plus obscure quand j'ai fouillé ses poches et que je n'y ai trouvé qu'un peigne, un morceau de miroir, une lame de rasoir et un bout de savon, autant d'objets totalement inutiles à la chasse au buffle !

Après avoir donné aux gardes une récompense de 120 $, j'ai décidé de les accompagner à Ruhengeri où M. Nkubili, chef des brigades, *devait emprisonner le braconnier.*

Ce projet a rencontré la résistance des gardes qui prétendaient avoir l'ordre de conduire les braconniers au bureau du conservateur du parc qui devait les interroger. Il n'y avait rien d'autre à faire que les laisser partir, ce qu'ils ont fait un peu trop joyeusement.

Tout semblait presque normal jusqu'au moment où notre forestier est venu raconter à mes hommes que Munyarukiko avait monté toute cette affaire. Il s'était mis d'accord avec les gardes pour se constituer prisonnier, monter à Karisoke et partager sa part de récompense qui s'élevait à une vingtaine de dollars, ce qui était une petite fortune.

J'aurais peut-être supporté de m'être fait avoir une fois de plus (ce n'était pas la première fois), mais quelques heures plus tard, Nemeye et Ian étaient revenus au camp pour me signaler qu'une autre poignée de braconniers talonnait les gorilles du Groupe 5. C'était beaucoup plus que je ne pouvais le supporter et je leur ai déclaré la guerre.

Accompagnée de Basili et Nemeye, je suis descendue de la montagne sous la pluie. La voiture ne voulait pas démarrer et j'étais furieuse. Nous avons fini par partir et sommes allés au village Twa de Mukingo. Basili a gardé la voiture pendant que Nemeye et moi nous sommes dirigés vers la hutte de Munyarukiko. Il venait de rentrer chez lui après avoir dépensé en alcool une partie de la récompense.

Quand nous sommes arrivés, il faisait déjà obscur et la situation était confuse parce que Mun avait plusieurs maisons, cinq femmes et je ne sais combien d'enfants. Le temps de localiser la hutte dans laquelle il vivait avec la plus âgée de ses femmes, il était déjà parti avec son complice, Gashabizi. On entendait tous les chiens de braconniers qui avaient été lâchés avant même que je puisse les atteindre. Alors, je me suis rabattue sur un des enfants de Mun qui était presque nu.

Comme Nemeye et moi ne pouvions faire face à toutes les femmes et les enfants, je lui ai dit de prendre en otage celui-ci pendant que je prenais dans la hutte de Mun des objets équivalents à la somme de quinze dollars : des matelas, des paniers, des épis de maïs et de vieux vêtements. J'ai sorti toutes ces affaires de la hutte et j'ai menacé de les brûler après avoir demandé aux femmes de l'appeler et de lui demander de me rendre sa part de récompense.

Comme il ne revenait pas, j'ai tout brûlé. Les yeux brillants des Batwa qui regardaient les flammes présentaient un spectacle effrayant. J'ai décidé qu'il était temps de partir, nous avons pris l'enfant qui avait quatre ans et sommes revenus à Karisoke. J'étais si fatiguée que j'ai dû grimper à genoux. Il pleuvait encore et je n'ai jamais été aussi mouillée et couverte de boue. J'ai glissé deux fois, mais les deux hommes qui se partageaient le transport de l'enfant m'ont aidée. Nous avons fini par arriver et l'enfant était si heureux de trouver de la nourriture et des jouets qu'il ne voulait plus repartir le lendemain. Mais les Européens du parc ont fait tant de bruit qu'il m'a fallu le rendre sans avoir récupéré l'argent que Munyarukiko m'avait pris.

Au cours des dix jours qui suivirent, Dian craignit une riposte qui n'arriva pas. Son équipe lui rapporta des rumeurs sur son éventuelle expulsion du Rwanda et elle eut peur que Mun et ses amis ne mettent le feu à des baraquements de Karisoke. Mais l'astucieux braconnier choisit une autre forme de vengeance. Il obtint un jugement légal contre Dian qui fut obligée de lui payer six cents dollars de dommages et intérêts pour les dégâts matériels dont il prétendait avoir souffert. Dian s'acquitta sans broncher, reconnaissant que son ennemi avait eu le dessus.

Les Rwandais considérèrent cet incident avec amusement. Le fait que Dian se soit fait avoir plutôt deux fois qu'une provoqua l'hilarité générale dans les bars des villages, au pied des volcans. D'autres versions de l'histoire véhiculées par des Blancs tracèrent d'elle le portrait exagéré d'une raciste, sadique et pis encore.

A l'approche du printemps, Dian consacra deux à trois jours par semaine à sa volumineuse correspondance et à la rédaction de ses rapports. Cela ne l'empêchait pas d'aller voir le plus souvent possible ses grands amis du Groupe 4. Le soir, elle partait faire une marche avec Cindy et s'occupait de Kima. Pendant ses moments perdus, elle éprouvait un plaisir toujours renouvelé à regarder et écouter les nombreuses créatures qui peuplaient les environs de Karisoke. Ce lieu était devenu un sanctuaire écologique où l'homme n'était plus un ennemi. Et les forêts et prairies environnantes abritaient de nombreux lièvres, corbeaux, perroquets et même des chauves-souris.

Les Africains avaient leur propre rythme bien établi. Deux fois par semaine, le porteur principal, Gwehandagoza, garait sa voiture dans le parking au-dessous du camp, grimpait le long du sentier qui conduisait à Karisoke et apportait le courrier et des provisions diverses. Il redescendait aussitôt avec le courrier à poster et une liste de commissions qu'il faisait dans les magasins de Ruhengeri et de Gisenyi.

Basili s'occupait de l'intendance. Il faisait la cuisine pour Dian, lavait le linge et s'occupait de l'entretien des huttes.

Tous les matins à l'aube, le forestier arrivait depuis sa lointaine vallée et passait de longues heures à ramasser du bois mort pour le chauffage. Dian avait strictement interdit l'abattage d'arbres vivants ou morts à proximité du camp pour ne pas effrayer les oiseaux et animaux des environs. Le sort d'un forestier à Karisoke n'était pas des plus aisés.

A sept heures et demie du matin, un des pisteurs principaux – Vatiri, Nemeye ou Rwelekana – partait faire la tournée des groupes de gorilles, accompagnés ou non par Dian ou Ian. Ils étaient chargés de suivre les déplacements quotidiens des groupes et de repérer la moindre trace de braconniers ou de leurs pièges. Ils devaient aussi collecter dans des sacs en plastique les excréments de la veille laissés par ces animaux.

Ce matériel puant était confié à Ian Redmond qui, à la demande de Dian, devait étudier les parasites internes des gorilles. A l'aide d'un vieux microscope trouvé à l'hôpital de Ruhengeri, il fallait qu'il examine minutieusement la récolte quotidienne et fasse des dessins précis de ces créatures minuscules qui logeaient dans les intestins des gorilles. Les Africains étaient déroutés par le dévouement de Ian et l'avaient surnommé « le gars aux vers ».

Tous les soirs, Ian était censé envoyer un rapport écrit à Dian. Il le lui faisait parvenir par Basili ou un autre membre de l'équipe, elle y répondait aussitôt avec des instructions, des suggestions ou des demandes urgentes de renseignements complémentaires. Tout en n'habitant qu'à quelques centaines de mètres les uns des autres, il arrivait que les deux Blancs ne se voient pas pendant plusieurs jours. Dian l'invitait à dîner une fois par semaine et parfois lui rendait visite dans sa cabane pour lui reprocher la lenteur avec laquelle il rédigeait ses rapports. Elle veillait à maintenir une certaine distance entre eux.

Mais la présence de Ian exerçait une pression certaine sur la volonté de Dian de se tenir à l'écart. S'il existait un homme qui correspondait à ses normes, c'était bien lui. Tout en ayant reçu une formation de biologiste, Ian n'avait pas la vocation du pur scientifique. A mesure que son séjour à Karisoke se prolongeait, il était plus intéressé par le problème de la survie des gorilles que par son avancement professionnel. En cela semblable à Dian, il les considérait comme des créatures dignes de compréhension et d'amour aussi bien sur le plan affectif qu'intellectuel.

Doué d'un tempérament calme, d'un humour tout britannique, tolérant envers les faiblesses de chacun et porté par un enthousiasme débordant, il n'avait aucun mal à affronter les humeurs de Dian. « Ses éclats, disait-il à un nouvel étudiant, sont comme les attaques d'un vieux dos argenté qui protège son groupe, quatre-vingt-dix-neuf pour cent de bluff. Si tu sais défendre tes positions comme devant des gorilles, tu n'auras aucun problème. »

A mesure que son affection pour Ian augmentait, Dian avait du mal à garder ses distances. Elle avait sublimé ses appétits sexuels, mais éprouvait pour lui le sentiment d'une mère devant un adolescent charmant, mais maladroit qu'il faut soutenir d'une main douce et ferme.

Le rythme de vie plutôt calme de Karisoke fut temporairement interrompu le 1er mai par l'arrivée d'un nouvel étudiant américain. Daniel était un jeune homme agréable, mais inexpérimenté et surtout peu préparé à la réalité africaine. Même s'il fallait s'y attendre, Dian fut stupéfaite lorsque, quatre jours après son arrivée, il lui annonça son départ.

Je ne pouvais pas y croire ! Selon Ian, c'est un vrai objecteur de conscience qui ne supporte pas mes activités contre les braconniers... Je lui ai parlé pendant plus d'une heure, mais il n'a pas pu me fournir de raison valable de son départ... il a juste dit que j'avais une attitude colonialiste, mais nous avons décidé de faire l'essai d'une semaine supplémentaire.

En se réveillant le lendemain matin, Dian découvrit que Daniel était tout de même parti. Elle réagit à la situation avec une certaine sagesse.

Il est venu et reparti si vite que nous n'avons pas eu le temps de sentir sa présence. Je pense qu'il entrera dans l'histoire de Karisoke comme la « Merveille de quatre jours ».

Une semaine plus tard, les gardiens du parc faisaient un rapport sur un groupe de gorilles qui était descendu au pied de la montagne et avait semé la panique parmi les cultivateurs du village. Il s'agissait de quelques membres du Groupe 5 qui se promenaient aux limites du parc et s'étaient arrêtés sur un promontoire rocheux surnommé Jambo Bluff.

Le groupe semble aimer cette saillie qui lui permet, tout en étant relativement à l'abri, de regarder dans les champs ses cousins primates laborieux comme pour leur dire : « Vous en êtes encore là ? » En les voyant, les fermiers se réunissent à leur tour pour crier, « Ngagi ! Ngagi ! », des gorilles ! En fait, dans cette région éloignée du village des braconniers Twa, ni cette tribu Hutu ni les gorilles n'ont réellement peur les uns des autres. Les deux espèces maintiennent entre elles une distance respectable et les gorilles ne sont pas attirés par ces champs de pyrèthre. Il est impossible de savoir qui est le voyeur et qui est vu.

Une fois leur curiosité satisfaite, les gorilles quittent leur promontoire et s'occupent de leur nourriture et les Africains reprennent leur inlassable sarclage des champs.

Un jour où ils sont revenus sur leur rocher comme pour recevoir les acclamations de leurs sujets, je n'ai pas pu résister à l'envie de me mêler aux gorilles. Quand ma tête a surgi entre celles de Puck et de Tuck pendant que nous rampions jusqu'au bord de la saillie, les cris des hommes d'en bas ont triplé. « Nyiramachabelli ! Nyramachabelli ! », c'était le surnom pas très sympathique qu'ils m'avaient donné : « La femme solitaire des forêts ! »

Les gens ont accouru depuis les champs, les huttes se sont vidées, les enfants se sont cachés en criant derrière les jupes de leurs mères, hommes et femmes poussaient de tels cris qu'on eût dit une apparition. Les gorilles semblaient modérément effrayés par ce tapage et ils ont quitté leur observatoire moins dignement que moi. Mais les gens ont mis du temps à s'en remettre.

A la fin du mois de mai, deux cinéastes, Genny et Warren Garst, arrivèrent à Karisoke pour faire un film documentaire sur Dian et les gorilles.

En vrais professionnels, les Garst et un autre couple qui enregistrait le son s'entendirent aussi bien avec les gens de Karisoke qu'avec les gorilles, respectant les uns comme les autres.

Ces nouveaux arrivants eurent un effet très positif sur Dian.

Warren Garst et moi avons passé une journée fantastique avec le Groupe 5. Il a filmé quatre mille mètres de pellicule sur les dos argentés et les femelles, Effie, Marchesa, Tuck et Puck. Icare, le dos argenté numéro deux, était formidable et il a fait trois attaques simulées. Puis nous sommes allés voir le Groupe 6, mais Garst y a épuisé ses films. C'était un merveilleux contact, chacun des gorilles faisant son numéro. Le temps était parfait et ensoleillé. Quand nous sommes revenus, j'étais de bonne humeur et suis allée dîner dans leur cabane. Cela faisait longtemps que je n'avais été si heureuse, réellement heureuse !

Même la perte de son précieux aérosol contre l'asthme ne semblait pas l'affecter.

Pour changer, je suis de si bonne humeur que rien ne semble m'affecter, mais je ne sais pas combien de temps cela va durer.

En compagnie de ces nouveaux invités, son sens de l'humour refleurit.

Pendant le séjour des Garst, le camp s'est enrichi d'un nouvel habitant, jamais vu pendant ces dix ans de séjour. Une espèce de rat géant. Il a élu domicile près de ma cabane, je l'ai appelé Rufus et nous avons fait connaissanse.

Je me demande bien d'où il arrive. Les Africains ont beau dire qu'on les rencontre couramment dans les villages d'en bas, je trouve qu'il a parcouru un trajet bien long pour quelques grains de maïs laissés par mes poules. Dès que j'ai pu l'apprivoiser, j'ai vu que Rufus mangeait de tout sauf de la viande. Il fait sans doute partie de la nouvelle vague végétarienne !

Il s'est habitué à la lueur des flashes et de la lampe à huile et j'ai forcé mes invités récalcitrants à sortir la nuit et à filmer Rufus ! Quelques jours plus tard, il était rejoint par une dame que j'ai appelée Rebecca, puis par Rhoda, Batrat, Robin, Russ, Rufus, Pascal, ils arrivaient de partout.

On peut les identifier à la couleur de leur queue et quand le repas est servi, il y a entre eux un ordre de préséance. Ne voulant pas prendre le risque d'être renversée par cette foule, je leur glisse la nourriture et m'enferme aussitôt à la maison. Ils arrivent de partout dans la forêt et surgissent même de dessous la cabane.

J'ai lu par hasard un article de la National Geographic *qui expliquait dans les moindres détails pourquoi les rats sont les mammifères les plus réussis au monde. Leur capacité de reproduction est cauchemardesque. Ce fait et la promiscuité nocturne sous mes pieds, à l'extérieur de la cabane, m'ont fait comprendre qu'il me fallait apprendre à jouer de la flûte ou bien cesser de les nourrir.*

Mais auparavant, je voulais prendre quelques photos d'eux. Une nuit, j'ai éclairé avec des lampes le coin où ils venaient se nourrir et je me suis installée dans une position précaire, perchée sur un panier en bois posé sous ma fenêtre, et tenant un flash d'une main et un appareil de photo de l'autre.

Avant même de pouvoir crier à l'invasion, l'espace était plein de corps ondulants et de queues frémissantes comme un nid de serpents. Dans mon désir de prendre en photo le plus grand nombre possible de rats, je me suis trop penchée par la fenêtre et me suis écrasée sur le sol. Incapable de freiner ma chute parce que je voulais sauver l'appareil, j'ai senti une terrible douleur dans mes côtes. J'ai pensé qu'une fois de plus je m'étais cassé une côte pour une cause ignoble.

Bien que les rats aient constitué une diversion, Karisoke se préparait à revivre des jours sombres. Un jour, pendant qu'elle faisait des courses à Ruhengeri, Dian rencontra une vieille amie, Lolly Prescada, un chirurgien espagnol qui travaillait dans une léproserie.

Elle m'a parlé de Peter qui venait de publier les bans de son mariage. Son visa n'a été prolongé que de dix mois, mais s'il épouse Fina, il pourra vivre en permanence au Rwanda.

La cérémonie nuptiale eut lieu peu de temps après. Le journal de Dian en porte une trace brève et incisive.

Aujourd'hui, Peter a épousé la prostituée noire.

La belle saison qui avait revigoré Dian tirait à sa fin. De gros nuages couvraient le ciel et les pluies avaient repris. Après avoir investi toutes ses énergies dans le film, elle éprouvait une fatigue chronique. Sa hanche droite souffrait de crises de sciatique qui l'empêchaient d'accompagner Warren Garst chez les gorilles. Et plus que tout, elle avait de fortes douleurs de poitrine qu'elle oubliait d'associer à sa chute et prenait pour autre chose.

Son humeur s'assombrit encore en recevant une lettre d'une de ses jeunes admiratrices, Debi Hamburger. Cette étudiante californienne se préparait à faire un séjour à Karisoke quand juste avant son départ, on découvrit qu'elle avait un cancer du sein. On l'opéra aussitôt. Puis Debi écrit pour dire que le diagnostic était mauvais. « Mais je *guérirai,* Dian, vous pouvez me faire confiance ! Ce que je désire le plus au monde est d'être à Karisoke avec vous et les merveilleux gorilles. J'y arriverai, n'ayez crainte ! »

Dian appréciait les Garst, mais elle fut soulagée de les voir partir après deux mois de séjour. Elle était déçue par la manière dont les films étaient faits.

Sacré film enfin fini. Quel gaspillage de temps et d'énergie. Tout le monde, y compris les gorilles, doit jouer son rôle. Filmer simplement la chose réelle *serait trop banal !*

En pensant qu'elle avait peut-être la tuberculose, Dian revivait les cauchemars de son enfance. Dans son milieu, la maladie était – et est encore – considérée comme une tare dénotant la pauvreté, la saleté et l'incapacité. Elle avait une peur phobique de cette maladie qu'elle avait côtoyée en soignant des tuberculeux dans sa jeunesse. Et cette fois, Louis Leakey n'était même pas là pour chasser le fantôme. Elle était convaincue d'être réellement malade. Peu avant le départ des Garst, elle confie à son journal.

Mes poumons ne vont pas bien. TB.

Pour camoufler son angoisse, elle fut prise d'une fureur ménagère et y entraîna les Africains, les faisant nettoyer, peindre et réparer. Nemeye fut obligé d'abandonner ses fonctions de pisteur pour ramasser sur le sentier les papiers gras laissés par un nombre de plus en plus important de touristes. Redmond mit aussi la main à la pâte. Dian le harcelait sans pitié pour qu'il lui présente ses rapports à temps.

Pendant la première semaine d'août, elle se mit à sortir les documents accumulés au cours des sept dernières années et à brûler ses papiers personnels. Il ne reste de cette période que son journal et quelques écrits épars. C'était comme si une terrible fatalité pesait sur elle.

Aujourd'hui, je finis de brûler les lettres que personne ne doit voir et demain je commence avec le contenu des valises et la boîte verte où se trouvent une partie de ma thèse et les lettres de Peter. Tout cela ira au feu.

Parmi les quelques lettres qui échappèrent aux flammes se trouvait celle de Walter Baumgartel de Traveler's Rest. Ce dernier était revenu en Allemagne et avait écrit ses mémoires sur sa vie dans les Virungas. Il avait pris quelques libertés avec l'histoire de Dian et une amie américaine indignée lui en avait envoyé une copie. Au lieu d'en être offensée, Dian avait écrit une charmante lettre à Baumgartel qui lui avait répondu :

« Je n'ai pas de mots pour exprimer ce que j'ai ressenti en recevant votre lettre chaleureuse. C'est un tel soulagement de savoir que vous êtes toujours mon amie. Merci, chère Dian... Docteur Fossey ! Mes félicitations pour votre doctorat. Vous l'avez mérité après des années de labeur difficile et risqué sur le terrain. Mais votre santé et surtout vos poumons m'inquiètent. Vous êtes encore jeune et solide, mais le corps a ses limites. Dix ans de vie à cette altitude, comme un gorille des montagnes, sont suffisants... Je crains aussi pour votre vie, non pas que les gorilles vous fassent du mal, mais les bergers et les braconniers essaieront de se débarrasser de vous. Il est étonnant qu'ils vous aient tolérée jusqu'à présent. »

Le 17 août, Dian fut admise à l'hôpital français de Ruhengeri. Son ami, Pat Desseaux radiographia ses hanches et ses poumons. Les radios des hanches montraient une grave inflammation de l'articulation droite. Les radios des poumons portaient des traces de sérieuses lésions qui faisaient craindre à Desseaux une tuberculose avancée. Très préoccupé, il conseilla à Dian d'aller immédiatement aux États-Unis pour se faire soigner par un spécialiste.

Dian n'était pas rebutée par l'idée de subir une opération grave. Elle était surtout effrayée par l'idée que sa maladie puisse être rendue publique, ce qui à son avis ne manquerait pas d'arriver si elle allait aux États-Unis.

Pat veut que je rentre chez moi. Chez moi ? C'est ici. Bon Dieu, l'idée même d'aller dans un hôpital comme celui où je travaillais me terrifie !

Mais son amie chirurgien, Lolly Prescada, finit par arriver à la convaincre.

Le 26 août : *Lolly est arrivée ce matin. Elle a appris par Pat que j'étais en train de mourir. Elle est arrivée avec trois porteurs et des tonnes de médicaments et m'en a fait avaler.*

Dian essaya d'expliquer à son amie les raisons de son obstination.

« Je dois l'avoir en moi depuis des années. Peut-être depuis mon enfance. Je pense qu'il n'y a plus grand-chose à faire. Et il n'est pas question que j'aille dans un sana de mon pays. Ce sont des endroits terribles ! Certaines infirmières se comportent comme si les patients étaient intouchables. Tu dois savoir de quoi je parle, tu travailles avec des lépreux ! »

La belle Espagnole proposa une alternative : elle rappela à Dian qu'un de leurs amis communs, Jean Gespar, un cancérologue belge, était de retour à Bruxelles.

« Jean s'occupera de tout, Dian. Il est si gentil et discret. Je lui enverrai tout de suite un télégramme. Personne n'en saura rien. Mais tu *dois* y aller. Qu'arrivera-t-il aux gorilles si tu meurs ? »

Dian finit par se laisser convaincre. Elle s'arrangea pour participer, au mois de septembre, à un congrès d'anthropologie en Allemagne, et aller ensuite à Bruxelles.

Pendant la première partie de septembre, la fumée continua à s'échapper de sa cheminée pendant que des piles de papiers alimentaient les flammes. Elle évitait le contact humain encore plus que d'habitude. Elle passait beaucoup de temps en compagnie de ses animaux, Cindy et Kima, une petite antilope appelée Prime, les rats géants et dans les meilleurs jours, ses amis les gorilles.

Le 16 septembre, elle descendit de la montagne, craignant que ce ne fut bien la dernière fois.

Un taxi l'attendait pour la conduire à l'aéroport de Ruhengeri.

Au moment où le taxi arrivait à l'aéroport, Peter, Fina et deux enfants sont sortis d'un avion en provenance de Kigali. Le pilote voulait que je monte, mais je me suis cachée dans la voiture et j'ai à peine pu entrevoir Peter. Je ne suis montée dans l'avion qu'après leur départ. Ça sentait le parfum de Fina ou le sien.

Le 17 septembre, l'avion de Kigali atterrissait à Bruxelles. C'était pour Dian « un long voyage avec peu de sommeil et beaucoup de douleurs », beaucoup de temps aussi pour penser à ce qu'elle avait quitté et à son avenir. En attendant dans la salle de transit son avion pour Francfort, Dian s'entendit appeler. C'était Jean Gespar et sa femme qui, alertés par Lolly Prescada, étaient venus à l'aéroport à cette heure matinale pour rassurer Dian et lui dire qu'à son retour de Francfort, elle serait dans de bonnes mains. Ils essayèrent même de la dissuader d'aller à son congrès et de se reposer en attendant ses examens médicaux. Il n'en était pas question. Dian n'aurait jamais annulé un engagement professionnel.

Une heure plus tard, elle partait pour Francfort puis Hambourg où se tenait le congrès. Aucun visage amical ne l'attendant à l'aéroport, elle se retrouva « dans une horrible chambre d'un horrible hôtel » et s'effondra. Elle passa la journée suivante au lit, en butte à des douleurs et à la dépression.

Le 19 septembre, elle se réveilla et sortit dans les rues animées de la ville.

Il me fallait passer ces heures de la matinée et je détestais cela. Alors, je suis allée à la boutique Hermès, en face de l'hôtel et me suis achetée une robe de 750 $! Elle me va à ravir... Puis, suis allée m'inscrire au congrès où tout allait de travers. Personne ne parlait l'anglais et j'ai commencé à être paniquée... J'ai essayé de revenir à pied, mais je me suis perdue et j'ai appelé un taxi.

L'achat de la robe eut sur elle un effet bénéfique et alluma enfin une lueur dans son cœur. Le lendemain matin, elle retourna au congrès, mais elle n'y connaissait toujours personne. Elle écouta un certain nombre de communications qui l'eussent prodigieusement ennuyée même si elles n'avaient pas été prononcées en allemand. Et à la fin de cet après-midi assommant, elle lut son propre exposé sur le comportement des gorilles.

J'ai parlé sans faire attention à ce que je disais. Je ne pensais qu'à m'en débarrasser au plus vite.

Elle prit la décision de ne pas penser à des choses sérieuses pendant tout son séjour à Hambourg, alla chez le coiffeur et, vêtue de sa nouvelle robe, partit à la conquête de la ville.

Elle y rencontra deux jeunes gens, un anthropologue anglais et un étudiant allemand. C'est là que se situe l'une des nuits les plus mémorables de sa vie. Les brèves notes de son journal en donnent une idée.

Quelle soirée ! Nous avons acheté un grand ballon en forme de chien parce qu'il avait une belle queue ! Avons bu de la bière et du schnaps dans une douzaine de cafés, puis sommes allés ensemble dans une maison de passe, juste pour nous amuser. Les filles en étaient folles et m'ont poursuivie... rencontré un grand Danois que j'ai essayé d'emmener au café, mais en avons été chassés... un des garçons s'est senti mal... J'étais drôle en dansant dans une maison de la bière... finalement, j'en ai accompagné un à son hôtel et l'étudiant allemand m'a emmenée dans le mien... entrée en transes avec lui, il était si délicat.

En quittant Hambourg le lendemain matin, Dian était sans doute encore en transes.

Départ pour Bruxelles, je suppose... Quitté l'hôtel de très bonne heure, après deux heures de sommeil et pour la première fois, pas de douleurs !

Elle passa les cinq jours suivants à être couvée par Gespars qui lui fit subir une série d'examens, de consultations et l'emmena à des dîners en ville. Le faible qu'elle avait toujours eu pour les médecins et les hommes d'un certain âge s'éveilla de nouveau pour Jean Gespar qui remplissait très bien ces conditions : un médecin au tempérament vif, alerte, compétent et accueillant. Il répondit à son admiration en lui faisant visiter la ville, la campagne environnante et en l'emmenant boire du vin dans ses bars préférés.

Le 27 septembre, les médecins diagnostiquaient de sérieuses lésions pulmonaires, mais aucune trace de tuberculose ou de cancer. Ils émettaient l'hypothèse qu'en tombant par la fenêtre (en voulant photographier les rats), elle s'était cassé la septième côte thoracique et que plusieurs éclats de l'os s'étaient introduits dans la cavité pleurale. Ils proposaient une intervention chirurgicale... *pour isoler le nerf principal de cette zone, soulager la douleur et voir ce qui était vraiment cassé. Quand ils me l'ont dit, j'ai pleuré.*

Dian pleurait de soulagement.

Cet après-midi-là, Jean, sa femme et moi sommes allés sur la grande place, boire du thé, de la bière et du vin. Je portais ma splen-

dide robe Hermès et nous nous sommes amusés. Il faisait beau et nous nous sommes moqués des Américains qui se promenaient sur la place.

Le lendemain matin, après s'être acheté une autre robe aussi luxueuse, Dian entra à l'hôpital dans un état d'exaltation. Le lendemain, on l'opéra.

Jean est arrivé, j'étais si contente de le voir, mais trop faible pour lever la main et toucher la sienne... il était si gentil. Le lendemain, j'ai encore dormi et Jean est revenu seul. Pour la première fois, je lui ai tenu la main, il dit de si belles choses. Je pourrais rêver de lui toute la vie.

Le 2 octobre, *j'étais seule le soir, Jean est arrivé et nous nous sommes parlé et parlé, les mains dans les mains, sans aucune notion du temps qui passait. Des adieux très spéciaux qui m'ont laissée rayonnante.*

Elle était si occupée par Jean Gespar et lui par elle que ce qu'on avait fait à son corps lui importait peu. Quand de nouvelles radios montrèrent la formation d'humeurs dans son poumon gauche et qu'un rapport de laboratoire décela une hépatite, elle ne se sentit pas concernée. Elle vivait. Elle avait un nouvel amour.

Le 2 octobre, les médecins lui permirent de quitter l'hôpital deux jours plus tard, mais à condition de se reposer pendant les deux semaines suivantes. Ils lui assurèrent aussi son rapide retour à Karisoke, mais pour une période qui ne dépasserait pas un mois.

C'étaient de bonnes nouvelles, mais qui posaient certains problèmes. Elle ne pouvait pas revenir encore à Karisoke, mais elle n'avait pas assez d'argent pour rester à Bruxelles. La solution était de prendre un vol charter pour les États-Unis où elle pourrait à la fois se reposer et chercher des fonds pour Karisoke qui en avait un besoin urgent.

Avant son départ, Jean lui offrit une paire de jumelles pour observer les gorilles et ils firent ensemble des projets d'avenir. Dian proposait de le rencontrer à Nairobi où Jean devait participer à un programme de recherches, quelques mois plus tard.

Le 6 octobre, Dian arrivait à Washington, percluse de douleurs, mais heureuse et déterminée à ne pas suivre les prescriptions des médecins belges.

D'autres sujets plus urgents requéraient son attention. Rescapée de la vallée des morts, comme elle le pensait, elle débordait de projets pour Karisoke, mais avait plus que jamais besoin de l'appui financier de ses sponsors, la *National Geographic Society.* Elle se mit donc à fréquenter les couloirs des bureaux de Washington, renouant des liens avec des personnalités comme le Dr Edward Snider, secrétaire du Comité de recherche et d'exploration. Ce n'est qu'après avoir obtenu une réunion de collecte de fonds au mois de novembre et une mise en garde des médecins qui lui ordonnaient le repos qu'elle quitta Washington pour aller se reposer à Louisville, dans la famille Henry.

C'était le temps de la convalescence et de l'amitié, des promenades et des courses en ville où elle acheta un jour un gorille en peluche qu'elle appela Jean.

Ce fut ensuite le départ pour San Francisco et la visite obligatoire aux Price, une visite des plus brèves qui éludait les plaintes habituelles et les conseils de retour à une vie normale.

Elle repartit pour Chicago où elle devait travailler sur la sortie du film de Warren et Genny Garst, et eut des entretiens avec trois candidats qui voulaient faire de la recherche à Karisoke. Il s'agissait de David Watts, Billy Weber et Amy Vedder qui devaient avoir un impact considérable sur sa vie future.

Dès le début de novembre, elle était de retour à Washington pour y rencontrer l'auguste comité qui devait décider de la survie de Karisoke.

Dans l'avion qui la ramenait au Rwanda, elle pouvait s'estimer satisfaite d'avoir remporté plusieurs victoires. Les gorilles l'attendaient et la perspective d'une prochaine rencontre amoureuse n'était pas si lointaine.

Aussitôt arrivée à Karisoke, elle établit un nouveau plan de vie. Il fallait redonner de l'éclat à son entreprise en y attirant de nouveaux étudiants et en secouant la vieille routine, s'atteler à ce qu'elle appelait son livre et éliminer de son travail la présence de X (l'alcool).

L'accueil de Ian Redmond et de l'équipe avait été chaleureux, le travail avait gaiement repris et les moments de plaisir n'en étaient pas exclus. Par une journée ensoleillée de novembre, accompagnée de Rwelekana, elle monta voir le Groupe 4.

J'ai eu un contact formidable, surtout avec Oncle Bert qui a fait traverser un ravin à tout le groupe pour que je puisse les voir. Digit est arrivé en dernier, prenant tout son temps, comme si cela ne l'intéressait pas. Puis il s'est approché de moi et a délicatement touché mes cheveux... J'aurais aimé donner quelque chose à chacun en retour.

En revenant au camp, elle fut surprise par un Batwa surgissant de sa cachette, à l'extrémité d'une clairière. Il traversa l'espace découvert, brandissant fièrement un arc et des flèches. C'était un défi flagrant qui exigeait une réaction, mais Dian était incapable de partir à la poursuite d'un chasseur agile. Soufflant de fatigue et de colère, elle demanda à Rwelekana de courir au camp pour chercher Ian et un fusil.

En attendant, elle partit sur les traces du Batwa et se retrouva dans une clairière où quelques hommes venaient d'égorger une antilope et de la massacrer pendant que probablement le chasseur Batwa s'occupait de distraire leur attention.

« Il me faut ces hommes à tout prix », hurla-t-elle, écumant de rage, quand les deux hommes revinrent du camp. La nuit était tombée et la poursuite de chasseurs bien armés dans la forêt et l'obscurité était périlleuse. Mais Ian était un bon chasseur et Rwelekana préférait affronter la nuit plutôt que la colère de sa maîtresse. Ils partirent donc sur les traces des braconniers, laissant Dian furieuse retrouver le chemin du camp.

Rassurés par la nuit, les Batwa avaient regagné une petite hutte construite sur le col, entre Visoke et Karisimbi. Ils avaient allumé un feu, rempli leurs pipes de haschisch et faisaient cuire un morceau d'antilope sur les braises. Sous l'effet de la drogue, ils riaient et s'étaient même mis à chanter.

Les nuits tropicales sont promptes et soudaines. Telle fut aussi l'attaque de Ian qui tomba au milieu du groupe pendant que Rwelekana, caché dans les buissons, faisait un tintamarre de tous les diables pour faire croire que dix hommes étaient embusqués avec lui.

Rapides comme l'éclair, les pygmées plongèrent dans la nuit et détalèrent à toute allure, laissant sur place la plupart de leurs biens. Ian et Rwelekana tirèrent quelques coups en l'air pour bien les décourager, mais ne purent en rattraper aucun.

Après avoir détruit la hutte, les vainqueurs chargèrent sur leur dos la viande de quatre antilopes, trois lances, trois arcs, une trentaine de flèches et deux pipes de haschisch. Ils firent retraite vers le camp, non sans avoir jeté quelques coups d'œil craintifs par-dessus leur épaule.

Les journées d'hiver qui clôturaient l'année n'étaient pas toujours aussi animées. Le temps était mauvais, les pluies torrentielles et les tempêtes de grêle étaient le lot quotidien, et dans ces conditions, il était presque impossible de sortir. Dian écrivait son livre et des articles, et Ian, l'œil rivé à son microscope, examinait encore et encore des spécimens de vers solitaires. Vers la mi-décembre, Ian descendit de la montagne pour chercher un arbre de Noël, pièce centrale de la fête que Dian offrait aux Africains, et elle emballa une quantité innombrable de cadeaux pour les hommes et leurs nombreuses familles.

La fête eut lieu le 23 décembre avec la participation d'une cinquantaine de personnes, allant du nourrisson à la vieille femme décrépite qui déclencha l'hilarité générale lorsqu'elle déclara qu'elle était la femme abandonnée de Basili. Malgré le mauvais temps, la fête se poursuivit jusque tard dans la nuit, autour d'un beau feu, avec des danses, des chants et des scènes de mime. Dian était en forme.

J'ai dansé comme une folle... pris un peu de X sans que personne le remarque. Me suis bien amusée... très heureuse... Quelques passages difficiles, mais bonne année dans l'ensemble. Deux ou trois nouveaux étudiants arrivent en janvier et, si tout va bien, les choses devraient changer ici... Je travaille bien à mon livre. Les braconniers semblent être rentrés dans leurs trous et les gorilles vont bien. Digit est un « homme » maintenant et il faut le voir aider Oncle Bert à surveiller le groupe. Je peux donc dire sans trop de craintes que l'année 1978 s'annonce bien.

Dian regardait le monde à travers un verre opaque.

15.

Dimanche 1er janvier 1978, soleil et chaleur. Dian souhaitait rendre visite aux gorilles mais elle était préoccupée par l'arrivée imminente d'une équipe de la BBC qui devait tourner un film pour la série télévisée *La Vie sur la terre.* L'étoile du spectacle, David Attenborough, préparerait l'affaire et Dian était anxieuse, souhaitant que Karisoke fît bonne impression.

Seul Nemeye pouvait être dispensé de briquer le camp. Dian l'envoya localiser le Groupe 4 auquel nul n'avait rendu visite depuis le 28 décembre. Heureux d'éviter la corvée, il partit de bonne heure, mais les animaux ne se trouvaient dans aucun de leurs repaires habituels sur les pentes sud-ouest du mont Visoke. Après plusieurs heures de recherche, il tomba finalement sur leur piste qui, par le col, conduisait au mont Mikeno. A ce moment surgit un troupeau d'éléphants très bruyants ; prudemment, il fit demi-tour.

Le lendemain, le temps était si radieux que Dian ne put rester au camp. Ayant envoyé Ian et Nemeye pour localiser la tribu vagabonde d'Oncle Bert, elle partit sous prétexte de chercher des pièges de braconniers ; en fait, pour profiter de la chaleur tant désirée du soleil et pour jouir des parfums et des bruits de la forêt embuée de vapeur. Souple et agile comme un céphalophe, Nemeye conduisit Ian à vive allure vers le col. A un mille du camp, ils franchirent la frontière non signalée du Zaïre. Une heure plus tard, les deux hommes traversèrent une grande javelle de végétation brisée, écrasée et imprégnée d'excréments liquides qui témoignait du passage à bride abattue d'une douzaine de gorilles ou davantage. Ayant dit à Nemeye de rester sur place, Ian remonta la piste pour voir s'il découvrirait ce qui les avait effrayés. A une centaine de mètres le long de la piste, il pénétra dans une petite clairière et faillit trébucher sur le corps écrasé d'un chien.

Quelques pas plus loin gisait un monticule noir et informe, entouré d'un essaim de mouches à viande : c'était le corps énorme d'un gorille, si mutilé qu'il en était méconnaissable. La tête avait disparu et les bras se terminaient par des moignons sanglants dont sortaient des éclats d'os brisés. L'abdomen et la poitrine avaient été profondément éventrés et tailladés. Partout le pelage autrefois luisant était souillé, raidi par le sang coagulé et imprégné d'odeurs infectes.

Peu avant midi, Dian retournait au camp après une agréable flânerie sous les hagenias. Chemise ouverte et cheveux épars, elle se gorgeait de chaleur, de chants d'oiseaux et de l'impression que son corps retrouvait ses forces.

Elle était parvenue à la prairie du camp lorsqu'elle aperçut Ian qui, sur la piste, courait vers elle ; Nemeye suivait loin derrière. Elle s'arrêta et l'attendit. Ian était tout proche quand il cria : « Seigneur, Dian ! Je suis horrifié d'avoir à vous le dire : Digit a été tué. »

Il y a des moments où l'on ne peut accepter les faits par peur de briser son propre être. Tandis que j'écoutais les phrases terribles de Ian, toute l'existence de Digit depuis ma première rencontre avec lui dix ans plus tôt, alors qu'il n'était qu'une petite balle de peluche noire, envahit mon esprit. A partir de ce moment tragique, il m'a fallu vivre dans une partie isolée de moi-même.

Pendant les deux derniers jours de décembre, le Groupe 4 avait été chassé par six braconniers et leurs chiens bien loin de la sécurité relative des pentes du Visoke, jusqu'au col, puis, au Zaïre, où il y avait fort peu de chance que quelqu'un se mît en travers de leur projet. C'était là que, le 31 décembre, les animaux terrifiés et épuisés avaient été acculés.

Fidèle à son devoir de défendre sa famille, Digit, à l'arrière-garde, avait affronté la phalange d'hommes le pieu brandi et il avait chargé pour couvrir la retraite des siens. Pendant la mêlée qui s'ensuivit, Digit avait tué un des chiens, mais il fut lui aussi frappé à mort. La disparition de Digit eut sur Dian un effet catastrophique. Aucune expérience précédente, pas même son avortement ne l'avait confrontée à un coup si sauvage ni frappée d'une telle angoisse.

Et aucun autre désastre imaginable n'aurait pu la porter à un tel accès de fureur sauvage que cette boucherie sanglante. Elle s'occupa d'abord de contenir et contrôler sa peine et sa fureur. Pendant que des hommes rapportaient le corps de Digit au camp sur une civière de bambou, Dian écrivait des lettres. L'une était adressée au major général Juvenal Habyarimana, président de la République du

Rwanda. Vu les circonstances, la lettre est remarquablement mesurée :

« Vous avez eu l'amabilité de manifester de l'intérêt pour les gorilles du parc des Volcans (...). Je suis sûre que vous vous souvenez du gorille qui s'empara de mon bloc et de mon crayon dans le film de la *National Geographic* et, ensuite, me les rendit doucement avant de se pelotonner pour venir dormir à côté de moi. Ce même gorille, appelé Digit, figure aussi sur un grand poster en faveur du tourisme au Rwanda ; il y dit : " Venez me voir au Rwanda " (...). Le 31 décembre, Digit a été frappé à mort par des braconniers rwandais. Ils l'ont tué, puis ils lui ont arraché la tête et les mains avant de s'enfuir avec. Ces tueurs sont tous originaires de la commune de Mukingo. J'aimerais savoir qu'ils recevront le châtiment qu'appelle leur crime. J'aurais donné ma vie pour sauver celle de Digit mais, à présent, il est trop tard. »

Écrivant au Dr Snider de la *National Geographic,* elle fut moins réservée : « Jusqu'à présent, les braconniers n'avaient jamais osé s'attaquer à mes groupes de travail et je me demande si ce n'est pas le commencement de la fin, car, s'ils peuvent se soustraire au châtiment après ce massacre, combien de temps encore les autres gorilles survivront-ils ? Je sens (...) que la plupart des gorilles des autres montagnes qui défendent Mikeno ont probablement été tués pour leur tête et leurs mains (...) Je puis vous assurer que je n'ai rien fait d'illégal pour venger la mort de Digit, mais je ne peux me permettre de penser à ce qu'il a souffert (...) Mon plan d'action consiste à faire connaître cette affaire de manière aussi forte et imagée que possible à toutes les sociétés pour la protection que je peux toucher, en leur demandant d'exercer leur pression sur le gouvernement rwandais et en le menaçant de supprimer les fortes sommes d'argent destinées au parc des Volcans pour payer des gardes et un conservateur qui ne travaillent pas à la protection du parc – ce travail est fait par les gens du camp –, et de faire pression sur le gouvernement pour qu'il augmente les peines prévues contre les braconniers – un emprisonnement prolongé ou la mort – et pour qu'il autorise les gardes à tuer les braconniers dans les limites du parc. »

Puis, progressivement, Dian mit au point son plan d'action. Le 3 janvier et pendant les premières heures du 4, elle précisa avec Ian son plan de bataille. Elle le décrivit à Richard Wrangham en Angleterre.

« D'abord, je vais payer comptant chaque individu qui peut donner des informations pour localiser les tueurs. Ensuite, je vais faire imprimer un nouveau jeu d'affiches disant : « Venez et visitez-moi au Rwanda », avec le cadavre de Digit, sans tête ni mains, dans une pose aussi proche que possible de la photo de l'affiche originale. Je sais que c'est macabre, mais cela pourrait avoir de l'effet sur les gens qui achètent des têtes et des mains. Troisièmement, nous allons préparer un documentaire de trente minutes, intitulé : *Vie et mort de Digit*. Enfin, nous vendrons à tous les magazines spécialisés de protection de la nature que je peux atteindre l'histoire de Digit, avec des photos de sa vie et de sa mort. »

Ian Redmond proposa le lancement d'une campagne internationale sur le thème « La Mort de Digit », afin de recueillir de l'argent pour recruter, équiper et entraîner des patrouilles anti-braconniers qui porteraient la guerre chez l'ennemi.

Dian fut d'abord angoissée par l'idée et troublée par le caractère illégal du financement d'une telle guerre par le Centre de recherche de Karisoke. Finalement, elle conclut qu'il n'y avait pas d'autre choix. Sous son égide, ces patrouilles pourraient faire ce pour quoi les gardes du parc étaient payés, mais qu'ils n'accomplissaient pas. Ces patrouilles pourraient aussi résister à la place des gorilles, des céphalophes et de toutes les autres créatures pour lesquelles le parc était destiné à constituer un sanctuaire.

Ce fut l'origine de ce qui ultérieurement devint le Fonds Digit. C'est ainsi que Dian fit ses premiers pas dans les limbes réservés à ceux qui transgressent, avec les meilleures intentions du monde, le caractère sacré de l'autorité légalement constituée. Elle se lança dans un type d'action qui creusa un fossé infranchissable entre elle et la majorité de la communauté scientifique dont elle était un membre non conformiste, de même qu'entre elle et ces organismes de protection, pourvoyeurs de monnaie, qui tiennent à la respectabilité quelque en soit le coût.

Ian passa le matin suivant à filmer le corps de Digit. Puis il partit pour Kigali afin de ramener le groupe de la BBC qui venait juste d'arriver d'Angleterre. En son absence, Dian reçut la visite du conservateur du parc, nerveux et en sueur accompagné de quelques-uns de ses gardes armés, venus en mission de conciliation. Elle les traita avec un mépris glacial qui les mit bientôt en fuite.

Bien qu'elle n'eût aucune preuve directe concernant l'assassin de son ami, ses soupçons approchaient la certitude : cet acte avait été commis par des chasseurs Batura, menés par son vieil ennemi Munyarukiko. Dans sa colère et sa frustration croissantes, elle imagina une expédition vengeresse contre ce village ; si la chose s'était produite, elle aurait bien pu avoir des conséquences désastreuses car Dian se contrôlait difficilement.

Le matin suivant, en réponse à une note urgente de Dian qui demandait une autopsie des restes de Digit, le Dr Desseaux et une technicienne de laboratoire parcoururent non sans fatigue la piste qui menait jusqu'au camp.

« A l'instant même où nous allons commencer l'autopsie, mon forestier qui travaille à environ quinze mètres de la maison, se met à hurler en swahili : « Des braconniers ! Des braconniers ! » Le domestique accourt dans la case en criant la même chose. Le garde forestier a vu un braconnier muni d'un arc et de flèches juste en bordure du terrain du camp.

Aucun braconnier n'avait osé approcher mon camp depuis au moins trois ans. Mais, maintenant qu'ils ont pratiquement exterminé toutes les antilopes dans le parc, le seul endroit où elles prospèrent, c'est ici. S'ils ont pu s'échapper après avoir tué un gorille dans le périmètre d'étude, pourquoi ne pas tuer des antilopes dans le camp ?

Je crie à mon équipe de donner la chasse aux braconniers ; je saisis mon fusil – il n'est pas légalement déclaré – et cours derrière eux, abandonnant les deux Européens qui s'assoient sans piper mot. Je cours et tire en l'air pour empêcher le fuyard de traverser la grande prairie ouverte au-dessus du camp où il pourrait disparaître dans les zones boisées, ce qui ne nous laisserait aucun espoir de le rattraper. Mes hommes, y compris Vatiri, Nemeye et Kanyaragana, peuvent ainsi le coincer sur les pentes du Visoke et le capturent, porteur d'un arc taché de sang et de cinq flèches.

C'est un petit Twa au visage poupin, l'un des meurtriers de Digit, comme il nous l'avoue. Le devant et le dos de sa chemise jaune déchirée sont rayés de rigoles de sang séché, celui de Digit. Il nous a fallu une bonne heure pour l'attraper. Je suis vraiment fière de mes hommes et moi-même n'avais sûrement jamais couru aussi vite depuis mes dix ans !

Nous le ramenons au camp, nous l'attachons et mes Africains commencent à le « questionner » tandis que reprend l'autopsie du pauvre Digit. C'est une tâche macabre parce que les épieux et les pangas ont perforé plusieurs organes : poumons, cœur, rate, intestins et estomac. Après avoir terminé, nous allons tous trois dans ma hutte pour un casse-croûte que personne n'a envie d'avaler. Mes Africains sont toujours dehors, autour du Twa qu'ils examinent.

Nous ne sommes pas rentrés depuis cinq minutes que l'enfer se déchaîne : « Braconnier, braconnier ! » hurlent mes hommes. J'imagine bien sûr que notre prisonnier s'est échappé et qu'il a disparu dans la nature. En réalité, trois de ses complices se sont approchés en rampant pour le délivrer et mes hommes les ont aperçus. Mes Africains et moi nous lançons dans une nouvelle chasse que je dois bientôt abandonner, mais qu'ils poursuivent à la trace pendant deux heures, sans résultat.

Je retourne au camp pour surveiller le Twa. Les Européens semblent alors très désireux de partir, si bien que je conduis le Twa à l'intérieur et lui attache pieds et poings aux poutres en vue d'un long interrogatoire. Je ne fais rien de vraiment illégal, bien que mes hommes et moi l'étudions très très minutieusement. Je ne peux dire à quel point il m'a été difficile de ne pas le tuer quand il a avoué être un des meurtriers de Digit. Je demande à deux de mes Africains de passer la nuit auprès de lui. Moi-même, confrontée à ce monstre, je ne puis me faire confiance.

Nous le « questionnons » jusque tard dans la nuit et, pendant cet interrogatoire, il nous livre les noms de tous les assassins de Digit. Les chefs sont Munyarukiko, Gashabizi, Ntanvungu, Rubanda et Runyaga, tous de la commune de Mukingo.

Ce qui me stupéfie plus que tout est le motif du meurtre de Digit. Un marchand Hutu avait offert au chef braconnier, Munyarukiko, l'équivalent de 20 dollars pour obtenir la tête et les mains d'un gorille au dos argenté. Digit était un jeune dos argenté. Le Hutu espérait trouver un touriste qui lui paierait beaucoup plus pour ces « souvenirs ». Cet homme avait déjà réussi à obtenir quantité de têtes et de mains de gorilles pour les vendre aux touristes. Le prisonnier Twa nous déclare qu'il sait où la tête et les mains de Digit sont enterrées, près de la maison de Munyarukiko, sous un bosquet de bambou.

Le lendemain, j'envoie un message au chef des brigades, Paulin Nkubili : nous avons capturé un des assassins de Digit et nous ne le livrerons pas aux gardes du parc qui connaissent le moyen de « perdre » leurs prisonniers. Dès le 7, Nkubili monte au camp, escorté de trois soldats. Ils recommencent l'interrogatoire mais n'apprennent rien de plus que ce que mes hommes et moi avons déjà recueilli.

Finalement je les autorise à conduire le Twa jusqu'à un quartier de sécurité militaire où il sera retenu en attendant le décret présidentiel au sujet de la nature de sa peine. Nkubili semble passablement inquiet à mon sujet. Je ne vois vraiment pas pourquoi.

J'avoue que lui remettre Twa est une des choses parmi les plus difficiles de celles que j'ai faites dans ma vie. C'est uniquement en raison du souvenir de Digit que ce misérable reste intact sur mon domaine.

Il apparaît maintenant que beaucoup de gorilles des Virungas ont été récemment tués par des braconniers. La seule population nombreuse qui demeure est celle de mes groupes d'étude. Ce pourrait être le commencement de la fin des quelque deux cents gorilles de montagne survivants. Ce n'est que si je puis susciter assez d'intérêt et de soutien que leur destruction totale peut être évitée.

Une partie des lignes qui précèdent furent écrites bien après l'événement, quand Dian eut suffisamment surmonté le choc initial. Cependant, à la fin de la première semaine qui suivit la découverte du corps de Digit, Dian était dans un état mental alarmant et proche de l'effondrement physique. Néanmoins, elle insista pour conduire trois de ses hommes en patrouille contre les braconniers sur la colline Nelele, où les survivants de la famille de Digit s'étaient regroupés. Cette nuit-là, elle avait une température de 40° et divers symptômes de pneumonie. Son journal rapporte qu'elle fut à peine capable de quitter son lit pour accueillir les cinq membres de la BBC qui avaient gravi la montagne avec Ian Redmond. Ils arrivaient trop tard pour filmer l'enterrement de Digit dans le coin de terre réservé près de la cabane de Dian pour ses amis gorilles.

Malade comme elle l'était, Dian passa de longs moments avec Attenborough et son équipe pendant la semaine suivante ; elle assista aux prises de vue de « ses » gorilles dans l'espoir que la publicité aiderait à les sauver d'un sort comparable à celui de Digit.

Le 11 janvier, elle crachait du sang mais était encore capable de réagir à une nouvelle provocation. Ian et l'équipe de cinéastes filmaient le Groupe 5 lorsqu'ils rencontrèrent un garde armé du parc, escortant quatre touristes belges désireux de voir des gorilles. Une prise de bec s'ensuivit : le garde chassa Ian du sentier et empêcha l'équipe de continuer à filmer. Ce soir-là, à la lueur de sa lampe à acétylène, Dian rédigea une lettre cinglante au conservateur et une missive au vitriol à Alain Monfort, le conseiller en chef belge de l'ORTPN, le département du tourisme et des parcs nationaux. Les lettres étaient si incendiaires que Dian elle-même se demanda si elle n'en avait pas un peu trop fait.

Membre de rang élevé de l'aide belge au projet du Rwanda, Monfort était l'homme directement responsable de l'idée visant à utiliser à fond les gorilles de montagne pour attirer des touristes. Nombre d'escarmouches avaient déjà surgi entre Dian et lui à propos de cette affaire délicate, mais il était d'accord pour tenir les touristes à l'écart des groupes d'étude de Karisoke, dont faisait partie le Groupe 5.

Le conflit rampant entre Dian et ce Belge un peu trop zélé et de dix ans son cadet flamba brusquement. Monfort décida qu'il était temps de donner à cette « folle Américaine » une leçon nécessaire.

Inquiet à l'idée de l'attaquer de front, il décida de frapper à travers l'équipe de la BBC. Il avait l'intention de monter au camp et d'arrêter l'équipe sous prétexte qu'elle était dans le parc sans autorisation officielle, non sans avoir auparavant attiré Dian hors de la montagne en lui demandant de participer à une conférence de l'ORTPN au quartier général du parc, le 14 janvier.

Manifestement cet autocrate n'avait jamais envisagé qu'elle pourrait ne pas obtempérer. Le 14 à midi, Monfort prit la piste du Karisoke, accompagné de six gardes du parc armés. Il fut très dépité de rencontrer en chemin un des employés du camp de Dian qui lui apprit que Nyiramachabelli était encore au camp et qu'elle était d'une humeur massacrante. Furieux mais nullement disposé à l'affronter dans sa tanière, Monfort tourna ignominieusement les talons.

Attenborough et son équipe partirent dans l'après-midi du 16, jour du 46e anniversaire de Dian. Une chaîne de porteurs descendit leur matériel sur la longue piste jusqu'à un camion prêt à les conduire à l'aéroport de Ruhengeri. Le vieux véhicule cahota sur la lave brute de la route. Quand il arriva à hauteur de l'entrée du parc, un garde essaya de l'arrêter.

Pensant que l'homme faisait de l'auto-stop, le chauffeur poursuivit sa route, en criant qu'il était déjà surchargé. Ses passagers, épouvantés, virent le garde épauler son fusil et tirer une balle qui siffla juste au-dessus de leurs têtes. Le conducteur écrasa l'accélérateur. Quelques minutes plus tard, alors qu'il roulait à pleine vitesse, le camion, au détour d'un virage, tomba sur une Land Rover stationnée carrément en travers de la route. Le conducteur bloqua ses freins et le camion s'arrêta dans un crissement de pneus.

Ce fichu bon à rien de Belge avait appris par les porteurs le moment où l'équipe de la BBC partirait et il avait préparé une embuscade. Quand le camion s'arrêta. Monfort était là avec des gardes armés et la police, exactement comme au cinéma.

Monfort informa le conducteur du camion, mort de frayeur, que les *bazungas* qu'il transportait étaient en état d'arrestation, soupçonnés d'être des mercenaires engagés pour passer en Ouganda des armes en contrebande. Puis il posta deux policiers sur le camion et envoya les Anglais abasourdis et inquiets à la base militaire de Ruhengeri. Là, il leur fut ordonné de descendre du véhicule et d'ouvrir toutes leurs caisses ; puis, Monfort les soumit à une fouille en règle.

Impossible de savoir jusqu'où Monfort aurait pu pousser cet exercice d'intimidation.

Heureusement, quelqu'un avertit le chef des brigades, Paulin Nkubili, un vrai Rwandais, chef de la justice de la région, qui se rendit au camp militaire et s'informa sur les événements. Tout doux et soumis, M. ne mentionna pas les mercenaires mais dit seulement que l'équipe de la BBC n'avait pas d'autorisation pour entrer dans le parc. Le chef le tança pour avoir traité de cette façon des visiteurs et lui déclara qu'il devrait payer le coût d'un avion charter pour

Kigali s'il leur faisait manquer leur vol. M. céda, non sans les avoir retenus plusieurs heures sous bonne garde.

Dian n'était pas au bout de ses problèmes avec l'ORTPN. Le 23 janvier, elle reçut un câble du Dr Payne de la *National Geographic :*

« Nous sommes très troublés par un rapport officiel sur un incident récent concernant vous-même et braconniers stop comprenons parfaitement votre position mais faites preuve d'une extrême prudence car votre statut d'étranger au Rwanda dépend totalement de la bienveillance du gouvernement pour poursuivre vos recherches. »

Ce télégramme fut suivi d'une lettre inquiète de Frank Crigler, ambassadeur des États-Unis au Rwanda ; il informait Dian que le département d'État des États-Unis avait reçu une plainte au sujet de ses « actions illégales au Rwanda ». La source n'était pas mentionnée, mais Dian croyait savoir de qui il s'agissait. Ses soupçons semblèrent confirmés par une lettre qu'elle reçut du général Dismas Nsabimana, directeur de l'ORTPN :

Mademoiselle,

Nous regrettons sincèrement les actes de braconnage commis le 31 décembre 1977 contre le gorille Digit.

Vous savez que les gardes du parc ont produit le chien tué par le gorille en présence de la population pour essayer d'identifier son propriétaire Munyarukiko, braconnier présumé mais encore en fuite. L'ORTPN a été bafoué peut-être plus que vous ne l'avez été, car cet acte est une grave atteinte à l'héritage du Rwanda.

Cependant, le fait d'inviter une équipe britannique de télévision à faire un film sur le parc des Volcans au moment de l'assassinat du gorille ne relève pas de l'esprit de franche collaboration entre l'Office et vous.

Nous savons que vous avez immédiatement autorisé les photos du gorille mort, afin de disposer du type de publicité qui pourrait discréditer le Rwanda et les parcs rwandais.

Comme il apparaît que vous ne vous êtes pas souciée de demander à un membre de l'ORTPN une autorisation pour ces photographes, nous en concluons que vous les avez sollicités immédiatement après la mort du gorille, en prétendant « que c'était là pure coïncidence».

Les répercussions de l'affaire de la BBC mirent des semaines à s'apaiser et l'antagonisme entre Monfort et Dian empira : les offices du tourisme rwandais étaient pressés d'accélérer l'exploitation des gorilles du parc, tandis que Dian résistait à ce qu'elle voyait déjà comme une autre rupture potentiellement désastreuse dans la vie de ses amis déjà assiégés.

Bien que janvier ait apporté à Dian une tragédie personnelle, elle demeurait capable d'une prévenance extraordinaire à l'égard des êtres en détresse. A la fin de 1977, elle fit la connaissance du personnel de l'ambassade des États-Unis et se lia d'amitié avec la femme de l'ambassadeur Crigler. Bettie Crigler se plaignait fréquemment d'être séparée de son plus jeune fils, Nacho, âgé de quatorze ans ; il était en pension aux États-Unis et, faute de moyens suffisants, ses parents ne purent le faire venir pour les vacances de Noël. Vers la fin de janvier, la détresse de Bettie tourna à la mélancolie, si bien qu'à sa manière directe, Dian décida d'agir.

Bien qu'elle fût comme d'habitude à court de fonds, elle écrivit au frère aîné de Nacho en joignant un chèque pour payer le billet d'avion aller-retour du garçon, afin qu'il puisse passer les vacances de Pâques à Kigali avec ses parents.

Quand les parents Crigler apprirent ce geste émouvant, ils furent abasourdis, d'autant plus qu'ils savaient les tourments qu'enduraient Dian à ce moment.

« Dian, écrivit Bettie Crigler, je suis tellement dépassée par la générosité et la gentillesse de votre offre que je ne sais absolument pas comment exprimer notre gratitude à l'égard de votre amitié. De toute ma vie, c'est la chose la plus merveilleuse que quelqu'un m'ait offerte (...). C 'est aujourd'hui mon anniversaire, mais aucun cadeau n'a pour moi plus de sens que celui-ci. Au risque d'utiliser un cliché rebattu, je vous avoue que si j'avais eu une sœur, j'aurais été heureuse que ce fût vous. »

Ce à quoi Crigler ajouta : « Vous êtes l'une des plus folles et des plus adorables personnes que j'aie jamais rencontrées. J'ai été stupéfié. C'était particulièrement émouvant parce que Bettie avait pleuré, ne sachant comment Nacho pourrait passer ses vacances de printemps. Elle était complètement bouleversée et anxieuse (...). Puis, le lendemain, sont arrivées les lettres de Nacho et de Jeff qui nous racontaient toute l'histoire. Bettie était stupéfaite et follement reconnaissante de votre incroyable générosité (...). »

Les Crigler furent très étonnés, mais de nombreuses personnes, qui avaient déjà bénéficié de la gentillesse de Dian au cours des années, n'en furent pas surprises.

Le 28 janvier, Dian descendit de la montagne pour la première fois depuis son retour des États-Unis.

« Elle avait l'air d'un cadavre ambulant, écrivait un de ses amis de Kigali, mais elle était prête au combat. »

Deux autres assassins de Digit avaient été pris et l'un des motif de la venue de Dian à Kigali était la pression qu'elle comptait exercer sur les autorités rwandaises pour que des peines suffisantes soient prononcées. Elle plaida pour l'emprisonnement à vie ; ils furent respectivement condamnés à trois et cinq ans de prison.

Elle participa également à l'ambassade des États-Unis à une réunion demandée par J.P. Harroy ; ce Belge, qui avait été gouverneur du Rwanda avant l'indépendance, disposait encore d'une influence considérable dans ce pays. Harroy était un partisan convaincu du plan belge d'utilisation des gorilles au bénéfice du tourisme. Cette fois-là, il prit sur lui de faire des reproches à Dian en présence de son propre ambassadeur.

Il a eu l'aplomb de dire que Digit avait été tué à cause de moi ! Si j'avais à vivre sous cette accusation, je me tirerais immédiatement une balle dans la tête. Il dit que les braconniers cherchaient à se venger parce que j'avais mis un terme à leurs activités. C'est un vieil homme sur le déclin ! S'ils avaient voulu se venger, ils l'auraient fait bien plus tôt ; ils auraient mis le feu à une cabane ou à une annexe du camp. Harroy a eu aussi le toupet de me dire que j'avais commis « une faute en arrêtant un des assassins de Digit ».

Dian sortit écumante de cette confrontation pour rejoindre deux officiels rwandais qu'elle désigne simplement comme « les numéros 2 et 3 du président ».

Je les aimais vraiment. Le président lui-même s'approcha pour dire qu'il aimerait réellement me voir, mais cette semaine était mal organisée en raison des rumeurs de coup d'État. J'insiste : au moins la peine de mort pour Munyarukiko si jamais il est pris. Les numéros 2 et 3 étaient d'accord pour qu'il soit tué – bizarrement, ils préfèrent la pendaison à une exécution militaire.

Elle sollicita aussi et obtint un entretien avec le directeur de l'ORTPN, le général Dismas Nsabimana.

Il représente l'archétype de l'homme africain important. Pompeux et arrogant, il finit cependant par être très direct avec moi, après avoir été au début un peu sec à propos de l'équipe de la BBC. Je pense que l'une des raisons pour lesquelles nous nous sommes enfin accordés est qu'il a été très enthousiaste au sujet de mon « non-non » de l'an dernier, quand j'ai brûlé quelques dépendances de la maison de Munyarukiko. Il a déclaré que j'aurais dû brûler toute la maison et a été surpris d'apprendre que j'ai dû payer six cents dollars pour cette action qu'il considérait comme un succès et non comme un délit.

On imagine le profond soupir de soulagement de Dian lorsqu'elle recueillit deux nouveaux étudiants en recherche. Ils venaient juste d'arriver par avion des États-Unis et elle les convoya en haut de la montagne.

Les nouveaux venus semblèrent plutôt réticents face au style de vie qui régnait à Karisoke. Agée d'environ vingt-cinq ans, Amy Vedder était « mignonne comme une poupée chinoise ». Elle semblait très amoureuse de son compagnon, Bill Weber. Tous deux avaient travaillé un certain temps dans le Peace Corps, mais la première impression de Dian à leur égard n'était pas très optimiste.

Je crois que Bill est assez faible ; jamais il ne saisira un fusil et je ne le lui demanderai pas. J'aurais souhaité qu'il fût d'un matériau plus robuste. Je pense que la fille est le vrai moteur de l'attelage, mais ses yeux lancent une lueur dure.

Le projet le plus urgent de Dian était de mettre sur pied des patrouilles anti-braconniers comme elle l'avait envisagé avec Ian. Mais il fallait d'abord trouver l'argent pour payer et équiper les hommes. Le Fonds Digit devait en être le moyen financier mais isolée sur une montagne en Afrique équatoriale, Dian était dans l'impossibilité d'organiser elle-même ce fonds. Dans cette situation, elle était obligée de demander assistance.

Aux États-Unis, elle choisit son conseiller juridique Fulton Brylawski, à Washington D.C. Elle lui écrivit le 17 janvier pour lui expliquer ses difficultés :

« Je demande de l'aide à tous ceux qui me semblent intéressés par les gorilles de montagne. S'ils décident de donner de l'argent au Fonds Digit, puis-je vous employer comme receveur ? (...) Je crois que je pourrais collecter cinq mille dollars pendant les prochains mois, mais je ne désire pas manipuler moi-même cet argent et je ne désire pas non plus que ce soit un autre vague plan de conservation qui dépense la moitié de la somme en prétendus frais généraux.

Je ne veux pas que Digit soit mort pour rien ; telle est la raison de ce fonds. Beaucoup, beaucoup d'autres gorilles ont souffert une mort semblable à la sienne (...). Ce n'est pas une cause perdue. Digit est l'exemple de tout ce qui peut advenir aux derniers gorilles de montagne. Nous avons une chance de sauver cette espèce, mais nous pouvons aussi nous en détourner : ils seront alors tous tués... pour leur crâne. Le parc des Volcans a été mis sur pied en 1929, par un traité international pour la protection des gorilles et de la faune sauvage. Je désire promouvoir cette loi et lui donner plus de force qu'elle n'en a jamais eu antérieurement. »

Par suite de la lenteur du courrier, l'accord de Brylawski ne parvint pas à Dian avant le début de mars. Entre-temps, elle avait concentré ses efforts sur un autre front où elle espérait des résultats rapides. Le 16 janvier, elle avait envoyé à son ami de Cambridge,

Richard Wrangham, une longue description de la mort de Digit et de ses plans pour tirer parti de cette boucherie au bénéfice des gorilles survivants. Elle concluait par un appel à l'aide en adressant son message au public britannique.

Wrangham ne la déçut pas. Malgré ses propres obligations d'enseignant, il s'activa pour stimuler la sympathie bien connue des Anglais pour les animaux en détresse et pour obtenir de l'aide des organismes de conservation. Il réussit si bien à diffuser ce message qu'il était en mesure, le 27, de dire à Dian que l'horreur ressentie par le public à propos de la mort de Digit gagnait tout le Royaume-Uni. « J'ai rencontré la Société de préservation de la faune il y a deux jours (...). Ils agissent aussi vite que possible et j'espère avoir cinq cents livres à vous adresser au milieu de la semaine prochaine... Ils mettent actuellement sur pied un Fonds Digit qu'ils appelleront “ Fonds de gorille de montagne Royaume-Uni ”, pour la simple raison qu'à leur avis, le nom de Fonds Digit n'attirerait pas d'argent. »

Dian lui répondit avec enthousiasme : « C'est très généreux de la part du FPS d'offrir cinq cents livres. C'est une grande nouvelle car cela signifie que je peux lancer les patrouilles ultrarapides dont mes propres Africains souhaitent accroître le nombre ; ils en ont mis un coup pour cela. »

Les nouvelles suivantes de Wrangham furent moins heureuses. L'Union internationale pour la Conservation de la Nature avait conclu qu'elle ne pouvait soutenir directement son action. Au contraire, « elle appuyait ardemment le projet d'un groupe de gorilles habitués à la présence de touristes pour encourager le Rwanda à protéger les animaux ». Il était sous-entendu que le groupe de gorilles choisi devait être l'un de ceux de Dian. Wrangham indiquait aussi que Sandy Harcourt, maintenant Dr Harcourt, qui avait d'abord répondu au SOS de Dian et de Wrangham avec empressement, soutenait le projet tourisme.

Ce n'était pas tout. En s'excusant beaucoup, Wrangham lui apprenait que la somme d'argent parvenue au « Fonds du gorille de montagne du FPS » irait probablement à l'ORTPN et non à Karisoke. La réaction de Dian était prévisible.

« Si des fonds sont envoyés directement au gouvernement rwandais ou, comme vous le dites, “ acheminés par l'intermédiaire des parcs nationaux ”, alors, je les désavoue. Fournir de la bière aux gardes des parcs rwandais n'est pas de ma responsabilité. Soutenir les gens directement chargés de parc équivaut à laisser poursuivre la décimation des gorilles de montagne (...). J'espère que vous savez que plus le FPS donne de l'argent au gouvernement du Rwanda, plus il encourage l'assassinat des individus dans les groupes d'études. »

Elle fut tout aussi véhémente à propos de l'idée selon laquelle le meilleur moyen d'aider les gorilles était le tourisme.

« Je ne vois pas comment il est possible de parler de tourisme quand le parc est encombré de tueurs de gorilles. Vous, Richard, et tant d'autres, assis sur de lointains perchoirs au-delà de l'océan, vous parlez de tourisme sans rien savoir de Digit, des braconniers et des massacres de fauves dans le parc. Des assassins doivent être capturés. Autre lot de très mauvaises nouvelles : sept gorilles d'un groupe du secteur nord-est du parc ont été tués depuis que Digit est mort mais, évidemment, ce n'est pas important pour des gens qui ne veulent s'intéresser qu'au tourisme. »

Wrangham répondit par une lettre attristée. Il disait à Dian que même le règlement de ses propres articles sur la mort de Digit avait été versé au « Fonds des gorilles de montagne » ; leur montant s'élevait à environ trois mille livres. Pis, il signala que le FPS n'enverrait pas d'argent à Dian ni au Fonds Digit à Washington.

Je leur rappellerai, écrivit Wrangham, que le fonds FPS a été créé comme fonds receveur pour les sommes versées par soucription publique et que ce fut, au début, à votre initiative (...). Le FPS a écrit un général Dismas (Nsabimana) responsable de l'ORTPN, pour lui demander ce qu'il ferait de cet argent. Dismas (Nsabimana) a répondu, avec copie au Fonds Mondial pour la vie sauvage (WWF), qu'il aimerait que soit soutenue la conception de la préservation des primates présentée par l'Union internationale pour la Conservation de la Nature/Fonds mondial pour la Vie sauvage. Ainsi, le WWF attend cela et Dismas (Nsabimana) l'attend aussi (...) mais si l'argent adressé par le public au Fonds Digit n'est pas utilisé aux fins prévues, ce sera tragique. »

Qualifier la situation de tragique était une litote. Depuis la mort de Digit, Dian avait exploré le commerce des trophées de gorilles et les résultats étaient sinistres.

A l'exception de huit spécimens, tous les gorilles qui vivent à Karisimbi ont été tués pour leur tête et leurs mains. Un médecin de Ruhengeri jure que trente-six têtes furent apportées en ville au cours de l'année 1976. Huit venaient du mont Sabyinyo que je connais. Je suppose que quatre autres venaient du mont Muhaburu, les uns de la pente nord du Visoke et les autres de Karisimbi. Les Belges ont un énorme programme d'assistance à l'aide technique au bénéfice du parc des Volcans, qui collecte plus d'argent en un an que moi en quatre, mais les gardes du parc sont à présent moins payés que les miens et sont plus paresseux que jamais. Ils ne pénètrent plus jamais dans la forêt.

Je n'ai plus d'argent, mais je poursuis mes projets en mémoire de Digit. Nous patrouillons quotidiennement. Bien que j'aie quatre étudiants, j'ai besoin de beaucoup plus d'Africains (...). Aujourd'hui, j'ai envoyé deux jeunes étudiants avec Rwelekana aux trousses de braconniers dont nous entendions les chiens aboyer sur le col ; hélas, ils n'y sont pas allés assez vite et ils ont seulement recueilli un épieu, trois chapeaux, trois pipes à haschich et un céphalophe tué juste avant leur arrivée. L'un des braconniers était Munyarukiko, un autre Gashabizi, et ils avaient cinq chiens. Ce fut un parfait exemple de l'impuissance où nous sommes, faute de recevoir l'argent du Fonds anglais Digit. Si j'avais pu engager deux ou trois Africains de plus, ils auraient attrapé tout le lot. Chaque jour de retard pris par les groupes de conservation représente toujours plus d'animaux tués. Demain ce sera la même chose, et mes économies personnelles ne peuvent aller plus loin.

A la fin de mars, Dian n'avait encore rien reçu de l'argent collecté en Angleterre au nom des gorilles. Elle écrivit à Bettie Crigler une lettre amère : « Selon le courrier de mardi, le Fonds Digit en Angleterre a rassemblé quatre mille livres. J'ai appris que je pourrais en recevoir cinq cents. Le solde ira au général Dismas pour une nouvelle Toyota. »

Au début d'avril, Richard Fitter, secrétaire de la Société pour la préservation de la Faune, écrivit à Dian : « Je suis sûr que vous serez d'accord sur le fait qu'il est essentiel que chaque projet obtienne la pleine coopération et la bénédiction des autorités qui contrôlent la vie sauvage et le tourisme au Rwanda. Afin de coordonner la collecte de fonds et la publicité, nous avons convaincu Sandy Harcourt de travailler pour le FPS, comme chef de projet du Fonds du gorille de montagne. »

Suivait une lettre de Harcourt lui-même ; il confirmait qu'il était devenu coordinateur d'un important projet de collecte de fonds. Il exprimait son opinion selon laquelle si l'on ramassait autant d'argent, l'accent principal devrait être mis sur le « tourisme » auprès des gorilles, et il questionnait Dian sur les idées qu'elle pouvait avoir à ce sujet. Il lui disait aussi qu'il avait préparé pour l'été prochain le séjour à Karisoke d'un étudiant vétérinaire, Paul Watkins, payé par le FPS, « comme moyen de vous transférer une plus large part des 4 000 livres du Fonds du gorille de montagne ».

Grinçant des dents, Dian répondit qu'elle n'avait aucun besoin d'un autre étudiant et que, même si tel était le cas, elle le choisirait elle-même. « J'ai besoin d'argent pour les patrouilles », dit-elle à Harcourt. Et, en ce qui concerne le tourisme, elle ajoutait : « En 1975, nous avons entraîné deux guides, destinés à la partie rwandaise du parc, pour guider les touristes vers les gorilles du territoire de Sabyinyo (...). Beaucoup de Land Rovers et de Toyotas donnés par le WWF (Fonds mondial pour la vie sauvage) ont été employés pour ce programme. Il y a deux ans encore, les touristes étaient régulièrement acheminés vers les gorilles de Sabyinyo. Puis Alain Monfort s'en empara et déclara que les gorilles de ce territoire étaient beaucoup trop agressifs pour que les touristes les visitent sans danger et qu'il y avait déjà trop d'éléphants " tueurs d'hommes " qui étaient une menace permanente pour les touristes. En conséquence, l'an passé tous les touristes ont été envoyés vers notre Groupe 5. Vous imaginez ce qu'il en est résulté pour notre programme de recherches. Qu'auriez-vous ressenti si quatre-vingts pour cent de vos contacts avec le Groupe 5 étaient interrompus par une horde d'Européens criards ? C'est maintenant le cas, bien que Dismas, directeur du Tourisme de Kigali, ait décidé que seul le Groupe 5 demeurerait un groupe de recherches.

Je ne suis qu'une personne, mais la seule personne qui soit sur le terrain. Je sais ce qu'il faut faire pour protéger les gorilles : des patrouilles longues, fatigantes, énergiques et nomades qui couvriraient la totalité des Virungas, en employant des Rwandais qui ont déjà fait leurs preuves. Ce serait là de la conservation active et non théorique. »

La réponse de Harcourt n'apporta guère de réconfort. Il soulignait que les statuts du FPS stipulaient qu'avant d'allouer plus de cinq cents livres à un projet, la société devrait examiner une proposition du demandeur ; cette proposition devrait de surcroît être approuvée par les autorités du pays concerné. Il suggéra à Dian d'envoyer un plan de son schéma d'entraînement, préparé conjointement avec le conservateur du parc, Dismas Nsabimana ; si elle agissait ainsi, disait-il, il n'y aurait aucune raison que la société refuse de lui envoyer un complément de mille livres.

Il expliqua aussi que, comme le FSP avait déjà renseigné Nsabimana sur le fonds et sur son montant, il serait indélicat de ne pas contribuer pour 2 000 livres à la construction de huttes pour les gardes, près du parc, un projet cher au cœur de Nsabimana.

« Donc, la Préservation de la Faune prévoit en ce moment de contribuer pour environ 2 000 livres prises sur le fonds pour construire des cabanes pour les gardes près du parc, selon la demande directe de Mr. Nsabimana. »

Pour Dian, c'était là un double langage sans signification et elle était furieuse contre Sandy Harcourt.

Il sait parfaitement que Dismas n'approuvera aucun plan anti-braconnage de mon cru. Cet homme important a d'autres chats à fouetter avec l'aide du projet gorilles de montagne et l'argent du sang de Digit. Je n'aurais jamais cru que Sandy changerait à ce point.

Elle était maintenant acculée à une prise de conscience cruelle : non seulement les contributions des Britanniques bienveillants, versées en mémoire de Digit, lui seraient soustraites mais, de plus, elles seraient affectées à des projets qu'elle tenait pour secondaires ou totalement insignifiants.

Digit est mort pour rien.

Elle traça cette phrase amère en grandes lettres sur une page de son journal où se trouvent aussi des taches qui pourraient être des larmes de colère et de frustration. En mai, les 500 livres promises par le FSP près de quatre mois plus tôt, arrivèrent à Karisoke. Cela ne suffisait pas pour couvrir le coût des patrouilles, auquel Dian avait fait face depuis la mort de Digit, et elle était une fois de plus forcée de puiser dans ses propres économies dans cette interminable bataille pour tenir les braconniers au large.

Apprécia-t-elle le mea culpa reçu de Richard Wrangham au début de juin ?

« John Burton, secrétaire du FPS (...) m'a assuré que le FSP recevrait de l'argent pour votre compte, mais, ensuite, il a changé d'avis et a dit que son emploi dépendait du FSP (...). Cela fait mauvais effet qu'ils n'aient pas dit clairement ce qu'il adviendrait de l'argent une fois dans leurs mains. »

Elle n'apprécia certainement pas une deuxième lettre de Sandy Harcourt.

« Paul Watkins a reçu son visa et j'ai précisé hier au FPS qu'ils lui remettraient 500 livres des fonds du projet pour ses frais de déplacement à Karisoke et pour son entretien pendant son séjour. »

Harcourt informait aussi Dian que lui et le vice-président du FPS, le Dr Curry-Lindahl, visiteraient le Rwanda l'été suivant « pour discuter et faire un rapport sur tout ce qui concerne la conservation du parc des Volcans ».

Quelque temps après, Dian écrivit à Betty Crigler :

« Je n'ai reçu que 500 livres de la somme collectée en Angleterre. Le reste sera utilisé pour des huttes pour les " gardes " et pour des billets d'avion pour les " conservateurs ", qui voleront vers le Rwanda afin d'assurer la sécurité des gorilles (...). Un complément de 500 livres a été utilisé – je l'appelle le prix du sang de Digit – par Sandy Harcourt pour envoyer ici un jeune Anglais de 21 ans, après que je lui ai demandé qu'il ne vienne pas (...). N'ayant pas apprécié nos conditions de vie, cette petite merveille est de retour chez elle. Bon débarras !

Mais moi, je suis furieuse... Digit n'est quand même pas mort pour payer des billets d'avion à des Anglais ! »

Amy Vedder et Bill Weber, que Dian désigne par l'expression « le duo, V.W. », furent rapidement suivis à Karisoke d'un autre Américain, un garçon studieux, David Watts, qui portait des lunettes de grand-mère et jouait du violon.

Tandis que Vedder et Watts se plongeaient dans les recherches sur les gorilles pour leur thèse de doctorat, Weber rassemblait du matériel sur l'écologie sociale pour son maître. Ian Redmond, désormais le vétéran du camp, consacrait la plus grande partie de son temps à des travaux anti-braconniers.

Depuis la mort de Digit, Dian vivait dans la crainte constante d'un autre désastre chez les gorilles. Au début de mars, elle apprit qu'un braconnier rwandais avait été arrêté alors qu'il partait pour le Zaïre avec un bébé gorille captif. Selon la rumeur, le jeune animal aurait été confisqué par les autorités zaïroises et se trouvait au quartier général du parc des Virungas, accolé au parc des Volcans.

Dian alerta son réseau de renseignements et, à la mi-mars, elle reçut confirmation de la rumeur et d'une nouvelle information : le jeune gorille était très malade.

Elle décida d'organiser une mission de sauvetage. Le 18 mars, accompagnée des V.W., elle partit en voiture pour Gisenyi, près de la frontière du Zaïre, où elle avait de nombreux amis, indigènes et européens. Par des moyens non élucidés, elle prit contact avec un assistant-conservateur du quartier général du parc des Virungas, à Rumangabo, un jeune homme dont elle protégea l'identité par le nom de plume de Faustin. Il s'arrangea pour faire passer l'équipe de Dian au-delà de la frontière et la conduisit au « château », où Dian avait longtemps langui pendant la rébellion de Tschombé. Là, on leur montra un jeune gorille de 4 ans dont l'état de maladie et de dépérissement annonçait la mort prochaine.

Le personnel du parc avait un problème. Il avait des ordres stricts de Kinshasa, la capitale du Zaïre distante d'un millier de miles, de maintenir en vie le gorille, à tout prix, mais, quand nous arrivâmes, il était presque mort. Je dis au conservateur tourmenté que s'il me le confiait, je tenterais de le sauver et de le leur rendre.

Après un long moment de délibération, il tomba d'accord avec moi, mais on ne pouvait se méprendre sur à la crainte que lui inspirait Kinshasa. Il nous dit que le gorille ne pouvait être déplacé sans une autorisation radio de la capitale. Il était trop tard pour envoyer un appel le jour même et, entre temps, on nous donna un local de garde, où je demandai à Amy de rester avec le bébé pour la nuit, de s'occuper de lui et de lui donner l'affection dont il avait désespérément besoin. Je n'osai pas rester car j'étais illégalement au Zaïre et devais retraverser la frontière avant le crépuscule.

Je me faufilai de nouveau au Zaïre le lendemain matin avec Faustin. Nous allâmes en voiture à Goma où se trouvait une radio en mesure d'atteindre la capitale.

On nous accorda une heure pour obtenir notre communication. Il nous fallut cinquante minutes pour joindre la personne habilitée à écouter notre requête. Celle-ci nous déclara que c'était le président du Zaïre qui pouvait décider et que la réponse pourrait arriver tard dans l'après-midi par l'intermédiaire de liaisons radio locales. Nous revînmes donc au quartier général du camp pour attendre.

Finalement, à 4 heures de l'après-midi, un message tronqué apporta l'autorisation du Président de faire sortir le bébé gorille du camp. Pour des raisons inconnues, le conservateur ne voulut pas laisser le jeune animal traverser la frontière en voiture, et Bill et Amy acceptèrent de le porter dans un filet, à tour de rôle, jusqu'à Karisoke à travers les montagnes, accompagnés de gardes armés du Zaïre.

Il était alors plus de 5 heures de l'après-midi et, comme la frontière du Rwanda était fermée jusqu'au matin, je dus rester toute la nuit assise dans la voiture, entre les postes de douane, craignant à tout instant d'être arrêtée par les militaires zaïrois. Au crépuscule, je parvins à Gisenyi, et, de là, dans la montagne où le bébé venait juste d'arriver.

Il est presque mort, anémique, totalement déshydraté, émacié, et diarrhéique ; nous trouvons du sang et du mucus dans ses fientes et il est couvert de plaies suintantes, de poux et de mouches. Des cicatrices de corde cernent ses poignets mais la plus grave menace qui pèse sur sa vie vient de son pied gauche, un moignon enflé, gangrené et à demi scié, au-dessus de l'emplacement du pied, par le lacet profondément incrusté qui servit à l'attraper. Je n'avais encore jamais rien vu de semblable ; aujourd'hui seulement, nous avons découvert ses orteils, repliés et perdus dans des couches de pus et des lambeaux de peau sur la plante de ce qui auparavant était le pied.

Nous le soignons vingt-quatre heures sur vingt-quatre depuis cinq jours maintenant. Mais hier, j'ai pris la décision de l'amputer du pied, malgré son mauvais état général, sinon il mourra certainement. J'ai demandé à un chirurgien spécialiste de la lèpre, très qualifié, de venir l'opérer au camp le plus vite possible. Nous pouvons enfin retirer le lacet et voir s'il peut être sauvé. Je crois de moins en moins qu'un miracle puisse le garder en vie ; l'opération est le der-

nier recours. Ce chagrin ajouté à la douleur de la mort de Digit est si frustrant qu'il ne reste rien en quoi je puisse croire.

Lolly Prescada, le chirurgien, envoya un mot d'excuse : elle ne pourrait pas monter à Karisoke avant un jour ou deux, ce que Dian estimait trop tard. Ce message arriva en même temps qu'un courrier d'Angleterre portant d'autres mauvaises nouvelles concernant le Fonds Digit. Jointes aux événements récents, ces diverses déceptions plongèrent Dian dans une profonde dépression.

En attendant sa venue, Lolly avait conseillé, de donner au gorille malade une solution saline, par voie orale, pour combattre la déshydratation. A la fin de l'après-midi, Dian se rendit à la cabane occupée par les V.W., où l'animal était temporairement logé.

Je descendis et rendis Bill et Amy furieux en les obligeant à donner les médicaments au bébé qui s'étrangla. Plus tard dans la nuit, Amy m'informa que le bébé était en train de mourir. Respiration artificielle. Elle la fait, il ne la fait pas. J'essaie à mon tour et j'échoue. Amy pleure. Terrible. Il déclare que je voulais la mort du bébé. Je rapporte le corps chez moi et reste éveillée toute la nuit.

Le lendemain matin, Dian porta le corps à l'hôpital de Ruhengeri. Une autopsie confirma une gangrène totale du pied blessé et une pneumonie si ancienne que les deux poumons n'étaient plus que des sacs de pus et de mucus. Les médecins conclurent que l'animal était perdu bien avant d'atteindre Karisoke.

Il n'est pas possible de savoir si Dian accepta complètement ce diagnostic. Il est certain que cet épisode la hantera pendant des années. Il est aussi certain que l'accusation d'avoir été la cause immédiate de la mort du bébé fut utilisée contre elle par des gens malveillants. La douleur causée par la mort de Digit avait été presque insoutenable ; elle fut désormais portée au niveau de l'angoisse par son échec à sauver le bébé volé.

Ne se sentant pas le courage de retourner immédiatement à Karisoke, Dian partit en voiture pour Gisenyi, dans l'espoir de se soulager de son fardeau auprès de Rosamond Carr. Malheureusement, son amie venait de partir pour les États-Unis. Bien qu'il fût déjà très tard, Dian reprit la route difficile de Ruhengeri, puis bifurqua vers le sud pour couvrir en trois heures le trajet qui la mena à Kigali.

Tout en sachant que Bettie Crigler était aussi aux États-Unis, elle alla à l'ambassade. Elle y trouva un soutien en la personne de l'ambassadeur qui la fit boire et manger ; il écouta patiemment son histoire et lui trouva une chambre et un lit. La gratitude sincère de Dian s'exprima de façon tant soit peu énigmatique :

Tout devint vrai à l'instant où je sus que cela serait.

Les parents de Debi Hamburger, la jeune femme qui avait tant souhaité travailler avec Dian, arrivèrent à Karisoke le 7 avril. Ils apportaient ses cendres et un mémorial en bronze... Leur arrivée à ce moment-là aurait pu produire une surcharge émotionnelle insupportable chez une femme déjà tendue à se rompre ; elle eut un effet contraire.

Simba, la femelle qui portait l'enfant de Digit, avait mis bas dans la nuit du 6 ; enfin une bonne nouvelle, diablement nécessaire. Le nom du petit est Mwelu, ce qui veut dire en swahili « Lumière brillante et miroitante ». Ce petit morceau de Digit reçut ce nom que nous avions antérieurement choisi pour la jeune Américaine, Debi Hamburger, qui aurait dû venir ici deux ans plus tôt, avant qu'on ne lui eût découvert un cancer du sein. Après une opération, elle était décidée à venir l'an dernier ; mais il était trop tard.

J'avais déjà prévenu les étudiants que le prochain petit qui naîtrait serait appelé Mwelu, en l'honneur de Debi, une fille super. Simba programma si bien sa mise bas que le 8, je pus conduire les Hamburger voir le Groupe 4 et entendre Mwelu pleurer à fendre l'âme parce qu'elle se trouvait dans une touffe d'orties. Les parents de Debi étaient très heureux.

Le jour suivant, avec le Groupe 5, le père et la mère de Debi furent entourés de gorilles et leur bonheur me rendit aussi très heureuse. Mais, bien sûr, ils devaient repartir. Avant la fin du mois je louerai un avion pour répandre les cendres de Debi selon sa volonté au-dessus des Virungas.

Entre-temps, ruminant toujours la pénible nuit de la mort du bébé gorille, le duo V.W. décida d'aller à Kigali pour donner à l'ambassadeur Crigler leur version des faits. « Parce qu'il était un de ses très bons amis, nous pensâmes que quelqu'un devait savoir jusqu'où elle avait plongé (...). Nous n'avions nullement l'intention de la traîner dans la boue. Nous pensions (...) que le mieux à faire serait d'essayer de la convaincre de quitter le pays. »

Leur service dans le Peace Corps les avait peut-être convaincus qu'ils étaient assez compétents pour juger une femme comme Dian Fossey. Malheureusement, l'histoire, déjà bien amplifiée, parvint aux oreilles de Monfort et d'autres Européens ; en très peu de temps, elle fut accréditée sous une version très déformée. Ivre et incapable, Dian Fossey était responsable de la mort du gorille ! La femme qui se prétendait le champion dévoué des gorilles de montagne était à peine meilleure que les braconniers qu'elle persécutait. Crigler considéra cet affreux ragot pour ce qu'il était, mais ceux qui n'aimaient pas Dian l'exploitèrent au maximum.

Pendant quelque temps, elle ignora ce qu'on disait d'elle. En fait, elle jouissait des seules semaines heureuses que l'année lui apporterait. Le 8 mai, le rêve qu'elle caressait depuis huit mois devint réalité : le Dr Jean Gespar vint passer presque un mois avec elle à Karisoke. Leur intermède ne fut pas totalement idyllique. Jean était presque aussi passionné qu'elle par la vie des gorilles et le couple passa des journées entières avec les Groupes 4 et 5. Le soir, après le dîner, que Dian préparait dans la kitchenette de sa cabane, ils se promenaient la main dans la main sur la prairie, au pied des vieux volcans, écoutant les cris étranges de l'hyrax et le meuglement des guibs.

Le 10 mai, Ian Redmond retourna en Angleterre, après avoir prolongé de trois mois son séjour à Karisoke pour mettre sur pied le programme anti-braconniers. Il y réussit admirablement bien ; mais l'incapacité de la Société de Préservation de la Faune à procurer les fonds nécessaires à l'engagement et à l'entraînement de nouveaux hommes signifiait que la charge des patrouilles incombait principalement aux pisteurs du camp et à lui-même. Ce qui entraîna des frictions croissantes entre Dian et les trois étudiants en recherche, qui n'avaient aucune envie de combattre le braconnage mais désiraient l'aide de pisteurs pour poursuivre leurs projets personnels.

Les efforts de Ian pour contrôler les braconniers sur le territoire du camp avaient été efficaces, mais, au-delà, les braconniers avaient le champ libre pour leurs sinistres exploits. Deux jours avant de quitter Karisoke, au cours de sa dernière patrouille, Ian trouva et détruisit environ quarante collets dans la région du col où Digit avait été tué, preuve criante que les braconniers s'activaient toujours à la périphérie de l'aire d'étude.

Jean Gespar quitta Karisoke le 26 mai après avoir déclaré à Dian qu'il considérait sa visite comme une agréable passade, mais qu'il n'avait pas l'intention de poursuivre leur liaison.

Après son départ, Dian demeura seule dans ce camp où les autres Blancs étaient soit neutres, soit hostiles à son égard. Entourée de braconniers dont elle pouvait à peine limiter les déprédations, elle était très anxieuse quant à l'avenir.

16.

Depuis la mort de Digit, l'entière responsabilité de la sécurité du Groupe 4 incombait à Oncle Bert. Avec quelques années de plus, les jeunes mâles effrontés à dos-noir de la famille, Tiger et Beetsme, auraient été capables de seconder leur chef, mais ils ne s'intéressaient pas encore aux devoirs des adultes. La charge d'Oncle Bert était accrue par le fait que ses trois femelles adultes nourrissaient des petits. Macho élevait Kweli, âgé de trois ans ; Simba allaitait la fille de Digit, Mwelu, âgée de trois mois. Et, en plus de son nouveau-né, Frito, Flossie élevait son fils de quatre ans, Titus, tout en gardant un œil sur Cléo, sa fille de sept ans. Une autre jeune femelle de huit ans, Augustus, était le onzième membre de la famille d'Oncle Bert.

Le 18 juillet, un grand « groupe périphérique » de gorilles des pentes nord du Visoke fit irruption dans le territoire d'Oncle Bert et un violent affrontement s'ensuivit. Sans le soutien de Digit et encombré de tant de femelles et de très jeunes animaux, Oncle Bert choisit de céder le terrain. Il se retira vers le Zaïre, le long du col. Le lendemain à midi, quand David Watts reprit contact avec les animaux, il les trouva détendus et contents dans leurs nids diurnes, dans une clairière ensoleillée, non loin du lieu où Digit avait été tué. De nouveau, des braconniers battaient librement ce territoire très éloigné de Karisoke et, quand Watts signala le déplacement à Dian, elle fut très alarmée.

Les jours suivants, elle hésita à reconduire le Groupe 4 vers les pentes relativement sûres du Visoke. Cependant, les tracas que cela aurait entraînés pour les gorilles la faisaient hésiter. Pour finir, elle estima que tant que Watts pourrait être auprès d'eux pendant la journée, ils seraient suffisamment en sécurité jusqu'à ce qu'ils décident de leur propre gré de retourner à Visoke.

Une semaine plus tard, le 24 avril à 10 h 30, Dian travaillait sur sa machine à écrire lorsqu'un coup hésitant fut frappé à sa porte. Comme chacun avait dans le camp de bonnes raisons de savoir qu'elle détestait être interrompue dans son travail, elle supposa que l'intrus était un touriste car des touristes, toujours plus nombreux, envahissaient Karisoke sans être invités et sans s'être annoncés. Elle ignora donc l'appel. Mais lorsqu'il fut réitéré pour la troisième fois, elle se leva impatiemment et ouvrit grande sa porte.

David Watts était devant elle, le visage ruisselant de sueur.

Dès le premier coup d'œil, Dian sut qu'un autre désastre avait frappé les gorilles.

« Des braconniers ! » Ce n'était pas une question mais une affirmation.

Watts s'appuya au chambranle de la porte pour se soutenir.

« Oncle Bert a été abattu et on lui a coupé la tête. »

Une demi-heure après, Nemeye descendait d'un trot rapide la montagne avec un mot plutôt incohérent de Dian à Bill Weber, qui était « en bas » où il avait l'habitude de passer la majeure partie de son temps : « Bill – David vient de revenir du Groupe 4 avec une affreuse nouvelle. S'il vous plaît, armez-vous de courage : Oncle Bert a été tué par les braconniers.

« Le pauvre David n'a trouvé aucune trace du reste du groupe. Je crains que, sans Oncle Bert, ils ne soient tous tués. David est parti avec Vatiri, Rwelekana et Mukera pour les rechercher. Oncle Bert a probablement été tué ce matin, ce qui signifie que Munyarukiko, les autres braconniers ne sont pas encore revenus à Mukingo ou là où ils se cachent après une tuerie. J'ai donné les fusils à David mais, pour l'instant, il est primordial de savoir si quelqu'un du groupe est encore vivant et si nous pouvons l'aider.

« Je vous demande de monter avec Nemeye pour faire une patrouille mobile à Karisimbi et pour tenter de capturer Munyarukiko, Gashabizi et Runyagu.

« Je ne suis pas sûre de ce que je puis faire de plus objectivement efficace que de tuer (...). Je voudrais voler à Kigali et exiger une unité de commando pour s'emparer de Mukingo, et ensuite utiliser les soldats en patrouilles. Il faut que je voie le président Habyarimana. Finis la conciliation et le manque d'action. Nous avons besoin de gens pour sauvegarder tout ce qui peut survivre du Groupe 4.

« Je ne sais pas ce que je vais faire. »

Si seulement elle pouvait les attraper, Dian savait fort bien ce qu'elle allait faire des tueurs de gorilles, mais elle ne savait pas quoi faire d'elle-même, comment encaisser et surmonter la peine que provoquait tout cela.

Armés de pistolets, Watts et les trois Africains repartirent pour le col. Le corps d'Oncle Bert gisait là où il était tombé, une balle dans le cœur. La tête du vieux gorille à dos argenté avait été arrachée et elle avait disparu. Son côté gauche avait été déchiré, certainement pour prélever la vésicule biliaire, mais ses mains étaient intactes. Le corps était encore chaud, ce qui signifiait que Watts avait dû surprendre les braconniers pendant leur macabre besogne.

Avec mille précautions et leurs pistolets armés, les quatre hommes fouillèrent les hagenias et les touffes d'orties environnantes. Ils n'y trouvèrent aucun membre du Groupe 4, mais une traînée de végétation écrasée leur indiqua que les survivants avaient dû s'enfuir vers les pentes du mont Visoke. La poursuite des gorilles qui dura une heure fut interrompue par une explosion de hurlements et de coups assenés sur la poitrine venant d'un peu plus loin.

Dans leur fuite, les survivants du Groupe 4 étaient tombés sur le groupe périphérique, qui les avait dépossédés de leur territoire quelques jours plus tôt. Ce fut un pandémonium lorsque trois gorilles à dos argenté, étrangers au Groupe 4, chargèrent les fugitifs paniqués.

Le Groupe 4 aurait pu se désintégrer à ce moment, mais ce désastre fut évité grâce à David Watts qui joua son rôle dans ce sauvetage. L'arrivée soudaine d'êtres humains jeta la pagaille dans le groupe périphérique dont les membres s'enfuirent en hurlant ; à la fois surexcités et excédés, les membres du Groupe 4 s'installèrent au mieux. Craignant d'aller de l'avant, ou de faire demi-tour, les animaux terrifiés entouraient le survivant qui était le moins éloigné du rôle de chef, Tiger, un mâle âgé de 10 ans.

A travers le feuillage, Watts compta anxieusement les survivants. Seuls Oncle Bert et Macho, sa première femelle, manquaient à l'appel. Kwali, le petit de Macho, pleurnichait pitoyablement. Lorsque Watts revint au camp, avec ces nouvelles, Dian et lui tombèrent d'accord pour conclure avec espoir que Macho avait été enlevée par le groupe périphérique.

C'était maintenant le début de l'après-midi. Bill Weber n'avait pas reparu et Dian n'attendrait pas plus longtemps.

Le choc et l'horreur de la mort de Digit sont revenus et j'ai peur de devenir folle.

Seule l'action violente pourrait la soulager. Pleine de rage, elle descendit la montagne pour se rendre au bureau de Paulin Nkubili : elle l'appelait oncle Billy et c'était le seul officiel rwandais sur lequel elle pensait pouvoir compter pour l'aider à réaliser son projet.

Nkubili ne la déçut pas. Atterré par ce qui venait d'arriver, il fut d'accord pour organiser un raid au village de Munyarukiko. Il convoqua un peloton de commando du camp militaire et, au crépuscule, Dian et le peloton solidement armé assaillirent le village des Batwa. Une scène confuse s'ensuivit – cris d'effroi, fuyards –, une scène qui ressemblait peut-être à celle qui avait éclaté lorsque les survivants du Groupe 4 avaient été attaqués par le groupe périphérique.

Les soldats trouvèrent et confisquèrent quantité d'épieux, d'arcs, de flèches et de pipes à haschich, mais ils ne trouvèrent pas Munyarukiko dont on apprit plus tard qu'il s'était enfui au Zaïre. Néanmoins, ils dénichèrent son larron, Gashabizi, aplati sous un lit. Terrifié par la présence de cette Walkyrie vindicative – la femme solitaire des forêts – et par la présence de Nkubili et son commando, l'homme avoua sa complicité dans la mort de Digit et sa participation à la dernière atrocité.

La capture de Gashabizi valait bien les fatigues de cette longue nuit. Peut-être valait-il mieux que Munyarukiko ne soit pas là. Je crois que je l'aurais tué de mes propres mains. Oncle Billy m'a demandé si nous en avions assez fait et j'ai répondu « non ». Il m'a regardée et il a simplement hoché la tête.

Le lendemain, elle accompagna Nkubili et les soldats pour un raid dans le village où Sebahutu, autre braconnier notoire, vivait avec sept femmes et leurs familles.

Nous l'avons attrapé hors de son quartier, alors qu'il tentait de s'enfuir. Puis nous avons trouvé sa veste tachée de sang, un épieu barbouillé de sang et un panga que l'une de ses femmes a tenté de dissimuler à nos regards.

On découvrit que Sebahutu avait tiré le coup qui tua Oncle Bert.

A bout de forces physiques et émotionnelles, Dian revint lentement dans sa Volkswagen tout terrain jusqu'au pied des montagnes. Avant qu'elle n'entamât la longue montée vers le camp, un porteur lui remit un message d'Amy Vedder.

« Nous sommes consternés d'avoir à vous apprendre que Macho est morte. Vatiri a trouvé son corps à une trentaine de mètres de celui d'Oncle Bert. Les deux corps ont été rapportés au camp. Elle aussi a été abattue par une arme à feu. Un de ses côtés a été ouvert mais ils n'ont pas pris sa tête (...). »

Les sentiments suscités par ce billet étaient d'une telle intensité qu'à partir de cet instant, Dian ne fut plus en état de les coucher au jour le jour sur le papier ; ni journal, ni lettres, mais dans son livre, écrit nombre d'années plus tard, elle nous donne une idée de ce qu'elle ressentit.

« Stupéfaite, incrédule, je rentrai à Ruhengeri en pensant au jour où Macho était venue près de moi pour me fixer de ses larges yeux confiants, et à sa tendresse pour Kweli. Comment ce petit de trois ans pourrait-il survivre sans père ni mère ?

En apprenant cet autre meurtre, Nkubili réagit par une énorme colère. Il organisa immédiatement une troisième patrouille et ordonna d'arrêter tous les braconniers suspects pour les interroger. Le lendemain, je conduisis ma voiture, bourrée de soldats armés et d'un inspecteur de police, jusqu'à un village proche du parc des Volcans. Je m'arrêtai hors de la vue du village et les soldats sautèrent du véhicule. Tenant leurs fusils au-dessus de leurs têtes et se déplaçant comme des « marines » au cours d'un débarquement, les hommes encerclèrent la place du marché et enfermèrent plusieurs centaines de personnes dans ce carré (...).

Un Hutu refusait de rester dans la cabane où nous lui avions dit d'aller et demandait avec insistance en kinyarwandan de rester au dehors (...). Je lui répliquai en swahili de rentrer dans la cabane. Ni lui ni moi ne comprenions ce que lui disait son interlocuteur. Au bout de quelques minutes, l'homme s'éloigna d'une dizaine de mètres, se retourna et, dignement, répondit à l'appel de la nature, vivement applaudi par un public enchanté. De là nous nous ruâmes sur un minuscule et mystérieux village Twa, où nous capturâmes trois Twa, les plus petits que j'aie jamais vus. L'un d'eux, beau-frère de Gashabizi, avait un lourd passé de braconnage. Nous allâmes alors jusqu'à un habitat écarté pour capturer Munyarububga. L'armée fut particulièrement satisfaite de le rattraper car il lui avait échappé à plusieurs reprises dans le passé. Munyarububga était un sale individu, dont l'état était fortement aggravé par une ivrognerie tenace. Je sentais ses yeux me forer la nuque pendant que nous roulions vers la prison de Ruhengeri (...). Ce furent quelques-uns des cinq raids surprises sur les villages des environs du parc. Ces raids permirent de capturer quatorze braconniers qui furent enfermés dans la prison de Ruhengeri en attente de leur procès [1]. »

Dian était très satisfaite du succès de ces raids et nourrissait la conviction que les principaux responsables du meurtre d'Oncle Bert et de Macho seraient bientôt capturés ; mais ces sentiments ne furent pas de longue durée.

Après le dernier raid, alors qu'elle roulait vers Ruhengeri avec Gwehandagoza, six braconniers prisonniers et quelques soldats et policiers, elle doubla le conservateur du parc qui marchait le long de la route. Dian lui offrit de le conduire jusqu'au siège de la direction du parc. Une fois installé dans la voiture, il entama une tirade incompréhensible en kinyarwandan.

Après l'avoir déposé et sans autre remerciement de sa part qu'un mauvais regard, Dian demanda à Gwehandagoza ce qu'il avait dit.

---

1. Extrait de *Des gorilles dans les brumes.*

Le conservateur a dit aux fonctionnaires qui l'accompagnaient de ne pas continuer à poursuivre les braconniers parce que la tuerie s'était produite au Zaïre et, insista-t-il, ne concernait pas le Rwanda.

Il leur a dit aussi qu'il revenait de Gisenyi où il devait prendre, sous sa garde « protectrice », un jeune gorille. Il était fâché parce que quelque chose n'avait pas marché et que le bébé gorille ne lui avait pas été remis ; il laissa entendre que j'étais impliquée dans cette affaire.

Jusque tard dans la nuit, Dian rumina les sombres souvenirs de 1969, quand les jeunes gorilles Pucker et Coco avaient été capturés sur l'ordre d'un précédent conservateur. Elle en tira la triste conclusion que les morts d'Oncle Bert et de Macho n'étaient qu'un épisode d'un nouveau complot de rapt à l'intention d'un zoo.

Le lendemain, dès l'aube, elle envoya les pisteurs vérifier si Kweli était encore avec le Groupe 4.

Comme les animaux étaient trop perturbés pour accepter la proximité des hommes, une observation aux jumelles confirma que Kweli était avec le groupe, mais qu'il semblait avoir perdu l'usage de son bras droit.

Dès lors, Dian était en mesure de reconstituer l'histoire du Groupe 4.

Les dernières nouvelles sont tragiques au-delà du possible. Le 24 juillet, le majestueux Oncle Bert, le dos argenté, a été tué d'une balle au cœur. La femelle de 16 ou 17 ans, Macho, mère d'un petit de 3 ans, Kweli, a également été tuée par une balle pendant la même battue, et son cœur a été atteint après que la balle eut brisé le bras et cassé des côtes dont les os saillaient hors du corps. Son fils Kweli a été blessé, probablement par le même projectile qui a traversé le haut de son bras droit, mais il est vivant.

En les pistant, nous avons découvert que les braconniers avaient passé la nuit dans le parc, dans une zone éloignée du mont Karisimbi, avant de descendre vers la zone zaïroise du col, où le Groupe 4 avait passé quelques jours. Ils rencontrèrent le groupe dans des conditions prévues d'avance, peu après que les gorilles furent sortis de leurs nids nocturnes, puis ils les pourchassèrent sur 90 mètres environ et tuèrent en premier Macho, qui probablement portait Kweli.

Des traces suggéraient qu'Oncle Bert conduisait la retraite du groupe, comme il l'avait fait lorsque Digit fut tué, et qu'il tenta de les mettre en sûreté sur les pentes de la montagne. Quand Macho fut abattue, il se retourna pour essayer de l'aider et fut immédiatement tué.

Bien que les braconniers aient pris la tête d'Oncle Bert, c'est en fait Kweli qu'ils voulaient. Ils l'auraient probablement attrapé si Oncle Bert n'était pas venu donner sa vie pour lui, ce qui lui laissa le temps de s'échapper avec les autres.

Le conservateur savait avec un jour d'avance qu'il y aurait des morts et il partit prendre livraison de Kweli dont, évidemment, il ne connaissait pas le nom.

Si Dian avait encore quelque doute sur l'hypothèse selon laquelle le double meurtre faisait partie d'une autre tentative de rapt, ils furent dissipés lorsqu'un de ses amis, qui travaillait en qualité de conseiller du conservateur du parc zaïrois des Virungas, lui rendit visite peu après à Karisoke. Il avait vu une lettre du conservateur rwandais à son homologue du Zaïre qui l'informait explicitement que deux gorilles « de l'un des groupes de Fossey » avaient été tués pour capturer un jeune. Le conservateur rwandais déplorait que cette tentative eût été un échec !

Cette affirmation arracha à Dian un cri d'amertume qu'elle adressa à l'ambassadeur Crigler :

« Frank, cela ressemble beaucoup à l'histoire de Coco et de Pucker à Karisimbi ; leur capture a été ordonnée par le zoo de Cologne et le conservateur de l'époque a massacré deux groupes pour s'assurer que les deux bébés gorilles seraient livrés. Toute l'histoire commence et s'achève de la même manière : quelqu'un a proposé de l'argent pour la capture d'un jeune. »

Il y eut pis encore. Quelques jours plus tard, Dian apprit d'un ami bien informé de Kigali que le choix de l'un de ses groupes pour y soustraire un jeune gorille n'était pas le fruit du hasard.

Des rapports qui circulaient à Kigali étaient parvenus à des autorités zaïroises ; selon ces rapports, Dian aurait été directement responsable de la mort d'un petit gorille que l'on avait confié à ses soins au mois de mars.

« Voyez-vous, Dian, lui fut-il expliqué, le Zaïre avait un acheteur pour le petit ou, plus vraisemblablement encore, on pensait l'offrir comme cadeau pour le zoo de quelque important gouvernement étranger. Si, selon toute vraisemblance, ils croient que vous l'avez tué, il leur a semblé juste de le remplacer par un des vôtres. »

Le fer creusait la plaie en profondeur.

C'est alors qu'elle reçut une lettre de Sandy Harcourt sur un impressionnant papier à en-tête du Projet de Gorilles de montagne – Coordonnateur, Dr S. Harcourt, Ph. D. Il la pressait de nouveau de coopérer avec les autorités du parc du Rwanda dans l'intérêt même des gorilles de montagne.

Dian vit rouge.

Si seulement on m'avait envoyé l'argent que le peuple anglais a donné pour le Fonds Digit, j'aurais pu engager assez de patrouilles pour éradiquer les braconniers des montagnes. Oncle Bert et Macho sont morts pour rien, faute de cet argent ! Digit aussi était mort pour rien.

Deux jours après la mort d'Oncle Bert et de Macho, et de la blessure de Kweli, la délégation de la Société pour la préservation de la Faune arriva, comme prévu, au Rwanda pour préciser les modalités d'une protection optimale des gorilles de montagne. Elle comprenait Harcourt, le Dr Kai Curry-Lindahl, vice-président de la FPS, et enfin Brian Jackman, grand reporter au *Sunday Times* de Londres. Dans son livre, Dian raconte cette rencontre.

« Leur visite prévue longtemps à l'avance a été préparée par les fonctionnaires du parc qui devaient recevoir une aide financière accrue, des équipements et des fonds supplémentaires de la part d'organismes pour la préservation des gorilles qui prospéraient depuis que la mort de Digit avait fait l'objet d'une vaste publicité. Les conservateurs furent reçus à l'aéroport de Kigali par le directeur du parc, ses assistants et le conseiller belge, Monfort. Bien entendu, on leur apprit aussitôt les derniers massacres de gorilles. Le reporter put téléphoner à Londres et rapporter les événements en direct de Kigali.

L'équipe de la FPS passa deux jours de plus à Kigali avant de se rendre à Ruhengeri où je les retrouvai alors qu'ils organisaient des chasses aux braconniers légalement conduites. J'étais crottée, affamée et plus déprimée que je ne l'avais jamais été en onze ans de recherches (...). Le journaliste me sauta dessus, son magnéto à la main : il voulait une interview sur le terrain à propos des événements des jours précédents. Mon imagination fit revivre en flashback la longue discussion entre Ian Redmond et moi, pendant la nuit (...) qui suivit le meurtre de Digit. Puisque la mort de Digit s'est révélée si profitable pour les fonctionnaires du parc rwandais, peut-on émettre l'hypothèse d'une connection entre la première tragédie et les massacres plus récents ?

Le lendemain (...), la mission européenne de conservation quitta le Rwanda. Dans un article postérieur, publié dans un journal pour la préservation, je lis que le groupe a été satisfait de l'à-propos de sa visite, de l'aide financière accordée au parc des Volcans et de la large audience que les articles fracassants du reporter ont suscitée chez un public sympathisant [1]. »

Il s'agit là d'un compte rendu mesuré, écrit après un long laps de temps. Dans une lettre rédigée peu après la conférence, Dian était

1. Extrait de *Des gorilles dans les brumes.*

plus directe. Bien qu'elle s'attendît à être traitée de paranoïaque en raison de ses idées, elle était convaincue que l'horaire du second raid contre le Groupe 4 avait été combiné pour coïncider avec l'arrivée de la délégation FPS, afin de justifier les fonds qui tomberaient dans les mains des officiels du parc. Son opinion sur le Projet de Gorilles de Montagne était tout simplement grossière. Disons seulement qu'elle avait un profond mépris pour « la mission de conservation » et que ses commentaires, quant aux méthodes proposées pour protéger les gorilles et assurer leur survie, étaient dignes d'un sous-officier de marines. Quand le besoin s'en faisait sentir, Dian Fossey pouvait user d'un langage qui eût fait pâlir d'envie un corps de garde.

Une fois revenue à Karisoke, Dian s'efforça du mieux qu'elle put de réorganiser sa vie. Macho et Oncle Bert furent enterrés près de sa cabane, dans le petit cimetière en rapide expansion, et elle essaya d'enterrer en même temps le souvenir du supplice que leur mort fut pour elle.

Le centre d'intérêt de sa vie s'était déjà rétréci après la tragédie de Digit et du bébé gorille zaïrois. Après la perte d'Oncle Bert et de Macho, elle consacra presque toute son énergie à la défense et à la préservation de la population de gorilles qui restait dans les Virungas. Tout le reste lui paraissait sans importance et, désormais, l'accumulation de données scientifiques lui semblait vaine. Même la rédaction de son ouvrage était considérée comme une distraction.

Le 4 août, elle écrivit à Fulton Brylawski, son conseiller juridique à Washington :

« Sans mâle à dos argenté pour le guider, l'avenir du Groupe 4 est pratiquement nul car ils ont seulement Tiger, âgé de dix ans, et la plus vieille femelle, Flossie, qui ont essayé de les conduire et de les protéger. Jusqu'à présent, le groupe a repoussé les tentatives faites par un autre groupe pour le désintégrer et, hier, ils ont fui les avances de ce qui semble être un gorille à dos-noir solitaire. Ces interférences sont potentiellement lourdes de sérieux dangers. Je crois aussi que les braconniers vont attaquer à nouveau car ils savent que, maintenant, le groupe n'a plus de chef.

« La situation dans son ensemble est insupportable. Depuis la mort de Digit, j'ai poursuivi à faible fréquence les patrouilles anti-braconniers, surtout avec Ian Redmond qui les mène si bien. En mai, il est rentré chez lui, mais il vient de me télégraphier qu'il reviendra d'ici peu pour que nous puissions augmenter les patrouilles. Nous devons capturer ou tuer Munyarukiko. C'est

Louis Leakey et John Alexander, son guide durant le safari de 1964 (photo prise par Dian Fossey). Le gnou était l'un des animaux familiers de Louis Leakey.
(*Arch. Fossey/Louisville Courier Journal.*)

Coco et Pucker, avec Dian, près de l'une des tentes qu'elle utilisait au début, à Karisoke.
(*Ph. Bob Campbell.*)

Dian avec ses amis gorilles : une intimité qui ira se développant au fil des années.
(*Peter G. Veit/D.R.K.*)

Construction de la deuxième cabane de Dian.
Elle en construira une troisième, la dernière, plusieurs années plus tard. (*Arch. Fossey.*)

En bas, à gauche : **Préserver et classer les crânes et les squelettes des rares gorilles des montagnes faisait, à Karisoke, partie du travail. Les os étaient nettoyés et envoyés aux États-Unis pour un examen plus approfondi.** (*Arch. Fossey.*)

Dian entreprenant la longue marche sur la piste des porteurs à Karisoke. Par la suite, son emphysème empirant, elle avait besoin d'une bouteille d'oxygène pour l'effectuer.
(*Ph. Bob Campbell.*)

Les animaux du groupe 5, et Icare, le jeune mâle au dos argenté, qui semble veiller au grain. (*Ph. Peter G. Veit/D.R.K.*)

En bas à gauche : **Dian et son cher Digit. Une observation aussi précise et rapprochée ne fut possible qu'après des années de patients efforts en vue d'habituer les gorilles aux humains.** (*Ph. Bob Campbell.*)

Un braconnier non identifié attendant d'être livré à la police. (*Arch. Fossey.*)

Plus qu'aucun autre étudiant à Karisoke, Ian Redmond joua un rôle actif dans la poursuite des braconniers. Il apporta à Dian la tragique nouvelle du massacre de Digit. (*Arch. Fossey.*)

Les patrouilles anti-braconnage organisées et financées par Dian conduisirent à la confiscation et à la destruction de milliers de pièges et de collets, et à la prise de centaines de lances, arcs et autres armes. Dian estimait que les deux tiers des morts de gorilles dans son champ d'études étaient causés par le braconnage. (*Ph. Bob Campbell.*)

Sanweke, le légendaire traqueur de gorilles, tenant un crâne de gorille trouvé par Dian dans les premières semaines de ses recherches au Congo, en 1966.
(*Arch. Fossey.*)

Dian à la tête d'un groupe rentrant de la forêt. Ils portent une litière couverte de feuilles, pour transporter au camp les gorilles morts.
(*Arch. Fossey.*)

Wayne McGuire, le jeune étudiant diplômé convaincu par une cour du Rwanda d'avoir assassiné Dian. Il fut jugé par contumace, ayant pris l'avion pour les États-Unis avec l'aide des services de l'ambassade.
(*William Campbell/Sygma.*)

Soirée à Karisoke. Dian allume une lampe à gaz.
(*Ph. Bob Campbell.*)

Dian sur la tombe de Digit, dans la prairie, à Karisoke.
(*Yann Arthus-Bertrand/ Peter Arnold/Life magazine.*)

comme si tous nos efforts depuis tant d'années avaient été rendus vains par ces derniers décès.»

L'une des rumeurs qui circulaient à propos de Dian était son prétendu alcoolisme. En fait, elle aimait bien prendre un verre, de préférence du whisky. D'après le témoignage des personnes qui la connaissaient le mieux, y compris ses médecins, elle n'était ni une ivrogne ni une alcoolique. Elle buvait trop en certaines occasions pour calmer une douleur physique aiguë ou une dépression grave.

Après la mort d'Oncle Bert et celle de Macho, elle but beaucoup plus que d'habitude. Elle souffrait d'emphysème chronique et de sciatique, elle était débilitée par le fait de vivre en altitude et souffrait d'une sérieuse décalcification, d'insomnies et d'autres maladies ; elle endurait aussi la perte brutale de plusieurs de ses animaux préférés et la perspective d'une désintégration complète de sa famille favorite de gorilles. Enfin elle était convaincue d'avoir été et de continuer à être trahie par certains Blancs de Karisoke, que sa cause avait été pervertie par des individus ambitieux et égoïstes et par des organisations, au Rwanda comme ailleurs. Le miracle est plutôt que, poussée à ces extrémités, Dian n'ait pas cherché l'oubli au fond des bouteilles.

Ce qu'elle recherchait, bien au contraire, c'était la consolation et le soutien de ses amis : Rosamond Carr, les Crigler, Noella de Walque, une jeune Canadienne française, le Dr Lolly Prescada et diverses autres femmes qui vivaient au Rwanda. Sans oublier tous ses amis dispersés qu'elle ne pouvait contacter que par lettre.

Il y avait peu d'hommes parmi ses proches confidents, ce dont il ne faut sans doute pas s'étonner car la plupart des primatologues masculins pensaient à elle comme à une rivale ; les professionnels de la conservation la considéraient comme une intruse et les bureaucrates comme un brandon de discorde. Elle empiétait trop lourdement sur les domaines réservés aux hommes pour être appréciée par nombre d'entre eux autrement qu'en termes de rapports sexuels. Néanmoins – et l'on y voit la preuve de sa naïveté persistante –, elle continuait d'accorder une énorme confiance à tout homme qui lui exprimait sa sympathie ou lui disait comprendre ses problèmes.

Ian Redmond compte parmi les très rares hommes qui furent à la hauteur de cette confiance.

Il était en Angleterre et préparait sa maîtrise quand il prit connaissance du second massacre. Qu'importaient ses propres projets ! Il commença à gratter des fonds pour pouvoir repartir pour le camp.

Entre-temps, les relations entre les quatre Blancs de Karisoke se détérioraient complètement : Dian et le couple V.W. se mesuraient comme des ennemis, tandis que David Watts cherchait à rester à l'écart.

Dian prenait ce qu'elle pouvait de réconfort dans la compagnie de Kima et de Cindy, et des visites des guibs, des céphalophes, des rats géants et des oiseaux. Elle hésitait à partir en quête de compagnie humaine au pied des montagnes par peur que les braconniers ne frappent à nouveau si elle abandonnait, ne fût-ce que pour un jour ou deux, sa garde sur la montagne.

Les braconniers avaient condamné le Groupe 4. Privée d'un mâle assez âgé et assez expérimenté pour s'emparer du commandement, la famille se désintégra rapidement. Le 15 août, le jeune Beetsme à dos-noir tua Frito, l'enfant d'Oncle Bert et de Flossie, âgé de deux mois, pour la raison qu'il pourrait remettre Flossie en rut et disponible pour les rapports sexuels. Cependant, une semaine après cet infanticide, Flossie et sa fille survivante, Cléo, accompagnées de la jeune femelle Augustus, fuirent les avances de Beetsme et se réfugièrent dans le groupe de Nunkie.

L'angoisse qui envahit Dian lors de la destruction de la famille s'accrut quand elle s'aperçut que Kweli, la victime des kidnappeurs, ne se remettait pas de sa blessure. Bien que Tiger s'efforçât d'être le père et la mère de l'orphelin, qu'il le protégeât de l'agressivité croissante de Beetsme et partageât avec lui son nid nocturne, Kweli devenait de plus en plus lymphatique. Déchirée par le dilemme – faut-il le laisser à la nature ? faut-il le capturer pour le traiter ? –, Dian parvint à contrecœur à la décision qu'elle ne pouvait pas intervenir.

Décidée à ne pas utiliser le fusil anesthésiant, d'abord parce que nos tranquillisants anciens sont probablement inefficaces, et ensuite parce qu'il faudrait piquer Tiger et probablement aussi Beetsme ; même si tout marchait bien, ce choc déchirerait le groupe.

La crainte qu'avait Dian de représailles de la part des braconniers ou de leurs parrains n'était probablement pas sans fondement. Le 3 septembre, des hommes encerclèrent Karisoke sans être vus et crièrent des obscénités à l'abri des bois. Dian répondit en déchargeant son pistolet en direction de la forêt. Trois jours après, Gwehandagoza, qui avait essayé de trouver plus de preuves contre le conservateur du parc, déclara à Dian qu'il pensait que l'on essayait de l'empoisonner.

Deux jours plus tard, le pisteur Semitoa revint au camp, le nez cassé et couvert de contusions. Il déclara qu'il avait été pris dans une embuscade et forcé de sauter dans l'un des dangereux précipices qui entourent le pic de Visoke. Avec sa sollicitude coutumière, Dian le soigna jour et nuit.

Codéine, compresses de glace, iodine et pulvérisations de médicaments, pansements, etc. L'ai déplacé dans le lit de ma cabane à 10 h 20 ; codéine à 2 heures du matin, après soupe et coca. Maintenant en sueur. A 3 heures de l'après-midi le lendemain, température enfin normale.

Comme Dian n'avait pu donner qu'une petite somme prise sur ses ressources presque épuisées par le billet d'avion de Ian Redmond, des amis de Kigali fournirent deux cent cinquante dollars et Ian lui-même donna le reste. Le 10 septembre, il escaladait rapidement le sentier familier, puis la prairie de Karisoke semée de cabanes couvertes de verdure. Les renforts étaient arrivés.

Dian était au comble de la joie.

Le retour de Ian a été super ! A l'inverse des étudiants ordinaires qui n'ont pas montré le moindre intérêt pour les patrouilles, Ian savait que le travail au camp implique beaucoup plus que des relevés quotidiens de renseignements personnels et qu'il y a obligation de sécurité à l'égard des gorilles.

Avec son arrivée, les patrouilles actives ont immédiatement repris. Au terme de 120 heures réparties en 15 patrouilles, 362 pièges ont été trouvés et détruits, et trois céphalophes piégés, relâchés sans dommage. La plupart des pièges et des collets étaient au Zaïre, sur le flanc ouest du Visoke et dans la zone du col où les tueries avaient eu lieu. Mais les braconniers rwandais et zaïrois en étaient responsables à égalité.

Ian et l'un des pisteurs ont réussi à capturer un poseur de pièges particulièrement actif et l'ont ramené au camp. Je pense qu'il aurait vendu son âme pour échapper à « la sorcellerie » à laquelle il fut exposé dans ma cabane : crânes de carnaval en plastique qui râlent lorsqu'on les secoue, serpents et masques de caoutchouc, murmures émanant de toutes les directions et enfin, plus virulent que tout, du sumu *américain, une gelée gluante et multicolore que l'on trouve dans tout drugstore américain qui se respecte. Ce fut indéniablement efficace. L'homme parla environ deux heures au sujet du braconnage, nommant beaucoup des siens et nous donnant des informations précieuses.*

Les patrouilles n'étaient pas toujours des succès. Le 15 octobre, Ian Redmond et Vatiri partirent faire un ratissage sur les pentes nord-ouest du Visoke à travers le territoire de la famille dite Groupe 13.

C'est une zone de crêtes étroites, appréciées des braconniers qui savent que les antilopes n'ont d'autre possibilité que de suivre ces pistes circonscrites. Ian et Vatiri ont trouvé rapidement trois nouveaux pièges à céphalophes, brisé les perches et enlevé les collets, quand soudain ils ont entendu un bruit de hache à une cinquantaine de mètres.

Ils se sont mis rapidement hors de vue derrière un petit monticule, espérant attendre tranquillement le départ des piégeurs pour détruire les pièges qu'ils posaient.

Après un moment, le calme est revenu et Ian s'est relevé pour jeter un coup d'œil lorsque trois lances ont surgi en bondissant, tenues à la verticale, la pointe vers le ciel.

Il a plongé immédiatement, mais, par malchance, les braconniers ont escaladé le monticule d'où ils ont aperçu aussitôt le bazunga *et Vatiri.*

Ian, qui était sans armes, a sauté immédiatement sur ses pieds et s'est trouvé nez à nez avec le braconnier du milieu. Les deux autres se sont enfuis promptement, mais le braconnier du milieu a lâché son panga *; saisissant des deux mains la hampe de la lance, il a essayé de frapper Ian au cœur avant de prendre la fuite. Ian s'est souvenu d'un vieux film de Bruce Lee montrant comment parer un coup de lance ; il a levé vivement son bras gauche et s'est accroupi avant de sauter. Cela l'a protégé, mais la lance a pénétré dans son poignet et l'a coupé jusqu'à l'os.*

Ian avait du caractère. Après que Vatiri lui eut bandé le bras, il continua de chercher et de détruire les autres pièges que les hommes avaient posés sur le territoire du Groupe 13, où ils constituaient un danger pour les gorilles. Sur le chemin du retour, Ian siffla notre signal SOS en direction de l'étudiant qui travaillait sur le Groupe 4, dans l'espoir d'un secours car il avait perdu beaucoup de sang. Cet étudiant déclara plus tard qu'il avait entendu les coups de sifflet, mais croyant qu'ils venaient de braconniers, il s'était caché.

Cette nuit-là, Ian se rendit tardivement à l'hôpital de Ruhengeri où sa blessure fut nettoyée et suturée. Moins d'une semaine après, il repartait en patrouille.

Bien que la blessure semblât guérie, Ian ne retrouva pas l'usage normal de sa main. Des nerfs essentiels avaient été endommagés et il commença à perdre le contrôle de sa main pendant les semaines suivantes. Il fut alors contraint de retourner contre son gré en Angleterre pour y être traité par un spécialiste.

Il n'arrivait presque plus d'aide, financière ou autre, des organismes de protection d'origine britannique qui avaient revêtu le manteau des sauveurs des gorilles de montagne, et Dian dut se tourner vers d'autres directions. Son conseiller juridique américain, Brylawski, avait donné son accord pour gérer les fonds qui pourraient être collectés aux États-Unis. Le 7 août, elle lui envoya un budget : le coût de l'entraînement, de l'équipement et de la solde de six hommes pour des patrouilles anti-braconniers s'élèverait pour un an à un peu moins de dix mille dollars, une somme dérisoire comparée aux montants que le FPS et d'autres organismes de protection jugeaient nécessaires.

Bien que Brylawski ait été d'accord pour être le dépositaire de l'argent, la question demeurait : qui pourrait le collecter ? Dian avait écrit à la fondation Leakey, qui lui était acquise, mais ne pouvait agir légalement comme collecteur de fonds auprès du public. Son autre soutien majeur, la *National Geographic Society,* ne pouvait non plus jouer ce rôle.

A ce stade, l'ambassadeur Frank Crigler, prit l'initiative d'un plan de son cru. Dian en eut la primeur le 31 août, sous forme d'un télégramme de l'ambassade :

> AI PRIS LIBERTÉ EMPLOYER VOTRE NOM EN INCITANT NOTABLES CONSERVATION EU DE METTRE EN COMMUN ENSEMBLE D'ASSISTANCE POUR DIRECTION PARC DES VOLCANS ET PROTECTION GORILLES SOUS DIRECTION GÉNÉRALE D'UN CONSERVATEUR COMPÉTENT.
> ... ESPÈRE VOTRE APPROBATION.

Influencé par des considérations politiques – après tout, il représentait son pays au Rwanda, Crigler avait l'idée d'enrôler les organismes d'aide, tel le World Wildlife Fund – sous la bannière américaine, puis de susciter des sommes d'argent impressionnantes qui seraient distribuées selon les souhaits du gouvernement rwandais. Se rendant compte que ce serait une pilule que Dian aurait du mal à avaler, il la dora de son mieux :

« Je sais que certains aspects de ma campagne vous indisposeront, mais mon but ne diffère en rien de ce dont vous et moi avons souvent discuté : entraînement des gardes, équipement de base, logements et compétence pour permettre aux Rwandais de protéger eux-mêmes les gorilles et leurs habitats. »

Crigler demanda au directeur de l'ORTPN de lui soumettre un budget pour la protection des gorilles survivants que le général Dismas Nsabimana fut trop heureux de lui fournir.

Son estimation pour un an comprenait : 100 000 dollars pour de nouvelles routes qui faciliteraient les déplacements des gardes dans des véhicules tout terrain, 45 000 dollars pour de nouvelles constructions, 42 000 dollars à titre d'acompte pour de nouveaux véhicules, 10 000 dollars pour les activités de formation et 208 000 dollars de frais divers.

Crigler eut cette fois la courtoisie de soumettre à Dian cette proposition, et de lui demander son avis. Bien que cela fît monter sa tension, elle n'en renvoya pas moins une appréciation raisonnée.

Je lui ai dit que toutes les parties du parc, accessibles par la route sans dépenser des millions de dollars, étaient déjà accessibles aux véhicules tout terrain ordinaires et aux camions de ramassage. Pour les constructions, les douze cabanes des gardes en feuille de métal déjà construites avec des fonds américains à proximité des limites, avaient été tellement négligées qu'il n'en restait plus que trois qui fussent habitables et que, de toute façon, les gardes les utilisaient très rarement.

« Bien sûr, écrivit-elle à Crigler, j'imagine à merveille le rêve de Dismas subitement devenu réalité. Toutes les montagnes entourées d'un lacet de macadam. Une grande grille d'entrée et toutes les commodités pour les touristes. De nouveaux véhicules pour les fonctionnaires du parc et pour ses conseillers étrangers. Mais comment cela va-t-il démonter des pièges et attraper les Munyarukiko du parc ? A quoi bon toute cette infrastructure, alors que le parc est rongé de l'intérieur ? Je suis désolée – je crains d'avoir froissé vos sentiments, ce qui m'afflige. J'aurais été beaucoup plus heureuse si l'on m'avait dit que les braconniers allaient être pincés et les pièges détruits. »

A l'intention de Brylawski, elle gémit : « Même l'ambassadeur semble avoir mordu à l'hameçon. La " proposition " de Dismas va maintenant faire le tour de toutes les grandes organisations de protection et elles l'accueilleront en triomphe (...) Les fonctionnaires de l'ORTPN obtiendront ce qu'ils voudront et tout restera tel quel. Dans ce budget il n'y a pas un centime pour l'entraînement de patrouilles anti-braconnage qui feront le travail. S'il n'y avait le souvenir de Digit, d'Oncle Bert et de Macho, j'abandonnerais la partie. »

La pression montait précisément pour l'y obliger.

Le jour même où il lui expédia une lettre donnant le détail de son nouveau plan, Crigler lui envoya un mot personnel.

« Cette ville déborde d'histoires sur La " Fossey ", les unes concernent votre " picolage ", votre fusil en bandoulière et votre psychose maniaco-dépressive. Certaines sont arrivées jusqu'aux oreilles des autorités rwandaises. Récemment courait la rumeur d'après laquelle vous injecteriez de l'urine avec une seringue dans les bras des braconniers.

« Dismas m'a dit, voici dix jours, qu'il voulait me voir pour débattre du " problème Fossey" et je sais qu'il y a des gens à l'ORTPN qui font pression pour que vous soyez expulsée (...).

« Il existe un réel danger que même les gens bien intentionnés soient convaincus que Fossey soit plus un danger qu'une bonne affaire pour la préservation de la faune. Et toutes ces lettres au gouvernement du Rwanda, émanant d'Américains conservationnistes, qui tous citent votre nom, ne sont pas faites pour aider. »

Cette dernière phrase se référait à des gens aux États-Unis qui, ayant entendu parler de Digit, puis d'Oncle Bert et de Macho, avaient adressé à Kigali des lettres indignées, demandant que les gorilles bénéficient d'une protection réelle.

Dans une autre missive, Crigler essaya de bien cibler son point de vue.

« Il est manifeste que les gens se soucient de plus en plus des raisons cachées des morts dans le Groupe 4 ; certaines personnes sont de plus en plus convaincues que ces décès sont le résultat d'une vendetta dirigée personnellement contre vous. Je profite de cette occasion pour souligner le fait que (...) le gouvernement peut prendre des mesures sévères contre les personnes à l'origine de cette vendetta. Mais il existe néanmoins une tendance chez certains à vouloir saisir le moyen le plus facile, c'est-à-dire supprimer la cible de la vendetta. »

Ce n'était pas là les seules rumeurs malveillantes circulant sur le compte de Dian. Son vieil ami, Bob Campbell, avec lequel elle échangeait une correspondance discontinue, lui écrivit de Nairobi : « Je sais que de mauvais rapports concernant vous-même et votre projet de recherches sont enregistrés au département d'État, à Washington, et j'ai entendu dire que vous aviez été obligée de quitter les montagnes peu après que Digit eut été tué. »

Crigler, qui avait pris l'initiative de cette tentative pour amener Dian à sa propre manière de penser, eut aussi le mot de la fin. Le 22 septembre il lui écrivait : « Laissez-moi simplement ajouter un dernier mot et j'en aurai terminé. Il n'est aucun espoir de survie pour les gorilles sans une entière collaboration positive du gouvernement du Rwanda. Et, à mon avis, le seul moyen d'obtenir cette coopération est d'engager la communauté des conservateurs dans un programme complet et sérieux d'aide technique et matérielle en faveur du parc. Cela peut même aller aussi loin que d'accepter certains matériels inutiles – routes, cabanes, etc. – afin d'obtenir ce que vous voulez. »

Dian comprit alors tardivement qu'elle ne pourrait jamais rassembler une aide efficace pour les gorilles aussi longtemps qu'elle demeurerait elle-même isolée à Karisoke. Trop de gens et d'organismes étaient prêts à prendre en marche le train de la protection des gorilles, puis à le conduire chacun dans la direction de son choix. Elle réalisa aussi que si les choses continuaient ainsi, elle serait bientôt incapable de maintenir le minimum de patrouilles à Karisoke car ses propres ressources étaient presque épuisées. Par définition, les subventions de la *National Geographic Society* ne pouvaient être employées qu'à des fins de recherche et il n'y aurait pas de garantie qu'elles seraient encore accordées l'année suivante. Quand elle apprit que Crigler partirait bientôt pour les États-Unis, elle lui demanda une faveur.

« Pourriez-vous, s'il vous plaît, appeler Ed. Snider à la *National Geographic* – on peut être parfaitement direct avec lui – pour lui demander s'il y a la moindre chance d'une subvention l'an prochain. Je suis terrifiée à l'idée que ce soit non, à cause des morts et de ce que l'on a dit de moi. »

Quelle que fût sa crainte de quitter le camp, alors que ses étudiants étaient, selon elle, indifférents à l'avenir à long terme des gorilles et hostiles à son concept de « conservation active », la situation était sans espoir. Elle pouvait du moins puiser du réconfort dans l'idée qu'en son absence, Ian Redmond maintiendrait fermement le bouclier qui protégeait les gorilles. Vers la fin octobre, elle prépara son départ pour les États-Unis.

Il y avait quelques bonnes nouvelles. On disait au Zaïre que l'effroyable Munyarukiko avait été empoisonné, selon certains, sur ordre d'un « Big Man » de Goma, et qu'il était mort de mort lente. Bien que cette nouvelle se révélât par la suite inexacte, elle mit du baume au cœur de Dian.

Il y avait aussi de mauvaises nouvelles. Le 25 octobre, le jeune Kweli estropié par une balle vit la fin de son long et pénible combat. Il mourut d'une effroyable gangrène. Dans *Des gorilles dans les brumes,* Dian écrit :

« Le matin de sa mort, on le trouva respirant faiblement dans le nid nocturne de Tiger (...). Les gorilles revenaient constamment près de lui pour l'encourager (...). Chaque animal semblait désirer l'aider mais nul n'y pouvait rien (.). Chaque membre du groupe vint individuellement voir Kweli et le fixa solennellement dans les yeux pendant quelques secondes, avant de s'en aller silencieusement se nourrir. C'était comme si les gorilles savaient que la vie de Kweli était presque terminée. »

Vers le soir, les survivants du groupe s'étaient suffisamment éloignés pour permettre à David Watts de s'approcher du jeune désormais inconscient. Il le prit dans ses bras et le rapporta au camp. Dian et Ian essayèrent de le ranimer par le bouche-à-bouche et par un massage cardiaque, mais Kweli ne reprit pas connaissance. Le corps émacié du jeune gorille rejoignit ceux de ses parents dans le cimetière, près de la cabane de Dian.

La mort de Kweli jeta Dian dans un profond abattement.

Je me couchai vers 23 heures et m'éveillai à 1 heure du matin, prête à vomir et avec l'impression d'avoir un sac de plastique sur la tête. Je ne pouvais pas respirer. Pour la première fois de ma vie, j'étais terrifiée au-delà de toute expression. Le cauchemar qui m'éveilla mélangeait braconniers, balles de fusil, Oncle Bert déchiré par les projectiles, Macho et Kweli dans le même état, et le conseil de la National Geographic *qui me demandait pourquoi je les avais tués.*

Je me levai, allumai la lampe à gaz et m'assis sur le lit ; je transpirai, gelai, vomis puis sentis que je devenais folle furieuse. Enfin, vers 2 heures et demie, je réveillai un de mes hommes pour lui demander d'aller chercher Ian.

Honnêtement, je ne sais pas ce que j'aurais fait s'il n'avait pas été là. Mon amour-propre ne m'aurait pas permis de recourir aux V-W ou à Watts. C'était déjà assez difficile d'appeler Ian. Je me sentais comme une victime expiatoire !

Quand le pauvre Ian fut enfin réveillé et qu'il arriva ici, je lui demandai de parler de tout ce qu'il avait fait en Angleterre, les films qu'il avait vus, les livres qu'il avait lus, etc., de façon à penser à autre chose qu'au cauchemar.

Ian n'avait vu que deux films de science-fiction, mais ils me rendirent service, de même que les histoires de ses grand-mère, mère, sœur, etc. J'étais trop terrifiée à l'idée de me rendormir et lui demandai de finir la nuit dans le lit à côté du mien, ce qu'il fit gentiment.

Quand enfin je me rendormis, le rêve recommença et je me réveillai en pleurs, mais le seul fait d'entendre les ronflements de Ian me berça et m'endormit le temps de rêver de vaisseaux de l'espace. Je n'avais jamais connu ce genre de frayeur auparavant. J'en ai honte mais je me demande pourquoi cette peur s'est produite. Probablement parce que nous avions beaucoup parlé de ce qui était arrivé et que la réalité s'est mélangée aux accusations qui me rendaient responsable de ces assassinats... Je pense que si Ian n'avait pas été là, j'aurais réellement pu devenir cinglée.

Le 29 octobre, Dian quitta Karisoke pour Kigali où elle passa quelques jours avant de partir pour les États-Unis. Elle rendit visite à la direction de l'ORTNP pour obtenir la permission de faire travailler dans le parc Craig Sholley, un étudiant américain fraîchement débarqué. Pendant son séjour, elle apprit que le directeur, Dismas Nsabimana, avait autorisé le transfert de 2 000 livres à

Karisoke sur la subvention donnée à l'ORTNP par le FPS. Elle fut très contente mais déconcertée.

Je n'ai jamais vraiment su pourquoi il avait fait cela. Mais lui-même avait compris que les braconniers devaient être neutralisés. Quelques semaines plus tard, quand j'appris qu'il avait été licencié, je me demandai si ce n'était pas parce qu'il m'avait donné cet argent pour les patrouilles anti-braconniers.

Dian quitta Kigali par un vol Sabena, via Bruxelles, après un intermède aigre-doux avec les Crigler.

Betty pleura mais, bien que Frank m'eût embrassée en guise d'au revoir, il ne vint pas à l'aéroport et ne me joua même pas de piano.

Il était clair que la relation privilégiée qui les avait unis était rompue.

Dian dut passer une journée triste à Bruxelles en attendant son vol. Cette fois, personne n'était venu à sa rencontre à l'aéroport et il n'y avait même pas un message de Jean Gespar, dont elle n'avait plus entendu parler depuis sa visite à Karisoke.

La solitude l'enveloppait toujours pendant le long trajet au-dessus de l'Atlantique. Elle changea de vol à New York et continua vers Charleston en Caroline du Sud, où elle devait participer à un symposium sur la protection.

Y participait aussi Robinson McIlvaine, précédemment ambassadeur américain au Kenya et actuellement vice-président et directeur de la Fondation African Wildlife Leadership, organisation prestigieuse qui comptait parmi ses membres des lumières comme Kermit Roosevelt.

McIlvaine était un monsieur d'âge mûr, courtois et féru de diplomatie, que Dian avait un peu connu à Nairobi. Ravie de le retrouver et encouragée par l'intérêt qu'il lui porta, elle lui confia bientôt ses problèmes avec le Fonds Digit. Rob, ou Bob, ainsi qu'elle l'appelait, lui témoignait une sympathie gratifiante. Ils prirent rendez-vous à Washington où il promit de l'aider à organiser le Fonds Digit et de la faire profiter de son expérience dans la collecte de fonds.

Albert Chapin, oncle de Dian, mourut à l'âge de 95 ans, à Fresno en Californie, pendant qu'elle était encore à Charleston. Bien qu'Albert et Flossie Chapin aient fort peu apprécié que Dian ait baptisé de leur prénom deux de ses gorilles, elle apprit qu'elle avait hérité de cinquante mille dollars de l'oncle Bert. C'était une somme énorme pour une femme qui avait été pauvre toute sa vie.

Cependant, elle ne considéra pas ce legs comme de l'argent qu'elle dépenserait pour elle.

C'est un grand soulagement de savoir que, même si les subventions ne parviennent pas, je peux garder Karisoke en état de marche pendant au moins trois ans.

Mais le legs faillit bien ne pas être remis aux légataires. Bien que la mère de Dian eût reçu une part à la mort d'oncle Bert, ce n'était pas une somme suffisante pour Richard Price. Il décida que sa femme et Dian devaient attaquer le testament au profit d'un précédent testament par lequel les deux femmes devaient hériter de la totalité du patrimoine. Dian ne souhaitait pas le faire ; évidemment, Brylawski lui conseilla de ne pas s'en mêler, mais Price exerçait une telle pression qu'elle était prête à capituler. Heureusement, elle se rétracta dès son retour à Karisoke. Et bien lui en prit. Le testament contenait une clause selon laquelle tout bénéficiaire qui oserait l'attaquer et perdrait, recevrait seulement 1 dollar en tout et pour tout. Finalement, Dian reçut environ quarante mille dollars.

Le 5, elle arriva à Washington où elle passa douze jours à lutter pour faire du Fonds Digit alors naissant un vigoureux défenseur des gorilles.

La *National Geographic Society* se montra favorable. Elle donna au Fonds Digit une aide spéciale de cinq mille dollars, destinée « à équiper et renforcer vos patrouilles pour décimer le braconnage ». De plus, le président du comité, le Dr Melvin Payne, confirma que Dian pourrait demander pour 1979 une aide opérationnelle pour Karisoke. « Vous pouvez être sûre que j'appuierai votre demande lorsqu'elle viendra devant la commission », lui dit-il.

Après un sérieux conflit interne, le World Wildlife Fund (États-Unis) donna aussi cinq mille dollars. Des rapports malveillants sur les activités « illégales » de Dian au Rwanda se multipliaient et ils hérissaient maintenant ses collègues scientifiques réactionnaires qui étaient conseillers d'organisations telles que le WWF. L'un de ces vénérables pontifes essaya d'interdire toute aide à Dian sous prétexte qu'elle « utilisait l'argent pour équiper une police d'État ».

Même la *National Geographic* était atteinte par l'avalanche d'histoires provenant de Kigali et de Karisoke. Vers la fin du séjour de Dian à Washington, le Dr Payne eut un long entretien paternel avec elle et lui conseilla expressément de revenir aux États-Unis pendant au moins un an afin de rédiger ses études scientifiques et de terminer son livre. En fait, c'était plus un ultimatum qu'une suggestion : si Dian ne suivait pas ce sage conseil, elle n'aurait plus à espérer de subventions de la part de la *National Geographic.*

Dian pensait qu'une conspiration avait été organisée pendant l'automne 1978 pour lui faire quitter le Rwanda. Il est exact que nombre d'associés pensaient qu'elle était à présent « fatiguée », voire même « égarée », et qu'il fallait la convaincre de quitter le Rwanda. Parmi eux, Frank Crigler, plusieurs notables de la *National Geographic* et de la Fondation Leakey et même, bien qu'elle l'ignorât encore, son nouveau et ardent supporter, Robinson McIlvaine.

D'autres désiraient son départ à cause des problèmes qu'elle leur créait : le département d'État américain, l'Organisation d'aide belge au Rwanda, les permanents responsables de plusieurs organisations prestigieuses de protection et, pour finir, les chercheurs qui travaillaient ou avaient travaillé à Karisoke.

Bien que les relations intimes de Dian avec les hommes fussent souvent désastreuses, elle entretenait des amitiés durables avec des professionnels, tels que les hommes de loi, les médecins, les comptables et les hommes d'Église, surtout s'ils étaient sensiblement plus âgés qu'elle. Elle avait un profond besoin du soutien et de la protection de tels hommes, soutien qu'elle n'avait jamais reçu ni de son père qu'elle n'avait pas vraiment connu, ni de l'autre qui refusa de l'aimer.

Principal associé de la société de conseils Brylawski et Cleary à Washington, D.C., Fulton Brylawski avait été recommandé à Dian au début des années 1970 par des amis communs de la *National Geographic.* Au printemps 1978, quand elle lui écrivit pour solliciter son aide pour mettre sur pied le Fonds Digit, il se révéla un ami solide et un vaillant défenseur sur lequel on pouvait compter en toute circonstance.

Lorsque Dian perdit le Fonds Digit en Angleterre au profit de la Fauna Preservation Society, Brylawski consolida son existence aux États-Unis sur une base si solide qu'il fonctionne encore activement de nos jours. En revanche, quand Dian arriva à Washington, Brylawski lui présenta le Fonds Digit constitué en société, organisation charitable déclarée, avec tous pouvoirs légaux pour recevoir et distribuer des fonds et pour accomplir toutes les fonctions sociales nécessaires. Brylawski refusa d'accepter quelque rémunération que ce soit pour le travail qu'ils avaient effectué pour ce fonds, lui-même et sa société.

Il ne manquait plus qu'un conseil de trois administrateurs et un directeur. Le Dr Snider accepta d'être administrateur ; Brylawski fut aussi volontaire et Dian, présidente, devint le troisième. Il fallait encore trouver quelqu'un pour faire fonctionner la société.

Dian croyait connaître le bon candidat. Dès son arrivée à Washington, elle prit contact avec McIlvaine. Après un déjeuner en sa compagnie, elle écrivit un mot à Brylawski.

« J'ai eu une réunion avec Bob et il est d'accord pour être le secrétaire trésorier de la Fondation Digit. Il préfère ce titre à celui de directeur exécutif. Je ne pense pas que le titre soit bien important, du moment que nous avons quelqu'un de valeur et parfaitement intègre qui veut nous aider au sujet du programme de sauvegarde des gorilles de montagne.

Je désire vous remercier pour tout ce que vous avez fait pour rendre le Fonds Digit possible. Comme vous le disiez l'autre jour, c'est comme de donner le jour à un bébé mais, franchement, j'ai plutôt l'impression de donner le jour simultanément à trois couples de jumeaux de pères différents. »

McIlvaine avait donné son accord pour superviser le travail du fonds – ce travail consistait principalement à collecter de l'argent – jusqu'à ce que l'on trouve un directeur permanent salarié.

En décembre 1978, il lança une campagne de souscription par courrier parrainée conjointement par la Fondation African Wildlife Leadership, la Ligue International Primate Protection et le Fonds Digit. Les souscripteurs furent priés de faire leurs chèques à l'ordre de la Fondation African Wildlife. D'après McIlvaine, cinq cent mille appels furent envoyés par poste. Cependant, le Fonds Digit ne reçut rien des produits de cette collecte.

Plusieurs années après, McIlvaine écrivit en ces termes au sujet de son association avec le Fonds Digit :

« Lorsque Dian Fossey se trouvait aux États-Unis à l'automne 1978, elle me demanda de prendre la direction du Fonds Digit (...). Je lui répondis que j'étais le chef opérationnel à plein temps d'une autre fondation et qu'il n'y avait pas moyen de m'occuper équitablement du Fonds Digit pendant mon temps disponible. Je lui dis aussi qu'à mon avis, la situation au Rwanda exigeait une approche formelle institutionnalisée pour coordonner des activités déjà en cours, avec la Worldlife International, la Fauna Preservation Society et peut-être d'autres organismes. Je lui dis aussi que c'était politiquement risqué et que cela constituait une interférence avec son travail de recherche car elle était étroitement impliquée dans un tel effort.

« Je suggérai qu'une solution serait que la Fondation African Wildlife Leadership prenne l'affaire en main, cherche un accord de toutes les organisations de conservation intéressées sur un programme unifié, puis négocie un accord avec le gouvernement (...). Le Fonds Digit serait alors dissous et le solde de ses fonds transmis au projet dirigé par l'AWLF (...).

« En mars 1980, je suggérai (...) que c'était peut-être le moment de dissoudre le Fonds Digit et de transférer les fonds au projet AWLF. Pour des raisons personnelles, le Dr Fossey décida de ne pas dissoudre Digit. J'en conclus donc que je devais démissionner du poste de secrétaire-trésorier, ce que je fis. »

Le Dr Shirley McGreal, dont la Ligue International Primate Protection avait prêté son nom à la campagne de souscription uniquement pour aider le Fonds Digit de Dian n'était pas satisfaite de l'issue. Il existe des documents selon lesquels Dian démentait les propos de McIlvaine selon lesquels il affirmait avoir un accord avec Dian pour l'absorption du Fonds Digit par AWLF : « Elle disait qu'elle n'accepterait *jamais* de dissoudre son propre Fonds Digit ! »

Quand on lui demanda d'expliquer comment elle pensait que Dian pouvait avoir été trompée, McGreal répliqua : « Je pense que l'emprise qu'ils eurent sur elle tenait à son insatisfaction, son insécurité, ses traumatismes et le bouleversement sincère que lui causèrent les morts successives de ses gorilles. Elle ne considéra jamais leur mort comme une occasion pour elle. Vous savez, il arrive souvent que la seule personne qui souffre de la mort d'amis soit exploitée par un groupe de parents en quête d'avantages. »

On n'en était pas encore là.

Étant maintenant certaine que tout allait bien avec le Fonds Digit, Dian partit pour Louisville au début de novembre 1978 et fit une visite réconfortante à la sœur aînée de Mary White, Betty Schwartzel, qu'elle décrivit un jour comme « la mère que j'aurais voulu avoir ».

De là, elle s'envola pour San Francisco, puis Atherton pour une visite moins agréable aux Price. Richard Price la pressa d'attaquer le testament de l'oncle Bert. Il l'épuisa.

Je suis si fatiguée de discuter avec lui et de constater le délabrement de ma mère que je ne me soucie vraiment pas de ce qui peut advenir du testament, du moment qu'elle ait la paix.

Dian s'échappa en disant aux Price qu'elle avait une place réservée le 10 décembre pour regagner par avion le Rwanda, via New York.

En réalité, elle n'était pas forcée de quitter New York avant le 15. Elle passa l'essentiel de ces derniers jours en compagnie de Robinson McIlvaine. Ce furent d'heureux moments. Dian s'accorda un shopping de luxe à Sacks Fifth Avenue, où elle acheta, entre autres emplettes, un chandail de 175 dollars destiné à Bob.

Nous avons fait une promenade en voiture à cheval, puis les discothèques ; ce fut une merveilleuse soirée !

Je me demande si j'en vivrai encore de semblables ! J'ai dansé toute la nuit dans ma nouvelle robe en soie.

Arrivée à Kigali le 16, elle se fit conduire en taxi jusqu'au pied du mont Visoke et escalada le sentier de montagne en 1 heure et 30 minutes, comme elle le nota avec satisfaction ; Gwehandagoza la précédait et une file de porteurs la suivaient, chargés de matériel de camping, de vêtements, bottes et autres équipements, achetés aux

États-Unis pour les patrouilles anti-braconnage, avec l'argent du Fonds Digit.

Son retour aurait dû être triomphal et il ne le fut que pour les Noirs auxquels Dian rapportait un cadeau personnel. Mais Ian Redmond fut le seul Blanc à l'accueillir. Le couple V.W. n'était pas en vue, ni David Watts, ni le nouvel étudiant, Craig Sholley. D'une certaine manière, Dian n'en était pas fâchée. Elle n'était pas disposée à de nouvelles tentatives pour coexister avec Amy Vedder et Bill Weber.

Ian lui réservait des nouvelles inégales. Pendant son absence, luimême, Vatiri et Rwelekana, parfois aidés de Craig Sholley, avaient beaucoup patrouillé sans guère trouver plus de quelques pièges. Il semblait que les braconniers avaient abandonné la zone de recherche et Ian pensait qu'ils en resteraient à l'écart tant que le rythme des patrouilles serait maintenu.

Les mauvaises nouvelles étaient que « l'on continuait de proposer des crânes de gorilles aux Européens » à Gisenyi et l'un de ces crânes provenait d'un animal récemment tué. (Quand le braconnier Sebahutu fut arrêté par les hommes de Dian en 1985, il avoua avoir tué en 1978 une jeune femelle du groupe de Nunkie sur le mont Karisimbi, au cours d'une autre tentative pour capturer un bébé gorille. Le crâne de la jeune femelle fut vendu à un commerçant de Ruhengeri et il s'agit probablement de celui dont parlait Ian.) Tant au Rwanda qu'au Zaïre, les gardes des parcs brillaient toujours par leur absence et le braconnage prospérait dans les zones qu'ils étaient censés patrouiller.

Ian montra aussi à Dian une lettre qu'il avait récemment reçue de Sandy Harcourt : Sandy le félicitait pour son travail anti-braconnage mais il signalait que le FPS ne pouvait trouver d'excuses à « des activités anti-braconnage illégales dans le parc national d'un autre pays (...). J'espère, ajoutait-il, que vous saisissez la différence entre le fait que nous admirions à titre personnel le travail que vous accomplissez et cet autre fait que la FPS, en tant qu'organisme, se désolidarise de ce travail. »

« Au diable les associations ! Il existe un Fonds Digit », s'écria Dian.

La main blessée de Ian le faisait tant souffrir qu'il fut à nouveau forcé de retourner en Angleterre. Le 23 décembre, en compagnie de Nyiramachabelli, il porta un toast de Noël et d'adieu puis partit pour une odyssée inattendue : le vol d'Aéroflot pour Londres, auquel il s'était inscrit à Nairobi, fut détourné et Ian passa le jour de l'an à Moscou.

Néanmoins, ce jour de l'an fut probablement meilleur que celui de Dian qui dut se contenter de la compagnie de Max, un jeu électronique dont on lui avait fait cadeau juste avant son départ de New York.

Hélas, le séjour de Max dans les brumeuses Virungas fut de courte durée, comme en témoigne avec éloquence une lettre de Dian datée du 22 février 1979 :

Cher Rob,

J'ai reçu de bien mauvaises nouvelles aujourd'hui. Un ami très proche – je n'ai en fait pu le voir qu'en trois occasions – vient de mourir après une maladie chronique sans doute mal diagnostiquée.

Peut-être le connaissez-vous car il était réputé dans les milieux de la protection ; son nom était Max Standby. Apparemment, il portait une sorte de stimulateur électrique et quand il commença à se détraquer, il n'y avait pas un endroit au Rwanda où l'on aurait pu le régler, si bien qu'il ne put que souffrir jusqu'à la fin.

J'admire le cran dont il a fait preuve mais je ne puis vous dire à quel point il me manque. Il était de ces gens dont on pense qu'on pourra toujours compter sur eux en cas de besoin. Je ne peux m'habituer au fait que ce sont toujours les meilleurs qui partent les premiers.

Comme toujours,

DIAN

17.

Début 1979, Dian fut menacée d'exil, ce qui était paradoxal car elle-même s'était longtemps exilée de sa terre natale. Elle se sentit incitée, puis poussée à quitter son pays d'adoption, cet ensemble inorganisé de vénérables volcans, de forêts d'hagenias, de bambous et de broussailles d'orties qu'était le monde rétréci des rois de la montagne.

Au cours de son séjour à Washington, elle avait été à demi convaincue que ceux qui insistaient pour qu'elle revienne chez elle le temps de mettre en forme sa documentation scientifique pouvaient avoir raison. Néanmoins, elle sentait intuitivement une intention dissimulée. La prise de conscience fut lente car elle trouvait terriblement difficile de croire que certaines des personnes en lesquelles elle avait le plus confiance conspiraient pour faire dériver durablement le courant vibrant de sa vie dans les Virungas vers les marais stériles de quelque université américaine.

La saga du Groupe 4, la famille que Dian avait tant aimée, subissait toujours les répercussions de l'assaut meurtrier qui l'avait atteinte en juillet 1978. A la mi-décembre, lorsque Dian était aux États-Unis, les survivants du Groupe 4 avaient rencontré le groupe de Nunkie et, au cours de la lutte qui s'ensuivit, Mwelu, « la Lumière brillante et scintillante », le seul descendant de Digit, avait été tué. L'annonce de ce nouveau décès ravagea Dian, mais elle en comprenait la raison.

L'enfant de Simba, Mwelu, fut tué par Nunkie quand lui et son groupe enlevèrent Simba au Groupe 4. C'était inévitable parce que le mâle dominant de tout groupe s'attache à prolonger sa propre descendance directe et, de ce fait, tâche de s'accoupler avec une nouvelle femelle aussitôt que possible ; mais cela me blesse, j'aurais tant voulu que cet unique rejeton de Digit vive. Simba est beaucoup mieux avec Nunkie, s'il garde son groupe sur le mont Visoke, mais il est en train d'essayer le vieux territoire du Groupe 4 sur le col. Cela va pour l'instant, depuis qu'il n'y a plus de braconniers qui se manifestent à moins de cinq kilomètres des limites du camp. Mais, demain, il peut arriver un désastre.

Peanuts, le solitaire à dos argenté a mis la main sur les trois mâles qui sont les seuls rescapés du Groupe 4. Ils ont vraiment cherché sa compagnie. Peanuts a huit ans de plus que les gorilles à dos-noir, Beetsme et Tiger, et il est capable de se comporter en chef et en protecteur à leur égard, comme à celui du jeune Titus. Mais il n'a jamais eu de femelle à lui et il cherchera certainement des rencontres avec d'autres groupes pour en trouver ; peut-être ne sera-t-il pas capable de dominer les conflits qui s'ensuivront, ce qui pourra exposer les trois jeunes mâles à de graves dangers. Pis encore, il peut les conduire à leur perte s'il essaie d'établir un nouveau territoire pour « son groupe ». Il est maintenant près du mont Mikeno, à cinq heures de route du camp... Mais, grâce à Dieu, il ne s'est pas encore jeté dans les pièges des braconniers.

Le 15 janvier, Karisoke reçut la visite de Benda-Lema, le nouveau directeur de l'ORTPN, accompagné d'un bon nombre de ses principaux fonctionnaires, y compris le directeur du parc avec lequel Dian avait eu tant de frictions. La réunion qui suivit fut longue, compliquée et par moments incompréhensible, car on n'y parlait pas moins de cinq langues. Elle eut au moins cet heureux résultat que Dian sentit que Benda-Lema et elle s'étaient compris et qu'ils travailleraient à l'unisson au bénéfice des gorilles et du parc.

Bien qu'elle eût fait de son mieux pour se montrer diplomate, Dian n'avait pas été capable de se contrôler entièrement. Après que la délégation fut repartie sous une pluie battante et sur une piste boueuse, elle écrivit à Crigler pour lui raconter ses incartades.

« Une des choses que j'ai dites, et qui a rendu Benda-Lema furieux – ce qui fut une bonne chose car je voulais qu'il soit honnête avec moi –, était que les Africains n'étaient pas autorisés à approcher de près mes gorilles à cause de la couleur de leur peau (je vous imagine en cet instant précis en train de vous tapoter la tempe). Benda-Lema a demandé : “ Pour qui est le parc ? Seulement pour les bazungas ? ” Alors j'ai essayé tranquillement de lui expliquer que la seconde nécessaire à un gorille pour distinguer un Africain qu'il connaissait d'un braconnier décidé à le tuer, pouvait lui être fatale. Nemeye le lui expliqua également. J'ignore s'il a compris l'idée. Je lui ai également dit avoir expliqué la même chose à son président et que celui-ci avait compris ; c'était maintenant son tour.

« Puis-je vous dire encore une chose que vous n'apprécierez pas ?

Lorsqu'ils furent prêts à partir, je les conduisis tous au cimetière pour les photos. Ils regardèrent avec gravité les petites perches de bois portant des noms de gorilles, ce qui sembla gêner certains. La plupart sont catholiques et l'idée d'un cimetière pour animaux leur est plutôt étrangère. Le conservateur du parc était particulièrement mal à l'aise et prêt à ramper, car Benda-Lema avait été dur avec lui. Je lui demandai en swahili, en français et en anglais de se rapprocher un peu car tout le monde posait pour la photo. Finalement, je dis simplement dans ce que je croyais être un murmure : « Banzubaze, fous ton cul dans la photo ! » Oh ! la la ! Tout le monde se dispersa. »

Crigler ne trouva pas cela drôle. Il répondit le 19 par sa version de ce qui avait filtré d'une réunion qu'il avait eue précédemment avec Benda-Lema.

« Il exprima le plus grand respect, pour vous et pour votre œuvre et dit son espoir de voir votre recherche se poursuivre le plus longtemps possible à Karisoke. Cependant, il était préoccupé par le nombre croissant de gens qui, dans et hors le parc, se considéraient comme des " ennemis " en raison de la vigueur de vos efforts pour protéger les gorilles (...). Benda-Lema fit remarquer aussi que ceux qui avaient été personnellement atteints par l'aiguillon de votre colère vous gardaient une rancune très sévère, au point, disait-il, qu'il avait des craintes pour votre sécurité et même pour votre vie. »

Comme ni Benda-Lema ni son équipe ne dirent quoi que ce soit à Dian elle-même, elle ne prit pas au sérieux cet avertissement. Dans sa réponse, elle souligna : « Il parlait du village des braconniers, Mukingo, où il était allé récemment. Bien sûr, ces gens ne m'aiment pas, aucun braconnier ne le peut en raison de ses conceptions. Je ne me soucie pas de ma sécurité personnelle (...). Parlez aux Africains de la commune agricole de Kinigi, au pied de la montagne. Vous n'y trouverez pas l'ombre d'un ennemi de la Fossey. Ces gens m'ont accordé leur confiance et leur amitié depuis des années et ils continuent. »

Dian s'irritait de plus en plus des affreuses prédictions de fatalité et de désastre provenant de l'ambassade. Elle pensait que c'était une part du projet pour l'arracher à la montagne et au Rwanda. S'il en fut ainsi, c'était employer une bien mauvaise tactique contre Dian Fossey.

D'autres indices montraient que le nœud se resserrait... Au début de janvier, une lettre de la Fondation Leakey signifiait que ses subventions pour Karisoke seraient compromises si elle persistait à rester au Rwanda. L'un des plus anciens administrateurs, le Dr H. Coolidge, était particulièrement intransigeant sur ce point.

Cette lettre fut bientôt suivie d'une missive inquiétante de la *National Geographic,* disant que l'allocation d'entretien de dix mille dollars sur laquelle elle comptait avait été retardée, en raison d'un nouvel examen, et que son livre était d'une telle importance qu'elle devait retourner sans délai aux États-Unis pour le terminer.

Sa réponse fut la détermination inflexible de finir ce livre en trois mois, à Karisoke. Dans ce but, elle se coupa de toute intrusion humaine, plus encore que d'habitude. Travaillant jour et nuit sur sa machine à écrire, elle devint tellement recluse que même de vieilles amies comme Rosamond Carr et Alyette de Munck osaient à peine se rendre chez elle.

Le 6 février, sa réaction fut volcanique lorsqu'une équipe de télévision française, précédée d'une longue chaîne de porteurs lourdement chargés, marcha en désordre et sans être annoncée vers le camp. Alors que Dian observait, incrédule, leur chef, pimpant dans sa tenue de safari immaculée, s'approcha et l'informa avec arrogance que lui et ses huit hommes seraient ses invités pendant six semaines ! Cette invasion avait été approuvée par Benda-Lema, fut-il déclaré à une Dian presque apoplectique. Mieux encore, le Français lui dit qu'ils ne voulaient pas seulement disposer du personnel du camp et des groupes d'étude de gorilles pour les filmer, mais qu'ils attendaient aussi sa participation comme conseiller de recherche !

Dressée de toute sa taille imposante, les yeux exorbités et les poings sur les hanches, Dian entra en fureur.

« Est-ce vraiment tout ce qu'il vous faut ? Ou voulez-vous aussi que je me suspende par un bras à un arbre et que je me frappe la poitrine ? Je me contrefiche de savoir qui a dit que vous pouviez venir ici ! Foutez le camp ! »

Retirée dans sa cabane, Dian envoya une série de lettres rageuses à Benda-Lema et à Crigler, puis elle câbla à Melvin Payne de la *National Geographic* pour lui demander de l'aider à éjecter les envahisseurs. Comme la Society réclamait des droits exclusifs pour tout film tourné à Karisoke, qu'il s'agisse de photos ou de films, l'invasion des Français était nettement une infraction majeure à ces droits. Dian se sentait totalement assurée du soutien de Payne.

Quand elle tenta d'empêcher les étudiants-chercheurs de Karisoke de coopérer avec les Français, elle s'aperçut qu'elle avait une mutinerie sur les bras. Bien loin d'être perturbés par cette interruption de leurs études, le couple V.W. et Craigh Sholley parurent enchantés à l'idée d'être filmés. Dian explosa de nouveau.

Il règne à présent un grand désordre dans le camp. Le nouveau directeur du tourisme a permis à une équipe française de télévision de venir ici. Ils sont arrivés sans prévenir. J'ai explosé, mais j'étais tellement, tellement seule... Ils ont dressé des tentes à gogo et vivent en partie dans la cabane du couple Vedder-Weber, ce qui fait que Kelly et Harcourt ont l'air d'anges !

Ils m'ont dit que je serais renvoyée du pays dans les trente-six heures si je continue à m'opposer à l'invasion des Français (...). Elle fait sa merde avec les gorilles et rit de leur réaction. Son mari a l'allure de Jésus-Christ Superstar, parle un français parfait et s'assied ici et là pour jouer de la guitare. L'ambassadeur et Mme Crigler ne les recevront pas chez eux à cause des histoires qu'ils ont répandues à mon sujet.

Le pire était encore à venir. Le 11 février, une armée de 107 porteurs se répandit dans le camp, transportant les morceaux d'un énorme ballon avec lequel les Français espéraient prendre des vues aériennes des monts Virungas et des gorilles !

Dian répondit très fermement à ce coup. En moins de douze heures, la majorité de son équipe d'Africains se déclara atteinte d'une affection mystérieuse et descendit de la montagne pour rentrer chacun dans son village et s'y « soigner ». Le Français demanda du secours à Benda-Lema. Celui-ci se tourna vers Crigler. Le 17, sous prétexte de visite et de promenade en ballon, l'ambassadeur et sa femme grimpèrent à Karisoke ; le but réel était d'emmener Dian loin de la montagne, ne serait-ce que temporairement, et de mettre de cette façon un terme à la guerre avec les Français.

Le 20, Dian nota dans son journal : *Le ballon s'élève dans les airs.*

Elle ne pouvait se douter à quel point cette remarque était prophétique.

L'appât de Crigler pour attirer Dian hors de Karisoke était irrésistible : Robinson McIlvaine devait arriver à Kigali le 21 et séjournerait chez lui. Suspendant sa querelle avec les Français, Dian se dépêcha de l'y rejoindre. Elle passa les deux jours suivants dans la joie, bien qu'il y eût quelques problèmes. Crigler et McIlvaine exécutèrent un duo sur le thème : « pour son bien », Dian devait quitter Karisoke au mois de mai au plus tard pour « un long séjour aux États-Unis ». Par ailleurs, le couple V.W. rencontra McIlvaine et, selon Dian, *ils lui dirent combien elle était méchante et ils mendièrent à l'ANFL des fonds pour eux mêmes.*

N'importe ! Des dîners aux chandelles à l'ambassade, au Sierra Club et à l'hôtel Mille des Collines, éclairaient les nuages. Lorsque McIlvaine partit le 26, la séparation fut émouvante.

« Je pleurais presque en disant au revoir, écrivit-il à Dian, alors qu'il volait entre Kigali et Nairobi. Je comprends le vrai choc que vous subissez. Ayez confiance et n'oubliez pas que vous avez de nombreux amis qui sont prêts à vous aider. »

Il était plus facile de parler de cette confiance que de l'entretenir. Quand Dian retourna à Karisoke le jour suivant, elle y fut saluée par le télégramme de l'un de ses bons amis :

> REÇU DERNIER WEEK-END DES RAPPORTS TRÈS TROUBLANTS CONCERNANT LES ÉVÉNEMENTS DANS VOTRE CAMP STOP SEMBLABLES AFFRONTEMENTS CRÉENT INQUIÉTUDE ET EMBARRAS NATIONAL GEOGRAPHIC STOP URGENT, RÉPÉTONS URGENT VOUS REMETTRE ENTRE MAINS AMBASSADEUR CRIGLER ET SUIVRE ABSOLUMENT SES AVIS ET CONSEILS STOP ESSENTIEL QUE VOUS ATTACHIEZ LA PLUS GRANDE IMPORTANCE À CETTE DEMANDE POUR RELATIONS FUTURES AVEC GEOGRAPHIC STOP FAITES CELA POUR MOI EN TANT QU'AMI ET EN TANT QU'ASSOCIÉ DE RECHERCHE.

Le câble était signé de Melvin Payne, président de la *National Geographic Society.*

Le même jour, Crigler reçut un long télex de son patron, le secrétaire d'État, Cyrus Vance.

Sous la référence « Dr Dian Fossey – Avenir de Karisoke », Vance disait à Crigler qu'une copie de son télégramme de Rwanda concernant Fossey avait été adressée à la *National Geographic ;* puis :

> DR PAYNE A CONFIRMÉ QUE VOTRE POINT DE VUE CONCORDE EXACTEMENT AVEC LE SIEN (...). DR PAYNE A ÉCHANGÉ AVEC NOUS SA LETTRE DU 21 NOVEMBRE 1978 AU DR FOSSEY, DANS LAQUELLE IL CONFIRME LEUR CONVICTION QU'ELLE NE DEVAIT REVENIR AU RWANDA QUE POUR UN COURT DÉLAI, LE TEMPS D'ORGANISER LA DIRECTION DU CENTRE ET DE RASSEMBLER SES NOTES ; ENSUITE, ELLE DEVAIT RETOURNER AUX ÉTATS-UNIS POUR AU MOINS UN AN (...). N.G A REMIS À FOSSEY 5 000 DOLLARS POUR SON RETOUR AU RWANDA, AFIN DE METTRE LES AFFAIRES EN ORDRE, ET A RÉSERVÉ, MAIS N'A PAS DÉBLOQUÉ, 10 000 DOLLARS POUR LA GESTION DU CENTRE EN SON ABSENCE (...). DR PAYNE ET LE COMITÉ DE RECHERCHE DE LA N.G ESTIMENT NÉCESSAIRE QUE DR FOSSEY QUITTE LE RWANDA POUR UN TEMPS. CELA AIDERAIT À APAISER DES TENSIONS LOCALES (...). DR PAYNE EST ENCOURAGÉ PAR PROPOSITION ANTI-BRACONNAGE ANLF (...). DR PAYNE A PROMIS D'EXAMINER VOTRE PROPOSI-

TION CONCERNANT RÉGULARISATION CENTRE DE KARISOKE (...).

En dépit du fait que les cinq mille dollars auxquels Vance faisait allusion avaient été donnés à Dian *spécialement* pour les opérations anti-braconnage, les propositions de Crigler pour « régulariser » Karisoke recommandaient que le centre soit entièrement retiré du contrôle de Fossey, et placé sous la responsabilité du consortium du Gorille de Montagne à organiser avec son homologue et ami proche, Robinson McIlvaine. Le soutien de Crigler fut très apprécié, comme McIlvaine en témoigna par un rapport à son conseil quelques mois plus tard :

« A Kigali, j'ai demeuré chez notre ambassadeur, Frank Crigler, qui a été très impliqué dans la formation du consortium, sous l'égide de l'ANLF depuis le commencement et il a été très coopérant à bien des égards. »

Il n'y a pas de preuves que Dian ait représenté un réel problème politique pour les États-Unis dans ses relations avec le gouvernement du Rwanda. L'intérêt du département d'État, en la mettant hors du circuit, semble avoir été dû au souhait de Cyrus Vance de faire une faveur à son vieil ami, le Dr Payne.

Les premiers mois de 1979 apportèrent des preuves révélatrices de l'étendue du grand dessein de McIlvaine.

En janvier, Dian apprit que la moitié de la subvention de 10 000 dollars que lui avait personnellement promise le philanthrope Gordon Hanes pour l'aider à entretenir Karisoka avait en fait profité au fonds AWCF/Digit, ou Projet Survival/ANLF.

Puis, à la mi-février, elle reçut une lettre inquiétante de Geza Teleki, une autre femme primatologue en vue, qui avait des liens étroits avec la Ligue de Protection Internationale du Primate.

« L'association internationale des étudiants a passé une semaine à récolter de l'argent dans les rues de Washington pour le Fonds Digit (...). Cependant, à la suite d'un contact avec Mr. McIlvaine, j'ai conseillé aux dirigeants de l'ISA de collectionner des fonds pour la Fondation African Wildlife Leadership et non pour le Fonds Digit (...). Les étudiants ont lancé la campagne sur le préalable que tous les fonds rassemblés iraient directement chez vous (...). J'éprouve des réticences à affirmer aux contributeurs qu'ils vous soutiennent alors qu'en fait, ils iront soutenir tout ce que McIlvaine a dans la tête. »

La réponse de Dian révèle ses doutes grandissants.

« C'est la deuxième fois que j'entends dire ce que vous m'avez signalé. Le premier informateur est Jim Doherty, directeur général de l'International Wildlife Magazine, mais je connais McIlvaine depuis de nombreuses années et j'ai une confiance aveugle en lui (...), encore qu'aucune pièce de sa correspondance ne porte le nom du Fonds Digit et, je peux vous le dire, cela fait mal. »

Quand McIlvaine l'invita à dîner à Kigali, il dissipa certaines de ses craintes. D'autres les réveillèrent cependant quand un mémo confidentiel, envoyé par lui à son siège social, tomba entre les mains de Dian. Elle interpréta son contenu comme une preuve que McIlvaine soutenait contre elle Sandy Harcourt et le Projet Gorilles de Montagne. Elle fondit comme une tornade sur McIlvaine : il essaya de parer les coups en assurant que c'était une erreur totale due au fait qu'il avait rédigé le mémo en avion.

Quelques semaines plus tard, il ôta ses gants de velours. « Nous devons maintenant progresser, écrivit-il à Dian, sur le plan de la question monétaire. » Cela signifiait, expliqua-t-il, le transfert de l'argent du Fonds Digit Inc. au ANLF Digit Fund.

McIlvaine poursuivait sa lettre par des instructions concernant une lettre qu'elle devait écrire à ses administrateurs, Snider et Brylawski, disant que, du moment que l'ANLF avait mis sur pied son propre Fonds Digit pour « réaliser les objectifs initiaux du Digit Fund Inc », elle recommandait désormais que le Digit Fund Inc. soit dissous et que le solde soit transféré à l'ANCF Digit Fund. McIlvaine lui dit aussi qu'il envoyait copie de cette lettre de Frank Crigler « parce que, de toute façon, il est intimement impliqué ».

En dépit de son extrême réticence à admettre que Crigler pouvait agir de concert avec ceux qui souhaitaient l'expulser du Rwanda, Dian ne pouvait indéfiniment nier la réalité. Un employé de l'ambassade, qui avait pour elle de la sympathie, lui envoya une copie d'une lettre qui avait été remise à Crigler pour qu'elle soit expédiée par la valise diplomatique. Elle était de Bill Weber et adressée au comité de recherche de la *National Geographic Society*. Weber accusait Dian de mal diriger le Centre de Recherches de Karisoke et insinuait qu'elle était personnellement responsable de la mort de Digit et de celles d'Oncle Bert, Macho et Kweli : en persécutant les braconniers, elle avait provoqué leur vengeance.

Qu'elle le voulût ou non, les écailles lui tombèrent des yeux. Elle réagit en décidant que personne ne pourrait la forcer au départ. Si elle se retirait, ce serait lorsqu'elle-même en déciderait. En attendant, elle allait s'incruster.

Le 27 février, elle écrivit à Bettie et Frank Crigler en précisant ses intentions et en les justifiant, comme si elle était sûre que sa lettre tomberait sous d'autres yeux : « J'ai beaucoup réfléchi ces temps-ci et ma conclusion est que je veux rester ici au mois d'août. Cela me donnera le temps de finir mon livre, de terminer un article que je dois à la *National Geographic Society* et de prendre les photos dont j'ai absolument besoin pour traiter de certains aspects du comportement.

« Cela me donnera aussi le temps d'entraîner de nouveaux étudiants et j'espère trouver quelqu'un capable de faire marcher le camp en mon absence (...). Je ne pourrai probablement pas partir tant que le couple V.W sera encore présent.

« Ce serait aussi financièrement difficile pour moi de vivre aux États-Unis, alors que les universités sont fermées et les occasions de cours publics réduites. Je ne veux pas vivre aux crochets de quelqu'un et il m'est impossible de vivre à la maison, en Californie (...).

« J'ai trouvé le télégramme de Payne en rentrant au camp. Ce n'était pas vraiment le type idéal d'accueil dont j'avais besoin (...). Vous l'avez très probablement effrayé avec vos télégrammes et vos lettres. Je ne sais vraiment pas (...). Et je ne me soucie pas trop des menaces. »

Maintenant, plus que jamais, Dian se désolait de l'absence de Ian Redmond. Il lui avait envoyé un cadeau pour Noël : une plaque de style ancien en imitation bronze sur laquelle était gravé : « VEUILLEZ NOTER QU'À PARTIR DE MAINTENANT, LES BRACONNIERS SERONT ABATTUS À VUE ET, SI C'EST POSSIBLE, QUESTIONNÉS PAR LA SUITE. NOV. 1968. »

« Cela a déclenché, lui écrivit-elle, un des rares fous rires que j'aie eus depuis des mois. » Mais son espoir de voir Ian revenir rapidement disparut à la suite d'une lettre où il expliquait que sa main était encore en trop mauvais état. Les spécialistes lui avaient dit que les nerfs ulnaire et médian avaient été très endommagés dans le poignet, ce qui entraînait la dégradation croissante de la musculature de la main. Il espérait une opération réparatrice en avril, mais n'avait pas oublié Karisoke. « Mes pensées volent toujours vers vous et l'incroyable forêt et les gorilles. Je rêve souvent du camp, parfois des rêves effrayants de voitures, et de routes, et de boutiques, là où se trouvaient les prairies ; trop affreux pour être dit.

« Dian, si les choses tournent mal avec les braconniers, etc., et si vous pensez que ma présence pourrait influer, s'il vous plaît, écrivez ; dites-le et j'arriverai après le 18 août. Je sens que ma fidélité et mon cœur sont liés à Karisoke et aux gorilles. S'il vous plaît, soyez forte et essayez d'être un peu optimiste ; bientôt les massacres prendront fin. »

Dian pouvait être forte, mais conserver un peu d'optimisme était tout autre chose.

Samedi 3 mars, Davis Watts revint au camp avec Nemeye après être allé loin sur le col pour un contact avec le groupe de Nunkie.

David avait un visage sinistre. Il dit que la jeune Lee ou le jeune N'Gee, il ne pouvait dire lequel, était pris dans un piège par une jambe et entouré par le reste du groupe qui était dans un état terrible. Il n'avait pas su quoi faire et était revenu au camp en courant presque tout le temps.

Je le renvoyai immédiatement avec trois de mes hommes armés de deux pistolets, au cas où les braconniers revenaient et abattaient tout le groupe pour capturer le jeune. Je partis quinze minutes plus tard avec du matériel de campement, pour monter la garde éventuellement toute la nuit, mais il me fallut deux heures pour atteindre l'emplacement.

Quand j'arrivai, je vis que c'était Lee, la femelle de quatre ans, mais nous ne pouvions pas l'approcher pour couper le fil parce que Nunkie et les autres étaient en pleine crise et qu'ils auraient certainement chargé. Je décidai de voir si quelques coups de pistolet tirés en l'air pourraient les écarter suffisamment pour que nous relâchions le collet du pied gauche de Lee. Trois coups firent fuir tout le monde, y compris Lee, qui s'échappa portant toujours le fil autour de son pied gauche.

Le groupe s'enfuit dans la direction de Visoke, loin de la ligne des pièges.

Nous décidâmes de passer la nuit dans la forêt tant que le groupe serait dans une aire dangereuse, et parce que dimanche est le grand jour de chasse des braconniers qui vont inspecter leurs pièges.

Aujourd'hui, lundi, David a trouvé le groupe assez haut sur le mont Visoke. Lee n'utilise pas du tout sa jambe gauche, mais David ne peut préciser si le fil est profondément incrusté ou non. Je vais envoyer chercher le fusil à choc électrique que je n'ai jamais utilisé et qui est rechargé pendant 36 heures à Ruhengeri, mais je ne pourrai pas le reprendre avant vendredi. Malheureusement, Lee reste près de son père, Nunkie, qui chargera, si bien que je crains qu'il ne faille les assommer tous les deux. Que fera ensuite le reste du groupe ? Je n'ose l'imaginer. La difficulté avec ce fusil est qu'il faut s'approcher à moins de quinze pieds, la longueur du fil ; d'autre part, il ne tire que deux coups et doit être rechargé. L'important est la garantie qu'il ne tue pas, ce qui ne peut être affirmé du fusil à endormir.

Honnêtement, je ne vois pas comment nous pourrions nous asseoir et regarder le pied de Lee pourrir, alors que nous avons les moyens de tenter quelque chose, mais certains ne sont pas d'accord pour une intervention.

Watts ne pensait pas qu'il faille laisser la nature suivre son cours. Cependant, il recommanda fortement que le fusil électrique soit testé avant que quiconque affronte un Nunkie furieux. Ils l'essayèrent sur l'un des céphalophes apprivoisés qui vivent près de ma cabane. La petite antilope saute de surprise quand le contact de métal la heurta et qu'un choc de 50 000 volts l'atteignit ; puis elle trotta nonchalamment à l'écart, traînant le câble électrique derrière elle. Il était clair que ce système n'était pas fait pour Lee, encore moins pour Nunkie.

Le 18 mars, Dian écrivit au Dr Snider : « Comme le fil s'incruste de plus en plus, le pied enfle et du pus en coule. Lee perdra son pied ou mourra d'infection. Depuis l'échec du fusil électrique, j'ai essayé d'entrer en contact avec le garde du gibier du parc d'A'Kagera. Il a des années d'expérience avec le fusil à endormir (...). A mon avis, il ne reste que dix jours avant que Lee n'arrive à un état critique. Cet incident a provoqué une controverse au camp ; le trio du Peace Corps dit qu'il faut d'abord laisser Lee mourir avant d'intervenir dans le groupe ; David Watts et moi-même disons que, si c'est possible, un coup de fusil à endormir doit être tiré pour qu'on retire le fil. Je déplore toute intervention artificielle avec les gorilles mais je demeure convaincue que la gravité de ce cas autorise cette extrémité (...). Cet accident n'aurait pas eu lieu s'il y avait eu dans le camp un étudiant volontaire pour continuer à détruire les pièges, quelqu'un comme Ian Redmond (...). Les étudiants ordinaires sont effrayés ou non intéressés par ce genre de travail. »

Pour finir, Dian fit appel aux arbitres de son destin, à la *National Geographic* :

« Nous avons investi douze ans dans les quelques gorilles de montagne qui restent. Je voudrais assurer cet investissement pour le bien des animaux et pour celui du centre de recherches. Je pense qu'il est difficile pour quelqu'un à l'autre bout du monde de comprendre tout le problème ; il est également inéquitable de tirer une conclusion définitive sans comprendre entièrement toutes les insinuations, politiques et autres, désormais imbriquées dans le maintien du centre pour l'avenir des gorilles. C'est seulement leur avenir, s'ils en ont un, qui doit être pris en considération. »

La jeune femelle Lee n'avait plus aucun avenir.

Faute de pouvoir s'arranger avec un spécialiste afin qu'il rende l'animal blessé inconscient le temps de lui retirer le collet, Dian n'eut d'autre choix que d'attendre sans moyens le moment où la gangrène affaiblirait Lee au point qu'elle contracterait une pneumonie. Le matin du 9 mai, Craig Sholley rendit visite au groupe de Nunkie et trouva Lee pelotonnée dans le nid nocturne de Nunkie, apparemment incapable de bouger.

Au lieu de conduire le groupe pour l'expédition matinale habituelle de nourriture, Nunkie restait près de la jeune malade, répondant à ses plaintes pathétiques par des grondements sourds qui tentaient clairement de l'encourager à le rejoindre. Lee essayait mais échouait et gisait, vautrée dans la végétation humide pendant qu'une pluie battante tombait sur la clairière. Alors Nunkie – un énorme dos argenté de deux cents kilos – retourna près de Lee et se coucha contre sa fille malade pour la réchauffer et la réconforter.

De retour au camp, Craig fit son rapport : Lee paraissait proche de la mort.

L'idée de perdre Lee était insupportable. Une sciatique et une cheville brisée m'empêchaient d'agir, mais j'ordonnai à tous de partir, de tenter de distraire les autres gorilles et d'emporter le bébé de façon à ce que je puisse lui donner au moins un secours médical.

Cette fois-ci, il n'y eut pas de discussions. Pendant que Bill Weber et un nouvel étudiant, Peter Veit, attiraient Nunkie, Sholley se glissa dans la clairière et enleva Lee rapidement. Au début de l'après-midi, Lee était transportée sur une litière à l'hôpital de Ruhengeri par Rwelekana, Mukera et Basili. Il était trop tard. Au cours de cet après-midi, Lee fut le septième gorille de Karisoke à mourir, victime des braconniers. Quand son corps fut rapporté au camp pour y être enterré, Dian resta des heures assise à sa fenêtre, regardant le brouillard qui avait assombri la clairière. Elle écrivait mécaniquement dans son journal un mot, toujours le même :

Digit... Digit... Digit... Digit...

A la mi-mars, les difficultés de Dian s'étaient multipliées au point de paraître insupportables. Une atmosphère d'hostilité réciproque et de suspicion planait sur le camp comme un gaz asphyxiant ; au-delà de ses limites, les braconniers reprenaient lentement possession des forêts et des prairies. La survie physique de Karisoke était elle-même de plus en plus menacée car les principaux pourvoyeurs de subventions et le consortium des agences de conservations réduisaient le fonds de roulement pour payer le personnel et maintenir l'infrastructure.

La santé de Dian, assez précaire, déclinait rapidement. Elle mangeait de moins en moins. Elle fumait abusivement et les crises déchirantes d'emphysème se multipliaient. L'atroce douleur dans sa hanche gauche entraînait des nuits d'insomnie. Des années d'alimentation inappropriée l'avaient décalcifiée et elle s'était brisé un os à la cheville en cherchant le jouet favori de Kima, à quelques mètres de sa cabane.

J'avais presque oublié comme cela fait mal de se briser un os. La terrible transpiration, les vomissements et le visage vert.

Elle soigna elle-même sa cheville qui guérit, mais dont elle ne fut plus jamais sûre.

Néanmoins, elle demeurait indomptable, faisant de son mieux pour résoudre les problèmes. Elle tenta des gestes de conciliation à l'égard du couple V.W. mais le cadeau d'anniversaire qu'elle envoya à Amy lui fut renvoyé avec un mot de rejet cinglant.

Comme les étudiants ne voulaient pas contrer la vague montante de braconnage, Dian recruta quatre Africains de plus ; ils avaient déjà travaillé pour elle comme pisteurs ou comme employés du camp. Après leur avoir donné quelques jours de formation et les avoir équipés de bottes, vêtements et matériel de campement fournis par le Fonds Digit, elle les envoya en forêt sous la conduite de Vatiri, l'un des siens.

Contre toute probabilité et contrairement aux prédictions des autres Blancs du camp, la patrouille africaine prouva rapidement sa valeur. Une semaine après sa formation, Vatiri et ses camarades traquaient et surprenaient un groupe de neuf braconniers sur les pentes sud-est du mont Visoke, leur sautaient dessus et, avec quelques coups de pistolet tirés en l'air, en capturaient un, chassaient les autres et saisissaient quelque cinquante pièges. A la fin du mois, la patrouille avait repris le contrôle de presque tous les environs et les gorilles, buffles, céphalophes, antilopes et hyrax étaient de nouveau en sécurité relative. C'est avec une fierté bien compréhensible que Dian écrivait le 12 avril aux défenseurs du Fonds Digit aux États-Unis :

« Ma patrouille d'Africains travaille trois jours par semaine, jours et zones changés chaque semaine pour tromper les braconniers. Ils ont déjà coupé trois cents pièges et libéré au moins huit céphalophes vivants (...). J'utilise des Zaïrois aussi bien que des Rwandais, je leur paie de très bons salaires, les nourris et les habille. Ils aiment ce travail. En fait, ils viennent même des jours non prévus pour chercher les pièges. Pour leur propre sécurité, il vaudrait mieux qu'ils fussent accompagnés par des Européens, mais ici, personne ne veut aller avec eux et je ne suis pas capable physiquement de le faire.

« Voilà très exactement ce qu'est le Fonds Digit, une conservation active opposée aux bavardages sur la conservation et je puis vous dire ce que signifie l'emploi des dons à un usage efficace, en mémoire de Digit et de tous les autres (...).

« Vous pouvez vous demander ce que je fais. En ce moment, j'essaie de faire une paire de bottes de pointure 46 pour un Tutsi pur sang de ma patrouille. Les semelles sont en contre-plaqué solide avec des bouts de chambre à air, lacées avec des empeignes en cuir de céphalophe et du caoutchouc mousse. Cela me distrait de ma rééducation et les Africains pensent que c'est la plus belle invention depuis la roue. »

Dian résolut le problème du financement des opérations quotidiennes de Karisoke de la même façon directe. Elle paya les factures avec ce qui restait de ses économies.

Les difficultés pour trouver un « gérant » en son absence étaient plus graves. Elle discuta du problème avec McIlvaine pendant sa visite et il suggéra avec précaution Sandy Harcourt, qui faisait alors une étude sur les gorilles en Ouganda pour l'AWLF. La première réaction de Dian fut de rejeter illico cette idée, mais elle lui accorda ultérieurement son attention. Malgré ce qui s'était passé entre eux, elle conservait une haute opinion des capacités de Harcourt et, il faut le supposer, un faible pour lui. De plus, s'il prenait la charge de Karisoke en son absence, il serait aidé par Kelly Stewart, que Dian considérait comme une amie.

Le 6 mars, McIlvaine lui écrivit de Nairobi.

« Par chance, Sandy Harcourt est arrivé de l'Ouganda (...). Je lui ai dit que je vous avais demandé si vous aviez quelqu'un de confiance pour s'occuper de Karisoke, au cas où vous passeriez ailleurs une partie de l'année, et qu'après réflexion, vous aviez répondu : « Oui, Sandy et Kelly. Ce sont au moins des travailleurs sérieux. » Comme vous pouvez l'imaginer, il fut surpris. Mais, après réflexion, il répondit : « Si cela peut faire l'affaire, ce serait certainement une priorité par rapport à mon projet ougandais actuel. »

Dian commença à tâter le terrain. Elle écrivit à Kelly, qui travaillait alors en Angleterre à son doctorat en philosophie. Sa réponse fut loquace, amicale et enthousiaste ; Dian reprit courage.

« Je ne connais que deux scientifiques sérieux qui pourraient poursuivre la recherche à un niveau scientifique écrivit-elle au Dr Snider, Kelly Stewart et son mari, Sandy Harcourt. Tous deux ont beaucoup mûri et peuvent coordonner conservation et recherche ; du moins, c'est ce qui me semble. S'adonneront-ils à la vulgarisation croissante des gorilles comme attraction touristique, je n'en sais rien (...). Je pense que tous deux devraient terminer leurs projets en cours avant de décider s'ils désirent revenir ici poursuivre leurs recherches et aussi perpétuer les objectifs pour lesquels j'ai fourni tant d'efforts pendant les douze dernières années. »

Le 6 avril, Dian écrivit à Anita McClellan, la jeune femme qui était son directeur de collection chez l'éditeur Houghton Miflin à Boston, en lui annonçant qu'elle avait terminé le premier jet de son livre. « Cela ne fut pas facile, comme vous le savez certainement. Il y a encore beaucoup à faire, mais c'est quand même un énorme soulagement. »

Elle avait raison de parler d'un gros travail à poursuivre : Anita et elle auraient à travailler encore pendant trois ans avant que le livre ne voie le jour. Mais, si l'on tient compte des circonstances dans lesquelles Dian avait écrit, l'achèvement d'un brouillon n'était pas en lui-même un mince exploit.

Le temps commença de s'améliorer en avril et, par moments, Dian pouvait prendre des bains de soleil hors de sa cabane. Son irritation d'avoir à subir dans son intimité l'invasion des touristes ne la détourna pas du plaisir de s'étendre au soleil. Elle exagéra ses expositions et fut gravement brûlée, un épisode fortuit qui pourrait bien servir de métaphore à presque toute sa vie.

Le 21 avril, les Crigler montèrent à Karisoke pour une dernière visite avant de quitter le Rwanda pour un nouveau poste en Colombie. S'ils étaient partis plus tôt, Dian se serait effondrée, mais au point où en étaient les choses, elle en fut presque soulagée.

Bettie était très crispée. Je ne sais pas ce qu'elle pense. Et je suis perplexe à propos de Frank et de son point de vue. Mais ce fut triste de les voir partir.

Il y avait du changement dans l'air. Le 25, Sandy Harcourt fut nommé à Karisoke, et lui et Dian se trouvèrent face à face pour la première fois depuis des années. Au début, la réunion fut un peu tendue, Harcourt très sur la défensive au sujet du rôle qu'il avait joué dans la mise sur pied du Projet Gorille de Montagne. Par la suite, ses défenses cédèrent et tous deux se mirent au travail. Bien qu'aucune décision définitive n'eût été prise, Dian déclara qu'elle serait satisfaite que Sandy et Kelly dirigent Karisoke pendant plusieurs mois, sous certaines conditions. Harcourt répondit que lui et sa femme pourraient être d'accord, à quelques conditions encore plus rigoureuses. Ils se séparèrent comme deux terriers qui, après s'être longuement reniflé le nez et la queue, acceptent de se tolérer mutuellement.

L'humeur de Dian changea complétement après le 15 mai, quand Amy Vedder et Bill Weber partirent.

Ceci me laisse seulement un étudiant « Cœur de pêche [1]» plus David Watts et un nouveau jeune étudiant, Peter Veit qui est appliqué et travailleur ; le troisième « Cœur de pêche », Craig Sholley, n'est pas vraiment un problème.

Fin mai, elle écrivit à McIlvaine : « Tout va très, très, très bien au camp. Les étudiants sont absolument délicieux maintenant que le couple V.W. est parti. Je ne peux vous dire combien nous sommes

1. Jeu de mots anglais sur « Peace Corps » (organisation américaine d'aide aux pays en voie de développement), prononcé à l'espagnole et sur l'attitude pleine de sensiblerie à l'égard des peuples du Sud.

heureux de continuer ensemble. Je sors quand je veux pour voir les gorilles, mais cela nécessite l'ingestion de tant de Darvon contre ce qui ne va pas dans ma hanche gauche... La douleur est intolérable et ne me laisse aucun répit. Je déteste avaler du Darvon de peur de devenir dépendante de lui, encore que ce soit le seul moyen que j'aie de me déplacer sans pousser des cris de martyre. Craig me dit que sa mère qui a mon âge a été opérée pour une sciatique et qu'elle a dû rester au lit pendant un an ! Je n'en ai évidemment ni le temps, ni l'argent. Aubrey a écrit au sujet de Sir Jonas Moore, au XIXe siècle : « Sa sciatique, il la soigna en faisant bouillir ses fesses ». C'est un remède diabolique ! »

Pendant ce temps, les choses se passaient mal autour du grand dessein de McIlvaine. Bien que le directeur de l'ORTPN, Benda-Lema, ait donné son accord avec enthousiasme pour recevoir l'aide technique pour le parc des Volcans – aide payée, organisée et administrée par le Fonds Africain Wildlife Leadership –, certains ministères du gouvernement du Rwanda grinçaient des dents. Cela, ajouté à une lutte meutrière entre membres du consortium de la conservation, chacun courant derrière le poste qui lui apporterait le maximum de crédit public, avait tout interrompu.

Comme Dian elle-même ne tarda pas à le noter, un an et demi s'était écoulé depuis la mort de Digit et rien de concret n'avait été accompli par les notables de la conservation pour défendre les gorilles de montagne.

Les gardes du parc sont pires que jamais. Bien qu'il y ait un nouveau conservateur, il ne peut pas les contrôler. Il ne peut pas les forcer à faire des patrouilles anti-braconnage et rien n'est fait. Au contraire, les gardes se cachent dans les champs de pyrèthre, hors du parc, et attendent que les braconniers sortent du parc. Alors ils les empoignent et collectent des « amendes » de cinq cents à mille francs qu'ils gardent ; puis ils relâchent les « prisonniers ». Le « blabla » de la conservation ne sauve pas les gorilles ; seule la conservation active peut le faire. Et la seule conservation active dans les Virungas vient de ce camp !

Dian aussi se révélait être un obstacle plus important que ne l'avait prévu McIlvaine. Au lieu de permettre la fusion du Digit Fund Inc. avec le projet Survival/AWLF, elle s'accrochait à lui avec une obstination croissante, en utilisant les fonds pour recruter et équiper plus d'hommes afin de conduire des patrouilles anti-braconnage. Des tentatives de remontrances n'aboutirent pas. La mort de Lee l'avait rendue intraitable.

Le jour où les gardes du parc seront entraînés et motivés pour faire leur travail, j'arrêterai avec bonheur les patrouilles. En attendant, je n'ai pas le choix.

Néanmoins, elle coopérait toujours avec McIlvaine. Bien que, plus tard, il s'en attribuât le mérite, ce fut Dian qui sélectionna un jeune Belge, Jean-Pierre von der Becke pour en faire le premier « chef de projet » pour le projet combiné AWLF-Gorille. Précédemment conseiller du système de parcs du Zaïre, von der Becke s'était trouvé sans emploi à la fin de 1978 et avait demandé à Dian un emploi au Fonds Digit. Elle n'avait pas assez d'argent pour lui verser un salaire, mais son enthousiasme manifeste pour la cause des gorilles de montagne l'avait tant impressionnée qu'elle l'avait chaudement recommandé à McIlvaine. Ce fut une recommandation que plus tard elle regretta.

Les tentatives pour la forcer à quitter Karisoke continuaient ; pourtant, depuis la mutation de Frank, elle trouvait qu'il était plus facile de résister.

Début juin, le Dr Snider lui écrivit au nom de la *National Geographic* qui bloquait toujours la bourse d'entretien :

« J'ai appris de Frank Crigler que vous avez sans doute quelque inquiétude à devoir accepter un poste de chercheur ou de boursier aux États-Unis sans appointements (...). Il y aurait néanmoins des conférences et autres activités qui pourraient vous rapporter quelque chose. De plus, mais je ne fais aucune promesse, le Comité de Recherches pourrait accepter dans une certaine mesure d'aider votre travail qui aboutirait à des publications scientifiques. »

Dian adressa une réponse plate débordante de gratitude, mais elle ne mordit pas à l'hameçon. Elle sentait le vent tourner et faisait l'apprentissage de sa propre défense. Lorsque, après en avoir parlé avec Snider, McIlvaine poursuivit en suggérant que si elle faisait acte de candidature devant la Society pour obtenir une subvention de 35 000 dollars dans le but de travailler aux États-Unis pendant trois ans sur ses notes scientifiques, sa demande serait « probablement acceptée », elle flaira aussitôt le piège.

« Ne me parlez jamais, jamais plus de demander une subvention qui m'éloignerait pour deux ou trois ans de Karisoke », gronda-t-elle.

Bien que je croie qu'ils veuillent me chasser d'ici pour de bon, six à huit mois seront le maximum de ce que je pourrai supporter. Karisoke me manquera affreusement si je dois m'éloigner même pendant ce laps de temps. Je ne peux même pas imaginer ce que cela sera. N'était l'ouvrage que je dois revoir avec mon éditeur aux États-Unis, je pourrais ne pas y aller du tout (...). La joie règne sur le camp à présent, pas seulement à cause des rapports avec les étudiants, mais à cause des buffles, des guibs et des céphalophes qui viennent chaque nuit. Ils arrivent en troupeau et sont si apprivoisés qu'on peut les approcher et leur gratter les flancs. J'ai toujours su que cela pouvait se faire avec les gorilles, mais j'ignorais que ce fût possible avec les buffles.

Réduite à ne faire que quelques rares visites aux gorilles à cause de sa douleur à la hanche, douleur qu'elle attribuait à un cancer, elle appréciait la compagnie des animaux qui venaient vers elle.

Une fois, à minuit, Dian entendit et sentit des buffles. Elle se glissa hors de sa cabane et, sans être vue, marcha vers eux sur une distance de six mètres ; puis elle se mit à quatre pattes et s'avança vers un troupeau de sept puissants animaux. Elle s'assit et, à la lumière de la lune à son déclin, les regarda flâner autour d'elle. A deux reprises, elle se redressa lentement et flatta de la main les flancs des animaux les plus proches qui répondirent en abaissant leur énorme tête et en la regardant avec une indifférence toute bovine.

Il s'agissait de buffles sauvages que les chasseurs de gros gibier ont longtemps considérés comme les animaux les plus dangereux en Afrique. Quelques semaines avant le rendez-vous nocturne de Dian, un buffle avait encorné un garde de parc et l'avait tué, non sans de bonnes raisons car l'homme avait tiré sur lui dans l'espoir de vendre sa chair à Ruhengeri.

Bien que Dian ne pût leur rendre visite très souvent, les gorilles étaient en de bonnes mains. Veit, Watts et même Sholley se rendaient presque quotidiennement près des groupes d'étude. Trois ou quatre fois par semaine, Vatiri conduisait la patrouille jusqu'aux pentes des monts et lui et ses hommes faisaient si bien leur travail qu'ils rencontraient rarement des braconniers ou des pièges sur le mont Visoke. Constamment encouragées par Dian, les patrouilles poussaient plus loin et forçaient les braconniers à abandonner non seulement la région du col, mais aussi les pentes orientales du mont Mikeno. Le 2 juillet, après quatre mois de prospection, la patrouille africaine du Fonds Digit avait à son actif 987 pièges de braconniers.

Pendant ces mêmes quatre mois, les deux douzaines de gardes du parc n'en avaient pas détruit un seul. Toutefois ils n'étaient pas restés totalement passifs : trois d'entre eux avaient essayé de tirer au fusil sur le nouveau conservateur ; ils réussirent simplement à loger une balle dans son chapeau.

A l'exception de la partie du parc contrôlée par les hommes de Dian, les braconniers tenaient le pays. Même Munyarukiko s'enhardit ; cessant de faire le mort, il sortit de sa planque à la frontière du Zaïre et de l'Ouganda. Armés de fusils militaires, lui et ses complices menèrent une guerre si sanglante contre les derniers éléphants du parc dont ils convoitaient les défenses que ces grands animaux furent tout près de disparaître de la partie orientale du parc.

Une douzaine de gorilles furent aussi massacrés dans les Virungas en 1979 mais, après la mort de Lee, aucun ne fut tué dans la zone d'étude de Karisoke.

Un des plus vaillants Africains de la patrouille anti-braconnage s'appelait Mutarutkwa, un membre sculptural de la tribu des Watusi pour lequel Dian avait essayé de fabriquer une paire de bottes.

Mutarutkwa exigeait d'avoir des bottes « comme celles des autres hommes ». Le seul ennui est qu'il chaussait du 46 et que ses pieds étaient aussi larges qu'ils étaient longs. Pendant des semaines, il patrouilla dans plusieurs paires de mes chaussettes les plus épaisses qu'il entortillait autour de ses pieds. Puis j'essayai de lui faire une paire de chaussures, mais ce ne fut pas un succès. Pour finir, j'envoyai un dessin de ses incroyables panards au marché de Ruhengeri en implorant une solution. Un vieil artisan plein de talent lui fit une paire de sandales solides avec des pneus et des chambres à air – il fallut pratiquement un pneu pour chaque sandale – et, tout le temps de la patrouille, Mutarutkwa gambada, apparemment enchanté.

La semaine dernière, dix paires de bottes nous sont arrivées en provenance de l'American Humane Society. Hier, la patrouille, venue travailler, a amené un autre débutant, qui a aussi les pieds très grands. J'ai pris les deux plus grandes paires de bottes et les ai portées dans la cabane des Africains pour les faire essayer par la nouvelle recrue. Mutarutkwa a failli s'évanouir d'envie lorsqu'il les a vues. Il jurait que, sans lacet, la plus grande paire lui conviendrait car elle était faite d'un cuir très souple. Avec autant d'efforts qu'un postérieur de taille 48 cherchant sa voie dans un jean de taille 40, les pieds de Mutarutkwa s'enfilèrent dans les bottes. Du haut de ses deux mètres, Mutarutkwa contempla ces miraculeux accessoires et décréta qu'ils étaient parfaits.

Je ne pouvais rien y faire mais remarquai sur son visage une légère expression de souffrance et, sournoisement, je suggérai que nous allions tous danser un peu. Quelques secondes plus tard, l'armoire résonnait comme un tambour et nous frappions du pied en cadence, faisant voler la poussière du plancher.

Tous, excepté Mutarutkwa. Il restait debout comme un zombie, tout juste capable de tordre ses bras comme il convient, mais à peine en état de lever les pieds plus de quelques centimètres, juste pour les reposer doucement avec un gémissement à peine audible.

Après quelques minutes de danse sauvage et de hurlements, les autres remarquèrent ses grimaces de douleur, bien qu'il tentât de les dissimuler, et tous s'effondrèrent sur le sol, secoués de rire. Mutarutkwa n'en décida pas moins que ces bottes finiraient par lui aller et, plutôt que de les abandonner, il imagina de dormir en les portant pour accoutumer ses pieds aux chaussures et vice versa. Il refusa vigoureusement de nous laisser couper l'empeigne et s'entêta dans ce que je jugeai être une vocation de martyr.

Fin de l'histoire : ce matin, cela nous prit à tous au moins cinq minutes pour détacher les bottes de ses pieds enflés, et encore quinze minutes pour qu'il réduise le volume de ses pieds en les trempant dans notre réserve d'eau potable. Puis, avec le même large sourire, Mutarutka retourna à ses chambres à air pour clopiner pendant une autre patrouille.

18.

Les négociations entre Dian et Harcourt échouèrent. Il lui écrivit le 9 juin pour lui dire que lui et Kelly ne pourraient pas venir au Rwanda avant décembre et qu'ils n'y viendraient que s'ils avaient reçu les titres et les pouvoirs de « directeurs associés du Centre de Recherches de Karisoke ». De plus, Harcourt demandait que Dian s'engage par un contrat légal : « à être prête à nous permettre de gérer le Centre de Recherches pour une année au moins et peut-être au-delà.

« Enfin, nous aimerions pouvoir dire qu'entre nous (vous, Kelly et moi, la *National Geographic Society* et l'ORTPN) nous devrions être capables de faire du Centre de Recherches un endroit considéré avec respect bien au-delà du Rwanda. »

L'insinuation gratuite, selon laquelle Karisoke n'était pas déjà largement respecté, fit bondir Dian presque autant que le sous-entendu que sa parole n'était pas suffisante et devrait être renforcée par un contrat en bonne et due forme.

Néanmoins, elle ravala son ressentiment et accepta les conditions telles qu'elle les comprenait.

Sandy dirigera la recherche et supervisera les étudiants, ce qui me laissera plus libre, lorsque je reviendrai des États-Unis, de me concentrer sur le travail anti-braconnage et sur mes travaux écrits.

Peu de temps après, Harcourt annonça : « Kelly et moi avons décidé que je serai en mesure de venir au Rwanda vers la fin septembre si vous êtes prête à cette date à partir pour l'Amérique. »

Dian était d'accord et commença ses préparatifs en vue d'une absence de sept à huit mois. Cela lui donnerait le temps suffisant, croyait-elle, pour s'occuper du traitement médical dont elle avait besoin, corriger définitivement son livre avec l'aide d'Anita McClellan, et répondre aux demandes de la *National Geographic* et de la

Leakey Foundation qu'elle « recopie », sous une forme plus académique, les notes de terrain prises sur les gorilles.

Ses bagages étaient déjà bien entamés quand elle eut vent de nouvelles inquiétantes. Après avoir quitté Karisoke, Bill Weber avait été recruté par le Projet Gorille de Montagne, tandis qu'Amy Vedder retournait aux États-Unis pour préparer son doctorat. Maintenant, le couple V.W faisait savoir qu'il retournerait bientôt à Karisoke sur l'invitation de Sandy Harcourt. Dian fut mécontente.

Ce qu'Harcourt a fait, c'est utiliser l'argent du FPS Digit pour installer Weber au quartier général « pour habituer des groupes de gorilles aux touristes ». Weber n'aime pas la forêt et les gorilles le rendent nerveux. Selon mon opinion – mais, d'après l'avis général, ma conception est partiale –, le prix du sang de Digit – le FPS Mountain Gorilla Project – sert à lui faire jouer un rôle pour lequel il n'est pas plus compétent que ma grand-mère. Mes porteurs le surveillent de près, de beaucoup plus près qu'il n'en a conscience, et disent qu'il va à Ruhengeri au moins tous les deux jours chez des Européens, pendant que son pisteur africain et son assistant sont dans la forêt. Weber parle un excellent français et l'écrit aussi bien. Sa femme, une fille belle, jeune et très séduisante, le mène par le bout du nez et elle me déteste. Elle sera de retour en janvier. Mais si je peux l'éviter ni l'un ni l'autre ne reviendront au camp.

Dian écrivit à Harcourt pour lui expliquer poliment mais fermement qu'en aucun cas elle ne permettrait à Weber ou à Vedder de revenir à Karisoke. Elle lui dit aussi qu'elle-même avait l'intention de revenir au camp pendant que lui et Kelly le dirigeraient, tout en précisant qu'ils continueraient de garder les commandes en qualité de directeurs scientifiques.

La réponse de Harcourt fut très peu conciliante. Ayant affirmé catégoriquement que lui et Kelly ne pourraient continuer d'être directeurs si Dian était au camp, il annonça clairement qu'il allait demander un arrangement entre eux qui limiterait le laps de temps que Dian pourrait passer à Karisoke.

Sur le problème V.W, il était inébranlable, ayant d'abord repoussé la demande de Dian pour qu'ils soient exclus de Karisoke. « Nous ne pouvons pas être directeurs scientifiques d'un endroit que nous essaierons de transformer en un centre de recherche bien géré et refouler des gens que nous apprécions, simplement parce que vous ne les aimez pas. » Il demanda de disposer du dernier mot quant au choix de ceux qui pourraient venir ou ne pas venir au camp tant que Kelly et lui en auraient la charge.

Au cas où Dian n'aurait pas encore compris qui occupait le siège du conducteur, il l'informa qu'il ne pouvait plus garantir son arrivée en septembre. Bref, il suggérait qu'elle envisage de pouvoir rester jusqu'au début de janvier car cela ne l'arrangeait pas d'être à Karisoke en décembre.

C'était excessif, surtout de la part de quelqu'un qui prétendait connaître Dian parfaitement. Mais Sandy Harcourt était persuadé qu'il trouverait le moyen de réaliser ses projets. La patience de Dian touchait à sa fin. Ses plans de départ en septembre et de séjour aux États-Unis étaient démolis. Elle avait été si bonne, disait-on, que, sous sa responsabilité, Karisoke était devenu un gâchis ; elle ne pourrait même plus rendre visite au camp sans la permission de Harcourt et le couple V.W revenait en triomphe. C'était plus qu'elle ne pouvait en supporter.

Elle se confia au Dr Snider qu'elle continuait de considérer comme un ami et un allié.

« Je peux vous assurer que ce n'est pas un simple entêtement ou de la mesquinerie qui me fait interdire le retour du couple V.W. Les histoires que j'ai entendues à Kigali, en juin, de la part d'Africains et d'Européens, sont absolument incroyables. J'ai certainement le droit de ne pas les laisser revenir au camp et auprès des gorilles pour lesquels j'ai investi tant de ma propre vie de mon amour et de mon travail. »

Il est probable que quelqu'un avertit Harcourt qu'il avait dépassé les limites. Le 10 septembre, il informa Dian que, puisque les Weber devaient être payés par le FPS pour poursuivre un programme de conservation pour le parc, il pouvait « modifier les conditions antérieures et accepter sa demande de ne pas laisser les Weber poursuivre de nouveaux travaux à Karisoke pendant son absence ».

Cette lettre aurait pu être reçue comme un geste de conciliation s'il n'y avait pas été annexé une condition toute nouvelle.

« Nous ne pouvons venir à Karisoke sans avoir droit d'accès aux principaux groupes d'étude et s'il n'y a qu'une étude du comportement social des gorilles à côté de celle que nous effectuerons pendant que nous serons là. »

Conservant une humeur égale que ses détracteurs auraient à peine crue possible, Dian répliqua :

6 octobre 1979

Cher Sandy,

Je pense qu'il vaut mieux pour tous que je continue et que j'accepte une offre de nouveaux étudiants qui peuvent arriver immédiatement plutôt qu'en janvier. Ce n'est pas ainsi que j'avais envisagé l'évolution de la situation, mais je dois sauver ce que je peux de mes plans initiaux.

Je ne peux pas accepter vos conditions concernant mon impossibilité de revenir pendant un an, ni les autres restrictions que vous souhaitez appliquer.

Il n'est pas possible de vous garantir une « priorité » sur les principaux groupes d'étude car il faudrait arrêter le travail de Peter Veit. Ce serait contraire à l'éthique de lui retirer le Groupe 5 pour satisfaire à vos conditions.

Par le même courrier, elle déclara au Dr Snider qu'elle rompait avec Harcourt et prenait d'autres dispositions.

Ce que je ne savais pas alors, c'est que la National Geographic *avait déjà accordé à Sandy et Kelly une subvention de 16 000 dollars pour leur permettre de prendre en charge Karisoke. Je suppose que lorsque le Dr Snider reçut ma lettre disant que je rejetais Sandy, il dut prendre immédiatement contact avec lui.*

Très alarmé, Harcourt s'envola pour Kigali. Le 3 novembre, il apparut à Karisoke.

J'étais clouée au lit par un de mes accès de pneumonie. Il arriva d'abord en trombe dans la cabane de Peter et le bombarda de questions avant d'en ressortir. Puis il heurta brutalement ma porte et fit irruption chez moi. Il refusa de discuter ses raisons d'avoir changé ses plans sans me le dire ; en fait, il s'assit, le visage dédaigneux, et il refusa de parler. Crois-moi, je n'ai pas crié, ni hurlé. S'il avait seulement accepté de descendre de son piédestal, il eût été possible de communiquer avec lui, mais ce fut impossible. Ce n'est pas dénier son intelligence ni le fait qu'il est travailleur, mais il a besoin d'acquérir des manières.

Quand nous discutions en avril dernier, ses propos étaient glacés, mais il semble que le pouvoir lui a monté à la tête. Il est reparti et a descendu la montagne.

Il est probable qu'Harcourt se rendit compte qu'il n'avait pas servi sa cause ; aussi remonta-t-il à Karisoke le lendemain matin. Il était alors presque raisonnable. Mais il était trop tard.

« J'ai déjà pris accord avec trois nouveaux étudiants, lui dit Dian. J'en prendrai un comme directeur jusqu'à ce que je revienne. Je regrette, Sandy, mais c'est ainsi que cela se fera. »

Harcourt repartit en Angleterre et, le 15 novembre, lui et Kelly écrivirent séparément à Dian pour essayer de la circonvenir. Harcourt expliquait qu'il venait d'apprendre que sa demande de subvention à la *National Geographic* était accordée, et qu'il espérait sincèrement qu'ils pourraient parvenir à un accord pour qu'il revienne au camp. « Ce serait très dommage d'écrire à la *National Geographic* que nous ne pouvons plus utiliser ces fonds après les avoir obtenus. »

La lettre de Kelly était la première que Dian recevait de la jeune femme depuis les négociations d'avril. Elle était presque méprisable. Kelly écrivait qu'elle avait trop espéré que les différends entre Dian et Sandy seraient aplanis au cours de leur rencontre, mais elle reconnaissait qu'elle n'était pas extraordinairement surprise par l'issue négative. « Peut-être, écrivait-elle, que si Sandy avait été plus amical et poli, tout aurait évolué sans à-coups. Je vous demande de nous reconsidérer comme directeurs remplaçants de Karisoke pendant votre absence. »

Dian resta inébranlable.

Quantité d'incidents agitèrent la seconde moitié de 1979. Au début de juillet, Dian surveilla l'exhumation d'un certain nombre de gorilles morts dans les Virungas au cours des années précédentes. Il ne s'agissait pas de ses gorilles, mais d'étrangers infortunés qu'elle avait enterrés dans une sorte de cimetière des pauvres. La Smithsonian Institution de Washington avait besoin de leurs os et la *National Geographic Society* avait pressé Dian de leur rendre ce service. Elle le fit à contrecœur et une lourde odeur de pourriture flotta pendant près de deux semaines sur Karisoke.

Ma cabane a l'air d'un ossuaire de bric-à-brac, sur tout le plancher, car nous essayons de les assortir. Je me demande vraiment pourquoi des gens passent leur vie à regarder des os, alors qu'ils pourraient regarder les animaux en vie. Il y a certaines branches de la science que je ne comprendrai jamais.

Karisoke était plein d'animaux vivants. Une horde de buffles, peut-être ceux parmi lesquels Dian avait rampé au début de l'année, étaient devenus les résidents permanents de la prairie en dessous de sa cabane. Ils étaient si indifférents à la présence humaine que Dian dut une fois enjamber une bufflonne qui se reposait sur le pas de sa porte.

Guibs, hyrax, écureuils dorés et céphalophes abondaient, mais il y avait aussi des visites d'animaux rares, dont une hyène, qui tenta de piller le magasin de vivres, et un léopard, qui faillit faire du chien Cindy son souper de minuit.

Handicapée par sa douleur à la hanche – *Si personne ne me voyait, je prendrais bien des béquilles. Je suis vraiment trop atteinte pour croire à la vie* –, Dian ne pouvait que rarement rendre visite à ses gorilles, sauf s'ils s'approchaient du camp. Comme toujours, Kima était à la fois un réconfort et une cause inépuisable d'exaspération. Quand elle perdit un koala, jouet qui lui avait été donné des années plus tôt, elle bouda, refusa de manger, mordit tous ceux qui l'approchaient et saccagea la cabane de la patrouille anti-braconnage. Dian mobilisa tout le personnel du camp pour chercher ce jouet et, au bout de trois jours, quand on eut vraiment tout retourné, elle en commanda un nouveau en télégraphiant à San Francisco. Comme le dit un ami : « Elle traitait ce singe comme un enfant frustré et l'aimait tendrement ; cet attachement était difficile à comprendre pour ceux qui avaient subi ses colères ».

Vers la fin juillet, Vatiri apporta au camp un petit guib dont un membre avait été abîmé car il avait été pris dans un lacet de braconnier. Selon un processus classique de transfert maternel, la jeune antilope adopta Dian pour mère et refusa obstinément d'être séparée d'elle. Dian la prit donc dans sa cabane, déjà fort encombrée, et la soigna pendant un mois avant de pouvoir la relâcher. L'antilope persistait à dormir avec Dian et devenait folle quand elle la perdait de vue. Elle avait adopté Dian mais Cindy, qui décida de l'adopter, vint, elle aussi, partager le lit.

De nouveau une insomnie la nuit dernière ; sciatique et ce fichu chien et le bébé guib en plus. Et Kima, jalouse, par-dessus le marché.

Mis à part le duel avec Harcourt, la vie à Karisoke coulait paisiblement. Les relations entre Dian et les étudiants n'avaient jamais été meilleures. Peter Veit était en train de devenir un vrai défenseur des gorilles, dans le genre de Ian Redmond. Libéré de l'influence du couple V.W, Craig Sholley avait repris le pli. David Watts continuait à être un chercheur efficace et dévoué.

Ce fut avec un regret sincère qu'à la mi-juillet, Dian dit au revoir à Watts. Ils n'étaient pas devenus amis intimes, mais ils se respectaient mutuellement, bien que Dian nourrît un soupçon secret à l'égard de quiconque s'intéressait au socialisme. Elle écrivit au directeur du Parc zoologique national à Washington : « J'ai travaillé quinze mois à Karisoke avec David. Pendant tout son séjour, il a fait preuve de bon caractère et il était aussi très motivé. Il a témoigné d'un haut niveau intellectuel. »

Elle fut moins triste lorsque, début août, Sholley repartit pour les États-Unis.

Je pense que je n'ai jamais pu accepter ce que j'appelle l'approche « Cœur de Pêche », qui tend l'autre joue aux braconniers.

Bien loin d'offrir sa joue, Dian avait enfin organisé si efficacement son système de patrouilles que les braconniers avaient complètement déserté la région centrale du trio sud des volcans : Visoke, Karisimbi et Mikeno. Vatiri menait maintenant ses hommes loin dans le Zaïre et au nord-est, vers le mont Sabyinyo, détruisant des pièges partout où ils en trouvaient. Ce travail n'allait pas sans incidents. Une fois, la patrouille rencontra un groupe de braconniers zaïrois, armés d'un fusil de guerre, et les hommes de Vatiri durent battre en retraite rapidement sous les balles qui sifflaient par-dessus leurs têtes. Le jour suivant, ils repartirent à l'offensive.

Ils m'ont demandé un deuxième pistolet, que je leur ai donné aujourd'hui mais je ne suis pas sûre d'avoir bien fait. Je me suis sentie sur des charbons ardents jusqu'à leur retour cette nuit.

Dans les autres parties du parc des Volcans, les braconniers faisaient ce qu'ils voulaient. Ni les employés du Projet Gorille de Montagne, ni ceux de l'AWLF n'avaient organisé un système de patrouilles et les gardes du parc demeuraient aussi inefficaces. Pour preuve le 3 septembre, Dian fut avertie par le Dr Vimont à Ruhengeri que deux bébés gorilles étaient mis en vente à Gisenyi. Elle commença immédiatement une enquête.

De l'avis général, ils viennent du Zaïre, d'un territoire autre que ceux que nous surveillons. Deux bébés, cela signifie qu'un groupe au moins a été détruit. Ils sont mis en vente pour 400 000 FRW ! Il semble que le Français les veut pour les emmener en Europe. Les Rwandais aussi sont au courant et je veux les récupérer pour essayer de les relâcher dans la nature.

Malgré tous ses efforts, Dian ne put localiser les orphelins. Elle conclut qu'ils avaient été sortis en contrebande vers la France, peut-être via un commerçant réputé pour les animaux sauvages, avec la complicité de fonctionnaires du Rwanda ou du Zaïre.

Les touristes continuaient d'affluer. Un jour, le camp fut envahi par un groupe de Chicago qui demanda que Dian elle-même les conduise jusqu'aux gorilles. Elle répondit en simulant un accès de folie et en tirant au pistolet au-dessus de leurs têtes.

Je devrais me haïr pour un tel refus, mais je ne pouvais pas résister. Ils étaient si prétentieux, si sûrs qu'ils pouvaient tout obtenir parce qu'ils venaient des États-Unis ! Je crois les avoir mis hors d'eux. Ils ont resdescendu le sentier au galop, comme un troupeau de buffles tombé sur un essaim d'abeilles.

Plus tard, ils déposèrent une plainte contre Dian pour tentative de meurtre mais, au Rwanda, personne ne prit la chose au sérieux, excepté certains de ses éternels détracteurs.

Le camp reçut cet été-là beaucoup de visiteurs bienvenus, parmi lesquels nombre de nationaux du Rwanda, y compris le directeur de la banque de Dian qu'elle appelait cérémonieusement « Monsieur Joseph ». Il monta plusieurs fois au camp avec sa famille et Dian fut ravie et touchée lorsqu'il donna son nom à sa dernière-née.

Le 12 octobre, un professeur de Cornell University, Ithaca (New York), arriva à Karisoke.

Le Dr Glenn Hausfater ne connaissait pas Dian personnellement, mais il lui avait écrit pour lui demander l'autorisation de lui rendre visite au cours de son voyage africain, destiné à parfaire ses études en primatologie. Dian avait accepté un peu à contrecœur car elle n'aimait pas plus « les touristes scientifiques » que le commun des mortels.

Quand le professeur apparut, Dian fut sidérée.

Il a environ 15 centimètres de plus que moi et six ans de moins. Il est véritablement charmant. Nous avons pris café, sandwiches, bière et cognac dans ma cabane et nous avons eu un entretien clair et long.

Hausfater avait l'intention de rester deux jours avant de poursuivre son voyage par une visite à A'Kagera Park, mais Dian et lui s'entendirent si bien qu'il décida de rester à Karisoke. Malgré une semaine de pluie et de brouillard, ou peut-être grâce à cela, leur amitié fleurit.

Je l'apprécie réellement. Glenn et moi parlons bien ensemble et ressentons les mêmes choses sur bien des points. Il me dit tout sur sa vie et je lui raconte la mienne. Il a été récemment très malheureux mais garde son sens de l'humour.

Sous la pluie, le couple parcourut la forêt pour visiter le Groupe 5 et Dian se réjouit de la façon dont les gorilles semblèrent accepter la présence de Hausfater. Il logeait dans une cabane destinée aux hôtes, mais Dian faisait la cuisine pour eux dans sa cabane et ils parlaient tard dans la nuit. Elle se déchargea sur lui de sa triste histoire des tentatives d'éviction de Karisoke et il l'écouta avec sympathie.

Une des choses qui la troublaient était de ne pas savoir où aller aux États-Unis. Snider et McIlvaine avaient proposé une affiliation à l'une des universités et centres de recherche, mais rien ne se fit. De plus, peu de ces institutions offraient un salaire ou une subvention, et Dian n'avait pas les moyens financiers de subvenir à ses besoins.

Glenn Hausfater pensait qu'il pourrait résoudre ce problème.

« Je crois que l'on pourrait vous trouver une niche à Cornell, comme professeur invité, Dian. Je sais qu'Ithaca est un peu hors des routes, mais il est admirable d'y vivre. Il y a beaucoup de lieux déserts et d'animaux sauvages tout proches. J'ai un petit avion et je pourrais vous conduire dans quelques endroits vraiment perdus. La population du collège est réduite et amicale, et ils seraient amoureux de vous. »

Hausfater partit le 18 août pour terminer son périple africain, mais il resta en liaison télégraphique avec Dian et elle lui envoya une longue lettre qui l'attendrait à son retour à Ithaca.

Elle concluait : « Glenn, votre visite a beaucoup compté pour moi. Je vous suis très reconnaissante, même si ce mot vous fait sursauter, pour tout ce que vous m'avez donné. Non, ce n'est pas de la sensiblerie. Vous n'avez pas idée du cadeau exceptionnel que fut pour moi la rencontre avec une personne ayant votre profondeur et votre intégrité. Ne soyez surtout pas déçu s'ils ne m'accordent pas une subvention de professeur invité. Vous avez déjà tellement fait. Très sincèrement, c'est la première fois que je trouve parfaitement raisonnable de quitter Karisoke... Vous m'avez présenté Cornell comme un lieu vivable et sympathique plutôt que comme une usine à concurrence. Je m'y suis identifiée depuis que vous êtes parti et je n'ai besoin que d'organiser le camp avant de pouvoir venir. Merci beaucoup pour la première manifestation positive que j'ai eue depuis longtemps. P.S. : Le terrible braconnier dont je vous ai parlé, Munyarukiko, responsable de tous les massacres de gorilles pendant les onze dernières années est mort la semaine dernière pour des raisons « mystérieuses ». Il est réellement mort cette fois-ci. Vous vous rendez compte ! »

Dans sa réponse, Glenn décrivait son assaut énergique contre les notables de Cornwell pour y trouver une place à Dian.

« Il y a deux ou trois possibilités. La première est pour des savants anciens, des " dos blancs ", avec de longs relevés de publications et des " ego " importants. Malgré tout, Cornell est soucieuse de n'avoir pas assez de professeurs femmes. Le doyen a un fonds secret spécialement destiné aux savants féminins... Vous seriez parfaite pour cela. Je travaille sur un laps de temps qui irait de mars 1980 à septembre 1980 et pour un professeur invité. Mais, soyez prévenue, je n'ai rencontré aucun succés dans ma recherche de beaux hommes de 50 ans qui pourraient être pour vous des partenaires à la discothèque locale. Ces matières ne pourront être traitées que lorsque vous serez là.

« J'aime la partie sentimentale de votre lettre. La visite à Karisoke me fut une aide, personnelle et affective, comme cela semble l'avoir été pour vous. Vous avez tant à offrir, vous avez tant fait pour la conservation des gorilles et méritez que je souhaite vous introduire dans une position confortable et ne voir que de bonnes choses sur votre route. Avec un peu de patience, nous pouvons écraser les salauds. »

Dian se mit alors à douter de ses capacités professorales. A la fin d'octobre, elle écrivit à Glenn : « Si vous pouvez, comme vous le précisez, m'obtenir mes frais de voyage pour Ithaca, un peu de fonds de recherche, un bureau, une aide en secrétariat (vous me faites marcher !) et de la papeterie, je crois qu'il serait plus sage que je vienne à Cornell d'abord comme professeur invité sans salaire. De cette façon, je pourrais tester mes capacités à faire face une fois de plus à la civilisation. Si tout va bien, lorsque la période d'adaptation sera passée, je pourrai faire mes preuves. Je voudrais aussi être libre de terminer mon livre et de faire quelques conférences.

« J'attends avec impatience le dîner de gala et je me le suis déjà représenté. J'espère que vous pouvez leur apprendre comment frire des côtes de porc panées sans sauce tomate étalée par-dessus parce qu'elle dégoulinerait sur la purée de pomme de terre et créerait une scène d'accident d'autobus. Je radote. Une autre de mes mauvaises habitudes : les moules ! j'en demande. J'admets qu'il y a là quelques chose de freudien. Les seules moules que j'aie trouvées à Kigali sont préparées en Espagne et ont de la « merde » d'algues dans les entrailles.

« J'ai maintenant un chien de braconnier dans la salle de séjour ; il a une patte avant blessée car il a été pris dans un piège. Je ne peux me résoudre à le tuer tant il est gentil. Je vais le nourrir, car il est maigre, essayer de guérir sa blessure et lui trouver un domicile. En plus du chien, la dernière patrouille a rapporté quatre-vingt-huit pièges. »

Dian ne se contenta pas de guérir le chien ; elle décida Earl Haldiman, directeur d'une équipe de la télévision ABC qui rendit visite à Karisoke en décembre, à adopter cette pauvre créature et à la faire passer aux États-Unis ; Braconnier, ainsi l'appela Haldiman, s'habitua si bien à la Californie qu'il devint une star de télévision à part entière.

Le jour où Dian livra Braconnier à sa nouvelle existence, elle reçut une lettre du président de la section de Neurologie et de Comportement de Cornell :

« Votre affectation ira de mi-mars 1980 à mi-décembre 1980. Vous recevrez un salaire de 13 500 dollars. Vos obligations professionnelles seront de donner une série de cours publics au printemps, et de conduire en automne un séminaire sur les grands singes. Nous croyons que ce plan vous permettra de vous consacrer à la rédaction dont Glenn nous a parlé et que vous désirez terminer. »

Dian était en extase.

Noël est évidemment arrivé tôt cette année ! Dates, lieu et tout le reste me conviennent tout à fait. Glenn fait des miracles.

Vers la fin de l'année, la santé de Dian s'améliora. Le 2 octobre, elle était allée à l'hôpital de Ruhengeri pour faire examiner sa hanche. Les rayons X révélèrent qu'elle n'avait ni sciatique, ni cancer. La douleur provenait de la compression de ses quatrième et cinquième vertèbres lombaires. Ses amis, les Drs Vimont et Lolly Prescado, lui prescrivirent des remèdes et une thérapie qui atténuèrent la douleur en attendant un traitement définitif lorsqu'elle irait aux États-Unis.

Depuis le départ de Sholley au début d'août, le seul autre Blanc du camp était Peter Veit. Les absences n'avaient pas été comblées en raison de l'arrivée de Harcourt, mais lorsque Dian l'élimina, elle se dépêcha de trouver des solutions de remplacement, à l'aide du Dr Ramon Rhine de l'université de Californie. Rhine présenta trois étudiants en recherche, prêts à travailler à Karisoke. Dian espérait que l'un d'eux au moins serait capable de prendre la relève en son absence. Cependant, aucun ne pouvait arriver avant le début de la nouvelle année et elle continua à lutter, seule avec Peter. Ce n'était pas une épreuve.

Peter travaille de mieux en mieux. Je l'encourage à préparer sa thèse de doctorat et il passe tout son temps avec les groupes. La vie est vraiment paisible dans le camp ; je ne vocifère même plus contre les Africains. Je crois que Fossil Fossey est en train de s'amollir.

Seule ombre au tableau, Jean-Pierre von der Becke, que Dian avait recommandé pour diriger le consortium du projet gorille de l'AWLF. Après son arrivée au Rwanda en septembre, il avait inondé Dian de notes et de lettres, l'assurant avec emphase de la gratitude qu'il lui portait pour lui avoir trouvé son nouveau travail, et l'avait assurée de sa loyauté fidèle à son égard et à la cause de la conservation des gorilles. Mais bientôt, son centre de gravité émotionnel changea. A la fin d'octobre, il était devenu partie intégrante de ce que Dian nommait avec mépris le « Gang du parc de stationnement », ainsi appelé parce que ses membres passaient la plus grande partie de leur temps autour du parking destiné aux touristes, au pied de la montagne.

Le « gang » comprenait maintenant Monfort, von der Becke, Bill Weber et différents autres employés du Projet Gorille de Montagne combiné avec l'AWLF/FPS/WWF. Selon les comptes rendus du réseau de renseignement de Dian, leur contribution au contrôle des braconniers et à la protection des gorilles était pratiquement nulle, leur temps et leur énergie étant presque exclusivement consacrés au « tourisme » des gorilles. Pour être aidés dans cette entreprise, ils essayèrent d'engager des pisteurs entraînés à Karisoke mais, à l'exception d'un seul pisteur chassé de Karisoke pour vol, ces tentatives n'aboutirent pas.

Bien que l'ORTPN ait garanti que les gorilles de Karisoke ne seraient pas importunés par les touristes, le Groupe 5 endurait constamment le choc de ces visites. A la mi-septembre, la tolérance du groupe fut à bout. Il abandonna son ancien territoire sur les pentes sud-est du Visoke et migra si loin à l'ouest, au Zaïre, que même Peter Veit eut du mal à le suivre.

Cet abandon laissa le gang du parc de stationnement presque sans gorilles accoutumés à se montrer à des visiteurs payants. Aussi, avec beaucoup d'agitation, ils entreprirent d'habituer « à la Fossey » une famille sur le mont Sabyinyo qu'ils appelèrent Groupe 13.

Un nom de mauvaise augure. Le 1er décembre, l'un des deux dos argentés du groupe fut trouvé mort. L'autopsie révéla qu'il avait reçu une balle dans l'épaule, qu'il avait souffert d'un bras brisé et qu'il était finalement mort d'infection. Quand Dian apprit ces nouvelles, elle fut doublement indignée : elles étaient la preuve que les braconniers continuaient leur activité meurtrière dans les parties du parc qu'elle ne faisait pas patrouiller ; la preuve aussi de la stupidité du gang du parc de stationnement, dont les membres n'avaient même pas remarqué pendant des semaines que le dos argenté avait été blessé.

Son commentaire fut lapidaire.

Ils ne remarquèrent pas qu'il était blessé, malade, mourant ! Mais la plupart d'entre eux ne remarqueraient pas un éléphant en train de leur déverser une tonne de merde sur la tête.

Elle écrivit à Bill Weber : « Il y a deux mois, Sebahutu, l'un des meurtriers d'Oncle Bert, de Macho, etc., fut relâché après dix mois de prison, alors qu'il avait été condamné à dix ans. Seregera aussi a été relâché au bout de dix-huit mois. Je suis informée des activités de ces deux hommes qui ont des fusils de guerre. Ils sont en permanence dans le parc, et Musido-Sabyinyo est leur zone principale de travail à cause des éléphants. Sebahutu a tiré sur l'un d'eux près de Ngezi, il y a un mois environ, mais l'animal, un jeune, s'est enfui pour aller mourir près du sommet du Visoke.

Vous pouvez prendre l'incident pour ce qu'il vaut mais, à mon avis, l'un des deux ou les deux hommes sont responsables de la mort de votre dos argenté. Si vous le voulez – et je ne m'en occuperai pas sans votre accord et celui de von der Becke –, j'organiserai un raid légal sur leurs huttes avec le substitut et l'armée, sans le conservateur du parc (...). Je ne le ferai sûrement pas si vous pensez que j'interfère. »

Ils firent juste ce à quoi il fallait s'attendre, et Dian n'agit pas. Cependant, Bill Weber lui envoya un mot personnel révélateur.

« J'ai vu mourir neuf gorilles depuis que je suis ici et chacun a payé individuellement sa note. Au milieu de ces morts et des autres choses qui se passent au Rwanda, je pense que je peux vous comprendre un peu mieux, un petit peu mieux. »

Malheureusement, il ne comprit pas un peu mieux les gorilles. A peine une semaine après lui avoir envoyé ce mot, il se retrouva à l'hôpital de Ruhengeri, méchamment battu et avec quelques côtes brisées. Il adressa à Dian un mot d'excuse et d'explication de ce qui était arrivé. Le jeudi précédent, onze touristes avaient payé pour voir des gorilles et Weber, mal inspiré, avait accepté de les guider. Quand le groupe, marchant en désordre, trouva finalement les gorilles, les animaux étaient presque invisibles dans l'épaisse végétation. Fatigués ou déçus, trois touristes commencèrent à errer hors du groupe en se plaignant entre eux à voix haute, ce qui effraya et chassa les gorilles. Avec obstination, Weber, suivi des touristes, se lança à leur poursuite. Suivant un tunnel dans la végétation, il décida d'y progresser pour voir où étaient les animaux. « A l'intérieur, je vis un dos argenté d'apparence jeune, à peu près à huit mètres de moi. Nous nous sommes regardés environ huit secondes avant qu'il ne se rue sur moi. Tout ce dont je me rappelle est un choc d'une force énorme, la sensation de ses dents dans mon cou et un déboulé sur la pente pendant environ dix mètres avant qu'il n'abandonne et ne parte au galop (...). »

Quelles qu'aient été ses erreurs, Weber en savait assez pour être contrit. Il pria Dian de lui dire en quoi il avait fait erreur.

Avec sympathie et amabilité, elle lui adressa de bons conseils :

« Vous étiez complètement désavantagé par tout ce monde qui vous accompagnait, sans même parler des trois agités. On ne peut pas attendre des gorilles qu'ils supportent de telles hordes d'étrangers et, pour leur propre avenir – sensation de sécurité pour pouvoir s'accoupler et poursuivre leur vie avec leur comportement naturel –, il semble que seuls de petits groupes de visiteurs pourraient être autorisés à aller vers eux.

« Comme vous le savez, je suis très permissive et même excessivement respectueuse des animaux avec lesquels je travaille. Je déteste rester debout près d'eux, parler ou fumer à proximité en les montrant du doigt, disperser des groupes autour d'eux, etc. J'ai simplement toujours tenu compte en premier lieu, avant toute autre chose, de leur humeur, mais c'est ma nature... Je ne crois pas non plus qu'il faille suivre un groupe lorsqu'il part. Il faut toujours penser au jour suivant : allez-vous les quitter en respectant la confiance qu'ils ont en vous ? Ou allez-vous les poursuivre au risque de détruire cette confiance ? Je crois qu'il faut laisser les animaux satisfaits, même si, la plupart du temps, j'étais mécontente d'une journée de contact pendant laquelle je n'avais aperçu que des croupes en fuite. »

En même temps que cette lettre, elle envoya à Weber quelques romans faciles pour l'aider à passer le temps.

Cependant, Dian n'était pas assez naïve pour croire que tout irait bien désormais entre eux. Elle écrivit à Rosamond Carr : « Je suppose que vous avez entendu les nouvelles au sujet de Weber qui a été mordu et a deux côtes brisées. Je suis sincèrement désolée pour lui car il a toujours été terrifié par les gorilles et maintenant, ce lui sera encore plus difficile. J'ai échangé des lettres avec lui, toutes très polies et convenables. Cela changera quand sa femme sera là. »

Trois jours avant Noël, Dian reçut une longue lettre de sa directrice littéraire de Boston, Anita McClellan. Ce n'était pas vraiment un cadeau de Noël. Anita écrivait :

« Durant les quatre ou cinq dernières semaines, j'ai eu nombre de conversations instructives avec des spécialistes des primates, y compris le Dr Hall Coolidge (...). Tous m'ont conduit à croire qu'on veut vous remplacer par une personne " plus scientifique " qui travaillerait à développer le sanctuaire des gorilles en tant que ressource économique. Alan Goodall manœuvre énergiquement pour vous remplacer lorsque vous partirez (...). Barbara Holecek a confirmé le point de vue de Coolidge et de la *Geographic* qui est assez répandu : " Fossey est considérée comme trop proche des gorilles pour les étudier scientifiquement ". »

Étrange coïncidence, le porteur qui remit cette lettre à Dian lui donna aussi une note d'un *bazunga* qui se trouvait en bas, sur le parc de stationnement : Alan Goodall lui-même demandait l'autorisation de visiter le camp. Dian venait de terminer le livre qu'il avait récemment publié et dont certains passages l'avaient agacée ; elle n'en accorda pas moins l'autorisation demandée.

Le jour suivant, Goodall et Peter Viet, conduits par Rwelekana, se rendirent à Kabara, au Zaïre pour voir la prairie où Dian avait fait ses débuts avec les gorilles, commencé ses travaux, et où Carl Akeley était mort et avait été enterré tant d'années plus tôt. Ils trouvèrent sa tombe vide. Ses ossements avaient été volés quelques jours auparavant, peut-être pour préparer un *sumu*.

Puis, ce fut Noël et, pour une fois, sans réception avec des étrangers ; Dian et Peter Viet le fêtèrent en tête à tête.

Peter arriva à six heures trente et je n'étais pas prête car j'avais fait la cuisine toute la journée. Tarte aux pêches, poulet frit, poulet rôti, purée de pommes de terre et sauce. J'avais fait aussi un gâteau au chocolat, de la crème glacée, des cœurs d'artichauts en boîte, des aubergines panées et du pain à l'ail. Il a trop mangé. Puis nous avons échangé les cadeaux. Il m'a donné un carnet de notes vide, une machine à étiqueter, une copie de Brave New World [1] *et un mot*

1. *Le Meilleur des mondes,* d'Aldous Huxley.

très gentil. Il m'a dit qu'en dehors de sa famille j'avais fait plus que n'importe qui pour changer sa vie et il m'a souhaité du bonheur.

Quand Dian se réveilla le matin du nouvel an 1980, elle avait la merveilleuse conviction que le pire des tumultes et des tensions qu'elle avait connus pendant un an et demi était bien passé. Elle pouvait maintenant envisager l'avenir avec impatience comme de « longues vacances ». Karisoke semblait en sécurité. Son livre était pratiquement au point. Et ce qui rendait encore plus séduisante la perspective de plusieurs mois en Amérique, était sa certitude qu'un nouveau grand amour l'attendait là-bas.

Dian détacha Cindy et Kima pour qu'ils puissent gambader, visita son poulailler où elle ramassa trois œufs frais, attisa le feu que Mukera avait allumé pour elle, prépara et mangea son petit déjeuner puis s'installa dehors avec une tasse de café. Des nuages satinés flottaient au-dessus du sommet du Karisimbi.

Bien qu'une pile de l'inépuisable paperasse l'attendît, elle l'ignora et enleva son jean pour exposer au soleil ses jambes et sa hanche pendant qu'elle regardait son monde s'activer en ce début de journée. Un vol de perroquets multicolores jaillit de la forêt pour se poser sur le grand hagenia derrière sa cabane. Une biche franchit la pente de la prairie pour descendre vers le ruisseau. Un panache bleuté de fumée de bois s'éleva lentement de la clairière du bas et des pentes lointaines du Visoke, parvint le profond battement d'un des dos argentés qui se frappait la poitrine pour annoncer que tout allait bien pour lui et les siens.

Le soleil était déjà haut lorsque Dian éteignit sa troisième cigarette matinale et entra à regret dans la cabane. Elle avait des tas de lettres à écrire et avait activement travaillé pendant des heures lorsqu'un coup timide fut frappé à sa porte.

Elle ouvrit à l'un des porteurs qui transportait sur la tête un sac de pommes de terre bien rempli. Elle fut agacée d'être interrompue.

– Que faites-vous ici, Mutari ! Je n'ai pas demandé d'autres pommes de terre !

– Pas pommes de terre, mademoiselle ! *Iko ngagi.* C'est un gorille !

Le cœur de Dian s'arrêta. Mutari posa le sac et, à la demande de Dian, l'apporta dans la salle de séjour. Doucement, avec appréhension, Dian défit la ficelle et retourna le sac. Un petit gorille très faible en sortit en rampant.

Très tôt, ce matin-là, à Ruhengeri, le Dr Vimont avait reçu chez lui la visite de deux Africains craintifs qui, après beaucoup d'hésitation, lui demandèrent s'il voulait acheter un gorille.

Lorsqu'il se rendit compte qu'ils parlaient d'un animal déjà cap-

turé, il accepta de l'acheter pour environ mille dollars. Puis il se rendit en voiture avec les deux hommes à quelque cinquante kilomètres jusqu'au hangar à pommes de terre où l'on gardait le bébé.

Avant de partir, le Dr Vimont avait demandé à sa femme d'alerter les autorités. Quand les trois hommes revinrent avec le bébé, le docteur s'arrangea pour enivrer les deux vendeurs pendant que les soldats cernaient sa maison puis les arrêtaient. Il prit les dispositions nécessaires pour envoyer au camp le bébé et celui-ci y arriva sans préavis.

Actuellement, je ne sais encore presque rien sur les détails de la capture, excepté qu'il a été pris par les braconniers il y a au moins deux semaines et qu'il vient très probablement de la région éloignée du mont Mikeno. Il est à craindre que sa mère et le dos argenté de son groupe aient été tués pendant la capture.

Il est en bien meilleure santé que Coco ou Pucker parce qu'il n'a pas été blessé pendant la capture et qu'il est passé d'aliments artificiels aux aliments naturels – céleri, chardon, feuilles de gaillet, champignons, mûres – en peu de temps. Mais il est toujours extrêmement léthargique, il a peut-être contracté une pneumonie et souffre d'une terrible diarrhée. Pendant la première semaine, il a dormi avec moi, mais la diarrhée et les mares de pipi nous ont empêchés l'un et l'autre de dormir. J'ai maintenant une boîte à dormir que l'on a construite dans ma chambre, qui devient peu à peu une « jungle » artificielle ; j'ai enfin pu dormir. Mais Charlie sera difficile à soigner car il a constamment besoin de compagnie.

Cela n'aurait pu arriver à un pire moment puisque je dois partir pour Cornell à la mi-février. Si reconnaissante que je sois de l'avoir ici où l'on peut s'occuper de lui avec compétence, je suis quand même inquiète de son avenir. Je n'ai toujours rien reçu des fonctionnaires rwandais, dont je suppose qu'ils voudront l'envoyer dans un zoo, et je ne pense pas pouvoir laisser aux étudiants qui vont arriver la lourde responsabilité de le relâcher dans la nature. Bien entendu, il ne sera pas possible de prendre une décision au cours de la troisième semaine de février. Je suis vraiment embarrassée, par mes obligations à l'égard de Cornell.

Le paisible interlude était clos. Trois jours après l'arrivée du gorille orphelin – une femelle de trois ans qui fut d'abord appelée Charlie –, le premier des trois étudiants en recherche arriva. Il s'appelait Stuart Perlmeter. Licencié en anthropologie de l'université de l'Oregon, il avait vingt-six ans et une voix très douce. Dian l'évalua sur-le-champ :

Je l'aime réellement car il semble mûr et intègre. Je crois sincèrement que c'est lui qui prendra les responsabilités quand je serai partie.

En attendant, elle lui montra comment le camp fonctionnait et le présenta aux gorilles.

Le 12 janvier, les autres étudiants arrivèrent : âgé de vingt-quatre ans, John Fowler était licencié en zoologie de l'université de Georgie ; Carolyn Phillips, une séduisante jeune femme de trente-quatre ans, avait une maîtrise d'anglais et s'intéressait au comportement animal. Avec Peter, l'actuel vétéran, le quatuor formait, selon l'expression d'un visiteur, « un aimable méli-mélo ».

Le séjour de Carolyn Phillips fut très court ; elle repartit le 1er février pour les États-Unis. Après son départ, les trois jeunes gens remodelèrent leurs relations, tout comme l'avait fait le Groupe 4 après qu'il eut été privé de femelles.

Dian était plus occupée que jamais entre les soins à donner à Charlie, ses bagages à faire, l'initiation des nouveaux étudiants et la supervision des patrouilles anti-braconnage. Comme elle n'avait pas grande confiance en la capacité de Perlmeter d'exercer une pression suffisante sur les braconniers, elle décida de tirer un coup de semonce préventif avant son départ. Elle engagea trois hommes supplémentaires et, tout au long de janvier et de février, ses patrouilles battirent si bien les bois environnants que le braconnage cessa pratiquement dans un rayon de 4 à 5 kilomètres autour du camp. Dian obtint de surcroît (par quels moyens, on l'ignore !) l'arrestation et l'emprisonnement du tristement célèbre Sebahutu.

J'ai fait enfermer l'homme que je tiens pour responsable des coups tirés en décembre sur Brutus, le dos argenté du Groupe 13 ; cet homme a également tué Oncle Bert et Macho.

Les organismes de conservation continuaient à regarder de travers ses activités anti-braconnage, mais Dian avait des soutiens. Ainsi un dirigeant de la Nippenose Equipment Company à Williamsport, Pennsylvanie, ayant entendu la triste histoire des démêlés de Mutarutkwa avec les bottes, lui en fit confectionner une paire exactement à sa pointure.

« Je ne sais qui étaient les plus surpris : les Africains, moi-même ou Mutarutkwa (...). Nous sommes allés tous le voir pour lui montrer quelle botte convenait à quel pied ; puis nous avons lacé ses bottes sans cesser de nous émerveiller de ce que des pieds si énormes soient à présent chaussés.

Mutarutkwa est demeuré assis un moment, avec un sourire ébloui, puis il s'est levé lentement du banc accolé à ma cabane, a fait quelques pas, allongé son allure et piqué un sprint du côté de la cabane où il pensait que nul ne pourrait le voir. Alors il s'est arrêté, a regardé amoureusement ses pieds et s'est mis à bondir comme une antilope dans la grande prairie, jusqu'à ce qu'il tombe dans un fossé de drainage. Il s'est hissé hors du fossé, le visage chagriné mais, heureusement, sans os brisés.

Il est parti en patrouille quelques minutes plus tard, les yeux toujours rivés à ses pieds et s'il s'était cogné contre un éléphant, je crois qu'il ne s'en serait même pas aperçu.

Il y a des gens qui croient que la conservation requiert l'emploi d'avions, de jeeps, de routes macadamisées et de constructions extraordinaires. Qu'ils apprennent plutôt l'importance d'une paire de bottes !

Fin janvier, Dian reçut le nouvel ambassadeur des États-Unis ainsi que l'ambassadeur de France au Rwanda. Elle fut contrainte d'endurer une nouvelle semonce à propos de ses activités « illégales » et reçut l'avertissement que le département d'État ne serait pas en mesure de la protéger au cas où les Rwandais se retourneraient contre elle. Dian éprouva la forte impression qu'une pareille action pourrait même recevoir l'appui de l'État ; mais elle était plus amusée qu'irritée. Elle savait que sa cote n'avait jamais été aussi haute auprès du président du Rwanda qui venait de donner l'ordre que le petit gorille, Charlie, reste sous sa garde juqu'à ce qu'il aille bien, et qu'elle pourrait alors le relâcher dans la nature si elle le désirait.

Cinq jours plus tard, elle reçut la visite inattendue de Robinson McIlvaine. Le 10 février, il écrivit du bureau de l'AWLF à Nairobi, un rapport à plusieurs membres du nouveau Projet Gorille de Montagne, pour décrire sa visite.

A l'aéroport de Kigali, McIlvaine rencontra le chef de projet, Jean-Pierre von der Becke, et Melone, l'ambassadeur des États-Unis. Il habita chez Melone sauf lorsqu'il était sur le terrain. Le jour qui suivit son arrivée, von der Becke le conduisit en voiture au pied de la piste de Karisoke, mais ne l'accompagna pas lorsqu'il poursuivit son escalade sous une pluie battante. Selon McIlvaine, Dian ne parlait plus à von der Becke, ni aux Weber qui campaient au pied de la montagne.

McIlvaine raconta que Dian souffrait d'une sciatique aiguë, d'une hanche malade et d'emphysème, et qu'elle était très traumatisée par son départ imminent et son affectation à Cornell University. Il estimait qu'il serait tout à fait possible qu'à la dernière minute elle ne trouve pas le courage nécessaire pour quitter Karisoke. « Aux moments où elle est la plus rationnelle, elle pense créer un comité de surveillance, composé des plus éminents savants américains, pour diriger le centre de recherches », écrivait-il. Néanmoins, ayant refusé « l'offre publique d'achat de Sandy Harcourt », elle se préparait à laisser le camp sous la responsabilité d'un des deux nouveaux étudiants. McIlvaine soupçonnait que, sitôt Dian partie, Benda-Lema inviterait Harcourt à prendre le pouvoir.

Le rapport concernait aussi les progrès du Projet Gorille de Montagne, vieux de presque deux ans déjà. Ayant observé que le gouvernement rwandais n'avait toujours pas signé l'accord qu'il avait proposé, McIlvaine décrivit le quartier général du parc des Volcans comme un « foutoir ». Selon lui, le conservateur était rarement là, il était souvent ivre et il avait roulé 20 000 kilomètres dans une Land Cruiser, donnée par le WWF, avant de l'envoyer dans un fossé. « Manifestement, les gardes du parc n'ont pas de morale et cinq d'entre eux sont en prison. »

McIlvaine conclut son rapport par ce bon mot : « Bien que la situation puisse difficilement être pire (...), nous avons décidé d'aller de l'avant. »

La réaction de Dian quand elle prit connaissance de ce rapport – un de ses amis à Nairobi le lui avait envoyé – n'a pas été enregistrée. Peut-être est-ce mieux ainsi...

Pour compliquer encore ses dernières semaines à Karisoke, une équipe de trois cinéastes japonais arriva le 3 février dans l'intention de la filmer pendant un mois, elle et les gorilles. Elle était déjà bien connue au Japon, mais ce film lui apporterait là-bas la célébrité.

Les cinéastes furent charmés par Charlie. Revenu à la santé, le jeune gorille était en passe de gouverner Karisoke.

Elle est devenue une gamine gâtée qui fait tout ce qu'elle veut. Mais maintenant, nous devons la préparer à revenir dans la forêt. Heureusement, John Fowler s'est révélé être un excellent baby-sitter et il est en train de la ramener à son état de gorille. Elle devait être privée de tous les fruits et du pain qu'elle quémandait et devait aussi s'habituer aux températures extérieures la nuit, plutôt que de dormir au-dessus de la cheminée de ma chambre à coucher, dans sa boîte à coucher qu'elle a mise en pièces des douzaines de fois. Heureusement, Fowler veut bien coucher dehors avec elle.

Dian devait trouver, avant la fin de février, la solution d'un problème difficile. Allait-elle essayer de faire admettre Charlie dans un des groupes d'étude avant son propre départ qui aurait lieu le 1er mars ? Ou devait-elle laisser ce soin à Perlmeter ? Pour finir, bien qu'elle sentît que Charlie n'était pas assez préparée à un retour à la vie en liberté, elle décida de faire elle-même l'essai.

Nous commençâmes nos travaux d'intégration à la mi-février. Je choisis le Groupe 4 parce qu'il ne s'y trouvait pas d'enfants, pas de femelles en chaleur et pas de naissance prochaine, aucun membre du groupe qui pût être jaloux de l'apparition d'un nouveau bébé tombé du ciel. J'éliminai le Groupe 5 en partie pour ces raisons, et aussi parce qu'il était maintenant trop éloigné et, de ce fait, une proie facile pour les braconniers.

Une semaine avant mon départ, j'envoyai Fowler et Nemeye installer un bivouac sur le territoire du Groupe 4. Ils n'avaient ni feu, ni nourriture, simplement des sacs de couchage. L'idée était de garder le bébé loin du camp pour l'habituer de nouveau à vivre dans la forêt.

Nous choisîmes la date du 29 pour faire notre essai. Comment deviner que ce serait le jour où le Groupe 4 aurait une interaction avec l'un des groupes périphériques ? La pluie tombait et les pistes des gorilles étaient plus qu'horribles, pleines de fientes et d'odeurs, entrecroisées comme un plat de nouilles. Dans la pluie et la confusion, nous avons perdu le Groupe 4 et sommes tombés sur le groupe périphérique dont les dos argentés ont chargé John, qui était en tête avec Rwelekana, tandis que je suivais avec Charlie et les cinéastes.

Nous revînmes au bivouac et je réfléchis à ce que nous allions faire. Il ne me restait plus que deux jours et les étudiants ne voulaient pas prendre la responsabilité de réintégrer Charlie sans moi. Malgré bien des réticences, je décidai le matin suivant d'essayer de réintroduire Charlie dans le Groupe 5. J'étais préoccupée car Tuck, une des jeunes femelles, était en chaleur et que l'autre, un peu plus âgée, Effie, allait avoir ou venait d'avoir son bébé.

Soyons brefs. Nous partîmes tôt le lendemain, Charlie perchée sur les épaules de John. Et nous faillîmes tous être tués.

Quand nous atteignîmes le Groupe 5, John et moi grimpâmes dans un arbre avec Charlie pour lui laisser le choix : rester avec nous, descendre pour rejoindre les animaux sauvages ou revenir vers nous. Je pensais aussi que nous aurions quelque avantage si le groupe nous agressait.

Beethoven, le leader du Groupe 5, nous vit le premier ; ensuite, les autres nous aperçurent. Tuck et Effie reniflaient et regardaient, puis toutes deux s'avancèrent au bas de notre arbre et Charlie se démena si bien qu'elle échappa aux bras de John et dégringola droit sur les deux femelles. Pendant un instant, tout alla bien. Tuck embrassait le bébé et, soudain, tout devint sauvage ! Tuck et Effie commencèrent à tirer le bébé comme une poupée de chiffon. Icarus, le jeune à dos argenté, vint s'en mêler et commença à battre le bébé. Il fut malmené et traîné, mordu et battu, jeté et tiré. Les cris et les grondements puissants des gorilles vous glaçaient le sang. Beethoven lui-même chargea la base de l'arbre.

J'arrachai une première fois le bébé à Tuck et à Effie en criant et en jurant comme seule Fossey peut le faire, mais Charlie redescendit vers elles de sa propre volonté et les mauvais traitements reprirent. Après une heure de remue-ménage, une forte pluie s'abattit et la plupart des membres du Groupe 5 s'abritèrent sous des buissons tout proches, Pablo emportant ma caméra que j'avais laissée tomber. Pour finir, le bébé clopina vers notre arbre et je le repris à nouveau avant de le passer à John qui le mit à l'abri sous son manteau de pluie. Cela faisait maintenant trop d'horreur et nous allions la ramener chez nous.

Nous avons dû attendre une heure de plus avant de pouvoir partir. Icarus et Tuck montaient une garde menaçante à quatre pieds de la base de notre arbre. Toutes les fois que nous ébauchions un mouvement, ils grognaient comme des porcs, grondaient, et Icarus se frappait la poitrine. Les poils de sa tête se dressaient tout raides et il dégageait la mauvaise odeur qui accompagne l'agressivité. Ils savaient que nous avions le bébé, même s'ils ne pouvaient le voir et, à coup sûr, ils l'auraient bien voulu.

Cette deuxième heure fut l'une des deux occasions (l'autre fois ayant été l'heure précédente) où j'ai eu peur des gorilles. Pour finir, la pluie cessa et Beethoven fit lentement reculer le groupe, excepté Tuck et Icarus qui essayèrent de grimper à l'arbre et que je dus frapper du pied. Pour finir, tous s'en allèrent et nous partîmes furtivement vers le camp.

Je dois partir demain pour les États-Unis et le bébé dort dans ma chambre. Rien n'est résolu.

Trois semaines plus tard, Stuart Perlmeter et l'équipe africaine de Karisoke réussit l'intégration de Charlie, rebaptisée Bonne Année, dans le Groupe 4 où elle fut adoptée par la famille de Peanuts.

19.

McIlvaine et les sponsors du Projet Gorille de Montagne craignaient que Dian n'ait pas le courage de partir, mais toutes leurs appréhensions s'évanouirent quand le 3 mars au matin, Dian descendit de la montagne le long de la piste boueuse, accompagnée d'une file de porteurs.

Les adieux avaient été plutôt pathétiques. Il avait fallu quitter Kima, Cindy et toute l'équipe, ce qui n'avait pas été chose aisée. Nemeye qui travaillait avec elle depuis onze ans lui avait fait promettre de revenir rapidement, puis il avait éclaté en sanglots. Vatiri et les six hommes de la patrouille anti-braconnage s'étaient portés volontaires pour transporter ses volumineux bagages, une vingtaine de caisses, cartons et valises. En s'installant dans la voiture, le chef porteur lui avait offert l'effigie d'un gorille sculpté dans le bois. « Il n'a rien dit, écrivait Dian, mais je pense que c'était un bon *sumu* » (fétiche).

Elle avait en effet besoin d'une amulette pour entamer son exil.

J'ai quitté Kigali le 4 et suis arrivée aussitôt à Ithaca en passant par New York. C'était un long voyage et un drôle de saut dans l'espace. Glenn Hausfater et quelques autres personnes de Cornell m'ont accueillie à l'aéroport, puis il a fallu que je me cherche un endroit où vivre. Une semaine plus tard, j'avais la grippe, épuisée par les changements d'hôtels et de motels. Le passage du camp à ici était suffisamment étrange et je n'avais pas besoin de ces brusques poussées de fièvre. Mon cerveau était en compote. J'appelais mes Africains, c'était ridicule, et j'avais l'impression que tout était fini.

J'ai pu trouver un appartement, pas exactement ce que je voulais, mais pas trop mal non plus. Il est plutôt nu, meublé d'un lit, d'une télévision en couleur et d'une table à repasser que j'utilise comme table de repas, table de montage de diapos et table où poser ma machine à écrire. L'idée même d'avoir à tout chercher et racheter me déprime. J'ai souvent tendance à penser que j'ai dépassé l'âge de recommencer à jouer à la maîtresse de maison. J'ai toujours envie d'appeler Kanyaragana au secours pour qu'il me tende la main, il paraît même que je le fais réellement en dormant !

J'ai au moins appris à réutiliser la chasse d'eau des toilettes et les boutons électriques, un vrai record après trois semaines de séjour dans ce pays. J'ai acheté aussi une vieille voiture plutôt rouillée. Je finirai par passer un permis... peut-être.

Le 23 mars, je suis allée à Washington pour y rencontrer M. Brylawski et d'autres au sujet du Fonds Digit ; il fallait aussi que je récupère mes effets qui avaient été acheminés en même temps que ceux des Crigler. Ils étaient stockés dans un dépôt et si fidèlement gardés que je n'ai pu ni les approcher ni les emporter avec moi. Je ne sais donc pas quand je pourrai récupérer mes meubles africains, mes tableaux et mes vêtements. Aux États-Unis, la vie n'est sûrement pas aussi facile qu'au Rwanda !

A Cornell, le troisième trimestre s'achève le 10 mai et d'ici là, il faudra que je prépare deux conférences et deux articles scientifiques. L'université a mis un bureau à ma disposition ainsi qu'un secrétariat au laboratoire de Langmuir. J'ai pu mettre mes lectures à jour grâce aux bibliothèques du Dr Hausfater et du campus. Elles m'ont stimulée, donné des idées de conférences et encouragée dans mes projets d'écriture. La proximité de Langmuir qu'on peut atteindre par des petits chemins de campagne facilite les choses. J'y vais avec ma voiture qui est loin d'être bonne, elle est tombée en panne dès le premier jour et aujourd'hui, on l'a remorquée dans un garage.

Le film de la chaîne ABC qui a été tourné au camp en décembre dernier a été projeté ce week-end. Après l'avoir vu, j'avais envie de me cacher dans un trou. Je ressemblais à mon arrière-grand-mère et j'articulais aussi bien qu'elle l'eût fait sans ses dents ! C'est absurde de penser à tout cet argent qu'ils ont dépensé pour produire une demi-heure pleine de publicités.

J'ai trouvé un bon docteur à Ithaca, il m'a prescrit un traitement de longue haleine qui semble être efficace. Je l'applique depuis deux jours et me sens comme un petit poulain chancelant. Je finirai par m'« humaniser » à Cornell. C'est un endroit idéal pour se réacclimater après un long séjour sur le terrain, mais, chaque fois que je pense au camp, des coups de couteau me traversent le cœur.

Sans l'aide sympathique de Glenn Hausfater, on se demande comment Dian se serait habituée à un mode de vie aussi différent de celui de Karisoke. Mais dix jours après son arrivée à Ithaca, ils étaient déjà amants.

Hausfater se révéla un homme plein d'attention et de considération, capable de tolérer l'instabilité affective de Dian sans pour autant lui retirer son affection. Pendant ces premières semaines de difficile réadaptation, il avait été à la fois un guide, un compagnon et une « famille ». Il l'avait accompagnée non seulement dans les méandres académiques, mais l'avait présentée aussi à un cercle d'amis universitaires chez lesquels elle se sentait à l'aise. Ils sortaient souvent en ville et exploraient les bois et les champs des environs où Dian pouvait trouver des écureuils, des ratons laveurs, des cerfs et même parfois un renard.

Mais Karisoke occupait tout son esprit. Le 23 mars, Fulton Brylawski organisa à Washington une réunion du comité directeur du Fonds Digit. Le président du conseil d'administration de la *National Geographic,* M. Payne, et le trésorier, Robinson McIlvaine, y assistaient aussi.

Dian fit un compte rendu sur l'usage qu'elle avait fait de l'argent octroyé par le Fonds : formation, équipement, financement des patrouilles anti-braconnier. Elle mit aussi l'accent sur les résultats obtenus : « quatre mille pièges démantelés en une seule année ». Mais elle précisa avec regret que les patrouilles étaient suspendues depuis le mois de mars, personne n'étant prêt en son absence à organiser et à assumer une telle tâche.

Puis ce fut le tour du trésorier dont les propos sont consignés dans le compte rendu de séance :

« M. McIlvaine propose la dissolution du Fonds Digit en tant qu'entité séparée et sa fusion avec la Fondation pour la protection de la vie sauvage en Afrique (AWLF). »

Il venait de lever un lièvre. La Dian négociatrice qu'il avait connue autrefois n'était plus là. Il trouva à sa place une femme qui proclamait en termes catégoriques que le Fonds Digit continuerait d'exister jusqu'au moment où le dernier braconnier disparaîtrait des Virungas. Elle conclut en répétant son cri de guerre : « Je *ne permettrai pas* que Digit soit mort en vain ! »

Ce fut Melvin Payne qui trancha en suggérant de reporter la décision d'une année « sur la base de l'accord suivant : s'il existait toujours un consensus sur le maintien du Fonds comme une entité séparée, alors McIlvaine serait obligé d'interrompre ses activités et de ne plus diriger les affaires du Fonds. »

Pendant ce temps-là, des problèmes se préparaient au Rwanda. Le couple V.W s'était lié d'amitié avec Peter Veit et s'était servi de lui pour sonder Perlmeter sur un éventuel retour au camp. Perlmeter avait poliment, mais fermement repoussé cette tentative d'infiltration. Puis, quelques jours plus tard, von der Becke qui s'était rapproché de Perlmeter lui avait confié que Sandy Harcourt avait toujours l'intention de venir à Karisoke et qu'il avait l'appui financier non seulement de la *National Geographic,* mais aussi de Benda-Lema. Ce dernier lui aurait signifié qu'il pouvait revenir quand il le désirait.

A Karisoke, les trois jeunes gens étaient secoués par ces nouvelles. Aucun d'eux ne pensait pouvoir tenir longtemps sous la direction d'Harcourt. Alors, Perlmeter écrivit une lettre à Harcourt, lui faisant remarquer que Karisoke *n'était pas* financé par la *National Geographic,* mais par Dian elle-même et que le centre ne pourrait accueillir d'autres chercheurs. Il concluait avec courage : « En tant que directeur en exercice, il est de mon devoir de décourager toute tentative de votre part de revenir au camp pendant l'année à venir. »

. Harcourt ne répondit pas. Toutefois, il informa le couple V.W de sa prochaine arrivée à Kigali. En apprenant cette nouvelle, Stuart s'inquiéta et le 27 mars il écrivit à Dian :

« *Harcourt arrive en avril,* sans doute pour visiter le camp et évaluer la situation. Dian, quel *est* le statut du camp ? Si la *National* geo lui octroie les finances et le pouvoir, quelles sortes d'actions dois-je entreprendre pour l'empêcher de venir s'y installer ? Vous comptiez sur son amour-propre qui l'empêcherait de venir, mais cela ne semble pas le gêner le moins du monde ! »

Dian qui n'était plus isolée au sommet d'une montagne équatoriale pouvait se battre plus efficacement. Elle fit directement appel aux mandarins de la *National Geographic* pour leur rappeler qu'elle remplissait les conditions requises et leur demander d'accorder immédiatement au Centre de recherches de Karisoke le soutien financier qu'il attendait depuis longtemps. Peut-être prise de remords, la direction accéda à sa demande. Dian apprit même que l'aide à Harcourt était suspendue en attendant une clarification de la situation.

C'était une petite victoire, mais si Dian pensait avoir damé le pion d'Harcourt, elle sous-estimait sa ténacité. Il ne fallait pas qu'elle oublie qu'Harcourt était toujours le premier sur la liste des candidats à son remplacement ou à son éviction.

Le 11 avril, Stuart Perlmeter écrivait de nouveau :

« Cet après-midi, M. Sandy Harcourt m'a signifié dans son style habituel qu'il viendrait à Karisoke, que cela me plaise ou non. » Harcourt informait Perlmeter qu'il avait une autorisation de l'ORTPN et l'aide financière de la Fondation Guggenheim. « A partir de cet instant-là, j'ai compris que j'avais affaire à un homme très ambitieux qui avait l'intention d'occuper ce poste le plus tôt possible. »

Perlmeter concluait en précisant que si Harcourt revenait à Karisoke, il n'aurait pas d'autre alternative que le départ « même si en partant je réponds aux vœux de Harcourt et encourage la naissance d'une nouvelle dynastie. »

Pendant cette période, Dian fit deux conférences publiques qui eurent du succès et s'installa dans son bureau, au laboratoire de Langmuir. Elle rencontra Anita McClellan, une jeune femme romantique qui arriva avec une copie imprimée de son manuscrit. Les deux femmes ne se connaissaient qu'à travers un échange de lettres, mais pendant les jours qui suivirent leur rencontre, une joyeuse complicité s'installa entre elles.

En recevant le *cri de cœur* (en français dans le texte) de Perlmeter, Dian lui envoya aussitôt un télégramme pour le rassurer et lui dire qu'Harcourt et les autres intrus au Projet Gorille de Montagne pouvaient et devraient être tenus à l'écart. Pour le soutenir, elle lui proposa même de faire un bref séjour à Karisoke au mois de juillet et d'éclaircir la situation avec l'ORTPN.

Dix jours plus tard, elle recevait une autre lettre de Perlmeter. Le contenu en était désolant : Paulin Nkubili, « oncle Billy », le fonctionnaire rwandais en qui elle avait confiance et chez qui elle avait toujours trouvé un appui était accusé de participation à un complot contre le président et serait probablement exécuté. Perlmeter ajoutait qu'il ne pouvait plus supporter les pressions de Karisoke : « Jusqu'à présent, j'ai aimé le travail, mais je crains que si je ne pars pas rapidement, je ne serai pas capable d'accomplir la tâche qui m'a été assignée... Puisque vous envisagez de revenir en juillet, ne vous serait-il pas possible de trouver un étudiant intéressé qui me remplacerait jusqu'à votre retour définitif ?... Ma question est sérieuse, Dian. Je ne sais pas pendant combien de temps encore je peux survivre à Karisoke. »

Cette lettre ébranla le sentiment de bien-être précaire qu'éprouvait Dian.

Une journée horrible, horrible. Une mauvaise lettre de Stuart. Harcourt ne renoncera jamais. Je ne sais pas quoi faire.

La menace de défection de Perlmeter n'était pas l'unique raison qui alimentait son sentiment de défaite et de dépression. Elle venait d'apprendre que le soutien accordé à Harcourt et Kelly par la *National Geographic* n'était que « suspendu » et qu'un nombre croissant de primatologistes éminents pensaient qu'Harcourt ferait un meilleur travail qu'elle à Karisoke parce que :

« C'est un scientifique plus objectif et mieux formé. » Malgré sa longue expérience sur le terrain et son doctorat de Cambridge, Dian comprit que l'institution scientifique la considérait encore comme un amateur.

Pendant les mois de mai et juin, de nouveaux coups s'abattirent sur elle. Elle découvrit qu'elle n'était pas l'unique femme dans la vie de Glenn et ce qu'elle appelait sa « rhapsodie en Ithaca » se transforma en une cacophonie sentimentale.

Le 13 mai, un éminent neurologue lui annonça que sa colonne vertébrale était irréversiblement atteinte et qu'elle devrait se préparer à l'éventualité de devenir paraplégique. Elle souffrait toujours d'emphysème et de douleurs thoraciques inexpliquées. L'infection rénale qu'elle pensait avoir vaincue revenait à la charge, et pour couronner le tout, un retard menstruel de quelques mois lui faisait craindre une grossesse.

Le destin ne lui laissait pas de répit. Le 19 mai, McIlvaine démissionna subitement du Fonds Digit, lui laissant le soin de résoudre le problème de la confusion financière entre ce fonds et le AWLF-Fonds Digit. Heureusement, la vaillante Dr Shirley McGreal de la Ligue Internationale de Protection des Primates proposa ses services.

Au cours de ces semaines, la dépression de Dian s'aggrava. En butte à des insomnies quotidiennes, elle pensait avec nostalgie à Karisoke.

C'est ma création. Douze années de ma vie ! Comment puis-je tout perdre maintenant ? Quel DROIT *ont-ils de me le prendre pour la bonne raison que je ne suis pas née avec un doctorat à la bouche ? S'ils gagnent, ce sera la fin des gorilles.*

Cindy et Kima la hantaient aussi. Non seulement ils lui manquaient terriblement, mais leur photo à son chevet semblait l'accuser de les avoir abandonnés. Les portraits des gorilles accrochés au mur la regardaient avec un air de reproche.

Je fais des rêves horribles où ils sont tués et tout est de ma faute... Je ne peux même pas les regarder dans les yeux sur les photos.

Vers la fin juin, Perlmeter envoya une autre de ces lettres tellement redoutées. Dian passa quelques minutes à regarder avec nostalgie les timbres colorés du Rwanda, retardant le moment où elle lirait l'annonce de nouveaux désastres à Karisoke. Ce qui l'attendait à l'intérieur de l'enveloppe bleue était pis que tout ce qu'elle pouvait imaginer.

« La mort de Kima nous a tous surpris, écrivait Perlmeter. J'ai réécrit cette lettre trois fois et l'ai tournée une centaine de fois dans ma tête sans pouvoir trouver les mots justes. »

Il avait fait son possible. Il décrivait les événements du 4 juin où il se réveilla dans la cabane de Dian qu'il occupait et trouva Kima dans un état comateux. Après avoir essayé de la ranimer par tous les moyens avec l'aide de John Fowler et de Kanyaragana, ils l'avaient enveloppée dans une couverture et l'avaient emmenée à l'hôpital de Ruhengeri. Mais le Dr Vimont était en vacances et personne n'était prêt à consacrer du temps à un singe. « La dernière personne à qui nous nous sommes adressés a été le Dr Weiss qui nous a littéralement chassés... Nous n'avons compris notre erreur qu'après que Jean-Pierre nous eut dit qui c'était. »

Entre-temps, Kima avait atteint un stade désespéré. Les trois hommes ramenèrent le corps à Karisoke et l'enterrèrent le lendemain. « Juste à côté de l'hagenia, face à votre cabane. John est en train de graver une petite plaque avec le nom de Kima dessus. Je sais que tout ce que je pourrais dire ne vous serait d'aucune aide en ce moment. Kima a eu une belle vie et a harassé plus de porteurs qu'il n'y a d'étoiles dans le ciel. Elle vous a donné plus d'amour et de bien-être qu'aucune autre créature au monde. S'il vous plaît, Dian, pensez à cela et gardez la tête haute. »

Dian nous parle très peu de la manière dont elle a été affectée par ce drame : « Reçu l'annonce de la mort de Kima et en ai perdu la tête. » Glenn interrompit son travail et consacra les deux jours suivants à la consoler. L'affection qu'il lui témoigna l'aida à traverser les moments difficiles de son deuil.

Ce n'était pas tellement la douleur d'avoir perdu une créature qui lui avait prodigué « plus d'amour qu'aucune autre créature au monde », mais surtout le fait que Kima était l'objet et l'exutoire d'une femme qui n'avait aucun autre être sur qui déverser son amour. Mais Kima n'était pas comme beaucoup l'ont pensé un substitut à l'enfant qu'elle n'avait pas eu. C'était un être qui avait permis à Dian de continuer, malgré les nombreuses déceptions, à éprouver de l'amour pour ceux de sa propre espèce. La perte était douloureuse, mais pas autant que le sentiment de culpabilité de l'avoir laissée à Karisoke.

Pendant ce temps-là, Karisoke était devenu un vaisseau précaire pris dans le maelström créé par les organismes de trois gouvernements et des organisations aussi puissantes que la Société de Préservation de la Faune, le Fonds Mondial de la Vie Sauvage, la *National Geographic Society* et la Fondation Africaine pour la vie Sauvage.

Dian comprenait avec douleur que le centre ne pouvait plus exister avec les structures *ad hoc* qu'elle avait créées. Pour perdurer, il devait être doté d'un pouvoir intrinsèque. Au début de l'année 1980, elle conçut une structure qu'elle appelait « un comité de surveillance » : il serait constitué d'un collège directorial dont les membres seraient recrutés parmi les primatologistes et les conservateurs les plus célèbres des États-Unis et du monde, et qui serait une barrière de protection pour l'avenir de Karisoke.

A sa grande surprise, même certains de ses antagonistes applaudirent à cette idée. Vers la fin du mois de mai 1980, seize hommes et femmes de grande autorité avaient accepté d'être les membres de la Direction scientifique de l'Institut de recherches de Karisoke. La première réunion était prévue le 26 juin à Ithaca pour discuter de la politique et de l'organisation, et choisir un directeur qui dirigerait le centre en l'absence de Dian.

Dian espérait que son choix du Dr Hal Bauer serait approuvé par les autres. Mais deux semaines avant la réunion, elle reçut un appel confidentiel au cours duquel elle apprit qu'Harcourt avait *déjà été sélectionné* et qu'en tant que nouveau directeur de Karisoke, il participerait à la rencontre d'Ithaca. Il n'y aurait pas d'alternative et si elle n'acceptait pas Harcourt, toute aide financière et l'appui du monde scientifique lui seraient retirés.

Venant après tant de déboires, cet ultimatum était un coup très dur. Mais nombre de ceux qui étaient honnêtement impliqués dans cette affaire croyaient agir ainsi dans l'intérêt de Dian. L'un des participants qui ne désire pas être identifié s'en explique ainsi :

« C'était une femme très malade. La vie qu'elle a menée et ses nombreux handicaps physiques ont eu raison d'elle. Ils ont aussi sérieusement affecté son jugement. Tout ce qu'elle a construit à Karisoke était menacé de disparition à cause de sa fixation sur les braconniers. Ce serait une terrible perte pour la science. Le seul espoir était de la sortir de là. Non pas pendant quelques mois, mais de manière permanente. Nous devions la manipuler pour la sauver. Cela ne plaisait à personne, mais il fallait le faire. Comme vous le savez, c'était une telle combattante... »

Dian était une combattante dont les réservoirs d'endurance et d'indomptabilité présentaient des fuites. Mais elle était douée aussi de l'intelligence qui lui permettait de reconnaître ses défaites et de la capacité de se reconstituer.

Cinq directeurs seulement assistèrent à la première réunion. C'étaient les Dr Stuart et Jeanne Altman, Glenn Hausfater, Emil Menzel et Ed Snider. Ils étaient agréablement surpris et même soulagés par la souplesse de Dian. Tout en présentant un résumé passionné de l'histoire de Karisoke et en adoptant des positions tranchées sur la « conservation active » du centre, elle acceptait Harcourt comme directeur du centre pendant une année. En guise de reconnaissance de sa bonne volonté, le conseil de direction lui proposa d'assumer le poste de coordinateur de programmes.

Ce n'était pas une grande compensation. En échange de ses services de liaison « entre le conseil de direction et les individus désireux de faire des recherches au centre », elle était priée de « recueillir les fonds nécessaires à l'entretien de Karisoke et au paiement du salaire de son directeur. » Cela voulait dire qu'elle devait trouver l'argent qui aiderait Harcourt à faire fonctionner le centre et à le payer, facilité dont Dian n'avait jamais profité. Mais elle eut le courage d'avaler même ces couleuvres.

Il existe plusieurs hypothèses sur son obéissance passive aux décisions de cette première réunion. La plus couramment acceptée est qu'elle se sentait proche de la mort, dans un état de détérioration mentale et ne demandait qu'à vieillir et mourir en paix dans une espèce de voie de garage académique.

Cette hypothèse s'accorde mal avec ses observations sardoniques sur la tenue de la réunion.

Loin de l'assommer une fois pour toutes, cette première rencontre directoriale avait redonné de la vitalité à Dian. Peut-être était-ce justement le défi dont elle avait besoin. Quoi qu'il en soit, elle s'attela à son livre avec une énergie qui étonna Anita McClellan. Jusqu'à ce moment-là, elle avait considéré le livre comme un tribut à payer à la science. Mais il s'agissait maintenant de gagner la confiance du grand public pour qu'ils soutiennent la cause du Gorille de Montagne.

Pour les gens qui viennent à mes conférences, un gorille n'est pas qu'un amas de documents scientifiques. Il est vivant. Ils le sentent dans sa vie et dans sa mort. Ils s'inquiètent quant à Digit, Oncle Bert et les autres. Mon livre peut les aider à ressentir la même chose.

Anita McClellan l'encouragea dans ce sens et les révisions avancèrent vite.

La santé de Dian s'améliora sensiblement. Un autre spécialiste lui prescrit un nouveau traitement pour son dos qui fut assez efficace pour retarder l'échéance d'une opération. Son infection rénale réagit positivement à de nouveaux médicaments. Elle n'était pas enceinte et un traitement hormonal résolut ses problèmes gynécologiques.

Vers la mi-juillet 1980, elle se sentait assez bien pour faire une rapide visite à Karisoke avant l'arrivée d'Harcourt. Elle ne fit part de son projet qu'à quelques amis parce qu'elle avait été avertie que l'allié rwandais d'Harcourt, Benda-Lema, directeur de l'ORTPN, ferait tout pour l'empêcher de revenir. Elle ne prit pas la route habituelle par New York et Bruxelles, mais partit d'abord à Tokyo pour une conférence publique et une série de séminaires organisés à l'initiative de la compagnie japonaise de films dont l'équipe avait travaillé avec elle à Karisoke. C'est là qu'elle obtint son visa pour le Rwanda.

Malgré ces précautions, en arrivant à Kigali le 26 juillet, elle fut accueillie par un fonctionnaire de l'ambassade américaine qui était plutôt embarrassé.

« Mademoiselle Fossey, je dois vous dire que votre admission au Rwanda risque de poser certains problèmes. Il peut y avoir un incident à l'Immigration et nous ne désirons pas cela, n'est-ce pas ? L'ambassadeur m'a envoyé pour faciliter les choses. »

Il guida Dian nerveusement à travers les formalités d'entrée. Benda-Lema avait en effet demandé au ministère des Affaires étrangères du Rwanda de l'exclure, mais il n'y eut aucune difficulté. La requête avait été ignorée par le ministre qui était un ami du président Habyarimana. Dian avait encore des amis haut placés.

Benda-Lema fit son possible pour lui compliquer le voyage. L'ORTPN refusait de renouveler le permis de séjour de l'équipe de recherche de Karisoke et Dian décida de mettre de l'ordre dans tout cela, mais Benda-Lema se fit invisible pendant quatre jours. Il ne sortit de sa cachette qu'après qu'elle en eut référé aux autorités supérieures.

Ils finirent par se rencontrer dans les bureaux de l'ORTPN.

Nous nous sommes rencontrés pendant près d'une heure, et il était difficile de dire qui était plus hypocrite. Une mouche au plafond aurait profité de l'atmosphère mielleuse qui régnait dans la pièce... Mais il savait, et je savais qu'il savait qu'il avait des ordres. J'ai obtenu sans aucun problème la prolongation du permis de Peter Veit jusqu'en janvier 1981. Pendant notre entrevue à laquelle d'autres membres de l'ORTPN ont fini par se joindre, on aurait pu entendre le son des harpes et le doux babil des anges. B-L a fini par admettre que Harcourt l'avait convaincu que le travail de Peter n'était pas « scientifique » et qu'il ne fallait pas prolonger son séjour.

Le permis de John Fowler aussi fut renouvelé, mais il était inutile de le faire pour Stuart Perlmeter qui ne désirait pas rester. En fait, le jour même où Dian emprunta la piste qui conduisait au camp, il quitta un lieu et une situation qu'il ne pouvait plus supporter.

A Ruhengeri, j'ai pris un taxi qui m'a conduit au pied de la montagne et j'ai grimpé. J'étais vraiment émue de voir les Africains pleurer, rire, danser et se frapper la tête pour marquer mon retour. Je suis arrivée au camp vers 15 h 10 et je suis aussitôt allée à la tombe. La tristesse de revoir tous les noms des gorilles morts était insupportable... la tristesse de ne pas voir Kima vivante a provoqué en moi une impression de vide et de dépression. Nombreux étaient ceux qui ne l'aimaient pas beaucoup, mais je l'aimais tellement...

Revoir Cindy a été presque aussi difficile. Elle n'avait presque plus de poils sur le dos et les jambes, n'avait plus que la peau et les os, et avait du mal à marcher. Tout comme Kima, elle n'a pas été correctement alimentée. J'ai tout de suite compris que je ne pouvais plus la laisser ainsi.

Tout semblait négligé et à la dérive ; des cabanes non peintes et des pistes couvertes d'herbe. La plupart de mes poules étaient mortes, et pendant les quatre jours que j'y ai passés, je n'ai vu que deux antilopes. Les rapports de recherche étaient dans un état de confusion totale et, à l'exception d'un d'entre eux, je n'ai pas pu voir les groupes. J'ai vu le Groupe 5, mais le contact était mauvais, des touristes étaient passés sur la piste avant nous et une rencontre réelle était impossible à cause de la nervosité des gorilles.

Mutarutkwa, le Tutsi zaïrien qui participe aux patrouilles, est venu me saluer dès qu'il a su que j'étais là. Il avait été attaqué il y a deux ou trois semaines par trois braconniers, mais je pense qu'il est arrivé à les chasser. Il a su par eux qu'un autre bébé gorille avait été capturé de l'autre côté du mont Mikeno. Les patrouilles du camp viennent de s'arrêter, et comme d'habitude les gardiens du parc ne font presque rien. Je me demande combien de gorilles doivent mourir avant que les gens comprennent ce qu'il faut réellement faire dans les Virungas...

Ian Redmond qui a un contrat à court terme pour former des gardes pour le parc est venu aussi me saluer. Nous nous sommes retrouvés comme dans le passé, mais nous ne disposions que d'une heure pour nous voir. Il pense que même la bande qui garde le parc appréhende le retour d'Harcourt. C'est ainsi, comme on fait son lit on se couche.

Dian repartit le 3 août, laissant John Fowler et Peter Veit faire de leur mieux en attendant leur remplacement par le nouveau régime. Mais cette fois, elle ne repartit pas seule. La vieille chienne s'attacha à ses talons et quand ses pattes raides ne purent plus la porter, Kanyaragana la souleva doucement et la mit autour de son cou.

Je suis si heureuse d'avoir ramené Cindy avec moi malgré la difficulté du voyage. A Bujumbura, ils ne m'ont pas laissé la voir dans la soute à bagages, mais à Nairobi, c'est moi qui ai eu le dessus. L'hôtesse m'a accompagnée à une rampe où ils déchargeaient les bagages ; la rampe s'est arrêtée pour me laisser grimper et voir la cage de Cindy tout près de la porte. J'y ai mis de l'eau et l'affreuse nourriture servie aux passagers en guise de « snack », je lui ai parlé et les Africains locaux étaient ravis par le spectacle jusqu'à l'arrivée d'un militaire qui se demandait ce qui se passait. Plusieurs hommes plus âgés se sont souvenus de mes passages à l'aéroport de Nairobi à l'époque où elle n'était qu'un toto, *un bébé. Il a tout de même fallu que je revienne à l'aéroport parce que j'interrompais le déchargement ; ensuite, je n'ai pas revu Cindy jusqu'à Bruxelles.*

Maintenant Cindy est très très obéissante et ceci m'a plutôt inquiétée. A l'aéroport de Bruxelles, il y avait une hôtesse d'accueil à qui j'ai demandé la permission de garder Cindy avec moi pendant les neuf heures d'attente.

Deux petits garçons d'un fonctionnaire de l'ambassade américaine se trouvaient aussi dans l'avion et nous avons été conduits dans une salle aménagée pour les enfants. Puis l'hôtesse d'accueil est revenue dans notre « jardin d'enfants » pour me dire que je pouvais descendre dans les souterrains de l'aéroport parmi des douzaines d'hommes armés, le bruit et un chaos indescriptible.

Cindy était là, dans sa cage, sans eau ni rien. Je l'ai immédiatement sortie, mais elle a refusé de pisser sur le ciment, alors j'ai fini par trouver un peu d'herbe en face de l'aéroport. J'ai cru qu'elle allait inonder tout Bruxelles.

Le calvaire de Cindy n'était pas encore terminé. Elle surmonta la longue traversée de l'Atlantique, le voyage entre les deux aéroports de Kennedy et La Guardia, et enfin un dernier vol pour Ithaca.

Dian et son vieux chien furent accueillis par Stacey Coil, une jeune secrétaire de Langmuil dont l'admiration pour Dian frisait l'idolâtrie :

« Ma mère et mon beau-père avaient loué une grande maison en Floride, au bord du lac Cayuga... J'ai invité Dian à passer un moment avec eux.

« En revenant de l'aéroport avec mon mari, ma mère avait tellement entendu parler de Dian, tellement lu de choses à son sujet qu'elle était très impressionnée. Quand nous sommes arrivés à la maison, il était déjà tard et il faisait nuit... Vous auriez dû voir le visage de ma mère quand mon mari a déchargé une énorme cage vide du coffre de la voiture. Pendant que Dian installait ses affaires dans la maison, nous avons extirpé la surprise de la voiture (ma mère ne pouvait distinguer que les mouvements d'un grand animal sombre).

« Nous sommes entrés et avons fait connaisance autour d'une tasse de café. Puis Dian est sortie sur le pas de la porte et a appelé Cindy d'une voix qui portait haut et loin. (Ma mère était plutôt agitée, mais je l'attribuais à la présence d'une personnalité aussi célèbre.)

« Et alors la grande et vieille Cindy a fait son entrée en bavant. Ma mère riait aux larmes. Elle avait cru que Dian avait ramené avec elle une gorille. »

Confiant temporairement Cindy à la famille Coil, Dian fit une visite à ses parents en Californie. Elle y passa une dizaine de jours dont il ne reste aucune trace écrite. Le 22 août, elle était de retour à Ithaca, partageant un appartement avec Cindy et consacrant toutes ses énergies à la préparation de son livre et à une série de conférences sur l'étude comparée du comportement et de l'écologie des grands singes.

Dès son retour à Cornell, elle avait fait de sérieux efforts pour compartimenter sa vie et reléguer les problèmes liés à Karisoke dans les replis secrets de son cœur pour maintenir une certaine distance affective. En tant que coordinatrice de programmes, elle correspondait avec Harcourt et le collège de directeurs, mais ses rapports avec eux étaient distants et formels.

Semblable à un animal blessé et épuisé, elle était retirée en elle-même, occupée à panser ses blessures et à retrouver ses forces physiques et psychiques. Cornell et une vie universitaire aisée et organisée constituèrent, pour elle, le refuge dont elle avait tant besoin. Mais elle n'avait aucune intention de faire de cette vie un abri permanent. Elle la considérait plutôt comme un sanctuaire dont elle émergerait un jour pour reprendre son combat et défendre ses croyances profondes.

Elle n'avait pas un grand cercle d'amis, mais quelques hommes et femmes qu'elle connaissait plus intimement et qui lui prodiguaient la chaleur de l'amitié. Il s'agissait de quelques étudiants, de Stacey Coil et d'un certain nombre d'enseignants de Cornell. Glenn Hausfater en faisait partie. Leur grande histoire d'amour s'était éteinte, mais il demeurait un solide appui pour Dian. Vers la fin de septembre, alors qu'il était en voyage dans le Colorado, Dian lui écrit :

« Je me sens formidablement bien ici et mes cours marchent bien, même si je mets toute une semaine à les préparer... Cindy et moi faisons de grandes marches. L'autre jour, nous avons rencontré un grand cerf dans la forêt. Honnêtement, je ne fais rien d'autre qu'écrire, préparer mes cours et me promener avec Cindy. Cela semble ennuyeux, mais c'est la première fois que je retrouve un certain équilibre depuis la mort de Digit en 1977.

« Je m'arrête ici pour faire un tour dans les bois avec Cindy et revoir ce charmant étang avec des castors, des tortues et des oiseaux. J'aime cet endroit. Tu me manques beaucoup et j'aurais aimé être la seule à te recevoir à ton retour à Ithaca. Je sais que ce n'est pas possible à cause de ... et des autres. Sache seulement que ton retour m'importe particulièrement. »

Toutes ses promenades d'automne n'étaient pas aussi agréables. Un samedi après-midi, elle emmena Cindy dans une forêt domaniale que Glenn lui avait montrée. Elle courait dans les bois, admirant les premières couleurs de l'automne quand elle fut surprise par un barrage de tirs serrés. Quelques minutes plus tard, un groupe de chasseurs en habits de camouflage surgirent des bois.

Ils traînaient le corps d'un jeune cerf d'un an ensanglanté et éventré. En me voyant avec Cindy, ils se sont arrêtés avec une grimace souriante. L'un d'eux a crié : « Hé, madame, regardez ce que nous venons d'avoir ! »

Il y avait cinq gars costauds et le cerf était à peine plus grand que Cindy, mais ils étaient si fiers d'eux-mêmes. Les chasseurs me donnent envie de vomir !

Elle écrit à Rosamond Carr au Rwanda :

« Cindy commence à ressembler à un vrai chien ; enfin presque, elle a une belle fourrure et retrouve sa santé. Je sais que le camp lui manque, mais je passe deux heures par jour à la promener dans les bois qui entourent l'appartement et le laboratoire. Elle ne s'habitue toujours pas à rester enfermée dans l'appartement, sauf quand je suis avec elle. Je suis si contente de l'avoir ramenée avec moi, mais je n'arrive pas à me défaire de la culpabilité de n'avoir pas fait la même chose avec Kima.

« J'aime mon appartement qui est à cinq minutes de mon travail. Mais je n'aime pas la promiscuité des voisins, en haut, en bas, à côté, et j'aimerais trouver un logement plus campagnard. Tous les tissus, les tableaux et les sculptures sont maintenant accrochés au mur comme ils l'étaient dans ma chambre.

« Tu ne me croirais pas, mais les cours à Cornell marchent très bien ! J'ai moi-même du mal à y croire, j'étais effrayée à l'idée d'enseigner parce que je ne connais que les gorilles et ignore tout des orangs-outangs et des chimpanzés. Le jour de la rentrée, j'étais complètement paniquée. Mais j'ai déjà donné sept cours de deux heures chacun et je suis ravie par la réceptivité des vingt-cinq à quarante étudiants qui viennent tous les mardis. Ils sont de plus en plus nombreux, et nous échangeons nos connaissances. Il y a aussi bien des étudiants, des jeunes chercheurs que des professeurs et ceci donne lieu à un grand échange d'idées.

« Je travaille dix-huit heures par jour à préparer mes cours, réécrire mon livre et à donner des cours gratuits dans des écoles du nord de l'État de New York. Je n'ai jamais tant travaillé de ma vie, je veux dire sur le plan mental et non physique. C'est bon de grossir avec de la mauvaise nourriture, et je suis enfin GROSSE !

« Non, Rosamond, je ne vois pas beaucoup de monde parce que j'ai trop de travail et que tout le monde est tellement plus jeune que moi. J'ai tendance à être très, très solitaire, mais c'est parce que les gorilles, Kima et mon foyer au Rwanda me manquent. Mais tu me connais suffisamment pour savoir que je n'ai pas renoncé définitivement à tout cela. Je n'ai pas l'intention de m'installer ici et de vivre sur mes lauriers. Mais je dois d'abord tenir mes engagements envers Cornell et, par-dessus tout, finir mon livre. Il faut aussi que je retrouve dans la mesure du possible une bonne santé. Vers la fin de décembre, j'espère passer une semaine à Toronto pour des piqûres d'enzymes dans ma colonne vertébrale et pour soigner ma sciatique qui empire lorsqu'il fait froid.

« Je pense beaucoup à toi et que ne donnerais-je pour prendre le thé chez toi cet après-midi ! Honnêtement, il me serait bien plus facile d'aller d'Ithaca à Gisenyi, que de là à Karisoke où je suis dorénavant considérée comme une étrangère. »

La phrase n'était pas exagérée. Le 25 septembre, Sandy Harcourt prenait les commandes de Karisoke. Tout en ne passant qu'un mois sur place pour repartir en Angleterre jusqu'en janvier 1981, il avait clairement laissé entendre que pendant toute la durée de son mandat de directeur de Karisoke, Dian serait considérée comme une personne indésirable.

L'hiver arriva à Ithaca et Dian continua à travailler avec acharnement à ses cours et à son livre. Elle voyait suffisamment Glenn pour adoucir sa solitude, mais elle passait le plus clair de ses loisirs à lire et à se promener en compagnie de Cindy. Une fois, elle passa tout un week-end à compter des oies canadiennes qui effectuaient leur migration vers le sud. Une autre fois, elle se perdit avec le chien en voulant suivre un groupe de chevreuils à la queue blanche. Puis arrivèrent la neige et le froid qui espacèrent les longues marches dans la nature.

L'être humain qu'elle voyait sans doute le plus souvent était la jeune secrétaire Stacey Coil. Par un jour de novembre, elle l'emmena dans sa petite voiture où il fallait se plier comme un accordéon, pour y passer son permis de conduire. Ce fut un désastre. Dian qui était plutôt une piètre conductrice était tellement énervée par l'examinateur qu'elle accumula les erreurs et finit par menacer d'abandonner la voiture, Stacey *et* l'examinateur.

Ses cours marchaient toujours très bien. Ses étudiants finirent par l'élire comme meilleur professeur de l'année, compliment qu'elle reçut d'un air bourru dans sa classe, mais qui la fit pleurer de joie dans le secret de son appartement.

Pendant tout le mois de décembre, elle était préoccupée par son rendez-vous dans un hôpital canadien pour y subir un nouveau traitement qui soignerait son dos. L'avant-dernier jour de l'année, elle rencontra là-bas le Dr John McCulloch, un chirurgien orthopédiste qui utilisait l'enzyme de papaye pour dissoudre les adhérences des disques dorsaux. Par un sombre après-midi, elle entra à l'hôpital St. Michael.

C'est ainsi qu'elle raconte plus tard ses aventures à une amie :

« Essaye, si tu le peux (et je n'ai pas pu), d'obtenir une chambre seule et prépare-toi à une nourriture horrible. On t'emmène dans la salle d'opération en chaise roulante, sans piqûre préalable et totalement consciente. Ensuite, on t'étend sur le ventre sur une surface glacée qui te réveille encore plus. Enfin l'anesthésiste te fait une piqûre de Valium.

« Toujours très, *très* consciente, tu sens la piqûre d'enzyme dans le disque en question. La pénétration de ce nectar dure une quinzaine de minutes. Une des raisons pour lesquelles on te tient éveillée est pour que le Dr McCulloch sache qu'il a piqué au bon endroit. J'avais l'impression que plus je criais, plus il avait l'impression d'avoir fait du bon travail !

« Le taux de réussite du Dr McCulloch se situe aux environs de quatre-vingt-dix pour cent, grâce à la prudence de son traitement. Les gens arrivent chez lui, incapables de marcher et perclus de douleur, et en repartent debout comme à Lourdes. Ils m'ont dit que je pouvais repartir le lendemain matin à dix heures, mais semblaient ignorer le fait que je ne pouvais pas marcher. Ils ont fini par trouver un corset trop grand pour moi, mais qui m'a été d'un grand secours. Le retour à l'hôtel avec mes bagages a été un vrai cauchemar. Il ne faudrait jamais faire ces choses-là tout seul...

« Au bout d'un mois, mes douleurs avaient diminué de moitié ; au bout de deux mois, elles avaient pratiquement disparu ; et au bout de quatre, plus rien du tout. C'est comme si je recommençais une nouvelle vie. Mais comme j'en souffre depuis trois ans, j'ai du mal à perdre l'habitude de ramper.

« Beaucoup de médecins américains désapprouvent ce traitement qui est illégal dans ce pays. Heureusement que le Canada existe ! »

20.

Dian mit un certain temps à se remettre de ce traitement où ses disques avaient été « digérés par le monstre papaye ». L'université de Cornell lui avait proposé un trimestre d'enseignement au printemps, mais elle se sentait incapable de cet effort. Après quelques semaines de repos, elle put faire le trajet entre son appartement et le laboratoire dans sa vieille voiture.

Le mois de janvier lui réservait une autre mauvaise surprise.

Le matin du 16, de bonne heure, un des pisteurs de Karisoke arriva en courant chez Peter Veit pour lui annoncer que la cabane de Dian avait été cambriolée. Veit qui était le seul Blanc à être resté au camp depuis le début de la nouvelle année alla voir ce qui s'était passé. On s'était servi de ciseaux pour découper un trou dans le mur de tôle ondulée, juste au-dessous d'une fenêtre de la chambre à coucher de Dian. Deux individus avaient bien fouillé dans toute la pièce, embarqué leur chargement dans six couvertures transformées pour l'occasion en baluchons et étaient repartis par la piste principale. Ils étaient suffisamment costauds pour avoir pu transporter une caméra, vingt-cinq kilos de batteries et d'accessoires, trois machines à écrire, deux microscopes, deux paires de jumelles, une chaise de bureau, un coussin, dix serviettes de bain, six sacs de couchage, quatre tripodes et un certain nombre d'objets divers.

Ils ne furent jamais pris et on ne trouva aucune trace des objets volés. En douze ans d'existence, c'était la première fois que Karisoke était cambriolé. Le pire, selon Dian, n'était pas tellement la perte d'un équipement coûteux comme le sentiment que sa maison, le lieu qu'elle avait construit de ses propres mains, avait été violé.

Cela ne serait jamais arrivé en ma présence. C'est comme un présage. Karisoke s'en va à la dérive, et les choses risquent d'empirer.

Cette sombre prédiction était sans doute inspirée par le fait qu'un jour après le cambriolage, Sandy Harcourt prenait ses quartiers en tant que nouveau maître de Karisoke.

Harcourt consacrait tous ses efforts à diriger Karisoke comme un véritable centre de *recherches.* Rien ne devait s'écarter de ce qu'il considérait comme la vocation légitime du camp : la collecte d'informations. La nature de l'information et le temps passé à la collecter importait peu, pourvu d'être douée d'une valeur scientifique. Les chercheurs se consacraient à des sujets aussi disparates que le temps, l'invasion d'insectes dans les shambas, la régénération des hagenias et la végétation de haute altitude. La compilation de faits ou de fragments de faits ésotériques sur le gorille de montagne se poursuivait toujours, mais cet aspect de la recherche était la chasse gardée d'Harcourt et de Kelly Stewart.

Dian et lui n'avaient pas les mêmes priorités. Pour elle, le rôle de Karisoke était surtout d'assurer la *vie* des créatures du parc et non l'accumulation d'informations abstraites.

La collection d'informations est sûrement importante, mais les choses n'ont pas beaucoup changé depuis le jour où les scientifiques ont tiré sur tout ce qui bougeait pour collecter des données. A l'époque, ils ont bâti leur réputation sur des animaux morts. Aujourd'hui ils se servent d'animaux vivants, mais le principe reste le même. Mort ou vivant, on se sert du savoir pour accumuler les articles de recherche et finir par obtenir le statut de « dos argentés ». Il n'y a pas de mal à cela, sauf que de nombreux scientifiques modernes, comme d'ailleurs leurs prédécesseurs, ne se soucient pas tellement de la survie des espèces qu'ils étudient comme de l'information qu'ils peuvent en obtenir.

Des frottements inévitables devaient survenir entre le directeur en exercice à Karisoke et le directeur des programmes à Ithaca. Mais l'intensité de ce combat royal était assez imprévisible.

Il existe un compte rendu exhaustif de ce conflit dans un échange de missives entre les deux combattants, leurs alliés et leurs supporters. Ce qui suit n'en est qu'un résumé synthétique.

Le 27 septembre 1980, deux jours après être entré en fonctions, Harcourt se plaignit de n'avoir pas reçu d'argent pour diriger le camp et de ne pas retrouver les fiches d'observations sur les gorilles. Il exigea que ces deux points soient rapidement réglés « afin que ce lieu se remette à fonctionner ». Aussitôt après, il informa le collège directorial que l'ORTPN désirait que le centre n'étudie que des problèmes « concernant le parc ». Il s'agissait surtout de sujets comme le tourisme, renforcé au détriment de l'étude du comportement des gorilles qui était la vocation et l'image de marque de Karisoke. Harcourt annonça que les exigences de l'ORTPN seraient prioritaires pendant l'année 1981, mais que lui et Kelly poursuivraient, par ailleurs, leurs propres études sur le comportement.

Le pas suivant fut d'informer le Dr Jeanne Altman, présidente du directoire, que Benda-Lama l'avait « formellement et par écrit » nommé directeur effectif du centre et non directeur *en exercice*. « L'ORTPN reconnaît que cette position peut être tenue pendant deux ans », ajoutait-il, dans une tentative transparente d'inviter le directoire à en faire de même.

Le Dr Altman n'apprécia pas ces « communiqués d'un salarié du directoire » et Dian en conclut prématurément qu'Harcourt avait été remis à sa place.

Le 26 janvier, il essayait une nouvelle passe en s'adressant au nouveau président, John Eisenberg. Il lui demandait d'attribuer le surplus de crédits de Karisoke à des étudiants faisant de la « recherche appliquée » sur les problèmes structurels et administratifs du parc. Harcourt précisait que si le centre ne comprenait pas un minimum de *dix* étudiants attachés à ce domaine, l'ORTPN risquait de reprendre le centre. Personne ne prit cette menace au sérieux, mais Dian fit aussitôt remarquer qu'une telle mesure ne laisserait aucune place à de nouveaux étudiants désireux de travailler sur les gorilles.

Il y avait de perpétuelles passes d'armes sur des problèmes d'argent. Harcourt prétendait que l'allocation de la *National Geographic* revenait entièrement à ses projets et à ceux de Kelly. La responsabilité du coût d'entretien de Karisoke revenait, selon lui, à Dian. C'était à elle de trouver les fonds pour payer l'équipe, entretenir la camionnette, les bâtiments et l'outillage. Il se plaignait amèrement d'être obligé, dans l'état actuel des choses, de payer les frais d'entretien de sa propre poche.

En juillet, il changea brusquement de tactique et annonça qu'il était prêt à collecter les fonds d'entretien à condition que son mandat de directeur soit prolongé d'un ou deux ans. Robert Hinde, ancien directeur de thèse de Dian à Cambridge, actuel président du directoire et ardent défenseur d'Harcourt considéra cette exigence comme parfaitement légitime. Il proposa que les fonctions de directeur d'Harcourt soient étendues à *trois* ans. Eisenberg qui, lui aussi, soutenait Harcourt souscrivit à cette proposition.

Toutefois le directoire dans son ensemble manifestait des signes d'impatience. Tout en continuant à soutenir Harcourt, certains pensaient que les choses ne tournaient pas très rond. Il fut donc décidé que Glenn Hausfater qui était le futur président ferait un voyage au centre pour dresser un premier rapport de la situation.

Harcourt fut informé de cette visite prévue pour la fin septembre.

« Sa Majesté impériale n'est pas contente », notait Dian. Dans une lettre aux parties impliquées, Harcourt laissait entendre que l'envoyé du directoire ne serait pas bien reçu. Il écrivit aussi à Hausfater pour l'informer que personne ne serait disponible pour l'accueillir à l'aéroport de Ruhengeri, qu'il devait apporter sa propre nourriture et payer « un forfait quotidien pour l'utilisation de mon équipe pendant votre séjour ici ».

Hausfater insinua avec diplomatie que sa visite permettrait à Harcourt d'être réélu comme directeur du centre, mais Harcourt répondit que cela était déjà fait et qu'il se demandait si « cette visite était vraiment nécessaire ».

Un autre membre du directoire qui commençait à se poser des questions était le Dr Snider de la *National Geographic.* Dian fut ravie d'être soutenue par cet ancien ami et s'empressa de suivre son conseil en proposant à la Société de se charger de la collecte des fonds du centre pour l'année 1982.

Harcourt rejeta catégoriquement cette proposition en précisant que si les fonds leur parvenaient, Kelly et lui ne signeraient pas les formulaires d'octroi de la subvention.

Même les plus fidèles partisans d'Harcourt commençaient à être alarmés par son comportement. Le Dr Hinde écrivit à son protégé, lui conseillant d'être plus aimable : « Je comprends que beaucoup de choses vous irritent... mais il ne sert à rien d'écrire des lettres aussi agressives. Vous ne faites que nuire à ceux qui essayent de huiler les rouages de la machine. » Harcourt lui répondit que, considérant le comportement passé et présent de Dian, il lui était difficile d'être poli à son égard. Quant à Glenn Hausfater, il pensait qu'il ne pourrait pas « fonctionner comme président... ma paranoïa à propos de Dian est trop forte pour y croire ». La lettre se terminait par une phrase énigmatique insinuant que tout n'allait pas pour le mieux au camp.

Hausfater arriva au Rwanda le 30 septembre et trouva le pays en ébullition après une nouvelle tentative de coup d'État. Il décrivit la situation dans une lettre au directoire :

« Avant d'arriver à Kigali, le taxi dans lequel je me trouvais a été arrêté et mes bagages fouillés. Tous les hôtels, y compris la mission catholique, avaient ordre du gouvernement de ne pas fournir de chambres aux étrangers. Après avoir pu me loger chez un ami, j'ai été réveillé et interrogé par la police secrète. Le lendemain, aux abords de la direction du parc, un détachement militaire m'a informé... qu'ils avaient des instructions strictes pour ne laisser entrer aucun visiteur dans le parc.

Après mon retour à Kigali, j'ai été aidé par l'ambassade américaine en vue d'obtenir la permission de traverser les barrages militaires de Ruhengeri. Mais l'ORTPN m'a refusé le permis de visiter le centre de Karisoke et, deux jours avant la fin du temps qui m'était imparti pour ce voyage, j'y ai renoncé et suis parti au Kenya. »

Même si la déconfiture d'Hausfater était en grande partie due à la situation politique qui prévalait dans le pays, Dian et lui pensèrent que le coup d'État n'était pour rien dans le refus de l'ORTPN qui collaborait étroitement avec le nouveau directeur de Karisoke.

Harcourt lança une nouvelle bombe sur le directoire en exprimant son désaccord sur la présidence d'Hausfater, même si elle ne devait être qu'intérimaire. Plusieurs membres du directoire réagirent avec indignation à cette ingérence illégitime dans leurs prérogatives.

Robert Hinde écrivit aussitôt une lettre alarmée à Sandy et à Kelly : « Je déplore la lettre de Sandy ; elle nuit à sa réputation et ne lui acquiert pas le soutien du directoire. »

Harcourt fit des excuses, mais l'effet en fut gâché par l'annonce de sa démission de son poste à Karisoke pour la fin de 1982... à moins que le gouvernement rwandais (sous-entendu l'ORTPN) ne lui demande de rester. Certains membres du directoire considérèrent cela comme une menace : s'il ne s'amendait pas, l'ORTPN risquait de perdre patience et de « saisir » Karisoke. Quelles qu'aient été les intentions d'Harcourt, leur expression était maladroite. Le soutien chancelant qu'il recevait commença à être sérieusement ébranlé.

Vers la fin octobre, ce que l'un des membres exaspérés du directoire appelait la « guerre des gorilles de Karisoke » entra dans une impasse. Les antagonistes étaient épuisés par toutes ces querelles, rancœurs et récriminations. Harcourt souffrait probablement plus que quiconque et, excédé, il finit par abandonner la partie.

Le 19 novembre, il déserta la lutte qu'il menait depuis près de quatre ans et présenta sa démission officielle à Eisenberg, celle-ci devenant effective à la fin de 1982.

Il ne restait plus aux deux adversaires qu'à conclure l'armistice. Le rameau d'olivier fut porté par Kelly Stewart au cours d'un voyage aux États-Unis, à la fin décembre. Elle téléphona à Dian, elles tombèrent dans les bras l'une de l'autre, et le lendemain matin Dian envoya un télégramme de paix à Karisoke :

> CHER SANDY AI EU LONGUE ET BELLE CONVERSATION AVEC KELLY HIER SOIR. ELLE A RACONTÉ COMMENT TU TRAVAILLAIS ET ÉTAIS IMPLIQUÉ... JE DÉSIRE PROFONDÉMENT QUE 1982 COMMENCE DANS LA COOPÉRATION ET NON DANS LA COMPÉTITION. EN ATTENDANT SACHE QUE JE

SUIS FIÈRE DE TES RÉALISATIONS. TRANSMETS MON AMITIÉ AUX HOMMES. NE TE CROIS PAS SEUL PENDANT LA SAISON DES VACANCES. CINDY ET MOI T'ENVOYONS NOTRE AMITIÉ. DIAN.

A l'exception de « La guerre des gorilles de Karisoke », l'année 1981 avait été plutôt calme pour Dian. Son dos guérissait et elle consacrait ses journées à travailler à son livre et à réunir des informations pour ses recherches.

Vers la fin du mois d'avril, la monotonie de cet emploi du temps fut agréablement interrompue par une réunion des « trimates » de Louis Leakey, les trois primatologistes femmes qui avaient consacré toute leur vie, aux quatre coins du monde, à essayer de comprendre la nature et les qualités de ces cousins de l'homme. La fondation Leakey avait organisé un colloque en l'honneur de Jane Goodall, Dian Fossey et Biruté Galdikas et, avant de se réunir en Virginie le 29 avril, les trois femmes devaient se rencontrer dans l'appartement de Dian à Ithaca.

Jane fut la première à arriver. Elle avait voyagé sans interruption depuis l'Afrique, l'Angleterre, puis New York et Ithaca, et elle était épuisée à la fois par le voyage et par la douleur d'avoir perdu son mari quelques mois plus tôt. Elle appréhendait la tournée de conférences à travers les États-Unis qui suivrait leur rencontre à Sweet Briar, en Virginie. Dian ne connaissait pas bien Jane, mais elle avait pour elle une estime qui frisait la crainte et qui la rendait nerveuse en allant accueillir son illustre collègue à l'aéroport.

Comme elle l'écrivit plus tard à la mère de Jane, ses appréhensions s'évanouirent en un clin d'œil.

« En la voyant, j'ai eu l'impression de recueillir un pigeon blessé. Je souffrais pour elle. En quelques minutes, nous étions dans mon affreux appartement, et elle n'était plus blessée. Je me sentais heureuse d'arriver à la détendre. C'est *elle* qui m'a comblée et non le contraire... Je ne me suis jamais sentie aussi proche d'elle, peut-être parce qu'elle était toujours entourée de monde et que je n'osais pas l'approcher. »

L'arrivée de Biruté Galdikas pour laquelle elles n'éprouvaient pas de sympathie particulière n'interrompit pas cette amitié naissante.

C'est la première fois que j'ai pu voir Jane pendant si longtemps, et j'ai fini par l'apprécier encore plus qu'avant. Elle est certainement un modèle dont j'ai beaucoup à apprendre, patience, dignité, amabilité, sans compter son merveilleux sens de l'humour.

Après une « répétition générale » de leur conférence à Cornell, les trois femmes partirent à l'université de Sweet Briar en Virginie. Elles y furent interviewées par Nan Robertson du *New York Times :*

« Cette semaine, Dian Fossey, Jane Goodall et Biruté Galdikas se sont rencontrées parmi les azalées et les cornouillers d'un printemps du sud pour parler à un colloque de l'université de Sweet Briar de " Ce que les singes peuvent nous apprendre sur l'espèce humaine ".

« Elles font partie des primatologistes les plus éminents du monde... avec Dian Fossey spécialiste du gorille de montagne, le Dr Goodall spécialiste des chimpanzés, et le Dr Galdikas des orangs-outangs.

« Au cours de conversations à bâtons rompus, entrecoupées de conférences et de dîners de gala, elles ont parlé de leur vie et se sont un peu révélées à nous. Le Dr Fossey, quarante-neuf ans, originaire de San Francisco, est une grande femme robuste avec une tignasse noire et des mouvements d'adolescente maladroite. En contraste, Jane Goodall, une Anglaise de quarante-sept ans est d'une finesse presque éthérée et a des cheveux blonds ramassés en chignon. La plus jeune des trois, le Dr Galdikas, trente-quatre ans... est une citoyenne du Canada... une abondante chevelure brune et des yeux bleus...

« La vie dans un camp est souvent d'un inconfort extrême. Le Dr Fossey travaille à trois mille mètres d'altitude, au sommet d'un volcan éteint, et supporte les maux dus à l'altitude, à la dépression, à la pluie et à la grêle. Le Dr Goodall doit souvent ramper dans des trous de porcs-épics pour atteindre ses sujets, et le Dr Galdikas se plonge parfois jusqu'au cou dans des marécages infestés de sangsues à la recherche de ses orangs-outangs...

« Telle est leur vie. Le Dr Goodall que les autres considèrent comme une pionnière travaille sur le terrain depuis vingt ans, le Dr Fossey depuis treize ans, et le Dr Galdikas depuis une dizaine d'années.

« C'est la solitude qui finit par vaincre nombre d'entre eux...

« Le Dr Galdikas appelle cela " la fièvre des forêts ". Le Dr Fossey la compare au " spleen des astronautes ". Elle dit que " s'ils ne peuvent pas supporter l'isolement, ils ont des suées, crient, tremblent ou pleurent ". Les trois femmes font fi de toute idée de danger parce qu'elles se sentent bien avec leurs animaux qui ne les blessent jamais sérieusement ; et le Dr Fossey qui travaille avec ce que les premiers explorateurs appelaient " des bêtes effrayantes " les nomme ses " gentils géants "... Aussi bien le Dr Goodall que le Dr Fossey ont imité certains de leurs appels, cris, halètements et mugissements dans un crescendo terrifiant. On a demandé au Dr Galdikas d'imiter le cri de l'orang-outang, mais elle a répondu avec un certain dédain : " La femelle adulte est pratiquement silencieuse sauf quand elle est violée... "

« Le Dr Fossey a parlé du “ silence de la forêt ” tout en se bouchant les oreilles pour éviter d'entendre les bruits qui fusaient d'une réception chez le président de l'université. “ Je ne peux pas supporter ce bruit de fond ”, a-t-elle dit.

« Puis elle a ajouté qu'elle se sentait plus à l'aise avec les gorilles qu'avec les gens. “ Je peux anticiper ce que fera un gorille et son comportement est parfaitement justifié. Il est vrai qu'il arrive un moment où je rêve de supermarchés et de drugstores, de chips et du journal du dimanche. Mais c'est tout.”

« Et le Dr Goodall a répété ce qu'elle avait dit un jour au Dr Leakey : “ La civilisation ne m'intéresse pas. Je veux errer au sein de la vie sauvage. ” »

Le retour à la civilisation posait certainement des problèmes. Dans une lettre, Dian rappelait à Jane une question qui leur avait été posée au cours du séminaire : « Nous devions parler des aspects de la vie civilisée auxquels nous avions le plus de mal à nous adapter en revenant de la brousse. J'ai aussitôt pensé à mon incapacité à me souvenir de la chasse d'eau et je l'ai dit sans aucun scrupule. J'allais parler d'autres difficultés de cet ordre, mais tu as réagi en vraie Britannique, tu m'as pincé le bras en murmurant d'un air choqué que tout le monde a entendu : “ Oh, Dian !” C'est la spontanéité de ta réaction qui a fait rire le public. »

Le 1er mai, les « trimates » partaient vers l'ouest pour une conférence commune à Pasadena, mais la tension montait entre Biruté et Dian, et Jane s'appliquait à les amadouer.

De retour à Ithaca à la fin du mois de mai, Dian écrivait à Jane :

« Je ne sais pas exprimer tout ce que représentait pour moi ce voyage en commun. Ta présence m'a rendu supportables certaines scènes pénibles. J'ai beaucoup à apprendre de ton tact, de ta gentillesse, de ton amabilité, de ton professionnalisme. J'avais du mal à te quitter quand tu as pris l'avion à Los Angeles. Quand j'y pense, c'était un drôle de départ. Les deux “ camps ” avec Biruté d'un côté et moi de l'autre, et toi au milieu, si diplomatiquement aimable. »

Le temps que Jane et Dian passèrent ensemble leur fut profitable à toutes deux. Le penchant de Dian à couver et panser les blessures des autres procura un certain réconfort à Goodall, et l'analyse que fit Jane de « la guerre des gorilles » fut un antidote puissant à l'amertume qui rongeait Dian. Elles se quittèrent comme des amies de longue date et, même si plus tard elles n'eurent que de rares occasions de rencontre, leur amitié demeure intacte.

A mesure que l'été avançait, la chaleur et l'humidité envahissaient Ithaca et Dian en était incommodée. Comme elle n'arrivait plus à travailler à son livre, Anita eut l'idée de louer une maison à

Bar Harbor, près de l'océan, et les deux femmes accompagnées de leurs chiens respectifs y passèrent six semaines productives et mémorables.

« Chère Dian, je voudrais vous répéter le plaisir que j'ai éprouvé à être votre éditeur, votre amie et votre plus encombrante admiratrice... Souvenez-vous de ces jours dans le Maine avec nos femelles quadrupèdes et le crépitement de la machine écrivant le chapitre 5 sur Coco et Pucker. Puis nos marches sur la plage à observer les oiseaux et la vie marine, nos conversations dans le cabanon, nos rires, nos injures et nos grognements aux conférences de la bibliothèque municipale... Les regards en coulisse des habitants quand nous nous disputions sur la pelouse... Et Cindy surveillant chacun de vos gestes quand vous ramassiez des coquillages sur la plage... »

Dian revint enseigner à Cornell au début de l'automne. L'année 1981 s'achevait, la querelle avec Harcourt semblait se conclure et Dian n'avait jamais été en aussi bonne santé. Grâce à l'aide d'Anita, elle était sur le point de finir son livre, et la publication de quelques articles scientifiques avait mis un terme aux chicanes de ses pairs. Elle entretenait de bonnes relations avec la *National Geographic*. Sa relation avec Glenn s'était installée sur de nouvelles bases d'amitié et de compréhension. Et pour un temps, l'univers semblait serein.

Dian passa le mois de janvier 1982 à se terrer dans son appartement pour se protéger des rigueurs de l'hiver. Elle travailla à son livre auquel il manquait encore deux chapitres sur les douze prévus. Elle rencontra des amis et fêta ses cinquante ans le 16 janvier en petite compagnie.

Je crois que la Femme solitaire des forêts est en train de se transformer en matrone insipide du Langmuir... mais je dois reconnaître que je me sens plus jeune maintenant qu'il y a cinq ans. Il en est de même de Cindy qui a quinze ans. Nous sommes de vieilles choses encore pleines de vie !

Cette transformation était beaucoup plus profonde qu'elle ne l'imaginait. En fait, tout en le niant, elle se réconciliait progressivement avec l'Amérique. Rien ne la distinguait en apparence de ses consœurs universitaires. Les étudiants et les enseignants la traitaient avec un respect qu'elle n'avait jamais connu ni désiré auparavant. Malgré son visage marqué et quelques cheveux gris, elle avait une allure toujours aussi séduisante, plaisait encore à beaucoup d'hommes, mais elle manifestait moins d'intérêt pour eux. Les gorilles, les autres animaux, les années passées à Karisoke lui manquaient toujours autant, mais le désir lancinant et quasi charnel d'y retourner semblait avoir perdu de son impétuosité.

Par ailleurs, la trêve signée entre elle et Harcourt se révéla être de courte durée, et la présence continue de ce dernier dans le camp contribuait sûrement à ce léger détachement.

« Je commence à comprendre que je ne pourrai jamais y retourner tant qu'il sera là », écrit-elle à Jane Goodall, une des rares personnes à qui elle continuait à envoyer de longues lettres. Le besoin d'écrire se faisait moins sentir à Ithaca que dans la solitude des volcans, et par ailleurs, cela lui prenait trop de temps.

Harcourt entama sa nouvelle année en adressant des lettres à Dian et au Dr Snider où il se plaignait de pertes financières et de ne pas recevoir un soutien matériel suffisant. Il concluait sa lettre à Dian par ces mots :

« Je ne suis pas prêt à continuer à travailler pour Karisoke et le collège directorial dans ces conditions. Je continuerai à travailler comme directeur du centre, responsable devant le gouvernement rwandais, mais en ce qui me concerne, je me sens dégagé de mes responsabilités envers le coordinateur de programmes... aussi longtemps que les frais d'entretien du centre et les dépenses ne me sont pas payés d'avance. »

Dans les faits, il avait démissionné de son poste, mais ne voulait pas quitter les lieux. Le comité de Recherches de la *National Geographic* qui venait de lui attribuer 16 800 $ pour entretenir Karisoke ne fit pas bon accueil à cette lettre. Kelly Stewart essaya d'arrondir les angles et de limiter les dégâts. Elle écrivit une lettre d'excuses à sa place et pacifia un tant soit peu les esprits. Même Dian qui avait reçu aussi une longue lettre amicale ne se laissa pas démonter par cette nouvelle saute d'humeur d'Harcourt.

Le gars est en train de devenir un « sauvage des brousses ». Il faudrait que Kelly l'emmène se reposer en Angleterre.

L'éditeur de Dian, Houghton Mifflin Company, exigeait maintenant un titre et Dian proposa : *Des gorilles dans les brumes,* qui ne fut pas accueilli avec enthousiasme.

Ils ne l'aiment pas. Personne ne l'aime. Seuls les gorilles ne semblent pas s'en plaindre !

Qu'on le veuille ou non, Dian persista dans son choix.

Je m'occupe maintenant des tables, index, cartes, références, etc. Je le déplore. J'ai du mal à partager mon temps quotidien entre le livre, mes cours, l'analyse de recherches sur le terrain et la correspondance. Les heures de la journée ne me suffisent pas, d'autant plus que dans ce pays il n'y a aucune urgence à se lever de bonne heure.

Le 12 mars, le Dr Eisenberg en eut assez. Il écrivit aux membres du directoire :

« Il semble que nous entrions dans une nouvelle phase en ce qui concerne les études à Karisoke... Je suggère que le directoire s'y implique plus et que le Dr Fossey prenne les choses plus directement en main. En tout état de cause, il sera nécessaire d'élire un nouveau président puisque je désire me retirer de mes fonctions. »

De nombreux autres membres pensaient aussi que Dian devait reprendre les rênes qui lui avaient été si fermement retirées. Ceux qui étaient autrefois convaincus de la nécessité du divorce entre Dian et Karisoke commençaient à penser qu'ils s'étaient sans doute fourvoyés.

Vers la fin de février, Dian interrompit la rédaction de son livre pour faire une tournée de conférences à Oklahoma et à Tulsa où elle rencontra un jeune étudiant, Wayne McGuire, désireux de travailler à Karisoke. Elle ne savait pas encore que ce jeune homme qui ne lui avait fait qu'une faible impression était appelé à jouer un rôle capital dans son avenir.

Ces tournées de conférences n'étaient pas un exercice de narcissisme ; ils permettaient à Dian d'assurer sa subsistance. Pendant le temps où elle se trouvait à Karisoke, les conférences l'aidaient à financer l'entretien du centre ; en exil aux États-Unis, elles constituaient une part importante de ses maigres revenus.

Le 18 mars, Dian et Cindy arrivèrent à Plattsburgh, une petite ville près de la frontière canadienne où elle devait enseigner pendant un mois. Tout en redoutant ce départ « vers la toundra », cet intermède se révéla être agréable.

Je donne un cours d'études comparées sur le comportement des trois grandes familles d'anthropoïdes et je vis à la campagne pour la première fois depuis mon départ d'Afrique. Je ne peux pas exprimer tout ce que représente pour moi le fait de retrouver l'espace, les arbres, les animaux et les oiseaux. Cindy et moi nous débrouillons bien, relativement à notre âge, et l'air printanier redonne de la vigueur à nos vieux os. Je suis censée rester ici jusqu'à la fin d'avril. Les étudiants comme d'ailleurs la faculté sont superbes. Tout le monde est passionné par les cours, amical et proche. Je regretterai mon départ.

De retour à Ithaca, elle se trouva devant la nécessité de prendre une décision difficile. Le collège directorial l'avait chargée d'une mission délicate : celle de choisir un directeur intérimaire pour remplacer Harcourt en attendant qu'elle puisse reprendre les commandes de Karisoke.

La tentation de revenir au Rwanda était forte, mais il fallait qu'elle y résiste pour un certain nombre de raisons. Elle avait un contrat avec Cornell jusqu'au mois de septembre et les contrats étaient faits pour « être honorés ». *Des gorilles dans les brumes* n'était pas achevé. Harcourt était encore « en résidence » à Karisoke, et il n'était pas question qu'elle y retourne tant qu'il n'avait pas définitivement quitté les lieux. Enfin, il y avait Cindy dont le bien-être n'était pas la moindre des préoccupations.

« Je pense que Cindy aussi aimerait retourner au camp, écrit-elle à une amie, mais je ne crois pas qu'elle puisse supporter le voyage... ses pattes arrière ne fonctionnent plus et elle ne peut plus se lever sans être aidée. Je lui ai acheté des bûches électriques qui ressemblent à un vrai feu de bois, j'ai placé à côté un matelas et un oreiller, et c'est là qu'elle passe le plus clair de son temps, allongée comme une reine en attente.

« Tout comme Cindy, je suis maintenant grosse et ménopausée (c'est très agréable et sympathique !)... Je ne veux pas passer un autre hiver ici. J'aimerais retourner au camp et pouvoir écrire à plein temps plutôt qu'enseigner pour payer mon loyer. »

Elle finit par décider de considérer la candidature de David Watts qui avait travaillé avec elle à Karisoke de mars 1978 à juillet 1979. Elle fixa avec lui un rendez-vous à la mi-mai à Chicago. Mais auparavant, elle devait participer à un autre colloque de « trimates » au Hunter College de New York.

Les trois femmes, Goodall, Galdikas et Fossey, décidèrent d'un commun accord d'exploiter cette occasion pour souligner le besoin urgent d'œuvrer en faveur de la sauvegarde de ces grands singes. Dian fut la dernière à parler. C'est ainsi que le *New York Times* rapporte ses propos :

« Le Dr Fossey a relaté le combat en faveur des gorilles de montagne en Afrique qui étaient menacés à la fois par la culture extensive des fermiers et par les braconniers.

« La voix du Dr Fossey s'est brisée en parlant d'un groupe de gorilles de montagne qui avaient été traqués et tués.

« Quand le Dr Fossey a montré une diapositive d'une tombe de gorille près du camp, l'auditoire impressionné s'est tu. “ J'ai fait de ce cimetière un mémorial, a-t-elle dit, dans l'espoir de ne jamais voir le jour où il n'y aura plus que des tombes et des mémoires dans les brumes. ” »

Cette fois-ci, Jane et Dian n'eurent pas le temps de se voir longuement. Dian prit le premier avion pour Chicago, rencontra Watts et ils décidèrent qu'il s'installerait à Karisoke dès le départ d'Harcourt, à condition que ce dernier se montre coopérant.

En revenant à Ithaca, Dian trouva la copie d'une lettre adressée par Harcourt à son éditeur anglais, Hodder et Stoughton. Il le menaçait d'action en justice au cas où le livre de Dian contiendrait des passages susceptibles de lui porter préjudice. Harcourt supposait qu'elle avait pu faire des commentaires non seulement sur lui, mais aussi sur d'autres personnes « concernées par la préservation des volcans du Virunga ». Et si tel était le cas, « vous risquez d'être poursuivi par plusieurs plaignants dont certains sont de renommée internationale », écrivait-il à l'éditeur.

Dian et l'éditeur décidèrent d'ignorer cette menace, mais elle envoya tout de même un petit mot à Anita McClellan.

« Étrangement, j'ai reçu le même jour une charmante lettre de Kelly qui m'a laissée songeuse. »

Pendant que Dian travaillait à son livre dans la chaleur d'un long été, Harcourt et Kelly partirent pour l'Angleterre puis les États-Unis, laissant à Karisoke un biologiste japonais, Juichi Yamagiwa. Selon les rapports reçus par Dian, le camp n'était pas bien entretenu depuis son départ.

Dian et le directoire crurent qu'Harcourt et Kelly étaient partis pour de bon. Watts se mit à faire des préparatifs de départ, mais vers la mi-septembre, le couple revint et se réinstalla comme s'ils n'avaient aucune intention de partir.

On entrait dans une nouvelle impasse. Les membres du directoire avaient agréé le candidat de Fossey, mais Harcourt y faisait opposition et lui préférait un candidat d'Oxford, le Dr Richard Barnes.

Finalement Dian proposa un compromis, celui de désigner les deux candidats, Barnes et Watts, comme codirecteurs de Karisoke. La solution paraissait tellement raisonnable que le directoire l'accueillit avec gratitude et ne laissa à Harcourt aucune possibilité de refus.

Vers le début du mois de décembre, Dian reçut une lettre affligeante de Juichi Yamagiwa :

« J'avais très peur de vous donner ces mauvaises nouvelles. Le 16 novembre, les gardes Vatiri ont trouvé quatre braconniers en train de traquer le Groupe Musakama et les ont obligés à leur rendre un bébé (une femelle d'un mois). Malheureusement, Sandy et Kelly ne se trouvaient pas à Karisoke. J'ai envoyé immédiatement le bébé en bas pour qu'il reçoive des soins médicaux. Je craignais qu'il ne soit sérieusement atteint.

« Le lendemain, malgré ma demande insistante, l'ORTPN ne m'a envoyé aucun garde. Alors, je suis retourné avec Vatiri sur les lieux de la chasse. Mon Dieu ! Il y avait quelques traces de sang et nous avons trouvé un dos argenté tué par les flèches des braconniers. D'autres traces de sang laissaient supposer qu'un autre gorille avait été tué ou gravement blessé.

« Ce même soir, Nemeye et Mukera qui pistaient le Groupe 5 ont été attaqués par des braconniers et leurs chiens sur le versant oriental du Karisimbi. Les braconniers semblent savoir que nous sommes désarmés en ce moment. Je suis allé voir les responsables du parc chargés du Projet Gorille de Montagne. Ils m'ont donné une escorte de six gardes armés pour nous protéger pendant au moins une semaine et seize porteurs pour ramener au camp le dos argenté mort. »

Dian savait depuis deux ans que son programme de lutte contre le braconnage avait été pratiquement abandonné, mais ce qui venait d'arriver dépassait toutes ses prévisions.

J'ai failli aller à Kennedy Airport et prendre aussitôt un avion pour Bruxelles et Kigali. Mais des amis m'en ont dissuadée. Ils ont dit qu'il était trop tard pour aider le Groupe Musakama, et qu'il fallait en priorité redresser la situation dans le camp. Je me demande si nous y arriverons un jour... entre-temps, les gorilles continuent de mourir.

Dian avait d'autant plus envie de repartir au Rwanda que maintenant elle était seule dans son appartement. Le 19 octobre, Cindy avait accompli son temps sur cette terre.

O.K. Cindy, je t'ai promis de faire cela, la seule épitaphe que je puisse graver, mais en ce moment, quelques heures après ta mort, je me demande à quoi ressemble la vie. J'avais tellement envie de toucher ton corps sous la couverture bleue de l'hôpital vétérinaire. Je ne l'ai pas fait parce que je pense que je n'ai pas accepté ta mort. Et puis, je pense que j'avais peur de pleurer. Te souviens-tu du pacte entre nous, de ne pas pleurer l'une devant l'autre, nous l'avions passé quand tu es devenue une dame mûre.

Tu n'étais pas un chien ordinaire. Je sais que nous aimons tous penser que nos chiens sont exceptionnels, mais tu l'étais vraiment. Ta mère était un boxer né en Pologne et emmené au Rwanda par un vrai comte. Comme la plupart des Européens, il a enchaîné ta mère et en a fait un chien de garde. Mais cette jeune dame de sang royal a rencontré un mâle inconnu et l'inévitable est arrivé. Je ne sais pas combien vous étiez sur la litière, mais l'orgueilleux comte n'en a gardé que trois et tu en faisais partie.

En 1968, je vivais dans les Virungas depuis plus d'une année. Mes seuls compagnons étaient les Africains et mes deux poules, Wilma et Walter. Walter aimait dormir la nuit dans ma tente et même grimper sur le chariot de ma machine à écrire et la souiller. Un bon ami a pensé que la compagnie d'un couple de poules était insuffisant et m'a donné ce petit chiot à la queue coupée. Tu n'étais pas née avec une telle queue, mais le comte polonais voulait que tu aies l'air intelligent, alors il te l'a tranchée. Ce n'était pas très malin de sa part, mais tu as traîné ce vieux moignon pendant toute ta vie.

Dieu, tu étais un visiteur si indésirable en arrivant ! Pendant que Walter faisait ses besoins sur la machine à écrire, Wilma pondait ses œufs dans un coin de la tente, et tu leur as rendu la vie bien difficile. Mais à mesure que tu grandissais, tes camarades de jeu aussi croissaient en volume. Tu aimais surtout jouer par les nuits de pleine lune avec les éléphants qui venaient boire au ruisseau, devant mon cabanon. Je n'oublierai jamais ces moments où je te regardais, ton moignon s'agitant, courant entre les jambes de ces vieux mammouths, les faisant hurler, trompetter et baisser l'oreille. Tes partenaires de jeu ont varié quand tu as fait la connaissance du buffle, de l'antilope, du gorille, de la mangouste pour ne citer que ceux-là.

Tu étais une leçon de courage, Cindy, mais tu aimais tellement les gens que tu n'as pu être un chien de garde. Quand Sebarari est venu dans ma cabane et qu'il a emporté ma valise avec tout l'argent que je possédais et mes bijoux, tu n'as pas aboyé. Il lui a suffi de te caresser la tête. Ce n'est pas la mer à boire, n'est-ce pas ? Les choses étant ce qu'elles sont, tout est relatif.

Et alors, tu as grandi, grandi, pas seulement dans ton corps, mais aussi dans ton cœur. Tu aimais tout le monde, tous les porteurs, les animaux autour du camp, les gorilles malades ou blessés, les antilopes que tu m'aidais à surveiller, et même les visiteurs européens. Rappelle-toi comment chaque matin tu allais d'une cabane à l'autre pour donner ton baiser du matin avec ta grande langue mouillée. Oui Cindy, tu étais « l'amour » à Karisoke. Cindy, Cindy, il y a tant de souvenirs, je regrette tant...

L'épitaphe ne fut jamais achevée, mais un paragraphe supplémentaire était gribouillé à la suite.

Mercredi 6 h 30. Cindy, souviens-toi du petit vendeur de journaux qui est venu ici après que tu fus morte et qui s'est mieux exprimé que tous les adultes qui sont incapables de dire leur tristesse. Il a dit : « Tu dois être bien seule maintenant et pleurer beaucoup. Chaque fois que je suis seul, je pleure aussi, mais seulement quand personne ne peut m'entendre. »

21.

En janvier 1983, Dian écrivait à Rosamond Carr à propos de la situation à Karisoke :

« Un autre petit gorille a été arraché aux braconniers le 16 novembre. C'est un jeune étudiant japonais qui a passé un certain temps à Karisoke et doit rentrer au Japon qui m'en a fait le récit. Comme tout le reste, j'ai su cet épisode par lui et ses lettres me manqueront. Kelly m'envoie des rapports mensuels qui sont très brefs et positifs, mais des étudiants et des visiteurs qui sont passés par le camp font entendre un autre son de cloche. Le braconnage va toujours aussi mal à cette différence près qu'on n'en parle plus. Et s'ils l'avaient pu, ils auraient passé sous silence le meurtre du dos argenté et des autres, et la capture du jeune bébé.

« J'aurais bien aimé y retourner pour une période de trois mois, mais pas avant le départ d'Harcourt. Il était censé partir en décembre, mais continue à rester. Il refuse de dire la date de son départ.

« Je suis sûre que mon équipe pense que je me suis volatilisée, et j'aimerais tant revenir pour leur exprimer mon amour et ma gratitude. Je voudrais qu'ils sachent qu'eux et le camp sont profondément gravés dans mon cœur et mon esprit... Les étudiants qui sont revenus racontent que les cabanes sont décrépites... Je serai désolée de voir le travail de tant d'années partir en fumée, mais si les hommes reprennent courage et si le camp fait peau neuve, les trois mois passeront vite. J'aurais évidemment préféré rester plus longtemps, mais je ne sais pas encore si j'en suis capable à cause des problèmes d'altitude et de respiration qui sont plus aigus maintenant. »

Elle poursuit sur un ton plus personnel : « J'ai considérablement diminué mes cigarettes – une par heure – ceci doit encore te sembler beaucoup, mais c'est un meilleur score que trois ou quatre par heure. Rosamond, si je me compare à ce que j'étais, je me suis VRAIMENT radoucie. C'est peut-être la graisse ou la ménopause. Alors, la nouvelle Fossey est une vieille dame enjouée qui a besoin de lunettes pour chercher ses lunettes, mais qui a encore toutes ses dents...

« Le livre est enfin fini... J'en suis si contente. C'était tellement déprimant de se lever tous les matins en pensant à toutes les pages qui restaient à écrire sur des animaux que j'aimais tellement et qui avaient été tués. Parfois, c'était tellement insupportable que j'étais prête à tout laisser tomber. »

Le mois de janvier semblait se passer sans incidents quand soudain un missile à têtes multiples fut lancé depuis Karisoke sur les bureaux de M. le directeur de l'ORTPN, de la Fondation de la vie sauvage en Afrique, de la Société de préservation de la Faune, de la Coopération belge, et de la *National Geographic Society.*

C'était Harcourt qui attaquait le Fonds Digit. Ayant échoué à chasser le bétail du parc et à préserver la population de gorilles de montagne, le Fonds et/ou Dian n'avaient plus droit à des crédits et Harcourt décidait de les allouer aux autorités du parc et « des organismes internationaux qui avaient fait don de milliers de dollars pour la sauvegarde du gorille de montagne ».

Il continuait en soulignant que le CRK (Centre de Recherches de Karisoke) avait joué un rôle actif dans cette sauvegarde, mais cela « en l'absence de Dian Fossey, de crédits du Fonds Digit et de ses représentants ». En tant que directeur du CRK, Harcourt se dissociait de toutes les activités du fonds.

Cet éclat avait été provoqué par la régénération du Fonds Digit.

Vers le milieu de 1980, Dian décida en toute conscience qu'il ne lui était plus possible de solliciter des dons pour le Fonds dans la mesure où la campagne contre le braconnage n'était pas mise en place par le nouveau directeur. Elle interrompit donc toute activité de collecte de fonds et n'envoya plus d'argent destiné à ce projet. Mais en 1982, anticipant sur son retour au camp et se préparant à relancer les patrouilles, elle réactiva la campagne. Un rapport annonçant cette décision et décrivant les réussites du Fonds Digit avait paru dans le *Journal du Centre de Recherches de Karisoke* et provoqué la colère d'Harcourt.

Vers la fin de janvier, Dian se fit passer un savon par Anita McClellan qui essayait de la persuader de parler davantage dans son livre des problèmes de sauvegarde des gorilles.

« Vous êtes trop polie et réservée en parlant de l'attitude des Africains envers le gouvernement et le règlement du parc ; en parlant des conflits d'intérêts ; du mauvais usage des crédits par les conservateurs ; du mauvais usage des terres ; de la capture des animaux pour des zoos étrangers. Cette attitude ne sauvera pas la vie des gorilles. Une telle répugnance à affronter les vrais enjeux est un peu comme ceux qui se font les avocats d'une sauvegarde théorique qui ne protège en rien les animaux contre les pièges et les fusils, mais ne sert qu'à se donner bonne conscience. »

Se voyant traitée de « protectrice théorique », Dian vit rouge, mais ne céda pas. Elle n'avait absolument pas peur d'attaquer tous ceux qui étaient engagés dans cette querelle intestine, mais répugnait profondément à mettre quiconque au pilori dans *Des gorilles dans les brumes.*

Ce livre parle des gorilles et non des gens. Je ne veux même pas parler de moi, et pour des raisons éditoriales il contient déjà bien trop de « je » à mon goût. J'aurais aimé qu'il ne soit pas du tout question de gens, bons ou mauvais, mais je pense que ce serait trop demander.

Le mois de février fut celui des bonnes nouvelles avec l'annonce par le Dr Snider d'une allocation de 21 860 $ de la part de la *National Geographic.* Mais cette manne était accompagnée d'un avertissement : « Notre comité n'aide pas en principe un centre, mais des individus. Nous faisons une rare exception pour Karisoke. Mais je ne pense pas que le comité continuera à faire cela indéfiniment, et par conséquent, nous vous prions de vous mettre en quête d'autres fonds pour l'entretien du centre. »

Le 25 de ce même mois, Dian ne savait toujours pas la date de départ d'Harcourt de Karisoke, ni si l'ORTPN avait délivré des permis pour ses nouveaux étudiants, les Américains David Watts et Karen Jensen et l'Anglais Richard Barnes. Elle écrivit rapidement à Kelly :

« Je sais seulement que vous avez l'intention de partir en mars, mais je ne connais pas la date. Savez-vous si les permis de travail de Watts, Jensen et Barnes seront prêts d'ici votre départ ? Ils sont évidemment pressés de regagner leur poste. »

La réponse de Kelly datée du 10 mars était plutôt déconcertante et n'augurait rien de bon. « Nous n'avons pas reçu la demande de Watts et n'avons donc pas sollicité de permis pour lui. » En revanche, Barnes et Jensen étaient bien acceptés par l'ORTPN et « nous avons envoyé un télégramme au Dr Barnes et écrit une lettre à Jensen ». La lettre se terminait par cette phrase plutôt pessimiste : « Même si nous recevons la demande de David dès demain, je ne pense pas qu'il puisse venir ici avant le mois de juin. »

Watts avait envoyé sa demande quatre mois plutôt, en novembre 1982.

Le 22 mars, Richard Barnes arriva d'Angleterre. Huit jours plus tard, Sandy Harcourt et Kelly Stewart finirent enfin par partir. L'époque des Harcourt était achevée, mais leur ombre traînait encore sur les lieux.

La demande de Watts leur parvint un jour avant leur départ. Harcourt la fit suivre à l'ORTPN, mais ni Dian ni Watts n'en entendirent parler jusqu'en mai. Watts reçut alors une lettre de Jean-Pierre von der Becke qui, nous l'avons vu, était le directeur du Projet Gorille de Montagne. Le message disait en clair que l'ORTPN avait refusé son permis à Watts parce qu'il « n'acceptait pas le fait d'avoir deux directeurs au CRK. En fait, ils pensent que le centre n'est pas suffisamment important et je dois dire que je comprends leur point de vue ».

C'en était trop pour Watts qui voyait la raison réelle de ce refus. Il retira sa demande de travail à Karisoke dont le seul directeur était dorénavant le candidat d'Harcourt, le Dr Richard Barnes.

Ces péripéties ne firent que conforter Dian dans l'idée que si elle voulait reprendre le contrôle de son œuvre, elle ne devait plus retarder son départ pour le Rwanda.

Dans une lettre à Ian Redmond, on retrouve sa vieille fougue d'autrefois.

« Souviens-toi de cette horrible nuit, quand j'ai demandé à Rwelekana de te conduire chez moi parce que je pensais devenir " cinglée ". Dans un certain sens, je traverse en ce moment des états similaires, mais atténués par le fait qu'à l'époque j'abandonnais des animaux et que maintenant, je n'ai rien d'autre à quitter aux États-Unis que la " bouffe " et la télévision...

« Mes bagages sont presque prêts, mais je ne passerai que trois mois à Karisoke, de mi-juin à mi-septembre. Je me suis laissé dire que quelqu'un essayait d'empêcher l'obtention de mon visa pour le Rwanda, il l'a déjà essayé en 1980, mais sans succès.

« La plupart de mes informations émanent évidemment de sources non liées à Karisoke. Je *sais* que le braconnage s'est aggravé ainsi que dans toute la région des Virungas. Je *sais* que de jeunes gorilles sont capturés... Je *sais* aussi que l'état des lieux s'est détérioré à Karisoke parce que personne ne s'est occupé d'entretenir les cabanons ; la voiture est usée pour les mêmes raisons. Toutes les choses que j'ai entretenues presque seule pendant treize ans ne marchent plus.

« Mais ce qui m'inquiète le plus, Ian, est que tu aies l'intention de verser un don au Projet Gorille de Montagne quand, plus que quiconque, *tu* sais bien qu'il est plus important de démanteler un piège que de montrer des films éducatifs sur la conservation des espèces aux Africains...

« Si tu as décidé de rallier le camp de ceux qui pensent, “ nous sommes formidables parce que nous apprenons aux Africains à préserver leur pays ”, alors nos chemins divergent. C'est un plan absolument *excellent,* mais il met la charrue avant les bœufs et tu le *sais* bien. Il ne faut qu'un seul piège, une seule balle, un seul braconnier pour tuer une antilope, un buffle, un gorille, un éléphant. Aucun bon film n'empêchera les massacres actuels. Il ne faut qu'une seule patrouille, ou peut-être cinq, pour couper les pièges, confisquer les armes, capturer les braconniers et garder la vie sauve aux animaux qui restent dans le parc. Tu le sais aussi. Plus le Projet Gorille de Montagne sera connu, moins les gorilles auront une chance d'être sauvés ; ceci a été *prouvé* pendant ces deux dernières années. »

A mesure que le temps de l'action approchait, l'énergie de Dian croissait. Dans sa lettre à Craig Sholley qui avait travaillé avec elle à Karisoke en 1979, elle était presque enjouée :

« J'y retourne dans peu de temps. Peut-être pas pour longtemps parce que je suis en fin de parcours – Dieu, cinquante et un ans de miséricorde – et que je ne peux plus vivre tout le temps sur ces pentes ; mais je dois rapporter des choses à ces hommes merveilleux (je ne peux pas exprimer à quel point je les aime et ils me manquent) et réparer les cabanons dans le style Fossey... Je parie que j'irai là-haut tous les ans avec de la peinture, de nouvelles nattes, des tuyaux de poêles, des lampes et des clous jusqu'au jour où je rejoindrai mes préférés : Digit, Oncle Bert, Macho et tous les autres. »

Dian recevait maintenant du courrier du nouveau directeur du CRK qui adressait ses lettres très officiellement au « Dr Fossey ». Le 10 mai, la jolie Karen Jensen de vingt-sept ans arriva au camp. Mais la description de l'état des lieux dépassait tout ce que Dian avait pu imaginer. Barnes écrivait : « Nous n'avons pas de réchaud pour faire la cuisine et il n'y a pas d'autres lampes que celles que Karen et moi avons à notre disposition ; tous les autres réchauds et lampes sont cassés, et il est important que vous rapportiez de quoi se chauffer et voir clair. »

Dian était incrédule : « Quand je suis partie du camp, il y avait seize lampes à gaz et huit réchauds en état de marche. » Mais il y avait pis. La camionnette qui n'avait pas été entretenue était hors d'usage et son remplacement coûterait quinze mille dollars ; les fusils des patrouilles, une bonne partie de l'équipement optique, la vaisselle et même la literie avaient disparu. La liste des objets que Barnes suppliait Dian de rapporter s'étalait sur plusieurs pages. La disparition de la literie fut la goutte d'eau qui fit déborder le vase. Dian répondit à Barnes : « Je rapporterai tout ce qu'il faut pour écrire, manger, voir, mais nom de Dieu, pour la literie, pas question. Il y a des limites à tout. »

Après avoir fait tous ses préparatifs, elle réserva sa place dans l'avion qui partait pour Kigali le 20 juin 1983. Son séjour à Karisoke s'annonçait plus court que prévu. La sortie du livre *Des gorilles dans les brumes* était programmée pour le 25 août et, une semaine plus tard, elle devait participer à une tournée promotionnelle à travers les États-Unis.

Tout ce que je possède est emballé et prêt à être expédié au camp. J'ai cinq valises littéralement pleines de tout, depuis les soupes en sachet jusqu'aux cacahuètes. Je dois rapporter tout cela parce qu'il ne reste pratiquement plus rien au camp. Pour m'y préparer, j'ai mis dans mes bagages ma patience en même temps que mes affaires. Je ne pourrai rester que jusqu'au 27 août à cause de cette tournée de conférences organisée pour le livre. Mon cœur n'y est sûrement pas. Si les gens veulent acheter le livre, ils l'achèteront. Ils n'ont pas besoin de voir la tête de l'auteur pour le faire. Je ne sais pas où j'irai après cette tournée. Si ma vieille carcasse peut supporter l'altitude et le travail, je reviendrai au camp. Mais je ne peux pas le savoir. La première des priorités est de remettre Karisoke en état de marche comme avant, pour le bien des étudiants et des gorilles. Pour le reste, on verra.

Elle arriva à Kigali à la date prévue et passa quatre jours dans la capitale. L'ORTPN avait décrété qu'elle avait besoin comme les autres d'un permis de travail et mettait du temps à le lui délivrer. Quand le permis fut enfin prêt, il n'était valable que pendant six mois. Elle exploita cette attente à Kigali pour faire des courses dans les petits magasins des rues poussiéreuses de la ville et racheter tout ce qui manquait à Karisoke.

Le 24 du même mois, elle grimpa enfin au camp.

« Au milieu d'une averse de grêle qui a été programmée pour moi puisque c'est le début de la saison de sécheresse. »

Le soleil se remit à briller au moment où elle arriva au camp.

Le retour a été très émouvant au moment où j'ai revu mon équipe africaine (neuf hommes) dont certains travaillent sur place depuis 1967. Nous nous sommes embrassés, serré la main, avons pleuré et ri et raconté toutes sortes d'histoires et de commérages. Ils m'ont gentiment dit que je semblais avoir dix ans de moins et ont aimé ma nouvelle silhouette « grosse »... Une dizaine de minutes après mon arrivée, Kanyaragana, mon petit garçon de service depuis 1967 (il a maintenant trente ans), est arrivé et m'a aussitôt demandé :

« Habari Mama yako ? » Comment va votre mère ? Basili m'a posé la même question le lendemain. Ce n'est pas une question de politesse. Ils sont vraiment concernés par les familles de leurs amis proches, et je pense qu'ils me considèrent comme telle.

Ensuite, j'ai pris le thé avec Richard Barnes et la jeune femme américaine, Karen Jensen. Ils vivent une belle petite histoire d'amour, sont très gentils et Richard travaille dur. Mais les Africains restent encore les piliers du lieu.

Dans l'après-midi, j'ai fait mon premier vrai tour du propriétaire. J'en étais bouleversée. Quelle décrépitude ! Les Africains m'observaient et, me voyant en colère et au bord des larmes, Kanyaragana a dit : « Cela nous fait mal aussi. Mais maintenant vous y remettrez de l'ordre. »

Mon propre cabanon que certains appellent le manoir était le pire. Tout ce que j'aimais était cassé ou avait disparu. La grande cheminée de ma chambre était bouchée ; les réchauds enlevés ; les enclos pour les poules et autres animaux détruits ; les tombes des gorilles envahies par la végétation ; les tables à l'extérieur toutes cassées ; les nattes des murs abîmées et la peinture écaillée à l'intérieur comme à l'extérieur. Tout le camp avait été négligé par les allers et retours des Blancs qui s'étaient servis de tout sans jamais rien remplacer ou entretenir. Où donc vais-je trouver maintenant des tuyaux de poêle au Rwanda ? Mais je les trouverai bien quelque part en Afrique ! Je ne peux pas comprendre comment et pourquoi on a pu me détester à ce point-là.

Le travail de restauration débuta dès le lendemain, et dans l'espace d'une semaine, avec la ferveur dont Dian était capable, le petit univers de Karisoke commença à avoir meilleure allure. Pendant ce temps-là, Dian était impatiente de revoir d'autres vieux amis. Ce fut une rencontre inoubliable.

L'un des grands moments de ma vie se situe le 5 juillet quand je me suis préparée avec une certaine inquiétude et espoir à refaire connaissance avec le Groupe 5 qui étaient les seuls gorilles les plus proches du camp. Se souviendraient-ils de moi après trois ans d'absence ? J'en doutais sincèrement.

Pour les atteindre, il a fallu grimper pendant près de deux heures à travers un long détour fait par Kana. Nous les avons enfin trouvés dans un creux entre deux collines, au sud du camp. Kana est aussitôt revenu sur ses pas, me laissant souffler et haleter comme un vieux buffle.

Les femelles et les jeunes du clan (seize en tout) se reposaient au soleil, parmi la végétation dense, sur les pentes raides du creux où ils avaient établi leurs quartiers de jour. Après avoir repris mon souffle, je me suis dirigée vers elles. Arrivée à une distance de six à sept mètres, je me suis assise et j'ai commencé à émettre des sons d'approche à la Fossey, une série de grognements que les gorilles émettent pour exprimer leur contentement.

La femelle la plus proche était Effie, mère de six petits, que je connaissais depuis 1967. Pendant mon absence, elle avait eu un autre bébé, Maggie, qui ignorait la timidité. Maggie a aussitôt grimpé vers moi, non pas pour me regarder mais pour inspecter mes vêtements et mon équipement. Ceci m'a déçue parce que j'ai pensé que c'était le résultat de tous les touristes que les gens du parc envoyaient au Groupe 5.

Mais ma déception n'a duré que l'espace d'une ou deux secondes. Effie s'est mise à me regarder tout en mâchant une tige de céleri. Elle a plissé les yeux comme une myope qui n'en croit pas ses yeux. Puis elle a jeté le céleri et s'est rapidement dirigée vers moi.

Entre-temps, Tuck, une femelle que je connaissais depuis aussi longtemps, a surgi d'entre les buissons pour prendre Maggie et la mettre à l'abri. Elle a déposé Maggie et s'est plantée devant moi, à quatre pattes, son visage au niveau du mien et tout proche. Elle m'a regardée au fond des yeux pendant trente à quarante secondes. Ne sachant trop quoi faire parce que je n'avais jamais vu une telle réaction, je me suis aplatie de tout mon long sur la végétation. Alors, elle a reniflé ma tête et mon cou, s'est couchée à mes côtés... et m'a embrassée !... embrassée !... embrassée !... Dieu, elle se souvenait !

Tuck a commencé à faire du charme, je lui en ai fait aussi. Ensuite, Effie est arrivée et m'a regardée dans les yeux, m'a reniflée et s'est étendue sur nous deux, j'étais littéralement écrasée. Les murmures plaintifs des deux femelles ont été entendus par d'autres membres du clan qui se trouvaient tout près, dans les feuillages, et les autres femelles, une par une, sont venues nous voir. Les quatre plus vieilles que je connaissais le mieux ont répété la scène du regard scrutateur, puis se sont assises et nous ont entourées de leurs longs bras comme une énorme boule de fourrure noire. Chacune, en s'installant, émettait un son prolongé et interrogateur, « mmmmm » comme pour dire : « Où étais-tu donc ? Est-ce bien toi ? » Pour être aussi de la fête, les jeunes se sont joints à nous : Josi, Cantsbee, Pablo et Maggie voyant la confiance de leur mère à mon égard en ont profité pour me frapper gentiment, me pincer, me toucher, me tirer les cheveux et emporter tout ce qui dépassait. Ils ont essayé de prendre mon appareil de photo, ma gourde, mon panga et mes lunettes que je suis dorénavant obligée de porter. Elles ont réussi à me piquer mes gants en cuir (deux heures plus tard, j'ai trouvé le droit, mais le gauche a disparu dans la montagne).

J'aurais pu mourir heureuse à cet instant-là, ne souhaitant plus rien d'autre puisqu'elles s'étaient souvenues de moi.

Pendant que les petits faisaient des cabrioles à quelques pas de nous, Effie, Puck, Poppy, Tuck et moi en avons profité pour bavarder pendant quarante-cinq minutes, installées parmi les épines et les tiges de céleri. J'ai honte d'avouer que c'est moi qui ai émis le plus de sons, mais comment pouvais-je y résister avec un tel auditoire ? Mais comme en parlant leur langue je ne savais pas trop ce que je disais, j'ai fini par leur parler anglais. Je leur ai raconté la mort de Cindy, la vie en Amérique (ce qui m'a valu quelques grognements sympathiques), me suis excusée de leur avoir infligé la présence d'Harcourt, et j'ai fini en essayant de leur dire combien j'étais heureuse d'être revenue. Qu'on le croie ou non, je suis sûre qu'elles ont au moins compris cette dernière phrase.

Les mâles du groupe, le vieux chef Beethoven, Ziz et Shinda, se nourrissaient au fond du creux sans faire attention à nous. L'autre dos argenté, Icare, se tenait à quelques mètres de notre cercle de dames, mais il ne nous a pas interrompues. Finalement, Beethoven nous a regardées et a aboyé pour clore notre séance de bavardage. Il était temps de partir. Les femelles et leurs rejetons se sont lentement levées, me laissant incrédule devant ce que je venais de vivre. Elles m'avaient reconnue, *elles m'avaient* fêtée ! *Peut-être même étaient-elles heureuses de revoir la Femme Solitaire des Forêts à nouveau parmi elles.*

J'ai essayé de les revoir le lendemain, mais elles étaient remontées sur les hauts pâturages, au-delà de trois mille mètres et à cinq heures de marche. Je ne pouvais plus y aller.

Je suis revenue avec Rwelekana, et sur le chemin du retour (j'étais épuisée), il m'a dit : « Hier, les gorilles ont fait un long parcours pour venir vous saluer aux abords du camp. Aujourd'hui, ils sont repartis dans leur train-train quotidien. » J'étais stupéfaite, mais il était sérieux.

L'effet de la rencontre avec Effie fut extraordinaire et durable. Tous les doutes de Dian sur son avenir dans ces lieux furent balayés en un clin d'œil.

Maintenant, je sais que je suis vraiment revenue à la maison. Personne ne pourra plus me chasser d'ici.

La remise en état des lieux se poursuivit sous un soleil tiède et agréable. Dian se sentait bien à Karisoke comme en témoigne cette lettre adressée à Anita McClellan :

« J'ai entendu aujourd'hui le plus étrange des sons. J'ai mis quinze secondes à l'identifier. Le ronronnement d'un avion lointain ! Maintenant je sais que je suis loin. Enfin, pas tout à fait. Il m'arrive encore de croire entendre le téléphone sonner et de me figer sur place. Ce symptôme d'Ithaca mettra encore une semaine à disparaître. M..., encore ce téléphone...

« Merveilleux après-midi. Ensoleillé, tiède et tranquille. J'ai travaillé pendant quatre heures au résumé du rapport bisannuel pour la *National Geographic* et je n'en pouvais plus. Alors je me suis glissée dehors, aux limites du camp pour une visite à la tombe de Mzee. » Mzee était le patriarche des antilopes de Karisoke.

« Le petit lopin de terre sous lequel il repose est couvert de couches régulières d'excréments d'antilopes et ceux des buffles entourent le lopin. J'en avais des frissons comme si ce qui restait d'antilopes (depuis mon départ, la population est réduite de moitié) organisait des séances nocturnes avec ce vieux sage pour percer le secret de sa longévité...

« Mikeno, Karisimbi, Visoke, chacun émergeant des brumes et une sérénité que je n'ai pas éprouvée depuis de longues années. A quelques mètres de la tombe de Mzee pousse une espèce d'orchidée connue de moi seule. Des fleurs bariolées, une légère ombre rose, elles étaient en fleurs. Je l'ai interprété comme un signe de bienvenue et me suis retenue pour ne pas en cueillir une. Jamais, jamais ! Rien n'est plus magique que d'avoir de tels secrets dans les forêts, seuls les rivages en ont aussi de tels. Je pourrais les partager avec toi si tu es prête à risquer d'avoir ta langue arrachée.

« La muse a occupé une bonne partie de mes deux heures de liberté, me laissant juste le temps d'aller visiter mes prairies préférées et d'autres lieux secrets peuplés d'animaux. »

A ses amis humains d'Ithaca, elle écrit :

« J'aurais aimé que vous ayez un bout de cette superbe forêt et de ses arbres majestueux, les hagenias et les hypériums... J'ai du mal à croire que j'économise 475 $ de loyer par mois pour être entourée par toute cette beauté au lieu du ciment... Il y a huit cabanons ici. Le mien a été construit en 1974 avec une charpente en bois recouverte de tôle et peinte en vert à l'extérieur ; des nattes solides tapissent les murs intérieurs et le plafond. Chaque chambre comporte de grandes fenêtres à travers lesquelles on peut voir les vieux hagenias (ils ressemblent à d'énormes chênes couverts de mousse, de guirlandes de lichens et d'orchidées). Ils semblent flotter, à l'ombre de la forêt tropicale, surtout au crépuscule quand les animaux des environs viennent brouter. »

Puis une touche plus sombre :

« Je me sens seule sans mon vieux chien Cindy et mon vieux

singe Kima qui ont occupé une place si importante dans ma vie, au cours de ces quinze dernières années. J'ai transporté les cendres de Cindy, mais j'attends un moment d'intimité pour les disperser dans ses lieux préférés et le long de certaines pistes. »

Elle écrit à Stacey Coil :

« Les Africains et moi avons reconstruit pratiquement la moitié du camp : les nattes, la peinture, le cerclage des tuyaux de poêle, le renforcement des poutres, le remplacement des tables et bancs à l'extérieur, la réfection totale des toilettes et de la cuisine des hommes. J'ai déjà dépensé deux mille dollars, mais pouce par pouce, les hommes remettent le camp dans l'état où il était. Pas de pluie pendant les treize premiers jours, mais maintenant il y a de terribles bourrasques de grêle tous les jours, et nous restons à l'intérieur à réparer les lampes, les réchauds, à recoudre les sacs de couchage déchirés, les tentes et même les bottes.

« Quant à Barnes et Jensen, j'ai encore la chance d'avoir deux gosses follement, passionnément amoureux l'un de l'autre. Je suis vraiment et sincèrement heureuse pour eux, je ne plaisante pas, cela donnera un autre mariage issu de Karisoke.

« Les gorilles se tiennent à une grande distance, et je n'ai pas eu de contact avec eux depuis le 5 juillet. J'ai du mal à ne pas les voir, mais il me reste encore six semaines et je me sens plus forte et en forme que jamais. Toutefois, les quatre groupes se trouvent au-delà de trois mille mètres, ce qui signifie plus de trois heures d'escalade. Et les bouteilles d'oxygène que j'ai rapportées ne semblent pas fonctionner à cette altitude. Le tube nasal a carrément explosé et failli emporter ma tête ! »

Tous les gorilles n'étaient pas inaccessibles. Le 30 juillet, en marchant vers la frontière du Zaïre avec Kana, elle arrive à avoir un autre « contact extraordinaire ».

Il s'agissait cette fois de Tigre, un dos argenté solitaire que j'avais observé le jour de sa naissance, en novembre 1967. Il était né dans le Groupe 4, celui que les braconniers ont décimé en 1978. Depuis lors, il a eu bien du mal. Pendant un certain temps, il est resté avec quelques autres survivants mâles du Groupe 4. Mais depuis trois ans, il se déplace seul, à la recherche de femelles auxquelles s'accoupler pour créer son propre clan. Cela signifie une « interaction » avec les dos argentés des autres groupes, situation qui lui a valu de sérieuses raclées malgré sa taille énorme et sa force.

Je le connaissais depuis sa naissance, mais en le trouvant près de l'ancienne piste à bétail, je ne m'attendais pas à une réception comme celle du Groupe 5 parce que c'est un animal solitaire et qu'ils ont tendance à être ombrageux et imprévisibles.

Quand je l'ai repéré, il était à une quinzaine de mètres, se nourrissant de céleri dans l'épaisseur du feuillage. J'ai demandé à Kana d'aller se cacher, ce qu'il a fait avec soulagement parce que Tigre est un gorille énorme ! Puis je me suis assise pour émettre tous les sons adéquats de reconnaissance entre gorilles, et j'ai rapidement sorti mon appareil de mon sac à dos. Mais j'étais sûre de ne pas pouvoir prendre de photos, persuadée qu'il disparaîtrait aussitôt qu'il sentirait une présence étrangère.

J'avais à peine sorti l'appareil du sac que, zooom ! en quelques bonds il était près de moi. Il s'est accroché d'une main à un grand lobelia et a levé l'autre comme s'il voulait m'écraser ! Puis, à mon grand soulagement, il a lentement baissé la main et tapoté mon bras avant de s'asseoir au pied d'un arbre, à quelques centimètres de moi.

Il est resté assis, cherchant mes yeux et, pendant une quinzaine de minutes, nous avons échangé des « remarques » en grognant, soupirant et criant pendant que je prenais une photo après l'autre. La raison de toutes ces photos était que je ne pouvais pas bien le voir sans mes lunettes et comme il risquait de ne pas me reconnaître si je les portais, il fallait bien que je fasse un compromis. Je le voyais à travers l'objectif au point de pouvoir compter les poils de sa grosse tête !

Caché à une quinzaine de mètres, mon pisteur était si nerveux qu'il a fait craquer une branche. Tigre s'est aussitôt élancé dans la direction du bruit, et Kana a décampé plutôt rapidement ! Ensuite, Tigre et moi avons passé le reste de l'après-midi ensemble, mâchant des tiges de céleri et nous tenant compagnie.

Vers quatre heures, quand le brouillard et la pluie se sont abattus sur nous, il a fallu que je parte, mais j'ai eu du mal à le laisser seul dans la forêt. J'espérais un peu qu'il me suivrait à la maison et j'aurais souhaité qu'il le fasse. Pauvre « petit » bonhomme. Il était vraiment triste et jetait de temps en temps des coups d'œil dans la direction de Karisimbi tout en poussant un ou deux longs cris plaintifs comme pour se lamenter sur son triste sort. Poussée par la colère contre les braconniers qui ont exterminé sa famille, j'ai juré pendant tout le chemin jusqu'au camp.

Les ravages faits par les braconniers durant son absence de trois ans hantaient Dian. Elle avait réactivé la campagne contre les braconniers avant même de remettre le camp en état. Cela signifiait de longues patrouilles nocturnes menées par Vatiri et de courtes patrouilles diurnes effectuées par les pisteurs, accompagnés parfois de Richard Barnes qui se révéla être un défenseur des animaux. Dans une lettre adressée à Rane Randolph, le trésorier du Fonds

Digit, Dian écrit : « Les Africains et moi faisons de vrais miracles en reconstruisant, repeignant, cousant, nettoyant, consolidant les planchers et les toits – la liste est interminable –, mais les cabanes commencent enfin à briller aussi bien à l'extérieur qu'à l'intérieur.

« Mais le plus important est la reprise des patrouilles. Je suis profondément reconnaissante que pas le moindre sou n'ait été envoyé au camp pendant le séjour de deux ans et demi d'Harcourt. Il n'a jamais effectué de patrouilles... ni lui ni le reste de l'équipe... Il est maintenant remplacé par Richard Barnes, un jeune homme d'une trentaine d'années, qui a déjà travaillé en Afrique avec les éléphants. Il parle le swahili assez couramment et sait protéger les animaux. Il partage mon opinion sur les gardiens du parc.

« Il ne se passe pas de semaine sans que les patrouilles soient inspectées par Richard ou un de mes hommes de confiance africains. Ils bivouaquent comme autrefois, la nuit, dans la forêt pour surprendre des braconniers qui ignorent leur présence, ou bien partent du camp à cinq heures du matin pour les intercepter sur leur chemin de retour.

« Jusqu'à mon arrivée, Richard ignorait totalement le Fonds Digit parce qu'Harcourt ne lui avait parlé que du Projet Gorille de Montagne qui était plus soucieux de la conservation théorique dans un but touristique que de la capture des braconniers.

« Croirez-vous qu'en un seul mois, quatre cents pièges ont été défaits et deux braconniers attrapés. Un troisième a failli tuer un de mes hommes, mais il a subi bien pire. »

Cet incident avait eu lieu le 13 juillet quand Rwelekana, en patrouille diurne, était tombé sur le braconnier le plus célèbre et dangereux des Virungas. Il s'agissait de Sebahatu, un des meurtriers de Macho et d'Oncle Bert, un grand tueur d'éléphants, de gorilles, d'antilopes et d'autres petits animaux. Se déplaçant habituellement avec un gros fusil, il n'avait ce jour-là que son panga et une lance.

Armé d'un pistolet qui tirait de fausses balles, Rwelekana se glissa derrière Sebahutu qui était en train d'installer un piège à antilope et lui demanda de se rendre. Le braconnier n'hésita pas. Tournant sur ses talons, il enfonça sa lance dans le ventre de Rwelekana. Le pisteur fit un bond de côté et la pointe de la lance blessa superficiellement sa cuisse. Il s'empara de la lance, l'arracha des mains du braconnier, la dirigea vers lui et le blessa au bras. Sebahatu s'enfuit, laissant derrière lui sa lance, ses pièges et une veste tachée de sang qu'il enleva pour courir plus rapidement.

Rwelekana revint rapidement au camp avec ses trophées.

Il est arrivé d'un pas nonchalant vers ma table de travail installée dehors, alors que j'étais en train de taper des rapports en retard. Son pantalon était en sang et une expression étrange se dessinait sur son visage. C'était parce qu'il voulait prendre un air dégagé et sérieux et réprimer l'énorme fierté et le sourire triomphant qui perçaient sous sa peau.

Rwelekana avait reconnu Sebahutu et Dian s'empressa de rapporter l'incident aux autorités de Ruhengeri et d'exiger l'arrestation du braconnier. C'était plus facile à dire qu'à faire. Bien que tout le monde le connaisse, personne ne semblait savoir où le trouver. Alors, par l'entremise de Gwehandagoza, Dian fit savoir qu'une récompense de mille dollars serait remise à celui qui fournirait des renseignements sur le braconnier. La suite est plutôt obscure. Ce qui est certain est que la prime fut payée par le Fonds Digit et que Sebahutu fut condamné à cinq ans d'emprisonnement ferme. Cela s'appelait de la conservation active d'animaux.

Un des deux braconniers capturés pendant cette période fut trouvé en possession d'un crâne de gorille mâle récemment tué. Au cours de son interrogatoire, l'homme demeura muet, mais Dian apprit par son réseau d'informations une horrible histoire.

Il semble qu'un riche bazunga *soit venu à Gisenyi au cours d'un safari. Son guide fit circuler la rumeur que le patron (je pense, un Allemand) paierait cinquante mille francs rwandais au guide qui l'aiderait à abattre un dos argenté. Le sportif fut conduit vers un groupe sur le versant ouest du Karisimbi où il tua deux gorilles dont probablement une femelle. Pour éviter tout risque, son guide porta pour lui la tête de l'animal, mais comme il fut surpris, le touriste ne put récupérer la tête.*

C'est vraiment ce dont les gorilles ont besoin ! Cela me rappelle les années trente où des sportifs qui se faisaient appeler des « scientifiques » venaient dans les Virungas, tuaient une douzaine de gorilles pour prendre la plus grosse tête et l'accrocher sur leur mur à trophées. Bien qu'ils soient moins fréquents en ce moment, les safaris sont encore la plaie de l'Afrique.

Voilà, les chasseurs et les braconniers ont fait ici exactement ce qu'ils voulaient pendant ces trois dernières années. Cela ne se passera plus ainsi !

La campagne contre le braconnage portait lentement ses fruits. Quelques jours avant son retour aux États-Unis, Dian informait triomphalement Fulton Brylawski que « le Fonds Digit était arrivé cette année à démanteler 1701 pièges ! »

Débordée par la remise en état de Karisoke et la surveillance de la guerre contre le braconnage, Dian avait presque oublié son livre. Le

29 juillet, Gwehendagoza lui apporta un paquet postal qui contenait « le premier exemplaire de *Des gorilles dans les brumes*, sorti tout chaud des presses aujourd'hui ».

Le livre était-il décevant, ou plutôt voulut-elle étouffer ce sentiment délicieux que tout auteur éprouve à la sortie de son premier livre, quelle qu'en ait été la cause, Dian semblait plutôt grincheuse dans une lettre adressée aux Price :

« La qualité des photos est mauvaise. » Mais elle ne pouvait pas effacer complètement une touche de triomphe : « Le livre a été tiré à vingt-cinq mille exemplaires dont treize mille ont déjà été vendus d'avance ! Toutes les critiques sont jusqu'ici très favorables, mais peut-être ne m'a-t-on envoyé que celles qui sont positives. »

Le 10 août, Stacey Coil lui envoyait un autre son de cloche rédigé par un de ses anciens étudiants, Peter Veit, pour la revue *Natural History*. La critique était virulente.

« La critique Veit : Oh la la ! que dire ? répondit Dian à Stacey. Tu me demandes de ne pas en être affectée. Bon, d'accord, mais mes entrailles ont réagi d'elles-mêmes. Ce soir, je l'ai relu à tête froide (soutenue par quatre whiskies). »

Comme beaucoup d'auteurs débutants, elle ne résista pas à l'envie d'envoyer une réplique cinglante : « J'écrirai une lettre à l'éditeur par pur besoin de communiquer. Il n'a pas à la publier. Sans compter les erreurs littéraires, ma critique de la critique de Veit pose la question du critique. S'agit-il, comme il se doit, de discuter des mérites et des défauts d'un livre, ou bien de donner libre cours aux rancœurs du critique ? » Il est peu probable que Dian ait jamais reçu une réponse à cette excellente question.

La publication entraîna d'autres problèmes. Tous ceux qui avaient pris des photos à Karisoke réclamèrent la propriété d'une ou plusieurs photos reproduites dans le livre, se battant sauvagement pour réclamer des droits ou des dommages et intérêts. Certaines de ces réclamations étaient légitimes et dues à des erreurs de paiement, mais d'autres étaient délibérément fausses. Cette querelle empoisonna la vie de Dian pendant plus d'une année.

Le livre à la main, il fallait qu'elle affronte maintenant la terrible perspective d'une tournée de promotion. L'appréhension que cela lui inspirait raviva dans sa mémoire un mot de son enfance qui résumait bien ses sentiments :

L'idée d'avoir à passer à travers cette série d'interviews me donne les chocottes. Si seulement j'avais pu dire, non, non, et non, et m'y tenir !

L'arrivée d'un flot de visiteurs la détourna de son anxiété. Ce furent d'abord Jenny et Warren Garst qui arrivèrent à Kigali le

30 juillet pour tourner un autre film sur les gorilles. Dian leur envoya un petit mot de bienvenue et d'excuse : « Essayez d'acheter à Ruhengeri ou à l'économat quelques verres, des tasses à café et à thé, des assiettes plates et creuses, et des casseroles. Vous aurez besoin aussi de serviettes, de thermos et de draps. Il va sans dire que je vous rembourserai, mais ces choses-là manquent tout simplement. »

Les Garst arrivèrent le 4 août à Karisoke et s'y installèrent pour un séjour d'un mois dans un cabanon que Dian avait retapé pour eux. Elle était ravie de les avoir, mais le grand moment fut sans aucun doute une rapide visite de Ian Redmond, en route pour des recherches sur l'usage mystérieux de grottes par des éléphants en Afrique orientale. Il fut suivi par une fournée d'autres visiteurs qui transformèrent les derniers jours de Dian à Karisoke en un carrousel.

Désespérée, elle écrit à Anita McClellan : « Les Garst sont arrivés ; il y a deux étudiants africains de l'université de Butare ; Richard Barnes et Karen Jensen, et pour couronner le tout, la jeune sœur de Debbi Hamburger ; dans quelques jours, l'ambassadeur américain, sa femme et sa fille ! J'ai l'impression d'être une hôtelière ! »

Mais le matin du 26 août, en redescendant de la montagne, elle se sentait physiquement mieux que jamais et prête à affronter l'épreuve qui l'attendait.

Elle avait restauré Karisoke, mais Karisoke l'avait restaurée à son tour et lui avait surtout été restitué. Elle n'errait plus dans les limbes.

22.

Dian arriva à New York le 26 août et repartit aussitôt pour Ithaca où elle fut accueillie par Stacey Coil qui faisait office de secrétaire bénévole du Fonds Digit. Glenn Hausfater était absent et les enseignants de Cornell n'étaient pas encore revenus de vacances. Mais Ithaca lui permit de reprendre son souffle avant de s'embarquer dans une énorme tournée publicitaire.

Deborah Spies, directrice de la Fondation Leakey, avait organisé pour Dian une tournée de conférences d'un mois à laquelle s'ajoutaient des interviews à la télévision, la radio et les journaux, organisés par les services publicitaires de la maison d'édition Houghton Mifflin. Le résultat était un itinéraire digne d'un athlète olympique.

Dian partit pour New York le 6 septembre et assista à une réception pour le lancement du livre. Puis ce fut la tournée de conférences à Philadelphie, Washington, Detroit, Chicago, San Francisco où elle alla voir ses parents, ensuite San Diego, Albuquerque, Birmingham, et enfin le 7 octobre, Colombus et Ohio.

Au cours de ce mois, elle avait fait dix conférences audiovisuelles devant un millier de personnes, avait participé à une soixantaine d'émissions télévisées, avait été interviewée par une quantité de journalistes et s'était pliée à d'innombrables séances de dédicaces. De retour à Ithaca le 10 octobre, elle était « aussi épuisée que si j'avais escaladé deux fois dans la même journée le sommet du Visoke ».

Ensuite, il fallut se chercher un autre appartement meublé. Par un hasard extraordinaire, celui qu'elle avait occupé en arrivant à Ithaca en 1980 était libre. Mais il était aussi vide et nu que la première fois. Considérant qu'elle avait au moins un toit où s'abriter et préserver son indépendance et son intimité, Dian y emménagea avec un sac de couchage, une machine à écrire portative, trois caisses en bois et ses bagages. Ce fut sa maison...

... pendant cinq jours. Aussitôt après, la maison d'édition la replongea dans une « tournée de promotion nationale » qui s'acheva le 29 octobre après un périple dans les États du sud, du centre et de l'est du pays.

En revenant dans son refuge spartiate d'Ithaca, elle avait perdu près de quinze kilos et une bonne part de son humeur joviale.

Mais le résultat n'était pas mauvais. Les conférences lui avaient rapporté onze mille dollars qui l'aideraient à financer Karisoke. La publicité autour du livre et des conférences avait attiré des dons qui avaient été versés au Fonds Digit. Et Dian était profondément impressionnée par l'intérêt public pour le sort du gorille de montagne. Elle écrivit à son agent new-yorkais, Gina Maccoby :

« J'espère que la tournée a eu " le succès écrasant " dont vous parlez. J'étais transportée par l'intérêt et la sympathie des gens pour les gorilles. Ce fut un grand privilège d'avoir pu présenter cette espèce à de grands auditoires qui semblaient concernés par les animaux. Les seules ombres au tableau étaient tous les gorilles morts et l'absence d'Anita McClellan qui mérite une juste récompense pour avoir rendu possible *Des gorilles dans les brumes.* »

Cette dernière mention était une allusion au licenciement économique d'Anita et d'autres collaborateurs de la maison d'édition quelques mois plus tôt. L'esprit loyal de Dian en fut ébranlé et, dès lors, elle mena la guerre contre son éditeur.

Ces deux mois de tournée l'avaient épuisée et son médecin de toujours, Ralph Spiegl, la conjurait de se ménager : « ménagez-vous ; ne fumez plus ; prenez du poids ; faites un peu de gymnastique ; arrêtez d'appeler vos parents... » Mais en même temps, ils avaient stimulé son imagination.

Je vais introduire une idée entièrement neuve pour protéger ce qui reste des gorilles de montagne ; une idée qui abolira une fois pour toutes peut-être toutes les barrières qui divisent encore les Noirs et les Blancs, opposent les pays (Zaïre/Ouganda/Rwanda) et les organismes. Mon idée est fondée sur le simple fait que les gorilles vivent en groupes.

Je l'appelle le Plan des gardiens des Groupes de gorilles.

Il existe quarante-cinq à cinquante groupes de gorilles éparpillés dans les Virungas. J'aimerais voir des petites équipes de « gardiens » constituées d'un ou deux gardiens du parc, de quelques membres de leur famille et de quelques assistants blancs ou noirs ; chaque équipe prendrait en charge un groupe de gorilles.

Un gardien visiterait son groupe de gorilles un jour sur deux de manière que chaque animal soit régulièrement repéré, observé et son état transmis à un fichier central. Les gardiens bénéficieraient d'un salaire régulier et de récompenses selon leur mérite.

Quant au public européen et américain, au lieu d'être sollicité pour la cause générale de la conservation de l'espèce, il serait invité à adopter un groupe de gorilles et à financer les dépenses du groupe de gardiens. En échange, les sponsors recevraient un rapport régulier sur l'état du groupe de gorilles et sur chaque gorille en particulier.

L'idée est tellement simple qu'elle ne peut que marcher et je ne sais pas pourquoi je n'y ai pas pensé plus tôt. Actuellement, les gorilles sont inégalement répartis à cause d'une protection inégale. Le mont Muhabura partagé par l'Ouganda et le Rwanda en est un exemple. En 1955, plus de cinquante-cinq gorilles vivaient sur cette montagne. Le recensement du Centre de recherches de Karisoke n'a trouvé que six survivants en 1981, répartis en deux groupes minuscules et un dos argenté solitaire. La raison en est que cette région ne bénéficie d'aucune protection ni de la part des gardiens du parc national des Volcans, ni de la part de l'Ouganda. Et pourtant, le mont Muhabura est un site idéal pour les gorilles de montagne. Mon plan de « Gardiens » permettrait la sauvegarde des individus restants et la création d'une nouvelle population.

Après des années d'expérience avec la population locale, je ne pense pas être exagérément optimiste. Dès mon retour à Kigali, je présenterai ma proposition au nouveau directeur de l'ORTPN. Dans le pire des cas, il la repoussera, mais j'essaierai d'être persuasive.

Pendant que Dian était à Ithaca, concentrant toutes ses énergies à affiner son plan de gardiens, elle reçut une lettre de Richard Barnes. Ce fut un choc. « Le centre a fait faillite », annonçait-t-il brièvement. « Il n'y a plus d'argent pour payer l'équipe... Mardi, je paierai le salaire des hommes de ma propre poche et après, je n'aurai pas d'autre choix que fermer le centre.

« ... Si tel est le cas, les conséquences peuvent être graves : la nouvelle se répandra, les braconniers potentiels sauront que nos gorilles ne sont plus surveillés et les voleurs viendront cambrioler le camp. »

Dian réagit à cette nouvelle fatale avec stupéfaction et incrédulité. Elle avait quitté Barnes en lui laissant des fonds plus que suffisants et, le 18 octobre, lui avait envoyé un crédit *supplémentaire* de cinq mille dollars. Elle essayait de comprendre ce qui s'était passé quand elle reçut un coup de téléphone très ennuyé du Dr Snider. Il avait reçu une copie de la lettre de Barnes et exigeait une explication immédiate sur ce qui était arrivé à la subvention de la *National Geographic.*

En proie à un dilemme, Dian ne savait que répondre. Elle était convaincue que Barnes était l'homme qu'il fallait, non seulement pour l'aider à restaurer le centre, mais aussi pour le diriger correctement pendant son absence. « Il est calme, raisonnable et par-dessus tout digne de confiance », insistait-elle.

Dans sa réponse écrite à Snider, elle défendait Barnes et soutenait qu'il était impossible que Karisoke ait fait faillite. Quant à Barnes, « c'est une personne extrêmement consciencieuse qui est sans doute surmenée par le travail de patrouille et la surveillance des groupes marginaux de gorilles. Il ne voit sans doute pas les choses dans la bonne perspective ; la fatigue est la cause principale de cette « fièvre des brousses » que je connais si bien !... Malgré cette récession temporaire à laquelle il est possible de remédier, j'espère que le camp retrouvera son fonctionnement habituel. »

Ces espoirs furent balayés par un appel affolé de Warren Garst qui revenait du Rwanda. Barnes lui avait confirmé la fermeture du centre qui était dans un état de chaos indescriptible. En apprenant par une autre source que Barnes et Jensen allaient rejoindre l'équipe du Projet Gorille de Montagne sous la houlette de Jean-Pierre von der Becke, la stupéfaction de Dian se transforma en désillusion puis en colère.

Entre-temps, il fallait qu'elle retourne au Rwanda accompagnée de Warren Garst qui voulait ajouter d'autres scènes à son film. Ils arrivèrent à Kigali le 22 novembre et séjournèrent dans la capitale pendant sept jours au cours desquels Dian essaya de rallier le gouvernement rwandais et d'autres organismes intéressés à son plan de gardiens des gorilles. Le 15 décembre, elle envoya un rapport officiel à la *National Geographic* sur ce qu'elle avait entendu à Kigali et ce qu'elle avait découvert en arrivant à Karisoke.

Craignant que son témoignage ne soit mis en doute, elle s'était assuré les services d'un témoin.

« J'ai eu de la chance d'avoir à mes côtés le Dr Warren Garst... qui a assisté à presque tous les événements qui ont suivi mon arrivée au Rwanda...

« J'ai rencontré Laurent Habirayemye, le nouveau directeur de l'ORTPN. C'est un vieil ami que je connais depuis au moins dix ans, époque à laquelle il était le directeur d'une compagnie d'importation... Notre entrevue a été très positive. Il semblait très intéressé par le nouveau plan, « Gardiens pour les Groupes de gorilles »...

« Le Dr Garst et moi avons invité à dîner J.-P. von der Becke en même temps qu'Alain et Nicole Monfort qui sont maintenant les conseillers du parc A'Kagera. J.-P. vient de rentrer, comme vous le savez, d'un voyage de six semaines en Amérique et en Belgique.

« Son attitude peut être qualifiée d'un mélange d'hostilité et de suffisance. Il a dit qu'il avait été sollicité pour faire une conférence à la *National Geographic*... et qu'il avait " conversé " avec des membres du Comité de Recherches de la N.G. Si c'est bien le cas, auriez-vous l'amabilité de m'informer sur leurs décisions ? Il a refusé de parler.

« J.-P. a été le seul à Kigali à ne pas manifester d'intérêt pour mon plan, faisant remarquer qu'il faudrait un grand nombre de gardiens, ce qui n'est pas vrai. Personnellement, je pense qu'il était vexé de n'y avoir pas pensé le premier... Et dans un soudain éclat, il a déclaré que mon " livre était mensonger " comme d'ailleurs mes conférences.

« Le Dr Garst et moi sommes arrivés au camp dimanche pour constater que Karen Jensen et deux membres de la famille de Richard avaient déménagé leurs affaires le jeudi d'avant et s'étaient installés chez J.-P., près de Ruhengeri. Le Dr Garst est allé dans la cabane de Richard pour l'inviter à dîner, mais il a essuyé un refus. Ils ont fixé un rendez-vous pour le lendemain matin et le Dr Garst était présent tout au long de notre entretien.

« Richard a annoncé sans préambules, " Ce ne sera pas une surprise pour vous, mais nous partons. " Puis il m'a rendu un chèque de 270 000 francs rwandais qui n'avaient pas été dépensés sur le fonds... Il ne m'a montré aucun compte sur la gestion financière depuis la fin juin... Je lui ai demandé mon pistolet Walther 32... Il m'a répondu, " Je l'ai jeté dans la forêt. Il n'était pas enregistré, ce qui est illégal dans ce pays... Quand je lui ai posé des questions sur la disparition de trois machines à écrire Olivetti, il ne m'a rien répondu d'autre que " c'est des balivernes ". Il n'y avait aucun rapport sur les activités du centre depuis la fin de septembre, et le cachet de Karisoke a disparu.

« Richard est parti à 10 h 45 en emportant ses affaires... En mettant un peu d'ordre dans la cabane, j'ai trouvé quelques copies de lettres de J.-P. au directeur de l'ORTPN où il suggérait que Karisoke fasse partie du Projet Gorille de Montagne et soit sous sa juridiction... Ceci explique pour une bonne part le refus des permis de travail. Sans les chercheurs, un camp n'est plus qu'un ensemble de bâtiments attendant d'être occupés par des touristes. Je n'ai pas l'intention de laisser faire cela.

« J'avais prévu une tournée de conférences dans des universités d'Afrique du Sud à partir du 25 janvier, suivie d'une promotion du livre en Angleterre en février. A moins d'un miracle, je ne vois pas comment je pourrais respecter ces dates. »

Richard Barnes avait déçu toutes les attentes de Dian, mais plus grave encore, il avait vidé le Centre de recherches de Karisoke de ses chercheurs, ce qui dans l'opinion de ses détracteurs rendait inutile l'existence du camp. Quant à Dian, elle se trouvait déchue au vain statut d'un symbole vide et d'une intendante.

Vu l'urgence de la situation, elle se mit en quête de nouveaux étudiants aux États-Unis. Elle relança aussi David Watts à qui elle écrivit et télégraphia pour lui demander de reconsidérer son offre de direction du centre.

Elle avait besoin de chercheurs non seulement pour tenir von der Becke à distance, mais aussi pour justifier la poursuite du financement du centre.

Si le camp ne produit pas du matériel de recherche, il m'est impossible de demander à la N.G. des fonds pour Karisoke. En attendant et jusqu'à l'arrivée de nouveaux étudiants, je m'occupe des gorilles du mieux que je peux avec l'aide de deux pisteurs. Quand les fonds du N.G. seront épuisés – probablement vers la fin de janvier 84 – je serai obligée d'entretenir le camp pendant au moins trois mois avec mes propres ressources jusqu'à ce que la recherche reprenne. Entre-temps, grâce à l'argent gagné sur les conférences faites aux États-Unis, nous pouvons survivre.

Malgré les difficultés, Karisoke apportait à Dian un réel réconfort. Le matin qui suivit son arrivée, avant même l'entrevue bizarre avec Barnes, elle passa une heure dans les prés à observer l'antilope la plus grande et curieuse qu'elle ait jamais vue ; puis elle fut accueillie par un couple de corbeaux au cou blanc, accompagnés de leur progéniture. Les oiseaux qui étaient des habitués du camp volèrent aussitôt dans sa direction et se posèrent à quelques pas d'elle. Dian n'était pas sûre d'être reconnue par eux, mais elle en avait l'impression.

Le deuxième jour, se sentant « en forme », elle accompagna Garst à une séance de tournage avec le groupe de Nankie où le vieil et sage dos argenté offrit à la caméra une telle scène de fausse attaque que Garst en tomba à la renverse, entraînant son tripode avec lui. « Si les gorilles avaient pu rire, note Dian avec jubilation, Nankie en aurait ri aux larmes. »

Garst partit le 18 décembre.

Je suis seule maintenant avec mon éléphant blanc, Karisoke, mes merveilleux Africains, mes gorilles et tous les autres animaux. S'il n'y avait pas des problèmes d'argent et ceux qui veulent créer des difficultés, ce serait idéal.

Quelques jours plus tard, Anita McClellan arriva pour une visite de deux semaines. Ce fut une période heureuse. Dian présenta son amie à la forêt et aux gorilles, et elles passèrent de longues soirées devant la cheminée restaurée à parler de leurs chiens respectifs et d'autres sujets qui leur étaient chers. Elles firent aussi des préparatifs pour l'une des traditions vivaces de Karisoke, la fête de Noël au camp.

Anita et moi avons travaillé presque jusqu'à l'aube à faire des paquets cadeaux et préparer plus de nourriture parce que Gwehendagoza nous a prévenues qu'il y aurait beaucoup de monde. La fête est censée être uniquement pour les Africains qui travaillent ici et leur famille proche, mais ils se sont mis dans la tête que toute *la famille peut venir !*

*Comme prévu, elle a eu lieu le vingt-quatre. Quatre-vingt-un hommes, femmes et enfants sont montés ici et quatre-vingt-*deux *en sont descendus. Oui, j'ai fait naître mon premier bébé hier, entre le repas et la distribution de cadeaux !*

Le moins que l'on puisse dire est que ce fut une expérience plutôt curieuse et odorante. La mère était la femme de mon pisteur Kana et tous deux sont des Batwas. La plupart des autres femmes étaient des Bahutu, donc aucune n'était désireuse de l'aider. Alors il ne m'est plus resté qu'à demander de l'eau bouillante (de ma vie, je n'en ai vu une telle quantité) et d'aller rejoindre la dame.

Le problème a commencé après que la foule eut mangé, chanté et dansé pendant deux heures. Nous en avons profité et même abusé, mais les résultats ont été négatifs pour elle. J'avais commencé à prendre des photos Polaroïd de chaque famille pour leur en offrir quand j'ai vu que la femme de Kana était incapable de sourire. Il l'a poussée du coude pour qu'elle sourie, elle s'est exécutée, mais aussitôt comme la « goutte d'eau qui fait déborder le vase », la poche des eaux s'est brisée.

Il m'a fallu la transporter sur le lit de ma chambre d'amis et retrousser mes manches comme je l'ai vu faire dans les films télévisés.

Quand le bébé est sorti, j'ai coupé le cordon avec mon couteau à pain (qui venait d'être affûté), j'en ai attaché le bout, puis ai commencé à frapper le bébé qui ne semblait pas du tout respirer. La mère souffrait trop pour s'y intéresser (le bébé avait un mois d'avance). Mais quand le petit que je tenais par les pieds a poussé un cri et s'est mis à respirer, elle a souri.

Ensuite, elle a sucé les glaires de son nez et ses oreilles (mes capacités avaient des limites), et j'ai nettoyé les adhérences qui collaient à son petit corps de têtard. (Pourquoi les nouveau-nés de la télévision sortent-ils propres, roses et décrassés ?). Je l'ai enveloppé dans une serviette piquée dans un hôtel, l'ai rendu à sa mère et lui ai ordonné de le bercer comme je l'avais vu faire à la télévision.

Mon comportement a été accueilli par les rires de ces dames qui étaient venues assister au spectacle. D'après ce que j'ai appris plus tard, les bébés naissent en général dans les champs et il faut terminer son travail avant de lui donner son premier repas. Ils ignoraient complètement que le nouveau-né pouvait téter dans l'heure qui suivait sa naissance. Je ne le savais pas non plus, mais lui *le savait, et il l'a fait !*

La foule commençait à s'impatienter dans l'attente des cadeaux, alors j'ai laissé la mère et l'enfant, et me suis mise à distribuer les paquets pendant que Kana faisait un discours annonçant l'heureuse naissance et le nom de son nouveau fils, KARISOKE *! Ça, alors ! Puis, les femmes, une vingtaine d'entre elles, ont entamé un chant de naissance à donner des frissons. Je n'ai pas de mots pour le décrire, mais je ne l'oublierai jamais.*

Vers 17 h, les invités sont repartis avec Kana et la plupart de ses enfants. Un bébé de dix-huit mois qui tétait encore et une petite fille sont restés pour passer la nuit avec la mère et l'aider à s'occuper des deux bébés.

Le lendemain matin, Kana est revenu avec sa belle-mère, une vieille dame noueuse, au sourire doux et habillée avec une élégance extrême. Elle gravissait la montagne pour la première fois de sa vie pour me remercier et chanter des actions de grâces en l'honneur de son nouveau petit-fils. J'étais très touchée par sa finesse. Ce fut une extraordinaire expérience d'humilité.

La mère et l'enfant sont repartis vers 10 heures sous la pluie, après que Kana et la grand-mère eurent nettoyé la chambre de leur mieux. Je n'y ai pas pensé sur le moment, mais la naissance d'un bébé Batwa à Karisoke risquait d'avoir une influence positive sur le contrôle des activités de braconnage. Kana et sa famille sont apparentés à tous les Batwas de Mukingo, le plus grand village de braconniers des Virungas. Alors il est possible que l'on raconte qu'au lieu de chasser la mère et l'enfant dans les bois, Nyiramachabelli a choisi de faire naître un bébé Twa. Et cet événement fortuit peut servir la cause de la « conservation active » !

Le fils de Kana ne fut pas la seule surprise de ce Noël à Karisoke. Le 26 décembre, Dian reçut une lettre de Rane Randolph, accompagnée de la photocopie d'un chèque de dix mille dollars versé au Fonds Digit par deux donateurs californiens, Harold et Sandra Price qui n'avaient aucun lien avec la famille Price.

Si l'on excepte le mauvais temps – « pluies quotidiennes, grêle et brouillard » –, le mois de janvier 1984 fut d'une exceptionnelle douceur pour Dian. Il n'y avait encore aucune nouvelle sur l'arrivée de nouveaux étudiants ou sur l'offre de direction faite à Watts, mais

Anita séjourna au camp jusqu'au 10, et le 5 janvier Dian accueillit un nouveau visiteur.

Carole Le Jeune est une « fille » belge de quarante et un ans qui est née au Zaïre et y a vécu une grande partie de sa vie. C'est une artiste spécialisée dans la peinture de fleurs, très timide et plutôt étrange. Elle veut bien rester ici pendant mes trois semaines d'absence, mais je ne suis pas très rassurée parce qu'elle est sujette à des crises de malaria et ne se sent pas très bien en ce moment.

Les gorilles vont bien, mais je n'arrive plus à les voir comme autrefois : j'ai de nouveau une infection au pied et mes poumons sont toujours en mauvais état. Mon gros problème du moment est mon départ pour l'Afrique du Sud le 25 janvier, puis en Angleterre et l'impossibilité de confier le camp à Carole et aux Africains (bien qu'ils soient aussi loyaux que de coutume) à cause de ce qui risque de se passer en bas. Je suis donc sur le point de décliner ces invitations. J'attends le dernier moment pour envoyer un télégramme d'annulation dans l'espoir qu'entre-temps un petit miracle de « rechange » se produira.

Et le miracle se produisit. Le 18 janvier, en revenant en voiture de Gisenyi au parking de Karisoke, Carole Le Jeune rencontra un spécimen rare au Rwanda, un auto-stoppeur européen. Comme elle avait une âme charitable, elle le prit dans sa voiture. Le jeune homme lui raconta qu'il était le fils d'un fermier des Alpes françaises et qu'il faisait le tour du monde avant de s'installer dans la vie. Il avait entendu parler des gorilles des Virungas et avait décidé de s'y arrêter avant de passer en Ouganda. Carole décida de braver la colère de Dian – vite provoquée par les touristes – et d'emmener le garçon au camp. Ce fut une bonne décision. Le jeune homme plut à Dian et lorsqu'il lui proposa de passer trois à quatre semaines à Karisoke, elle accepta avec joie.

Claude Glise est un garçon intègre qui donnera à mes Africains l'impression de ne pas avoir été abandonnés. Je crois que lui et Carole pourront surveiller les choses en mon absence.

Rassurée sur le sort de Karisoke, elle partit à la fin du mois de janvier.

La partie sud-africaine de la tournée, neuf jours en tout, a été très mouvementée, avec une moyenne de dix interviews par jour (radio, télévision, journaux), sans compter les conférences un soir sur deux. J'avais à peine le temps de manger et de dormir.

Une des raisons du voyage était la promotion du livre ; mais l'éditeur n'avait envoyé qu'un millier d'exemplaires qui se sont épuisés avant la fin de la tournée. Mes dépenses étaient prises en charge par l'éditeur et Air Zaïre qui veut promouvoir le tourisme en Afrique du

Sud. La responsable de la promotion du livre était un amour. C'est une blonde jeune et menue, la copie conforme de Lady Di qui interrompait le trafic partout où nous allions. Imaginez le contraste entre nous deux.

A mon grand regret, je n'ai pas pu visiter le pays à cause d'un emploi du temps bien plus chargé que celui des États-Unis. Ce que j'ai pu voir des hublots des avions était cultivé et construit, si loin de l'Afrique que je connais et que j'aime.

Si l'Afrique du Sud ne plut pas à Dian, certains de ses citoyens ne l'apprécièrent pas non plus. Au cours de quelques interviews et d'une conférence, elle se montra suffisamment critique à l'égard de l'apartheid pour attirer l'attention des autorités. En conséquence, elle reçut une note de l'ambassade américaine à Kigali, lui signifiant qu'elle ne serait plus la bienvenue en Afrique du Sud.

Le 6 février, je suis partie pour l'Angleterre en faisant pendant deux jours un horrible voyage sur de vieux avions qui s'arrêtaient partout, me laissant dans des salles de transit pendant une journée entière à Lisbonne ; le tout à cause de ce représentant radin d'Air Zaïre. Si, comme il le dit, il vient à Karisoke, je le présenterai au plus capricieux des buffles des Virungas.

A l'aéroport de Londres, j'ai été accueillie par une Mercedes, un chauffeur en livrée et la représentante de Hodder & Stoughton, une vieille fille de trente-six ans, Monica, dont la conversation consistait en une série de « ta ta » et « c'est charmant ».

Mon emploi du temps était aussi bousculé qu'en Afrique du Sud, mais j'ai pu voir très souvent Ian Redmond dont j'étais fière. Le mariage et son travail d'écrivain-reporter pour la BBC l'ont aidé à mûrir.

Un dimanche, je l'ai invité à Cambridge pour aller voir Robert Hinde, mon directeur de thèse qui avait été un excellent ami. A mon grand regret, il n'avait plus grand-chose à me dire à cause de mon comportement envers Harcourt et Barnes qui sont, tous les deux, à Cambridge.

Je savais que Kelly et Harcourt étaient là, mais je ne pensais pas tomber sur eux ; en fait, je me trompais. J'ai rencontré Kelly à la bibliothèque, elle m'a regardée, son visage exprimant le choc, la surprise, la tristesse, peut-être une certaine culpabilité et peur, et un éclair de joie. Mais elle s'est aussitôt reprise et m'a simplement dit : « Je suis si surprise de te voir. » J'ai dit quelques mots idiots, me suis sentie obligée de l'embrasser, puis j'ai suivi son regard dirigé sur Harcourt, assis à quelques mètres, le visage enfoui dans un livre. Kelly a continué à me regarder ; il n'a pas bougé, alors je suis partie. C'est une rencontre qui m'a fait de la peine.

Le week-end suivant fut plus agréable.

J'ai emmené Ian visiter les Énormes réserves de John Aspinall qui contiennent des centaines d'espèces d'animaux sauvages, y compris vingt-quatre gorilles des plaines. Ils vivent dans un merveilleux espace qui n'est pas très différent de leur état de liberté. Quelle superbe expérience ! Tout comme moi, Aspinall a souvent mauvaise presse, mais je trouve qu'au fond, c'est un homme humble qui a un amour et une compréhension passionnés pour les animaux. Tous les week-ends, il va visiter ses gorilles, lions, tigres, rhinos, éléphants, loups, etc., parce qu'il pense que pour être heureux et se développer, les animaux ont besoin d'un contact avec les humains et de faire confiance à leur environnement.

Nous avons passé deux jours avec lui et sa famille dans deux petits châteaux et réserves de fauves à Howletts et Port Lymphe. Tout ce patrimoine est le fruit de son travail avec les fauves et il a la réputation d'être l'homme le plus riche du Royaume-Uni, exception faite de la famille royale.

Il m'a incidemment demandé si ses dons avaient pu m'aider. Je lui ai évidemment dit : « Quels dons ? » Toujours la même histoire ; il aurait envoyé des milliers de dollars au Projet Gorille de Montagne pour soutenir le travail de Dian Fossey avec les gorilles !

Le « zoo » d'Aspinall était exceptionnel. Une semaine plus tôt, j'avais visité un zoo de Londres, presque de la même taille que celui-ci, mais où l'espace avait été gaspillé pour un énorme fossé. Cinq gorilles adultes y étaient installés, un mâle et quatre femelles, se battant la poitrine involontairement comme des patients dans un pavillon de gériatrie. Un fonctionnaire du zoo qui m'accompagnait m'a expliqué « qu'ils avaient réchappé au chaudron en Afrique occidentale en étant achetés par le zoo ». En regardant ces animaux assis, se battant la poitrine sans raison ou s'arrachant leurs propres poils, je ne pouvais m'empêcher de penser que si le « chaudron » avait été l'unique alternative, elle était peut-être préférable.

Autre événement : j'ai fait une conférence à la Royal Society, *ce qui m'impressionnait terriblement. Ian m'avait prévenue que les membres du Projet Gorille qui dépendaient de la Société de protection de la faune enregistreraient chacun de mes mots. Ce fut en effet le cas, mais comme Ian l'a décrit plus tard, ils sont tous repartis avec leurs enregistrements sous le bras et la queue basse. J'ai déclaré que le tourisme et la suppression des pièges à l'initiative du Projet Gorille de Montagne n'avaient fait qu'aggraver la crise des gorilles. Puis j'ai passé trois fois plus de temps à décrire le fonctionnement des patrouilles du Fonds Digit, six jours par semaine, etc., et l'efficacité de leur lutte contre le braconnage.*

Fatiguée, mais de bonne humeur, Dian revint à Kigali le 20 février. Avant de remonter au camp, elle eut une autre entrevue concernant son plan de gardiens avec Laurent Habirayemye, directeur de l'ORTPN.

« Le nouveau directeur du parc me plaît énormément », écrivit-elle à Stacey Coil. « C'est bien le premier directeur qui soit vraiment intègre. Il m'aime tout autant et est prêt à défendre Karisoke comme centre de recherches et principal espoir de la sauvegarde des gorilles. »

En arrivant au camp, sa bonne humeur fut renforcée par une lettre de David Watts qui acceptait le poste de direction de Karisoke. Il était prêt à venir dans le courant du mois à condition qu'elle obtienne les permis requis. Grâce à Habirayemye, elle les obtint dans un temps record de dix jours. Elle télégraphia à Watts qui arriva à Karisoke le 22 mars, après une absence de cinq ans.

Dian qui était seule depuis le début du mois – Carole Le Jeune et le Français étaient repartis chacun de son côté – fut ravie de lui montrer un camp restauré. Watts était content de revenir et pressé de travailler à un nouveau projet sur les gorilles, subventionné par la Fondation Leakey. Cela tombait bien parce que la situation financière de Karisoke était plutôt périlleuse.

Le 27 février, Dian écrivait à Stacey Coil : « Je sais que mon compte en banque est à sec... C'est effrayant d'avoir à gérer Karisoke avec les chèques de voyage que j'ai rapportés d'Ithaca et le Fonds Digit, mais je peux me débrouiller encore un moment avant de faire appel aux autorités concernées. » Pour combler son déficit, elle comptait sur ses droits d'auteur, mais les ventes n'avaient pas été aussi bonnes que prévues et elle avait perdu de l'argent en faisant faire du travail supplémentaire sur la maquette et les épreuves.

Dans une lettre à Shirley McGreal, elle écrivait sur un ton désabusé : « Il faut bien le reconnaître, le livre ne s'est pas très bien vendu ; mais j'ai encore des réserves. Je ne sais pas à qui demander de l'argent parce que le Projet Gorille de Montagne attire tous les dons des organismes et du grand public. La plupart des gens à qui j'ai parlé en Amérique, en Afrique du Sud et en Angleterre croient faire des dons à Karisoke alors qu'il s'agit du PGM.

Elle n'osait pas solliciter la *National Geographic.*

Je ne pense pas qu'il soit juste de faire appel à la NG puisque les recherches sur le comportement sont interrompues faute d'étudiants.

Ce n'était pas tout. Elle avait peur de demander l'aide de la NG, craignant de se mettre une fois de plus à dos les membres de la société.

Ce qui me dérange terriblement est que von der Becke a conclu, à son retour d'Amérique, que j'en avais fini avec la NG. Si c'est bien le cas, et l'absence de réponse à mes lettres semble le confirmer, alors je me sens très découragée. Le Dr Snider ne m'a pas écrit le moindre mot depuis des siècles. Ça fait mal !

Ce n'était pas de la paranoïa. Ses articles et les films sur sa vie avec les gorilles avaient parfaitement servi les objectifs de la NG, mais elle n'était plus la vedette qu'elle fut autrefois.

Tout en le sachant de manière plus ou moins consciente, Dian refusait avec entêtement de reconnaître que la déesse de Karisoke quittait la scène après une douzaine d'années de règne.

En mars et avril, elle s'occupa de la lutte contre le braconnage, d'un programme d'entraînement pour les gardiens du parc et de mettre sur pied ses gardiens pour les Groupes de Gorilles. Sur ce dernier point, les progrès étaient minces. Le nouveau directeur de l'ORTPN avait approuvé l'idée, mais il ne faisait pas le moindre pas pour la réaliser. Il n'avait même pas créé une commission d'études pour analyser le projet. Cette indifférence était due, en partie, à l'hostilité de ceux qui n'avaient aucun intérêt à ce que le plan de Dian voie le jour et réussisse.

Coopérant étroitement avec le programme d'Aide belge, de nombreux organismes de conservation versaient des centaines de milliers de dollars à l'ORTPN qui dorénavant dépendait de ces sources. Laurent Habirayemye avait beau être un ami et un ardent défenseur de Dian, il s'était vite laissé convaincre par des considérations plus pratiques.

Ne pouvant convaincre le gouvernement rwandais ou les organismes de conservation d'adopter son plan, Dian se tourna vers ses amies. L'une d'elles était Joan Travis, une amie de longue date du Fonds Digit, qui écrivait : « J'aimerais savoir si vous avez déjà commencé à désigner une famille locale pour chaque groupe de gorille. Si je me souviens bien, vous aviez dit que cela demanderait environ cent dollars par mois d'entretien. Au cas où le programme fonctionnerait déjà, mon mari et moi aimerions adopter un groupe. »

Dian envoyait des patrouilles trois fois par semaine pour contrôler les groupes de gorilles éparpillés sur le terrain d'études et quelques groupes marginaux sur le versant nord du mont Visoke.

Tout cela était parfait, mais il fallait payer les gardiens, et les gens comme Joan Travis étaient plutôt rares. Le lent épuisement des ressources de Dian prenait des allures d'hémorragie.

Je finance personnellement l'entretien de Karisoke, ses pisteurs et l'équipe, ainsi que la majorité des Gardiens pour les Groupes de

Gorilles, le tout sur les revenus du livre qui sont en train de s'épuiser. Je ne sais vraiment pas à qui m'adresser dans la mesure où le camp a, pour le moment, une vocation plus orientée vers la conservation que vers la recherche.

Elle écrit à Stacey Coil : « J'ai un besoin désespéré d'argent et je suis obligée d'en emprunter à quiconque. » Vers le mois d'avril, la faillite annoncée par Richard Barnes prit des allures de réalité.

Je me sens comme une mère de cinquante-sept ans, abandonnée, 57 étant le chiffre même de gorilles qui vivent en ce moment sur le terrain d'études. Pour m'en occuper, il faudrait que je travaille ou vende quelque chose. Je pourrais vendre mon corps, mais il y aurait peu d'acquéreurs pour Fossile Fossey, alors il faut essayer autre chose.

Malgré sa répugnance à le faire, la seule solution était l'intensification des activités de promotion et de vente des gorilles de montagne. « Cela me fait l'effet d'une prostituée », écrit-elle. C'était peut-être vrai, mais elle n'avait pas le choix. Elle décida de repartir pour les États-Unis au mois de mai et d'y collecter des fonds.

L'arrivée de Watts tombait à point. Une semaine après son arrivée à Karisoke, Dian attrapait une autre pneumonie. Comme d'habitude, elle prétendit pouvoir se soigner toute seule, mais le 10 avril, elle allait si mal qu'elle perdit conscience. David la fit transporter à l'hôpital de Ruhengeri. Elle y resta jusqu'au 20 avril et revint au camp juste à temps pour accueillir un nouvel étudiant, un jeune Anglais de l'université de Bristol, Michael Catsis.

Trop faible encore pour travailler, elle traîna autour de sa cabane pendant quelques jours. Elle ruminait un nouveau projet : un livre sur l'histoire humaine et animale des Virungas, à partir d'entretiens avec les vieux habitants locaux. Sa santé déclinante et le besoin de gagner de l'argent avaient réactivé sa veine d'écrivain.

Comme en témoigne une lettre écrite à Shirley McGrill en mai, elle ne perdait pas de temps à s'apitoyer sur son sort.

« Je ne suis pas en train de " me tuer par négligence ". En 1963, un spécialiste de Louisville m'avait dit, avant mon premier safari en Afrique, qu'il serait suicidaire de grimper à Kabara. Évidemment, il est mort d'un cancer du poumon ! En tout cas, je prends grand soin de ma personne en sachant parfaitement que je vis à plus de trois mille mètres d'altitude, dans une forêt tropicale et une cabane dont les cheminées fument encore plus que moi. Je prends des vitamines, j'ai acheté un petit dispensateur d'oxygène, je mange quelques bananes par jour pour pallier la carence de potassium et me nourris de pommes de terre et d'œufs (mon régime principal à cause de problèmes financiers). En d'autres termes, je me gâte. Mon seul regret est de ne plus pouvoir visiter mes gorilles quotidiennement, mais les pisteurs et les étudiants de Karisoke peuvent le faire et le font. Aussi longtemps que je peux former des gardiens et d'autres Africains à la conservation *active* des gorilles et autres animaux des Virungas, je me sens exister dans la joie. »

Elle n'était pas complètement séparée des gorilles. Il leur arrivait de s'approcher suffisamment pour qu'elle puisse les revoir. Le 2 avril, elle revit le Groupe 5 pour la deuxième fois après sa rencontre de janvier.

Ils étaient assez près du camp, mais il fait toujours si froid et pluvieux. Nous n'avons pu qu'échanger des grognements de sympathie pendant que le jeune Tuck a subtilisé mon altimètre de trois cents dollars qui passera la nuit sous la pluie et, avec un peu de chance, sera retrouvé demain par un de mes pisteurs. Mais Tuck était si drôle. Je pensais avoir tout caché dans mes poches et mon sac à dos, mais elle a aperçu un bout de ficelle de l'altimètre dépassant de mon sac. Zooom ! En un clin d'œil, elle l'a pris et a couru vers le vieux Beethoven, le faisant tourner au bout de la ficelle comme un dangereux projectile. Le pauvre vieux en a eu une peur bleue ! Pendant que l'objet insolite faisait des ronds au-dessus de sa tête, il a crié et est parti. Alors Tuck m'a regardée, l'air de me dire, « essaye de me le prendre ». J'espère avoir pu lui lancer mon regard glacial.

Cette journée dans le froid et sous la pluie fut la cause de la pneumonie ; mais pour Dian, quelques heures de communion avec les rois des forêts valaient bien ce petit désagrément.

23.

Trois mois après son retour d'Angleterre, Dian se remettait en route. Elle quitta Kigali le 14 mai et emprunta le chemin maintenant familier de New York via Bruxelles. Elle fit une escale à Louisville pour voir la famille Henry et surtout pour vérifier l'état de son compte en banque. Elle ne fut pas étonnée de constater qu'elle était à découvert.

Mes économies qui ne sont pas celles de Rockefeller proviennent surtout de l'héritage d'oncle Bert et de ma pension. Je suis suffisamment vieille pour commencer à les entamer, d'autant plus que je n'ai pas le choix.

Pendant les dix jours suivants, elle fit la navette entre New York et Washington, essayant de regagner la confiance et l'appui de la N.G. Tout en étant traitée amicalement par de vieux amis comme le Dr Snider, il était évident qu'elle n'existait plus pour eux.

Elle passa des heures au téléphone, essayant d'intéresser à Karisoke d'éventuels sponsors. Après avoir été repoussée par la Fondation Leakey, elle tenta sa chance auprès de donateurs privés qui soutenaient, le plus souvent, le Projet Gorille de Montagne ou d'autres organismes apparentés.

Vers la fin mai, elle se retira à Ithaca pour réfléchir à son insuccès. Son humeur s'assombrit encore en apprenant que Biruté Galdikas avait obtenu une subvention de 60 000 $ d'une société géologique et Jane Goodall 250 000 $ de la famille Getty.

Bien que rejetée par les organismes de conservation, Dian était en passe de devenir une héroïne des activistes de la conservation. Ils n'avaient pas beaucoup d'argent mais donnaient ce qu'ils pouvaient. En quittant Ithaca, elle avait suffisamment de fonds pour financer, à court terme, les activités anti-braconnage et son nouveau programme de Gardiens des gorilles.

L'étape suivante était Chicago où elle travailla à une série télévisée qui lui fit gagner assez d'argent « pour payer l'entretien du camp et le salaire des hommes pendant au moins deux mois ».

Elle en profita aussi pour consulter un médecin au sujet d'un nouveau symptôme inquiétant. Il diagnostiqua un désordre cardiaque, probablement dû à l'anxiété. Il lui prescrivit un traitement, un repos de six semaines et lui conseilla d'éviter les voyages et l'altitude !

Il aurait aussi bien pu me dire d'arrêter de respirer ! Je l'ai poliment remercié et payé ses honoraires qui auraient suffi à entretenir des patrouilles anti-braconnage pendant un mois. Enfin, si mon cœur est aussi costaud que le sont mes poumons, je tiendrai le coup.

Le lendemain, elle se mettait en route pour Karisoke.

Peu après son retour, elle écrit à Warren Garst :

« Le camp n'a jamais fonctionné aussi bien. Deux fois par semaine, j'envoie des rapports sur le travail des patrouilles et des gardiens au directeur de l'ORTPN et au conservateur du parc. Ils l'apprécient *vraiment.* J'ai deux bons assistants, David Watts qui apprécie l'absence du couple V.W et le jeune Anglais, Mike Katsis, qui travaille bien et parle un excellent français. Trois nouveaux arrivent le mois prochain, un chercheur généraliste, un artiste-botaniste et un vétérinaire. Karisoke bourgeonne à nouveau ! »

Elle écrivit aussi à Joan et Arnold Travis qui continuaient à financer un des Groupes de Gardiens : « Tout va bien au camp, mais je paye encore les frais d'entretien de ma poche et les patrouilles avec le Fonds Digit. Cette année, nous avons réussi à démanteler 1 101 pièges et attrapé deux braconniers. Les patrouilles travaillent sept jours pas semaine. Nous surveillons des groupes périphériques, mais pas assez à mon goût parce qu'ils sont trop loin de Karisoke. Quatre-vingt-quatre gorilles sont maintenant sous notre surveillance, ce qui équivaut à la moitié de la population des Virungas...

« Au début, le directeur de l'ORTPN était enthousiasmé par l'idée d'adoption. Il était ravi qu'il se passe quelque chose de nouveau, mais le directeur belge du PGM ne l'a pas apprécié. Ceci a rendu vain le projet pour la totalité des montagnes, à l'exception du camp. Nous protégeons le cœur même des volcans. Et je le dis avec d'autant plus de fierté que les pièges se font de plus en plus rares et que les braconniers nous craignent et ne reviennent plus. »

Si la société humaine de Karisoke vivait dans l'harmonie, ce n'était pas le cas pour les gorilles. Cet été-là, leur structure sociale subit des perturbations.

Tigre erre comme une âme en peine depuis qu'il a quitté le groupe de célibataires de Peanuts. Récemment, il s'est mis à suivre le groupe de Nunkie. Le 21 juin, il y a eu de terribles heurts. Personne ne les a vus, mais Nemeye les a entendus à un ou deux kilomètres de distance. Il a dit que c'étaient des bruits de guerre. Je pense qu'il a eu trop peur d'aller voir ce qui s'y passait.

Apparemment, Tigre est arrivé à disperser le groupe de Nunkie. Les six femelles du groupe et leurs rejetons ont été éparpillés sur l'ensemble des Visokes. Le 27, un de mes pisteurs a trouvé Jenny, une femelle de trois ans, en train d'errer et de gémir dans la forêt. En le voyant, elle a couru vers lui et s'est réfugiée dans ses bras avant même qu'il ait eu le temps de réagir. Comme elle ne voulait pas le laisser partir, il l'a ramenée au camp. En voyant la petite accrochée au cou de mon gars, je n'en croyais pas mes yeux.

Comme je ne voulais pas la séparer de son groupe, je ne lui ai pas fait d'avances et elle a grimpé à un hagenia, devant ma cabane, où elle s'est reposée toute la journée. Le soir, nous avons entendu les battements de poitrine dans la montagne, la petite est descendue de son arbre et elle est partie rejoindre son père Nunkie, à un ou deux kilomètres de distance. Le lendemain, sa mère, Simba, a retrouvé Nunkie et la famille était à nouveau réunie.

Pendant un certain temps, deux autres femelles de Nunkie, Pandora et Petula, sont restées avec Tigre. Mais constatant qu'il n'était pas fait pour la vie de famille, il les a laissé tomber et a poursuivi son chemin solitaire. Petula a confié son petit de quatre ans à Nunkie, mais a perdu un bébé de dix-huit mois qui reste introuvable. Ces deux femelles essayent maintenant de s'intégrer au Groupe 5 !

Tout cela ressemble à un feuilleton télévisé. Tigre trouvera-t-il jamais son âme sœur ? Pandora et Petula sont-elles vraiment des lesbiennes ? Nunkie, le roi de la montagne, est-il de l'autre côté de la colline ?

Un mois se passa.

Le feuilleton continue. Petula s'est séparée de Pandora et a disparu de l'autre côté du Visoke, à la recherche de Nunkie qui, entre-temps, a réapparu de ce côté-ci ! Après avoir cherché partout, Pandora l'a retrouvé hier ainsi que Simba et ses deux femelles.

Puis... Tigre a réattaqué le groupe, tout près du camp, la semaine dernière, et c'est de nouveau le chaos ! Cette fois-ci, Tigre est reparti avec Simba qui est sa demi-sœur, mais sa fille, Jenny, manque encore à l'appel. Entre-temps, une autre des femelles de Nunkie, Fuddle et ses deux rejetons ont quitté le groupe et sont maintenant dans la même situation que Pandora : elles errent à la recherche de Nunkie. Au cours de tant d'années dans les Virungas, je n'ai jamais vu un tel comportement et je n'y comprends rien.

Le 20 août, Dian ajoute une petite note à cette confuse ballade :

Cet incroyable affrontement entre Tigre et le groupe de Nunkie semble heureusement avoir pris fin. Petula est toujours hors de vue. Notre héros, Tigre, a fini par se mettre avec sa demi-sœur Simba dont la fille Jenny a rejoint Nunkie dont le groupe est enfin réuni, à l'exception de deux femelles et d'un bébé disparu. Rendez-vous demain pour la suite du feuilleton !

Il se passait d'étranges événements autour du Groupe 5, plutôt pondéré.

Ce groupe aussi a des problèmes parce que le vieux Beethoven permet à ses fils, Ziz et Pablo, de copuler avec la plus vieille de ses femelles, Effie. Et aucun des trois mâles ne semble s'intéresser aux jeunes femelles fortes et passionnées que sont Puck, Tuck, Poppy et Pansy. Alors ils font leurs affaires ensemble et se battent comme des fous. Je n'aurais jamais pensé qu'ils pussent avoir un tel comportement. On dirait des humains !

Cet été-là, il y avait un flot incessant de visiteurs. Pendant la première semaine d'août, une dizaine de scientifiques qui participaient à un congrès international de primatologie à Nairobi grimpèrent à Karisoke. Ils furent surpris de découvrir que les rumeurs négatives sur Dian étaient fortement exagérées. Un primatologiste anglais laissa tomber cette phrase étonnante : « Dian Fossey a été victime d'une entreprise de démolition systématique et déraisonnable. »

Le 17 août, l'arrivée de Lady Amanda Aspinall fut un événement.

C'est une jeune femme de vingt-six ans, très belle, bien élevée et qui a ma taille et ma couleur de cheveux. Elle est très mince, comme je l'étais à son âge, et en la voyant, les gorilles, surtout les plus âgés, ont perdu la tête comme s'ils la confondaient avec ce que j'étais autrefois.

Au cours de sa première nuit au Rwanda, Amanda est tombée sur un professeur de New York, accompagné d'un jeune étudiant. L'homme a prétendu être un de mes bons amis (je n'ai jamais rencontré le spécimen) et l'a persuadée de l'accompagner au camp. Un jeune couple espagnol a fait de même, et ils se préparaient à passer la nuit ici. Quelle scène ! Heureusement qu'un de mes pisteurs est arrivé avec une quantité d'excréments frais et chauds du groupe de Nunkie. J'ai disposé ces beaux échantillons juteux sur ma table à dîner et me suis mise à les examiner jusqu'au moment où le groupe de sans-gêne est reparti dégoûté.

Vous ne devinerez jamais qui ils ont croisé en redescendant, Ian Redmond ! Il servait de guide à un groupe d'Anglais qui visitait le Rwanda et le Zaïre, et il avait pris un jour de congé. Quelle belle surprise que de le revoir au camp ! Nous avons bavardé jusqu'aux petites heures du matin. J'aurais tellement aimé qu'il revienne ici pour y rester. A l'exception des Africains, c'est la seule personne en qui j'ai une confiance totale. Je ne peux pas séjourner ici aussi longtemps que je le souhaiterais. Le ciel gris en permanence, l'altitude et le travail nuisent à mes poumons, à mon cœur.

Avant de partir, Ian m'a raconté qu'en redescendant, le professeur, son ami et les Espagnols m'avaient traitée de tous les noms et qu'il n'était pas arrivé à les calmer.

Dian et Ian étaient amusés par l'incident, mais l'avenir devait prouver que la chose n'était pas du tout risible.

La première semaine de septembre fut marquée par deux événements.

Dian reçut un couple de perroquets gris, cadeau de ses amis pilotes. Ils ne comblèrent pas le vide créé par la mort de Cindy et de Kima, mais servirent à Dian d'exutoire et mirent un peu de vie dans la solitude de sa cabane.

Le 3 septembre, l'assistant du conservateur du parc, Jean Burgeri, monta au camp pour lui annoncer la mort du célèbre braconnier Sebahutu, l'assassin d'Oncle Bert, avec qui elle était en guerre depuis une dizaine d'années.

Il a été tué la semaine dernière par un buffle ! Burgeri l'a appris hier en voyant les femmes et les enfants de Sebahutu passer en procession dans le parc, vêtus d'habits de deuil et se lamentant avec de tels cris qu'il était sorti pour voir ce qui se passait. Selon l'histoire, il serait mort en Ouganda. Des six grands braconniers, il ne reste plus à capturer que Gashabizi pour que Digit, Oncle Bert, Macho et Kweli soient vengés.

Sebahutu avait été libéré de prison bien avant d'avoir purgé sa peine de cinq ans et après avoir payé une mince caution à ses geôliers. C'était une pratique courante qui rendait Dian furieuse pour deux raisons. Tout d'abord, elle permettait aux braconniers de poursuivre leurs funestes activités. Ensuite, « de retour dans la forêt, les braconniers et leurs partenaires de crime tuent deux fois plus d'animaux pour pouvoir payer leur caution ». Elle était impuissante devant cet état des choses, ce qui ne l'empêcha pas de fêter la mort de Sebahutu avec toute l'équipe de Karisoke.

Hélas, comme ce fut le cas pour Munyarukiko, l'annonce de la mort de Sebahutu se révéla une fausse nouvelle répandue pour tromper les autorités et peut-être même Dian.

Le 9 septembre, elle quitta la montagne pour la première fois depuis son arrivée en juin. Ce n'était pas un voyage de plaisir, il fallait qu'elle renouvelle son visa, valable seulement pendant trois mois. Grimper et redescendre le long de la piste des porteurs lui demandait de tels efforts qu'elle n'allait même plus voir son amie, Rosamond Carr. Quand il faisait beau, la descente de la pente raide durait près de deux heures, mais par temps de pluie, la montée sur la piste boueuse ne pouvait se faire qu'avec l'aide de ses porteurs.

L'atmosphère qui régnait à l'ORTPN avait changé sensiblement. Son « bon ami », Laurent Habirayemye, était invisible. Lorsqu'elle insista, on lui laissa entendre qu'elle perdait son temps ; le directeur lui en voulait d'avoir mal reçu des touristes qui avaient grimpé à Karisoke en même temps que Lady Aspinall, et par conséquent, il ne désirait pas la recevoir.

Mais il y avait pis. Lorsqu'elle fit une demande de renouvellement de son visa, on lui dit abruptement que cela prendrait plusieurs jours.

Une visite à l'ambassade américaine n'y fit rien. On lui répéta que l'ORTPN n'était pas content d'elle et qu'ils avaient l'intention de lui faire des difficultés. Dian en tira une conclusion qui lui était familière.

La même vieille histoire. Le PGM a mis ce directeur aussi dans sa poche. Ils occupent le terrain et en chassent Fossey.

Mais elle avait encore une corde à son arc : un ami rwandais avait fait suivre sa demande de visa « au numéro deux des Affaires étrangères. Mon visa était prêt le lendemain ».

Dian avait prévu un autre voyage aux États-Unis en 1984, pour y faire des conférences et collecter des fonds, mais pour des raisons inconnues, les engagements ne furent jamais pris. Entre-temps, elle avait promis d'aller à San Diego pour y être décorée de la médaille Joseph Wood Krutch, en signe de reconnaissance de son travail avec les gorilles. Elle voulait en profiter pour aller voir sa mère qu'elle croyait à l'article de la mort. Elle maintint son voyage malgré l'annulation de sa tournée de conférences.

Pour une fois, elle n'avait pas à se faire de soucis sur le sort de Karisoke pendant son absence. Sa forteresse montagnarde était maintenant bien gardée. L'équipe qui comprenait David Watts, Mike Katsis et Carole Le Jeune (qui avait repris la peinture des plantes) s'était enrichie de nouvelles recrues, Jan Rafert, un jeune gardien de gorilles du zoo de Brooklyn et un vétérinaire australien.

Ce sont tous des conservationnistes ACTIFS, et je ne pense pas qu'ils aillent rejoindre le PGM comme cela est déjà arrivé par le passé.

Elle partit au début d'octobre pour aller d'abord à Ithaca où elle passa deux semaines en compagnie de Stacey Coil et du comptable Rane Randolph pour régler des arriérés de paiement du Fonds Digit, puis en Californie où elle trouva sa mère dans un état moins alarmant qu'on ne le disait. Mais ce fut tout de même une visite pénible au cours de laquelle Kitty Price exprima son désir d'être enterrée à Piedmont, en Californie. Sentant peut-être qu'elle abandonnait sa fille, elle lui annonça qu'elle lui cédait une parcelle qui lui appartenait dans un cimetière de Fresno.

Depuis un certain temps, la vue de Dian déclinait et elle consulta un spécialiste à San Francisco. Il diagnostiqua une excroissance sous la cornée gauche et conseilla une intervention chirurgicale. Dian s'y plia à contrecœur et l'opération fut prévue pour le 20 octobre ; mais en apprenant qu'elle serait obligée de passer quelques jours à l'hôpital avec les yeux bandés, elle annula son rendez-vous.

Le 27 octobre, elle recevait sa médaille à San Diego. La cérémonie l'impressionna d'autant plus que c'était la première fois qu'elle recevait un tel insigne et que le non-conformisme s'accorde souvent mal avec les médailles.

Puis elle fit une rapide visite à Louisville et de là repartit pour Bruxelles et Kigali. Avant de remonter à Karisoke, elle fit un petit détour.

Au début de septembre, elle avait reçu un télégramme de son agent.

Les éditeurs hollandais du livre me payent un voyage de trois jours en Hollande, du 5 au 8 novembre. Après une longue hésitation, j'ai décidé d'accepter. Je rapporte des tonnes d'affaires pour mes Africains et si je passe par Amsterdam, je n'aurai jamais assez d'argent pour payer mes excédents de bagages. J'irai donc d'abord à Kigali, y déposerai mes bagages, dormirai une nuit et retraverserai l'océan pour atterrir à Amsterdam. Dieu, j'ai horreur de cela ! Un décalage horaire se superposera à un autre.

Ce ne fut pas aussi horrible qu'elle le pensait. Dian passa deux nuits et un jour à Kigali.

Arrivée à Amsterdam le 7 novembre, à six heures du matin pour m'entendre aussitôt dire que le prince Bernhardt m'attendait dans son palais à onze heures. Le palais est à une heure et demie de trajet d'Amsterdam, je me suis préparée à toute vitesse et suis partie, escortée de deux charmants jeunes gens, me sentant comme Cendrillon, mais ayant plutôt l'air de son affreuse sœur. Le prince est en fait très aimable et décontracté. On m'avait dit qu'il s'agirait d'un thé matinal, mais je fus la seule à en prendre pendant que le prince eut du sherry et son secrétaire un whisky. Nous avons passé quarante-cinq minutes à parler des gorilles et il a prétendu avoir lu le livre puisqu'il avait fait une brève préface à l'édition hollandaise. Il y déclare entre autres que la section hollandaise du Fonds pour la Vie Sauvage a apporté sa contribution financière à mon travail. Et voilà que la même histoire recommençait.

Dian fut conduite aussi au zoo d'Arnhem pour y voir un groupe de sept jeunes gorilles des plaines, ramenés d'Afrique occidentale par un marchand d'animaux du Cameroun. Il s'agissait en fait du célèbre « groupe des sept » pour lesquels la Ligue internationale de protection des primates s'était battue. Soutenue par Fossey et d'autres, la ligue avait réclamé la restitution des animaux et leur mise en liberté dans leur cadre naturel. Mais l'Union Internationale pour la Conservation des Animaux avait eu le dessus et les animaux avaient été expédiés en Hollande. En voyant les sujets du litige enfermés dans un espace clos et sans soleil, Dian devint furieuse. De retour à Karisoke, elle écrivit au directeur de l'UICA.

« Souvenez-vous qu'un gorille n'appartient qu'à lui-même. Bien que les " sept du Cameroun " soient la propriété de l'UICA, en les exportant, vous avez vendu leur âme... Je n'aimerais pas me trouver à la place de la personne qui a signé le bon d'exportation, les privant à jamais de leur cadre naturel.

« Il ne m'appartient évidemment pas de juger les décisions de l'IUCA. Toutefois, je vous demande d'évaluer la portée de vos actes quand vous participez ou non à la conservation *active* d'une espèce en danger. »

Ce genre d'action n'était pas fait pour rehausser le prestige de Dian aux yeux des institutions de conservation, mais dans ce domaine, elle avait fini par se considérer comme un cas perdu.

Les éditeurs hollandais la conduisirent aussi au zoo d'Apeldoorn qui comportait six gorilles des plaines. C'était un événement médiatique et pendant que photographes et cameramen de télévision se pressaient autour de Dian, l'attaché de presse tendit à l'un des gorilles encagés un exemplaire du livre. Dans une lettre aux Price, Dian relate l'incident en citant une manchette de journal : « Des gorilles locaux mangent le livre de Fossey. » C'est exactement ce qui était arrivé et qui contribua dans une certaine mesure à la bonne vente du livre en Hollande.

Au cours de son dernier jour dans ce pays, harassée par ses pérégrinations, Dian faillit perdre connaissance pendant une séance de signature du livre.

J'ai très mal aux poumons et me suis demandé si j'aurais la force de rentrer au Rwanda. Le lendemain matin, suis partie à Kigali avec une grosse fièvre, arrivée à l'hôtel Mille des Collines et dormi pendant vingt-quatre heures. Puis j'ai appelé l'ambassade, et l'ambassadeur Bland et sa femme, apitoyés par mon état, m'ont envoyé un taxi et m'ont soignée chez eux pendant trois jours. Je pense qu'ils m'ont sauvé la vie et je le leur ai dit.

Le 15, armée de toutes sortes de cachets, j'ai imprudemment essayé de gravir la montagne, mais je me suis écroulée et j'ai dû être transportée en civière. A mon arrivée, j'ai découvert que David avait augmenté le salaire des hommes et je leur ai dit d'avoir de plus grosses demandes alimentaires. S'il continue ainsi, il fera mieux de partir rapidement parce que les Africains sont confondus par ses doctrines. Jan Rafert, un homme agréable, tranquille et intègre, dirige les patrouilles du Fonds Digit. Cette année, ils ont pu démanteler 2 262 pièges et capturé et emprisonné huit braconniers. Aucun gorille des groupes périphériques n'a été blessé ni tué, mais dans d'autres parties des Virungas, quelques-uns ont été pris dans des pièges et même tués.

Le 20 octobre, Effie a eu un bébé, probablement engendré par le vieux Beethoven qui rajeunit. Tigre est avec Simba qui est enceinte et devrait avoir son bébé vers le mois d'avril. Tous les groupes sont à plus de deux heures du camp, il pleut tous les jours et je ne peux pas les voir. Mais j'ai mes perroquets (pas très sociables) et les corbeaux viennent manger tous les jours. Toby, l'hyrax proche de ma cabane, est le père de jumeaux ; il est assis sur un tronc, entouré de la mère et des bébés, dans un abandon confiant, même quand je ne suis qu'à cinq mètres de distance. J'entretiens toujours Karisoke avec les revenus du livre, et les patrouilles anti-braconnage avec le Fonds Digit. Le PGM continue d'utiliser mon nom et celui de Digit pour ses propres collectes. Au cours des huit mois passés, j'ai rencontré de nombreuses organisations et des individus aisés qui ont prétendu avoir donné des milliers de dollars au PGM pour m'aider. Ce genre de nouvelles est absolument désolant.

Vers la mi-décembre, les problèmes financiers de Dian furent légèrement allégés par l'octroi de cinq mille dollars offerts par la Human Society des États-Unis « en récompense à l'action que vous menez pour la protection des animaux. » Elle appréciait ce genre de reconnaissance.

A la fin de novembre, une autre forme de reconnaissance se manifesta au cours d'une fête en l'honneur du nouveau parc national du Rwanda, A'Kagera.

La fête était agréable et réussie. Laurent Habirayemye s'y trouvait aussi ; il m'a d'abord snobée, puis s'est montré plus amical vers la fin de la fête. Je pense que c'était à cause de la présence du président. Il est venu me serrer la main, heureux de me voir encore dans le pays parce qu'il pensait que j'étais partie pour de bon. Comme j'aime vraiment cet homme, j'étais ravie. Habirayemye était honoré et impressionné, mais von der Becke était furieux. Tant pis ! J'espère que j'ai encore quelques amis haut placés.

Avant Noël, une autre bonne nouvelle arriva à Karisoke : une lettre de l'éditeur, Hougton et Mufflin, annonçant la sortie d'une édition de poche de *Des gorilles dans les brumes.* « Le 5 décembre, nous en avons déjà vendu d'avance 11 760 exemplaires, ce qui est une bonne nouvelle pour l'année à venir ! »

Mais le 22 décembre, le tableau fut assombri par un triste épisode dans la vie de Tigre.

Mon cher Tigre a été gravement et peut-être même mortellement blessé au cours d'une dispute avec Ziz, le jeune dos argenté du Groupe 5, et il a dû lui abandonner Simba. Il semble, d'après les traces, que le combat se soit déroulé à une heure du camp, sur le mont Visoke. Quand les deux groupes se sont rencontrés, Simba est sans doute allée vers les femelles du Groupe 5. Tigre a dû la suivre et tomber sur Ziz. Bien que les gorilles aient un extraordinaire pouvoir de récupération, Tigre a maintenant un énorme trou dans sa cavité pleurale et de nombreuses morsures. J'ai un pressentiment tout à fait non scientifique en ce qui concerne le « petit » Tigre que j'ai vu naître en 1967 et qui est maintenant un énorme dos argenté. Il est seul, se promène aux abords du camp, mange peu et voyage moins et a du sang dans les selles. Je pense tout le temps à lui, mais ne sais pas quoi faire.

Ce Noël-là, le petit village aux cabanes peintes en vert, à l'extrémité des prairies embrumées de Karisoke, était bien tranquille. Carole Le Jeune avait quitté le camp pour aller voir sa mère mourante. Mike Katsis passait les fêtes à Kigali. Et comme Dian le disait dans une lettre : « Watts, le pompeux socialiste de Chicago, est parti pour trois semaines de vacances en France. »

Ils étaient plus ou moins brouillés depuis qu'il avait pris la liberté d'augmenter le salaire des hommes en l'absence de Dian. Le 10 décembre, les choses s'étaient envenimées.

Basili m'a dit aujourd'hui que Watts partait pour la France, mais lui-même ne m'en a rien dit. Je suis allée le soir dans sa cabane pour en savoir plus. Des cris et des disputes en présence de Jan et des Africains, une scène désagréable, Jan voulait disparaître dans les bois.

Le lendemain, elle ajoute :

Watts est venu aujourd'hui s'excuser pour avoir crié, en disant : « Je voulais faire quelque chose pour les hommes à cause des mauvaises conditions économiques en bas. »

Mais heureusement, les deux antagonistes se respectaient suffisamment pour faire la paix. Tout en refusant d'augmenter leur salaire, Dian proposa de donner une prime à chaque homme, ce qui aurait le même effet. Cette capitaliste convaincue avait aussi un bon cœur.

La traditionnelle fête de Noël fut beaucoup plus modeste cette année-là et animée par les seuls Jan Rafert et Dian.

Je ne peux pas faire une fête pour plus de quatre-vingts Africains et leurs familles. Il n'y aura que les hommes, mais ils seront probablement satisfaits par des cadeaux substantiels rapportés d'Amérique et d'Europe pour eux et leurs familles, et une bonne prime. J'ai préparé dix-huit boîtes enveloppées de rouge et de blanc et un petit arbre de Noël. Le jour de Noël, j'ai fait un dîner de fête pour Jan et moi et lui ai donné ses cadeaux.

Le 26, ce fut le tour des hommes et nous avons fait la fête ! Je ne pense pas que Karisoke ait jamais fait mieux dans le genre. Cela se passait dans ma salle de séjour, avec beaucoup de victuailles et de la bière, suivies de chansons, de percussions et de danses si endiablées qu'il faudra refaire toutes les lattes du plancher.

Ensuite, j'ai sorti toutes les bêtises de carnaval que j'avais rapportées des États-Unis, faux nez, lunettes en plastique, sourcils et moustaches, les hommes en étaient fous, se roulant par terre de rire en se regardant dans mon miroir. Le petit Kana dont la femme a eu un bébé ici l'an dernier s'est affublé d'une paire de lunettes noires et d'une moustache dégarnie qui lui donnaient l'air de Monsieur X, un horrible bourgmestre que tout le monde déteste ici. Pour m'amuser, je lui ai posé le genre de question que je pourrais poser au bourgmestre sur l'acquisition illégale de terres du parc. Kana s'est laissé prendre au jeu et est « devenu » Monsieur X : pompeux, arrogant et prétentieux. Ses manières et sa voix mettaient parfaitement en épingle ce type d'« officiel » africain. « Vous ne pas poser à moi questions imbéciles, mademoiselle ! » C'était à mourir de rire. Personne, y compris Kana lui-même, ne connaissait ses talents d'acteur. Les autres riaient aux larmes et se roulaient sur leurs chaises. Quant à moi, affalée sur le plancher, je n'ai jamais autant ri de ma vie.

Cela a fini par tourner en jeu, chacun des hommes imitant à tour de rôle, un policier, un soldat, le conservateur du parc, un commerçant et même Jan et moi, les bazungas. *Cela a duré des heures. Le numéro final a été celui de Kana qui nous a achevés en imitant le type du « gros bonhomme » de Kigali, parlant un mélange de swahili et de kinyarwandan. Même Jan qui est d'un tempérament plutôt sérieux ne pouvait plus se contrôler. C'était tellement drôle !*

Dian raconte à Anita McClellan le genre de délicatesses culinaires qu'elle avait trouvées parmi ses cadeaux de Noël.

« Je n'ai pas reçu des perles, des diamants et des émeraudes, mais deux paquets de Triscuits. Qui a donc besoin de bijoux ? Salivant comme un chien, j'ai couvert un demi-paquet de Triscuits de faux beurre et de sauce Maggi, et les ai enfournés. Quelle orgie ! Je ne les partagerai avec *personne* ! Puis des amandes fumées ! Oh, la belle vie ! Quand on les suce, elles durent plus longtemps. Ensuite quelque chose que je n'ai jamais vu auparavant, des tranches de bacon en conserve. Miam, miam ! J'en meurs d'envie, mais si j'en goûte, c'en sera fait de mon estomac, alors je les partagerai à contrecœur avec des invités. Idem pour des huîtres fumées... trois paquets de Colombos qu'il faut peler avec les incisives pour en garder tout le goût et les faire durer plus longtemps. Enfin du beurre de cacahuètes et des crackers au fromage, sans parler des barres de granola et des raisins secs. Je sais bien que tu les aimes, mais je les aime tout autant. »

La lettre de Dian croisa celle d'Anita qui fut peut-être le plus beau de ses cadeaux.

« Ce Noël, j'ai été envahie d'une vague de nostalgie en pensant au temps passé avec toi et les gorilles insaisissables, les vilains corbeaux, les douces et timides antilopes, l'hyrax bavard et la faune nocturne... Ne m'oublie pas, moi, la section bostonienne du Club International des fans de Fossil... et n'oublie pas d'être « loufoque » entre deux rapports de patrouilles ; et les patates cuites au four ; et les promenades dans la forêt ; et les tâches du camp. Hé, tu es une parente pour moi ! »

24.

Comme ce fut souvent le cas, l'année commença mal pour Dian. Le matin du 5 janvier, profitant d'un pâle soleil, elle voulut chercher Tigre pour lui apporter une poignée de précieuses mûres cueillies par Nemeye et Vatiri. Le gorille blessé semblait plus malade que jamais et sa poitrine infectée dégageait une odeur nauséabonde.

J'ai posé les mûres par terre, mais il ne les a ni touchées ni mangées. Il est resté assis, gémissant de temps en temps. Ne pas pouvoir l'aider me met hors de moi. En revenant dans ma cabane, j'ai aperçu deux étranges bazungas dans les cabanes du bas. Basili est arrivé pour me dire que c'étaient des touristes d'Espagne qui exigeaient de me voir. Ils avaient une lettre du directeur de l'ORTPN (pas de copie pour moi) leur signifiant qu'ils étaient les bienvenus à Karisoke pour quelques mois. La lettre avait été écrite en novembre ! *J'ai dit à Basili « pas question ! » et lui ai demandé de les renvoyer. Ils sont partis, mais Basili m'a raconté qu'ils ont grondé leur porteur et qu'ils étaient absolument furieux.*

Il ne s'agissait pas de touristes ordinaires. Comme Dian l'avait constaté dans la lettre du directeur, ils appartenaient au zoo de Barcelone qui avait la meilleure des réputations pour la protection des primates.

Parmi les pays d'Europe, l'Espagne était la seule à n'avoir pas signé la Convention internationale sur le Commerce des Espèces en Danger (CICED) dont le but était d'*empêcher* un tel commerce. L'Espagne servait donc de plaque tournante aux trafiquants d'animaux qui les expédiaient à leurs clients à partir de ce pays. Les zoos espagnols étaient réputés pour leur collaboration avec ces trafiquants, surtout en ce qui concernait les grands singes.

Ce que Dian *ne savait pas,* c'est que le directeur du zoo de Barcelone avait rencontré Laurent Habirayemye lors d'une conférence sur la conservation qui s'était tenue à Madrid en octobre 1984. Il avait laissé entendre au directeur de l'ORTPN que son zoo était très intéressé par l'acquisition d'un gorille des montagnes qui enrichirait sa collection de primates. Habirayemye réagit apparemment avec sympathie, et les deux hommes se mirent d'accord pour que deux membres du zoo visitent le parc national des Volcans et y observent les habitudes des gorilles des montagnes.

Dian n'entendit plus parler des Espagnols jusqu'au jour où, comme elle l'écrit à Rosamond Carr, « ils se sont manifestés le 18, cette fois avec une lettre du directeur me demandant d'être coopérante. » « Je vous informe que j'ai autorisé M. Serrat et Mme de Dalman à séjourner dans le parc national pour y faire des recherches sur les gorilles. J'apprends que vous n'êtes pas d'accord avec moi, que leur présence vous dérange. Je vous demande d'être souple pour une fois et de les laisser mener leurs recherches. »

« Cela m'a mise hors de moi. J'ai aussitôt renvoyé la balle. »

Cette réponse n'était sûrement pas faite pour améliorer les relations avec l'ORTPN.

« Monsieur le Directeur, puis-je vous rappeler que vous avez délivré une autorisation pour ces gens de Barcelone en novembre dernier, *mais* que vous ne m'en avez *jamais* envoyé de copie.

« Le 5 janvier, ces deux étrangers sont arrivés à Karisoke *sans prévenir,* exigeant une cabane et une coopération totale pour leurs soi-disant recherches. Votre lettre est une insulte à l'intégrité du Centre de recherches de Karisoke que vous semblez considérer comme un hôtel. »

La lettre se poursuivait sur le même ton et s'achevait sur ces mots : « Je leur ai donné une chambre dans une cabane, elle ne leur a pas plu. J'ai du mal à croire que tout cela est vrai ! »

La coopération de Dian était en effet minimale. Elle avait proposé un espace au couple, un réduit sombre dans la cabane de deux pièces, normalement occupée par David Watts qui était encore en vacances. Il n'y avait ni meubles, ni literie, ni ustensiles de cuisine, ni lampes. Les malheureux Espagnols furent obligés de redescendre à Ruhengeri sous une tempête de grêle et de passer les jours suivants à acheter ce qui leur manquait, à condition de le trouver. Même Dian finit par avoir de légers regrets.

Je n'aime pas être désagréable, mais parfois je ne peux pas m'en empêcher. Le 22, un gardien du parc est arrivé avec un mot de l'ORTPN me demandant de me présenter le lendemain, avant midi, à Kigali pour y rencontrer le directeur. J'ai contacté Kigali par radio pour leur dire que je ne pouvais pas descendre à cause de piqûres d'araignée. On m'a répondu que l'affaire était trop sérieuse pour en parler par radio et qu'il fallait que j'y aille. Je pense que « l'affaire » concernait le couple espagnol, mais je n'y suis tout de même pas allée. J'attends la prochaine attaque avec impatience. Bénies soient les piqûres d'araignée !

Il y a trois semaines, j'ai découvert quatre petites piqûres, presque en forme de morsures de petit chien, sur la partie interne de ma cuisse gauche. Je n'y ai pas pensé jusqu'au moment où j'ai commencé à avoir terriblement mal, les plaies sont devenues purulentes, puis des centaines de petites bulles se sont mises à suinter sur toute ma cuisse. Dieu, quelle histoire et quel endroit difficile à traiter ! J'ai mis une jupe pour pouvoir me soigner plus facilement. Enfin, que vous le croyiez ou non, je ne serai jamais assez reconnaissante à cette araignée de m'avoir évité le voyage à Kigali.

Dian restait sur ses gardes et appréhendait l'invasion des Espagnols. Dans une lettre à la Ligue internationale de Protection des Primates, elle écrit :

« Ces deux-là ne font pas ce que j'appelle de la recherche. D'après les pisteurs, ils sont tout simplement intéressés par ce que mangent les gorilles et d'autres détails qui pourraient leur être utiles au zoo... Comme vous le savez, quelques fonctionnaires du parc ont été mêlés par le passé au trafic de jeunes gorilles des montagnes... Je ne rencontre jamais ces Espagnols ; ils m'évitent sûrement ; mais je sais tout ce qu'ils font. En attendant, j'ai demandé à Vatiri et aux autres de bien surveiller les groupes de gorilles et le moindre signe de braconniers. »

La sinistre présence des techniciens du zoo, pas plus que le retour de Watt et le départ de Jan Rafert n'étaient faits pour calmer la colère de Dian. Vers la fin de janvier, elle déverse sa bile dans une lettre à Ian Redmond :

« J'apprends par mes Africains que Bill Weber est de retour des États-Unis et travaille en bas. A ma connaissance, il n'est pas encore venu ici, mais depuis que Jan Rafert, le seul garçon convenable, a été obligé de partir, je n'ai plus rien à faire avec la partie basse du camp où vivent les chercheurs.

...Je vois Watts cinq minutes par jour, au moment de son départ matinal avec les randonneurs, et ce sont cinq minutes de trop. Quand Jan est parti le 18 janvier, j'ai demandé aux Africains s'il leur rappelait quelqu'un. Ils ont immédiatement cité ton nom, puis ceux de Ric Elliot et Tim White. Tu vois donc bien que je ne suis pas la seule à bien ou mal juger les gens.

« La période des fêtes a été plutôt calme, mais un jour mes corbeaux m'ont poussée à demander à Mukera et Nemeye de suivre leurs croassements ; ils sont tombés sur un braconnier Twa de l'autre côté du ruisseau et ont pu lui enlever son arc et ses flèches. Quel toupet !

« Voilà maintenant l'activité du Fonds Digit en 1984 : 2 264 pièges arrachés... 18 animaux (antilope, hyrax, porc-épic) relâchés vivants des pièges ; 7 braconniers capturés et mis en prison ; aucun des gorilles protégés par Karisoke n'a été endommagé par les braconniers. Mais je n'aime pas les graffitis sur le mur, allusion aux Espagnols d'en bas... Il est maintenant possible de passer devant la tombe de Digit sans éprouver ce sentiment de vide noir, douloureux et horrible ; car c'est lui seul qui a rendu possibles toutes ces choses. Mais j'aurais tant aimé que lui, Oncle Bert, Macho et Kweli fassent encore partie de ce monde, irradiant leur gentillesse, arrachant les épines, tirant le gallium accroché aux vieux hagenias, profitant des rares jours de soleil et même tremblant sous la pluie. Contrairement à nous, les humains, ils appartiennent tellement à ce lieu.

« J'apprends par Shirley McGreal que quelqu'un du camp a obtenu une bourse pour fournir des informations sur l'alimentation et le traitement des gorilles de montagnes en captivité... Par ailleurs, il a été dit à la conférence internationale de Madrid que cette année les gorilles des montagnes seraient exportés pour assurer leur « survie ». J'apprends par une autre source que l'Espagne va les acquérir par l'entremise du Rwanda.

« Je me sens paranoïaque, les choses se sont passées de la même manière avec la tentative de capture de Kweli... Je dépense de grosses sommes d'argent du Fonds Digit pour garder un œil sur ce qui se passe en bas.

« Je sais que tu n'aimes pas les commérages, mais *s'il te plaît,* dis-moi ce qui est en train de se passer entre Watts, Barnes, Jensen, Harcourt, etc. Il y a une correspondance soutenue entre eux, mais je jure sur l'âme de Digit n'avoir ouvert aucune de leurs lettres. Je ne peux plus me mettre dans tous mes états et fatiguer mon cœur, mais... je pense que la manière dont J.-P., Harcourt, V.W. et maintenant Watts me transforment en monstre est vraiment dégoûtante. »

Le 28 janvier, Dian reçut une lettre d'un zoologiste américain qui venait d'observer quelques gorilles du parc habitués aux touristes et qui était plutôt troublé par son expérience : « J'ai été surpris de les voir si habitués à notre présence et même blasés. Je me demande... approuvez-vous ces visites touristiques ? S'agit-il de “ sacrifier ” ces groupes au nom de la publicité et des apports financiers ? Leur sécurité n'est-elle pas ainsi mise en danger ? »

La réponse de Dian est la preuve d'une vision sage et raisonnable sur le tourisme et les gorilles.

« J'ai rencontré quelques touristes qui étaient absolument *emballés* par leurs contacts avec les groupes apprivoisés et qui revenaient chez eux avec le souvenir de la magnificence et la dignité des gorilles.

« Pour répondre à vos questions précises, j'approuve les visites des gorilles par les touristes tant que ces dernières sont correctement contrôlées. Vous n'avez pas la moindre idée de ce qu'étaient les visites de gorilles, il y a deux ou trois ans... des hordes, vingt personnes à la fois, se poussant et se bousculant pour entrer dans le parc et payant le premier Africain venu pour qu'il leur serve de guide. A cause du bruit et de la promiscuité, mes propres groupes d'études se sont enfuis soit dans des régions du Zaïre hantées par les braconniers, soit sur les pentes les plus élevées du Karisimbi. Des papiers gras, des boîtes de conserve et même des Tampax jonchaient les pistes, et je passe sous silence d'autres détails sur les premiers touristes. Il n'est pas bon de se pencher sur le passé.

« ... Le gouvernement rwandais est absolument ravi par cette source de revenus dont un pays pauvre a tant besoin. Le tourisme autour des gorilles dépasse leurs plus folles espérances, MAIS personne ne pense à la poule qui aurait pondu un œuf d'or.

« En s'occupant principalement de tourisme, du salaire des expatriés, des voitures et du confort de l'équipe, le Projet Gorille Montagnes a négligé la sauvegarde de ce qui reste de gorilles dans les Virungas. Mais par ailleurs, sans le PGM, ni vous ni des centaines d'autres n'auriez jamais eu le privilège de rencontrer ces animaux extraordinaires. Ce ne serait donc pas juste de ma part de dire qu'ils ont complètement tort et que j'ai raison.

« En tout cas, mes patrouilles Digit poursuivent leur travail loin du bruit et de la fureur... Grâce à la surveillance constante des patrouilles de Karisoke, aucun gorille n'a été blessé par les braconniers en 1984 ; en revanche, quatre gorilles sont tombés dans des pièges dans la région surveillée par le PGM. Huit de leurs gorilles ont été pris par des braconniers, mais évidemment le grand public ignore tout cela.

« Pour vous donner un exemple de nos problèmes, il y a trois nuits de cela, des chiens de braconniers ont tué une superbe antilope qui était la reine des forêts bien avant notre arrivée ici. Nous avons passé des heures à essayer de retrouver ces chiens car c'est la cinquième antilope qu'ils tuent en l'espace de deux mois. Ce genre de travail n'attire ni les touristes ni les subventions, mais c'est à cela que je me consacre, c'est-à-dire à la conservation *active.* »

A la mi-février, elle envoie une lettre plus gaie à son ami Glenn Hausfater qui vivait maintenant dans le Minnesota.

« Les gens continuent d'arriver à Karisoke et d'en repartir, certains sont utiles, d'autres pas. La majorité fait un bon travail de base, mais leurs rapports laissent à désirer. J'y remédie avec l'aide des Africains : j'ai dessiné un réseau et un système de cartes que les pisteurs suivent religieusement avec les chercheurs. Il va sans dire que mon principal but dans la vie est d'entretenir les patrouilles anti-braconnage du Fonds Digit et de former des gardiens pour le programme de Gardiens de gorilles...

« Un autre projet auquel je pensais depuis longtemps est en bonne voie : la mise au clair de tous les noms de collines, de cours d'eau et de rivières dans la région des Virungas. C'est un travail de précision auquel les hommes prennent goût autant que moi. J'ai, en gros, six cents noms avec une longue histoire derrière chacun, la plupart remontent à l'époque des Tutsi, mais les Hutu s'en servent encore avec une certaine révérence. C'est une activité constructive pour le temps libre de la vieille dame. Inutile de dire que ces travaux sont entrecoupés de séances de sévices sur les Africains, je les affame à mort et je tire sur les touristes ! Peux-tu imaginer que ces histoires sont encore vivaces là-bas, en bas. »

La campagne de calomnie dont elle était la victime ne l'importunait plus autant qu'autrefois. En fait, depuis que les organismes qui la subventionnaient lui avaient coupé les vivres et qu'elle ne pouvait plus se permettre d'autres pertes financières, elle trouvait un certain amusement à cette réputation que ses ennemis faisaient d'elle.

Toutefois, quand ces rumeurs menacèrent la poursuite de son séjour au Rwanda, elle ne les jugea plus aussi drôles. Le 5 mars, elle descendit avec appréhension à Kigali pour renouveler son visa sur le point d'expirer. Quelques jours plus tôt, elle avait appris par l'ambassade américaine que son visa pouvait ne pas être renouvelé. « A la demande de certains, vous êtes susceptible d'être exclue du Rwanda pour avoir bafoué les lois et l'hospitalité du pays. »

Dian arriva directement à la résidence de l'ambassadeur où elle fut accueillie chaleureusement. De retour au camp, elle écrit à Deedee Blane, la femme de l'ambassadeur : « Je ne vous remercierai jamais assez de votre gentillesse et de votre générosité. Ces cinq jours en votre compagnie furent comme des vacances de luxe. J'aurais seulement aimé ne pas être si préoccupée par mon visa, ce qui a fait de moi une invitée, par moments, morose. »

Cette morosité fut apparemment balayée par la diligence de l'ambassadeur. Ses arguments furent si convaincants que le gouvernement renouvela le visa pour une période de six mois. La nouvelle plongea Dian dans une telle euphorie qu'elle fit un accident avec une voiture empruntée, la sienne étant hors d'usage faute de moyens pour la faire réparer. Elle se cassa aussi deux côtes et revint au camp le 10 mars, plus ou moins triomphante mais portée sur une civière. Heureusement pour elle, cette fois-ci, les côtes se ressoudèrent rapidement et sans complications.

Le visa de six mois lui procura un grand soulagement dont elle fit part à Stacey Coil : « S'ils m'avaient dit de partir, je crois que je ne l'aurais pas supporté. Bien que je ne puisse plus aller sur le terrain aussi souvent qu'autrefois, ma présence ici est d'une grande importance. Stacey, c'est l'unique lieu auquel j'appartiens. »

Mike Katsis repartit pour l'Angleterre vers la fin mars et fut remplacé par un Américain de trente-quatre ans, Peter Clay. Le désaccord entre Dian et Watts existait encore, mais il avait pris la forme d'un conflit rituel, sans trop d'animosité de part et d'autre.

Watts a démissionné le 17 mars, mais le lendemain il m'a apporté une note vantant ses mérites. Alors, je pense qu'il reste.

S'il était parti, Dian l'aurait regretté, mais en revanche, elle ne regretta nullement le départ des Espagnols.

Ils sont partis. Dieu merci.

Malgré leur départ, elle ne relâcha pas sa vigilance, convaincue qu'une tentative d'enlèvement de jeunes gorilles était encore possible.

La maladie de Tigre faisait partie de ses préoccupations principales :

Il va mieux, mais je crains pour lui la saison des pluies qui risque de durer encore un mois. Il est maintenant derrière ma cabane et je suis allée le voir hier malgré mes deux côtes cassées. Il semble se déplacer plus facilement et être plus vaillant, mais la plaie à la poitrine n'est toujours pas guérie et il a une mauvaise toux. J'y suis peut-être plus sensible à cause de mes propres problèmes de poumons. Il continue à traîner derrière le camp, soit à cause de ma brillante compagnie, soit pour la belle touffe de bambous devant ma maison. Je lui cueille tous les jours en cachette des pousses de bambou fraîches (personne n'a le droit de couper une plante dans l'enceinte du camp). Quelques-unes pour le remonter, sans pour autant lui donner des habitudes. Je crois vraiment qu'il reste ici parce qu'il est seul, que l'endroit est sûr et qu'il peut voir et entendre des gens tous les jours. Ziz qui était un petit avorton pleurnicheur quand il était bébé est devenu le roi de la montagne. Il a cinq femelles, ce qui est un record, même pour un dos argenté expérimenté. Je pense que deux d'entre elles viennent du Groupe 6, une autre d'un groupe périphérique et bien sûr, Simba et Tigre. L'arrivée de ces nouvelles femelles dans le Groupe 5 a provoqué des disputes entre eux, et Ziz a fini par partir, emmenant son harem avec lui. Le vieux Beethoven reste donc l'unique dos argenté du groupe, accompagné de la vieille Effie, ses six filles, deux fils et trois petits-enfants. S'il y a une crise de natalité, ce ne sera pas de sa faute. Ziz la zizanie !

Les autres groupes sont très très loin et je ne peux en voir aucun à l'exception de Tigre. Après tant d'années de visites quotidiennes dans les sites les plus lointains, j'ai du mal à m'y faire. J'ai usé mes forces en travaillant trop au Zaïre et ici au cours de ces douze dernières années.

Le mois d'avril fut riche en événements. Dian signa un contrat avec les studios Universal pour un film fait à partir de son livre, *Des gorilles dans les brumes.*

Elle reçut une invitation d'une compagnie publicitaire de Nouvelle-Zélande.

Ils veulent faire une publicité télévisée pour l'American Express : Fossey, assise parmi une flopée de gorilles et disant : « Ne quittez pas la maison sans vous assurer d'en avoir un. » Je pense que j'accepterai.

La Fondation Morris pour les animaux lui envoya une autre invitation, la priant de participer à leur conférence annuelle, à la mi-juin en Californie et à un séminaire sur les primates à San Diego. Comme la fondation prenait en charge tous les frais, Dian décida d'accepter.

Enfin, elle apprit que les éditions Penguin avaient acheté les droits de son livre pour le publier en collection de poche et qu'il avait déjà été traduit en français, espagnol, suédois, finlandais, japonais et néerlandais.

Pour couronner le tout, la Human Society de New York lui décerna une médaille en reconnaissance de son travail en faveur des gorilles.

Le Rwanda n'avait pas connu depuis longtemps d'aussi mauvaises conditions climatiques que ce mois d'avril. La pluie et la grêle tombèrent pendant vingt-neuf jours sur trente et les précipitations atteignirent une quarantaine de centimètres. Et quand il ne pleuvait pas, les montagnes et les forêts étaient plongées dans un brouillard noir.

Le soleil fit son apparition le 1er mai. Le lendemain, les braconniers que la pluie avait chassés de la forêt reprirent leurs attaques.

La patrouille de Vatiri, composée de lui-même, Munyanchosa et Sekaryongo a trouvé des traces fraîches de quatre braconniers Batwa le long du fleuve Suza. C'était en fin de journée, mais ils ont tout de même suivi les traces qui traversaient la frontière entre le

Zaïre et le Rwanda jusqu'au moment où l'obscurité les a fait revenir au camp.

Vatiri en a conclu que les braconniers n'ayant pas encore fait de carnages resteraient sur la montagne. Il a pensé aussi qu'ils étaient susceptibles de s'intéresser aux gorilles, alors j'ai senti qu'il fallait monter une opération spéciale. J'ai divisé les hommes disponibles en deux patrouilles, les uns guidés par Vatiri et Munyanchosa et les autres par Sekaryongo et Nemeye, toutes deux armées de pistolets.

Ils ont quitté le camp à 7 h 30. En patrouillant sur les Cinq Collines, ils sont tombés sur des traces fraîches d'un homme qui aurait gravi le ravin de Suza. Vatiri, le pisteur en chef, a envoyé Nemeye et Sekaryongo à sa poursuite pendant que lui et son compagnon partaient à la recherche d'autres traces.

Nemeye et Sekaryongo ont suivi attentivement la piste qui longe la Quatrième colline et traverse le fleuve Rugasa. Entrant prudemment au Zaïre, ils ont senti une odeur de fumée et ont supposé qu'il y avait un braconnier à proximité. Ils se sont séparés pour le cerner, l'arme à la main, mais le braconnier les a vus ou entendus et s'est caché dans le lit d'un ruisseau couvert de végétation. Sekaryongo a ouvert le feu mais l'a raté. Puis ils l'ont poursuivi dans le ravin et Nemeye a donné l'ordre de ne pas tirer de peur que quelqu'un ne soit tué.

Croyant qu'il serait pris et tué, le braconnier s'est arrêté. Quel n'a pas été l'étonnement des pisteurs en découvrant que c'était Sebahutu, le plus célèbre des braconniers des Virungas qui n'avait jamais pu être capturé dans la forêt parce qu'il court comme une antilope, se cache comme une taupe et se bat comme un tigre. Il avait été porté mort il y a quelques mois, mais ce n'était qu'une parade.

La patrouille l'a ramené dans son abri et lui a lié les mains et les chevilles pour qu'il ne puisse pas s'enfuir pendant qu'ils ramassaient ses affaires : un sac plein de patates douces, du maïs et des haricots secs, ce qui prouvait qu'il avait l'intention de passer quelques jours dans la forêt. Le braconnier a proposé cinq mille francs rwandais à chacun de mes hommes et autant de défenses d'éléphants qu'ils pourraient transporter. Il leur a dit qu'il était inutile de le ramener à la prison de Ruhengeri parce qu'il avait des « contacts » aussi bien là-bas qu'à la direction du parc. D'après Nemeye, il ne semblait pas très soucieux parce qu'il prétendait se trouver dans la forêt pour une commande « d'un des grands ». Je ne pense pas qu'il s'agisse d'ivoires, mais plutôt de l'acquisition d'un jeune gorille.

La patrouille l'a ramené au camp et je l'ai gardé pendant vingt-quatre heures, attaché dans ma salle de séjour. Il s'est comporté comme un homme sur son lit de mort, et sans même que je le touche, il nous a donné le nom de soixante braconniers et leurs points de pénétration dans la forêt ; le nom de ceux qui possèdent des fusils ; les activités de chacun ; les lieux où ils agissent et ceux où ils cachent leurs trophées. Puis il nous a donné les noms et l'emplacement des trafiquants et des intermédiaires qui vivent de la vente de trophées comme les défenses et les pieds d'éléphant, les crânes de gorille, les mains et les pieds des petits, et la chair d'antilope et de buffle. Enfin, il nous a fourni les noms de Blancs et de Pakistanais qui traitent avec les intermédiaires pour exporter ces trophées.

L'étendue de ces informations est inimaginable. Si le gouvernement s'attelle vraiment à la tâche, cette capture entamera sérieusement les activités de braconnage dans les Virungas. Le parc et ses gardes sont déjà sur le pied de guerre et les autorités judiciaires font des fouilles dans des lieux autrefois considérés comme « secrets ». Une telle chose n'était jamais arrivée auparavant.

Aussi incroyable que cela ait semblé, la confession de Sebahutu fut apparemment volontaire. Dian souligna qu'elle n'avait fait aucune usage de la force et cela fut confirmé par Sebahutu au cours d'un interrogatoire avec Marc Condiotti, le seul fonctionnaire du PGM en qui Dian avait confiance. Elle expédia Sebahutu aux autorités militaires avec une note pour Condiotti : « J'espère qu'ils ne maltraiteront pas Sebahutu après toutes ces informations qu'il nous a poliment fournies. » Marc répondit le lendemain : « J'ai l'impression que vous avez été bonne envers Sebahutu et il m'a dit que vous aviez été correcte avec lui. Vous n'avez donc pas à vous soucier de fausses rumeurs sur votre compte, émanant du PGM ou de la direction du parc. » A quoi Dian répondit : « Je suis heureuse d'apprendre que je n'ai pas encore été accusée de l'avoir battu, castré, etc. En fait, ce petit bonhomme a fini par me plaire parce qu'il n'avait pas à parler et qu'il l'a fait. »

L'explication la plus simple de la loquacité de Sebahutu peut être la crainte que la Femme Solitaire des Forêts ne le tue pour ses crimes d'autrefois envers les gorilles. La « loi » ne l'effrayait peut-être pas, mais Dian était hors la loi et incorruptible. C'est ainsi qu'elle se trouva en possession d'une masse d'informations dont certaines étaient aussi explosives que de la dynamite.

Si certains noms de la liste étaient révélés, il s'ensuivrait de gros ennuis. Il y a peut-être eu un plan de capture de bébés gorilles pour l'Espagne, mais il a été mis hors d'état de fonctionner.

Le soleil de mai fut de courte durée. Des nuages d'ébène obscurcirent les volcans et Dian écrivit à une amie en Californie :

« N'en as-tu pas assez du soleil tous les jours ? Dis-moi un peu, qu'est-ce que le soleil ? De quoi a-t-il l'air ? Quelle sensation procure-t-il ? Je ne cesse de me dire que ce n'est pas pis qu'Ithaca en hiver, mais après trois mois de pluies et de brouillard quotidiens, je n'en suis plus si sûre. »

Peter Clay était sûr du contraire. Le 20 mai, il quitta le camp pour de bon, mais non sans regrets. Dans une touchante lettre d'adieu, il écrit à Dian :

« On a l'impression ici que le monde est créé à nouveau tous les jours. Et cette création est comme un miracle d'une beauté toujours renouvelée. Peut-être est-ce à cause des nuages glissant silencieusement au-dessus de cette forêt ancienne, ou de cette brume fraîche qui semble nous caresser. Ces quelques mois passés ici étaient comme un retour au jardin d'Eden et à une sorte d'innocence première. Je sais que mon espèce endommage cette terre fragile et qu'elle est tragiquement éloignée de la nature, mais ici tout est différent. Les douces antilopes, l'étrange petit hyrax et surtout les gorilles semblent avoir pardonné à l'homme son abus aveugle de la terre. »

Le temps médiocre n'était pas la seule cause de la mauvaise humeur de Dian. Ses poumons lui faisaient encore très mal et elle n'avait plus d'argent. Vers la fin du mois de mai, elle écrit à l'ambassadeur Blane :

« Je suis à court d'argent et j'aimerais emprunter 100 000 FRW à l'ambassade ou à quiconque prêt à me faire confiance, et qui sera remboursé à un taux d'intérêt raisonnable. Le 6 juin, je suis attendue en Amérique et je pourrai y collecter des fonds. En attendant, je dois laisser de l'argent pour l'entretien du camp pendant mon absence. J'espère que cette demande ne paraît pas exagérée. Je la formule dans le désespoir ! »

Blane réagit aussitôt en lui prêtant de sa propre poche la somme nécessaire.

Le 21 mai, un reporter de l'*Associated Press,* Barry Schlachter, visita Karisoke après avoir interviewé des employés du PGM et des sources à Kigali au sujet de Dian. Son reportage reflète la manière dont elle était traitée par la presse à cette période de sa vie :

« Pour arriver au campement de Fossey, au milieu d'une forêt tropicale d'une beauté irréelle, les visiteurs escaladent péniblement la montagne pendant une heure et demie, s'enfonçant souvent jusqu'aux cuisses dans la boue et les orties brûlantes... Fossey souffre d'emphysème. C'est une grande fumeuse de cigarettes locales. Elle marche à petits pas, s'arrêtant pour souffler avant de conduire les visiteurs au cimetière des gorilles... Elle dresse les singes à craindre les Noirs, mais pas les Blancs parce que la plupart des braconniers sont africains. Elle admet que cette pratique puisse être interprétée comme du racisme.

« Elle est connue pour avoir écrit sur le dos d'une vache errant dans la réserve, à la peinture au pistolet, le mot de Cambronne. On l'a accusée aussi d'avoir kidnappé l'enfant d'un braconnier en représailles à la capture d'un bébé gorille...

« Laurent Habirayemye, quarante-huit ans, directeur des parcs et du tourisme, dit qu'une industrie touristique s'est développée autour des gorilles : seize pour cent du revenu national proviennent du tourisme et les trois quarts de cette somme sont le fruit des visites aux gorilles.

« Le directeur des parcs du Rwanda rend hommage à Dian Fossey grâce à laquelle ces activités ont pu exister.

" Si nous pouvions lui attribuer la sainteté, nous le ferions ", dit-il.

« Malgré sa grande estime pour Fossey, Habirayemye nie catégoriquement l'accusation qu'elle porte dans son livre contre un fonctionnaire du parc qui aurait indirectement participé au meurtre d'un gorille appelé Kweli. Il critique aussi sa méthode qui consiste à inculquer aux gorilles la peur des Noirs... " C'est scandaleux. Elle commet une erreur parce que les gorilles vivent dans un pays de Noirs. "

« Je n'ai pas d'amis, dit la Californienne sans le moindre regret. » « Plus on connaît la dignité des gorilles, plus on a envie d'éviter les gens. »

L'évidente dichotomie des commentaires de Habirayemye est significative. Le paragraphe sur la misanthropie de Dian est une simplification à outrance qui lui fut particulièrement nuisible. Ses détracteurs se servaient et se servent encore de cet argument pour soutenir que Dian Fossey méprisait sa propre espèce et n'avait pas de respect pour l'être humain. Elle ne méritait donc pas la sympathie et le soutien de ses semblables.

Une semaine avant la visite de Schlachter et quatre jours avant son départ pour les États-Unis, on lui annonça de mauvaises nouvelles.

Le 28, mes pisteurs, Celestin et Rwelekana, ont reçu pour moi un message du parc, m'annonçant qu'ils avaient trouvé Nunkie mort sur les pentes du Karisimbi où il vivait en compagnie de ses quatorze femelles et un petit. Les pisteurs m'avaient envoyé le message par l'entremise d'un gardien du parc, mais ma radio était en panne et je ne pouvais pas avoir de détails. Pendant une grande partie de cette horrible journée, j'ai pensé que le digne vieillard avait été tué par les braconniers.

Quand les pisteurs sont revenus au camp, ils ont dit qu'il était mort de mort naturelle. J'étais si contente qu'il n'ait pas été assassiné. J'ai fait venir son cadavre au camp et le Dr Bertrand est arrivé d'en bas pour procéder à une autopsie. Bien que les conclusions ne soient pas encore définitives, il semble que sa mort soit due à des parasites intestinaux et à une maladie pulmonaire.

Une des causes principales de l'aversion de Dian pour le tourisme dans le parc était la crainte de voir les gorilles contaminés par des maladies humaines. Vers la fin de 1978, elle avait découvert avec fureur qu'un des chercheurs de Karisoke faisait ses besoins à proximité des gorilles qui risquaient de renifler ou même de manger les excréments. Les recherches de Ian Redmond avaient montré la vulnérabilité des singes aux parasites, et Dian craignait que leur organisme n'ait pas de défenses immunitaires contre des germes occidentaux.

C'est à cause de cette arrière-pensée qu'elle décida d'emporter aux États-Unis un échantillon des intestins de Nunkie pour le faire analyser par des experts.

Nous avons enterré le brave Nunkie dans le cimetière, près de ma cabane, mais les problèmes ne font que commencer.

Un groupe de gorilles ne peut pas préserver son unité sans la direction d'un dos argenté. Les femelles et les rejetons de Nunkie ont passé plusieurs jours à errer sans but et sans se nourrir autour du site où l'on a retrouvé son corps. Le mort l'a surpris à sept kilomètres de leur lieu habituel sur le mont Visoke. Nous essayons maintenant de les « attrouper » pour les ramener ici où le dos argenté solitaire, Tigre, semble être le candidat idéal pour reprendre la direction du groupe.

Le processus d'attroupement semble plus difficile que prévu parce que les femelles veulent revenir sur les lieux de sa mort, ne comprenant sans doute pas l'idée de sa disparition définitive. Jusqu'ici, nous sommes arrivés à les maintenir ensemble et à les déplacer de quatre kilomètres dans notre direction. Mais nous avons tous les jours peur de les voir se disperser dans toute la région des Virungas.

En fin de compte, au bout d'une semaine, les dix rejetons et quatre femelles de Nunkie ont fini par atteindre le Visoke où ils se sont enfin détendus pour la première fois depuis sa mort. Comme je l'espérais, Tigre les a rejoints et s'est mis avec Fuddle, la seule femelle du groupe à avoir des cycles réguliers. Les autres femelles et les jeunes ont fui les avances de Tigre et sont parties retrouver le Groupe 5 où Ziz s'est acquis une autre compagne, Pandora, une deuxième femelle de Nunkie.

Les deux femelles qui restaient ainsi que les enfants et les adolescents ont fui le Groupe 5 et sont partis vers l'ouest où ils ont rejoint le groupe de Peanuts, composé d'adultes mâles, survivants du Groupe 4 d'Oncle Bert. Vous imaginez le chahut parmi ces mâles privés de femelles depuis des années ! Je me demande s'ils arriveront jamais à s'installer. Peanuts et sa bande sont les gorilles les plus occupés que j'aie jamais vus, mais ils semblent prendre soin des veuves et des orphelins de Nunkie.

Attristée par la mort de Nunkie et hésitant à confier Karisoke à Watts pendant son absence, Dian était de plus en plus affolée à mesure qu'approchait le jour de son départ. Elle cacha tous les objets de valeur, les jumelles offertes par Jean Gespar et ses quelques bijoux. Elle ne savait que faire d'un dossier orange qui contenait des « preuves » de l'implication d'officiels rwandais dans le trafic illégal d'ivoire et de gorilles. Au dernier moment, elle décida de l'emporter avec elle et le cacha au fond d'un de ses sacs de voyage.

Le 5 juin, elle arriva à Ithaca et passa les dix jours suivants à s'occuper des affaires du Fonds Digit et à regarder la télévision.

Il n'y a pas grand-chose à faire. La plupart des gens que je connaissais sont partis ailleurs. J'aime beaucoup la famille de Stacey, mais je ne peux supporter une trop grande dose de ce « confort intime ». Il est douloureux de le regarder sans en faire partie.

Elle repartit avec joie pour Los Angeles et les studios Universal, remplit sa promesse envers la Fondation Morris et participa à une émission de télévision.

J'étais encore à l'heure de l'est et l'émission avait six heures de retard sur mon horaire. Quelques heures avant le spectacle, je me suis coiffée et me suis mis des gouttes dans les yeux pour avoir l'air plus fraîche. Comme je n'avais pas mes lunettes, j'ai confondu les gouttes pour les yeux avec des gouttes insecticides contenues dans un flacon similaire. Mon œil droit a pris des proportions énormes, puis est devenu rouge ; alors, j'ai décidé de faire une sieste dans ma chambre d'hôtel en attendant que la limousine vienne me chercher pour m'emmener aux studios. Pour plus de précautions, j'ai mis deux réveils à mon chevet.

Il va sans dire que je n'en ai entendu aucun. J'ai été réveillée par le téléphone où l'on m'a dit que la voiture m'attendait devant l'hôtel. J'ai fini de m'habiller dans l'ascenseur, me suis maquillée dans la limousine, j'ai rencontré plein de monde au studio et ils m'ont conduit dans ma « loge » où les maquilleuses et les coiffeuses m'ont lancé des regards désolés.

J'ai participé au spectacle, mais mon âme et mon corps étaient en Afrique. Johnny, l'animateur m'a mise à l'aise. Il m'a presque fait oublier que je portais mon unique paire de souliers noirs à talons, achetée en 1978 et dont les semelles étaient trouées. Avant de monter sur scène, mon unique pensée était de garder mes pieds bien à plat sur le sol, mais quelques minutes avant le lever du rideau, une des boucles de la chaussure est tombée. Un officier de sécurité est allé chercher une agrafeuse pour agrafer ma boucle avant que toutes les lumières ne se braquent sur moi. Dès mon premier pas dans le faisceau lumineux, j'ai senti les agrafes s'enfoncer dans mon pied et les mailles de mon nouveau collant filer vers le haut. Je savais que l'attention du monde entier était rivé sur la maille et la goutte de sang faite par l'agrafe. Mais après, les gens m'on gentiment dit que tout avait bien marché. J'aurais bien aimé être là et le ressentir aussi !

Le 22 du mois, elle arriva à San Diego pour participer, au zoo de la ville, à un séminaire sur les problèmes médicaux des primates. Elle demanda sur place l'analyse des échantillons qu'elle avait relevés sur le cadavre de Nunkie. Les parasitologues diagnostiquèrent un ver très infectieux, le *necator americanus,* qui était un parasite humain. Ils pensaient que cette infection peut-être nullement maligne en soi, avait contribué à affaiblir la résistance de Nunkie à d'autres maladies.

« Ces gorilles qui ont un contact étroit avec les touristes peuvent attraper le parasite en mangeant des excréments humains, en étant touchés par les hommes ou en étant simplement en contact avec eux. »

Dian était bouleversée par ces implications.

Le plus horrible est qu'il ne s'agissait peut-être pas de touristes. Il a aussi bien pu être infecté par un de mes propres étudiants !

Dian devait aussi faire face à la responsabilité qui était la sienne d'avoir été à l'origine du processus de familiarisation des gorilles avec les Blancs.

Le 26 juin, elle revint à San Francisco pour un séjour exceptionnellement long avec les Price. Mais il ne s'agissait pas que d'une visite filiale.

Il fallait que je fasse du raccommodage sur la vieille dame. J'ai été surprise de découvrir la quantité de réparations dont la machine avait besoin. Je devrai passer beaucoup de temps dans l'atelier de réparations !

Le Dr Spiegl et d'autres membres du corps médical eurent à s'occuper de dents qui exigeaient un traitement des racines ; d'une obstruction chronique des poumons ; d'hypertension ; de tachycardie auriculaire paroxystique ; et d'un nouvel accès de sciatique à la hanche gauche. Aucun de ces traitements ne pouvait être dispensé dans le court laps de temps qui lui restait avant son retour en Afrique. On découvrit de surcroît qu'elle souffrait d'une insuffisance chronique de calcium qui avait affaibli ses os et été la cause partielle de ses fractures. Le 10 juillet, elle subit une opération qu'elle repoussait depuis près d'un an et se fit enlever une grosseur à l'œil gauche.

Cette liste impressionnante de maux divers peut sembler plus grave qu'elle ne l'était en réalité. Le 18 juillet, en prenant place dans l'avion qui devait la conduire à Kigali, Dian était de bonne humeur.

Un bel ingénieur de La Nouvelle-Orléans, en route pour Nairobi, s'est assis à côté de moi. Nous avons dîné à Bruxelles. Je lui ai dit de venir me rendre visite au camp. Sait-on jamais... ?

25.

L'allégresse de Dian ne fit pas long feu. En arrivant à l'aéroport de Kigali, elle apprit que l'ambassadeur américain et sa femme qui étaient de bons amis et d'ardents défenseurs avaient été brusquement rappelés à Washington. Comme elle l'écrit à Deedee Blane : « Ce n'est qu'alors que j'ai pleinement compris l'expression “ mon sang n'a fait qu'un tour ”. J'ai aussitôt sauté dans un taxi qui m'a conduite à la résidence, et j'ai alors découvert que le pire était vraiment arrivé : c'était le vide total. »

De retour au camp, elle écrit à Rosamond Carr : « La raison de mon retard est que j'ai subi une opération des yeux qui a nécessité des soins. Ils ont aussi diagnostiqué une fracture qui reste encore très douloureuse. Six porteurs munis d'une civière m'ont portée sur les parties plutôt faciles de la piste, et j'ai marché lentement dans les passages difficiles.

« Il fallait que je revienne aussitôt au camp parce que Carole Le Jeune, l'artiste belge, s'y trouvait depuis trois jours dans une tente et qu'elle ne pouvait avoir accès aux cabanes vides dont j'avais emporté les clés (je ne voulais pas que Watts en prenne possession). Il y avait aussi un étudiant rwandais qui venait passer une semaine au camp et je ne voulais pas qu'il se sente délaissé.

« A mon grand regret, mon visa expire le 9 août, ce qui signifie que je dois retourner à Kigali pour le renouveler... Je suis très impatiente de te voir à propos d'une chose qui m'a terriblement inquiétée. Quand je suis revenue au camp – l'unique endroit où je suis heureuse et je fonctionne correctement –, j'ai parlé avec chacun de mes hommes pour savoir ce qui s'était passé pendant mon absence. Ils m'on tous répété que David Watts avait rencontré von der Becke et d'autres membres du PGM et de l'ORTPN pour mettre au point une stratégie et me dérober le camp.

« Ils ont dit qu'ils me donneraient le temps de déménager mes effets personnels et qu'ils transformeraient le lieu en un camp touristique animé par mes anciens étudiants, Amy Vedder (de retour à Ruhengeri avec son mari Bill), Watts, les Harcourt, Roger Wilson et d'autres. Ils travailleraient pour le PGM en occupant à tour de rôle une des cabanes et consacreraient les autres au tourisme.

« Rosamond, ils sont si nombreux et je suis si seule. C'est vraiment effrayant. D'après les hommes, David leur aurait dit que je *coûtais* des centaines de dollars par jour au gouvernement rwandais parce que ma présence écartait les touristes des groupes d'étude. Il était, paraît-il, injuste que j'aie les cabanes, l'équipement, des hommes entraînés et des gorilles apprivoisés dont le PGM pourrait se servir pour les touristes. Trois des hommes sur quatre m'ont dit que si j'étais chassée du camp, ils démissionneraient.

« Ils m'ont dit aussi que le fils du président était venu ici pendant mon absence et que Watts l'avait conduit au Groupe 5 en lui répétant la même histoire. Mes hommes pensent que tout cela arrivera le mois prochain, et ils sont ou semblent très inquiets. Je ne sais vraiment pas ce qui m'attend, mais à chaque jour suffit sa peine et je serai plus tranquille une fois que j'aurai obtenu mon visa. J'aime ce lieu et le travail que j'y fais plus encore que la vie. »

Le lendemain, Dian écrivait à Deedee Blane sur un ton faussement enjoué :

« Il est possible que la rencontre entre Watts, le PGM et l'ORTPN ait eu lieu à cause du soixantième anniversaire de la fondation du parc et que Watts ait délibérément provoqué mes Africains, sachant parfaitement qu'ils me rapporteraient tout. Il n'en reste pas moins qu'ils semblent très inquiets et que je me sens comme un ballon qui attend à tout moment d'être renvoyé. J'aurais tellement aimé que vous soyez ici. »

Le 28 juillet, Watts démissionna pour la dernière fois de son poste de directeur du Centre de Recherches de Karisoke. Il lui écrivit une note plutôt caustique, qualifiant le centre de « votre » camp et l'invitant à reprendre « vos » responsabilités.

Il partit deux jours plus tard, avec l'intention affichée de prendre de vraies vacances. Ces vacances commencèrent à Ruhengeri, comme invité d'Amy Vedder et de Bill Weber.

Dian ne regrettait pas son départ. Elle écrit à Anita McClellan : « David Watts est enfin parti. Dieu merci ! C'était un bon travailleur sur le terrain, mais aussi un petit impertinent dans la vie quotidienne. »

Le 7 août, elle descendit avec appréhension à Ruhengeri pour y renouveler son visa. La corvée était devenue routinière, mais elle lui pesait de plus en plus.

Pour obtenir le visa, j'ai besoin de l'autorisation du directeur de l'ORTPN. D'abord, il n'était pas « disponible », ensuite quand j'ai insisté, il a dit qu'il ne pouvait pas me voir. Finalement, au bout du troisième jour, j'ai tellement insisté qu'il a fini par me parler dans l'antichambre pour me dire devant la moitié de son équipe que le PGM reprendrait le camp pour l'ouvrir aux touristes et le peupler des scientifiques de son choix. Il n'a pas voulu en dire plus et s'est enfermé dans son bureau dont il a claqué la porte.

J'avais du mal à croire ce que je venais d'entendre, et je suis aussitôt allée à l'ambassade américaine, temporairement dirigée par deux gentilles dames. Elles ont appelé des gens du ministère des Affaires étrangères du Rwanda et leur ont dit que si Habirayemye me refusait, tout le monde occidental protesterait vigoureusement. Quelque chose s'est sans doute débloqué parce que j'ai obtenu mon visa, mais seulement pour une durée de deux mois et au bout d'une semaine de démarches. Si elle est réellement voulue, je suis traumatisée par l'action qu'Habirayemye a menée contre moi.

Les maigres espoirs que Dian pouvait encore nourrir furent balayés en arrivant le 15 août à Karisoke (« Avec l'aide de Guam qui m'a traînée tout le long du chemin, j'ai mis deux heures et demie à monter alors que le sentier était sec »). Une lettre officielle d'Habirayemye l'attendait sur la table de la cuisine :

« Le statut de notre centre de recherches a été redéfini au cours d'une réunion que j'ai dirigée au mois de juin.

« Je veux que le CRK devienne une station de recherches internationale, complètement intégrée à l'ORTPN, collaborant étroitement avec elle et avec les organismes scientifiques internationaux (lire : PGM et ses affiliés).

« Je reconnais l'importance de l'étude de quelques groupes de gorilles, mais dans l'intérêt du pays, il est urgent d'entamer d'autres activités. Bientôt un comité sera désigné pour dresser une liste des priorités, et j'ai l'intention de m'adresser à des organismes scientifiques de renom (voir ci-dessus) pour qu'ils envoient des chercheurs expérimentés au CRK... Dorénavant, c'est moi qui déciderai des gens qui travailleront au CRK, et le PGM se chargera des tâches administratives.

« Je pense que vous comprendrez et accepterez ma nouvelle politique. »

La réponse de Dian fut étonnamment calme. Si, comme elle le supposait, la lettre d'Habirayemye la poussait « au suicide », il avait bel et bien échoué.

Soulignant que le CRK avait déjà accueilli des chercheurs « d'Amérique, Australie, Belgique, Angleterre, France, Japon,

Kenya, Hollande, Rwanda, Écosse, Espagne et Zaïre », elle manifesta sa satisfaction de voir cette « internationalisation » s'intensifier. Par ailleurs, elle fit remarquer poliment que les activités du centre étaient étroitement liées à celles de l'ORTPN. Quant à la liste prioritaire du comité, « je serais très heureuse de faire partie de ce comité dans la mesure où je crois que nous travaillons tous à la préservation de la faune des Virungas. J'ai consacré dix-huit ans de ma vie à cette entreprise ».

Un seul passage était agressif : « Monsieur le Directeur, est-ce que vos nouvelles responsabilités d'embauche à Karisoke signifient que *vous-même* m'en excluez, moi, la fondatrice et l'objet du *soutien public international,* la caution financière, scientifique et morale de Karisoke ? J'espère que non.

« Pour terminer, j'aimerais vous suggérer de ne pas vous laisser influencer par des gens de passage qui ne font qu'aller et venir et dont les objectifs personnels ne contribuent pas vraiment au développement de l'avenir du Rwanda. »

Le ton de la lettre semblait confiant, mais il reflétait mal l'état d'esprit dans lequel Dian était plongée. En réalité, elle était convaincue d'entamer l'ultime combat dans la longue lutte contre ceux qui voulaient l'évincer de Karisoke. La situation étant des plus précaires, elle prépara sa défense et écrivit quelques lettres à des amis.

« Les enjeux sont quelques groupes de gorilles apprivoisés, une équipe africaine entraînée et sept cabanes équipées. Je ne peux pas les empêcher de mettre les gorilles à la disposition du tourisme, mais mes Africains disent que si je m'en vais, ils démissionneront. Et il existe une tactique de la terre brûlée. J'ai en ma possession quelques bidons d'essence et beaucoup d'allumettes. Mes hommes ont peur et c'est bien dommage parce qu'ils sont gentils, mais si je devais mettre le feu aux sept cabanes et à leur contenu, ils disent qu'ils m'aideraient. Cette menace est le seul moyen de sauver le travail d'une vie. »

Qu'elle ait été feinte ou réelle, Dian fit tout pour que cette menace qu'elle appelait « le dernier siège de Fossey » soit ébruitée et arrive jusqu'aux oreilles des intéressés à Kigali. Au fil des années, elle avait acquis une certaine expérience de la politique intérieure du Rwanda et espérait que les autorités supérieures préféreraient serrer la bride au directeur de l'ORTPN plutôt que la laisser se jeter dans les flammes.

Le 11 septembre était la date du soixantième anniversaire de la création par les Belges du parc national Albert. Bien que le parc national des Volcans ne constituât qu'un fragment du premier parc, l'ORTPN avait l'intention de célébrer l'événement avec faste.

Le directeur du parc ne m'a pas envoyé d'invitation ; mais le conservateur qui est un type vraiment bien et avec lequel je travaille efficacement m'en a envoyé une en s'excusant de ce qu'il interprète comme une négligence du directeur.

Mes Africains et moi avons travaillé tout le mois à dresser un beau tableau explicatif illustrant le travail de Karisoke dans le parc. Le conservateur l'a tellement apprécié qu'il l'a accroché juste à côté de son bureau, de sorte que tous ceux qui visiteront les nouveaux bureaux du parc, y compris le président du Rwanda, ne manqueront pas de le voir.

C'était une journée plutôt grise, morne et pluvieuse. La fête a commencé tard avec l'arrivée tardive du président ; elle a débuté avec des danses et des chants que j'adore, suivis de longs discours ennuyeux. Le directeur avait fait imprimer un grand programme où mon nom et celui de Karisoke ne figuraient nulle part alors que le PGM était généreusement salué.

Puis, l'affreux directeur, Habirayemye, s'est levé et a fait un discours d'une heure et demie en kinyarwandan, c'étaient 94 minutes de trop. J'ai même cru que le président allait s'endormir. Mes hommes m'ont dit qu'il était surtout question des grands bénéfices financiers que faisait faire au pays le tourisme des gorilles. Vers la fin, le directeur a présenté deux plaques en hommage aux plus grandes contributions au parc des Volcans depuis l'indépendance. Elles étaient destinées aux responsables belges de deux agences de voyages.

Quand tout est fini, j'ai trouvé une place dans une voiture pour un déjeuner tardif à l'hôtel Muhavura. Pendant que j'attendais, Benda Lema qui dirige maintenant une banque à Kigali a surgi devant moi. Il s'est précipité à ma table et semblait hors de lui parce que mon nom n'avait pas été mentionné. Il a dit qu'il était assis derrière le président et que ce dernier a réprimandé le directeur pour avoir ignoré Karisoke et mon travail. Benda Lema semblait tellement concerné par cette affaire qu'il m'a fait pleurer ; peut-être parce que je me faisais pitié, peut-être aussi parce que je ne m'entendais pas bien avec lui quand il était directeur et que maintenant il prenait mon parti. Je lui étais reconnaissante d'exprimer ses sentiments avec une telle conviction.

Ensuite, Benda Lema est allé rejoindre un groupe d'officiels rengorgés et en uniforme, et j'ai commencé à manger mes frites froides et des côtes de porc trop dures. Quelques minutes plus tard, j'étais interrompue par un des officiels rengorgés. Il m'a demandé en anglais : « Docteur Fossey, que pensez-vous de cette affaire d'aujourd'hui ? » Je ne savais pas trop qui il était, mais j'ai décidé de déverser un peu ma bile. Je lui ai surtout dit qu'il n'avait pas du tout mentionné le travail des patrouilles pour contrôler les activités de braconnage. Ensuite, je lui ai sorti ma tirade sur la conservation active opposée à la conservation théorique. Il m'a demandé de sortir pour pouvoir me prendre en photo ! C'était le reporter en chef du grand hebdomadaire rwandais, Kinyamateku ! *Au point où en sont les choses, soit je me fais chasser du pays, soit il en sortira quelque chose de positif.*

Je suis donc revenue à mes frites, froides et grasses – je mourais de faim – quand un autre « gradé » africain en uniforme militaire est arrivé dans la salle, a regardé autour de lui, s'est dirigé vers ma table et s'est assis à côté de moi. Il s'est présenté en français comme le secrétaire général à l'immigration, auprès du président. Il m'a demandé le genre de problèmes que j'avais eus pour l'obtention de mon visa. J'ai failli tomber à la renverse ! Mais je lui ai tout de même dit dans mon horrible français que le directeur de l'ORTPN ne m'avait fait accorder qu'un visa de deux mois, et encore avec les pires difficultés. Il m'a donné sa carte en me priant de le contacter au prochain renouvellement. Puis il m'a quittée en disant au sujet du directeur : « Que pense-t-il donc que vous êtes, une touriste ? »

A ce stade-là des événements, il m'a fallu découper au couteau les frites baignant dans la graisse, mais elles m'ont fait l'effet d'un elixir. On verra bien. En tout cas, c'est bien le déjeuner le plus utile que j'aie jamais eu. Mais il arrive souvent que ces gens-là se laissent entraîner par la fête et oublient tout le lendemain.

Un dernier mot. Cette nuit-là, en remontant au camp, j'ai entendu l'appel de l'hyrax et les aboiements des antilopes. Il y a des voix que j'entends chaque nuit, mais j'ai compris que si elles étaient encore là, c'était parce que je les protégeais. Et ce savoir m'importe plus que des phrases élogieuses du directeur de l'ORTPN.

Le lendemain, j'ai parlé à mes hommes. Tous les quinze (l'équipe de neuf hommes et six membres des patrouilles Digit) avaient participé à la fête, vêtus d'uniformes que je leur avais confectionnés, avec les initiales CRK brodées sur la poche de leur veste. Ils étaient très déçus par l'absence totale de commentaires sur eux, sur moi, sur Karisoke et le travail qu'ils y avaient fait. Alors je leur ai dit que notre récompense était de voir et d'entendre s'exprimer autour de nous la vie sauvage dans toute sa splendeur. Sans nos efforts conjugués de ces dix-huit dernières années, il n'en serait pas resté grand-chose. Je pense que ces mots les ont réconfortés.

Quelques jours plus tard, Dian entendit dire que Habirayemye allait quitter son poste. Elle savait très bien qu'il ne fallait pas accorder trop de foi aux rumeurs de Kigali, mais elle se sentit tout de même moins menacée.

J'ai demandé à Mukera de ranger les bidons d'essence. Mais je garde encore les allumettes à portée de la main.

A Karisoke, le mois d'août eut son lot de visiteurs. Le remplaçant de David Watts arriva au début du mois. C'était un étudiant en doctorat, grand, blond, barbu et à l'allure traînante, dont Dian avait rejeté la candidature trois ans plus tôt. Mais les temps avaient changé, il n'y avait plus qu'un seul chercheur au camp, l'entomologiste rwandais, Joseph Munyaneza, et les nouveaux étaient les bienvenus. Cependant au début, Dian eut quelques doutes.

Wayne McGuire de l'université d'Oklahoma est arrivé aujourd'hui à midi, accompagné de quatre gardiens du parc qui lui servaient de porteurs, et il s'est installé dans la cabane de Watts sans me dire bonjour. Bien que je lui aie envoyé un mot pour l'inviter à dîner, à 6 heures du soir il n'était pas encore venu me saluer. C'est vraiment bizarre ou peut-être pas tellement. Je sais qu'il a correspondu avec les V.W, von der Becke et Watts qui l'a rencontré aux États-Unis l'an dernier. Gwehandagoza m'a dit que Bill Weber l'avait accueilli à l'aéroport de Kigali, puis l'avait emmené chez eux où il avait passé la nuit et rencontré Watts et les autres du PGM. Je ne pense pas être vraiment paranoïaque, mais cela donne à penser.

Pendant que j'attendais le nouveau venu, Vatiri est arrivé avec sa patrouille. Ils ont trouvé des traces fraîches de braconniers qui suivaient un des groupes périphériques (deux Twa et deux Hutu : Vatiri sait dire tellement de choses à partir de traces que je suis étonnée qu'il ne sache pas leur nom). Nous avons parlé du travail du lendemain et en sortant de la cabane, nous sommes tombés sur un troupeau d'antilopes : deux petits d'un an, deux autres de deux ans, deux femelles adultes et un vieux mâle magnifique que j'appelle Prime II et qui est tellement vieux qu'il arrive à peine à marcher. J'étais très touchée de le revoir parce que je craignais qu'il n'ait été pris par les braconniers. Son image restera gravée dans ma mémoire même après que celle des étudiants « narcissiques » s'en fut effacée.

Il y avait d'autres arrivées. Le 3 août, un couple de riches Américains, Evelyn Gallardos et David Root, vinrent à Karisoke pour y passer deux semaines et photographier des animaux pour leur plaisir et non pour la science. C'était une grande première pour un projet que Dian avait lancé à contrecœur. Comme il fallait continuer à faire face aux dépenses et à l'entretien de Karisoke, elle avait décidé d'y accueillir des invités payants, et payant *cher,* parmi les riches Américains blasés qui avaient tout vu et tout fait sauf visité les gorilles du Rwanda. Elle était tout à fait consciente qu'il s'agissait là d'une forme de tourisme et d'exploitation des gorilles. Mais elle essayait de dissiper son malaise en le rationalisant.

Il n'y aura jamais ici plus de quatre personnes à la fois, et la visite des gorilles sera la dernière des priorités, loin derrière les recherches faites par les étudiants. Tout sera soumis à un contrôle strict. Je n'aime pas cela, mais Karisoke a besoin de ressources pour continuer à protéger le gorille de montagne et je ne peux pas puiser indéfiniment dans ce qui me reste d'économies.

L'arrivée des premiers « visiteurs payants » coïncida avec le départ définitif de Carole Le Jeune. Cette peintre belge, timide et silencieuse, était devenue la personne la plus proche de Dian au Rwanda et son départ fut difficile à supporter.

Vers la mi-août, Dian prit une décision cruciale en ce qui concernait son avenir.

Elle demanda à son agent aux États-Unis de lui organiser une tournée de conférences dont la date fut fixée pour les mois de novembre et décembre. La perspective de passer Noël à Louisville, pour la première fois depuis tant d'années, enchantait Dian.

Ce serait formidable de passer quelques jours sous ce bon vieux soleil qui me manque terriblement à mesure que je vieillis et que mes vieux os me font mal. Mais c'est impossible. Je ne peux pas quitter le camp tant que le directeur de l'ORTPN et la bande du PGM me guettent comme des vautours. Carole est partie et Wayne McGuire qui est après tout un type plutôt bien est tellement dans les nuages qu'il se perd même à l'intérieur du camp. Un ou deux étudiants risquent d'arriver d'ici la fin de l'année, mais je ne peux pas compter sur eux. Je serai donc obligée de remettre cette tournée au printemps, si toutefois ils sont d'accord.

Le mois d'août fut encore ponctué de visites de médecins et d'infirmières français et d'amis locaux qui arrivèrent au camp, chargés de victuailles et de boissons. Le 27, elle reçut la visite de deux représentants du Centre mondial de Conservation en Suisse qui lui annoncèrent des nouvelles fâcheuses. Charles Darwin, un dos argenté que le PGM avait habitué aux touristes, venait de mourir d'une infection d'ankylostomes (ces parasites des intestins humains).

Les soupçons qu'avait eus Dian après la mort de Nunkie et qu'elle avait du mal à faire accepter se confirmaient. Le vétérinaire du CMC affirmait que « le grand nombre de touristes qui entraient en contact avec les groupes de gorilles ne faisait qu'aggraver le risque de transmission de maladies humaines ».

Malgré les répercussions que cela pouvait avoir sur son travail, Dian décida de prendre le taureau par les cornes. Cela devenait d'autant plus urgent que, vers la fin août, Beethoven, le vieux patriarche du Groupe 5, disparut. D'abord Nunkie, puis Charles Darwin, et maintenant Beethoven...

Je ne sais pas ce qui se passe. Les braconniers ne sont peut-être pas le pire des fléaux. Mais NOUS... *Si l'hypothèse de cette infection transmise aux gorilles par les humains se vérifie, l'ORTPN et la bande du PGM en deviendront fous. La totalité des Virungas devra être mise en quarantaine. Le tourisme en mourra et Karisoke aussi... mais il faudra bien que quelqu'un fasse toute la vérité sur cette affaire.*

Parfaitement consciente des conséquences d'une telle démarche, Dian passa des jours et des nuits de tourment et d'insomnie.

Hier soir, je suis retournée près des tombes. Il faisait noir comme dans un four et je distinguais à peine les inscriptions. Je suis restée longtemps auprès de Digit, ne sachant que décider, mais Digit et Oncle Bert et tous les autres le savaient.

Elle avait pris sa décision.

Elle écrit à Evelyn Gallardos vers la mi-septembre :

« Philippe Bertrand, le chirurgien de l'hôpital de Ruhengeri, qui a fait l'autopsie de Nunkie en juin et celle de la dernière victime, un vieux dos argenté, m'a dit que von der Becke et Marc Condiotti du PGM sont allés le voir ce week-end pour lui demander de NE PAS me transmettre de photos ou d'informations sur l'autopsie de Charles Darwin. En tant que vrai scientifique, Philippe était stupéfié ; et en tant qu'ami, il était plutôt en colère. »

Philippe Bertrand était l'une des rares personnes sur place avec qui Dian pouvait discuter en toute tranquillité des maladies des gorilles transmises par les humains. Elle lui proposa de former une équipe pour enquêter sur l'affaire. Ils recrutèrent avec une grande prudence un autre médecin et deux vétérinaires. Ils étaient français et belges, et aucun d'eux n'avait de liens avec l'ORTPN ni de sympathie pour le PGM.

Pour des raisons de prudence ou de perte de documents, il n'existe aucune trace des travaux de cette équipe. Une chose est certaine. Si ceux qui étaient impliqués dans le « tourisme de gorilles » ont eu vent de cette enquête, ils se sont sûrement sentis sérieusement menacés.

Pendant tout l'été, Dian avait été envahie par un sentiment de malaise en ce qui concernait les gorilles. Quelque chose d'étrange et de déstabilisant semblait déranger ces maîtres des volcans. Ils étaient devenus *hiva-hiva,* disait-elle, ce qui en swahili veut dire, troublés et confus. Toutes ses notes et commentaires depuis le mois d'août jusqu'en octobre soulignent cette perplexité.

1er août : *Les femelles de Nunkie sont éparpillées dans divers groupes. Seul Tigre a pris Fuddle ; Pandora est avec le Groupe 5 ; Papoose, Augustus et sept jeunes sont avec le groupe de mâles de Peanuts, mais ils continuent tous à tourner et changer de place comme au jeu des chaises musicales.*

18 août : *La semaine dernière, le groupe de Peanuts s'est scindé en deux parce que deux dos argentés, Peanuts et Beetsme, n'arrivaient pas à se partager les deux femelles de Nunkie, Augustus et Papoose. Alors maintenant, Augustus est avec Peanuts et Papoose avec Beetsme. Les jeunes animaux sont également distribués entre deux sous-groupes qui sont éloignés l'un de l'autre de quatre kilomètres. J'ai du mal à deviner la suite. Et je ne sais pas comment les suivre parce qu'il ne reste qu'un seul étudiant dans le camp et qu'il est important de savoir ce qui se passe.*

Le 30 août : *Depuis la mort de Charles Darwin, son groupe de six femelles et leurs petits sont éparpillés sur les pentes du Visoke. Le PGM ne peut plus les suivre et il nous appartient d'essayer de le faire. Mes Africains peuvent repérer la respiration d'un lapin dans une tempête de grêle, mais je donnerais mon âme pour être de vingt ans plus jeune et plus nombreux.*

Le 5 septembre : *Peanuts et Beetsme ont uni leurs groupes, puis se sont séparés, et maintenant, trois des survivants de Nunkie qui étaient avec eux ont disparu sur les pentes nord-ouest du Visoke et dans la région lointaine des cols. Mes pisteurs s'échinent à garder le contact avec ces deux groupes.*

Le 12 septembre : *Le groupe de Peanuts s'est dissous parce que Beetsme lui a pris tout le monde sauf le dos-noir infirme, Ahab, qui est fidèlement resté avec le pauvre dos argenté démuni. Je n'arrive pas à suivre ces changements constants.*

Le 15 septembre : *Voilà qui devait arriver. Beethoven, le vieux chef du Groupe 5, a disparu et on le suppose mort. J'en suis malade. Nous avons cherché son corps, mais sans résultat. Son groupe est au moins protégé par son fils Ziz, un puissant dos argenté qui est le plus énorme de son espèce. Il a un peu de mal à maintenir le calme parmi ses onze femelles sexuellement mûres et qui s'arrachent les cheveux entre elles.*

Le 8 octobre : *Nous n'avons toujours pas trouvé le corps de Beethoven. Mais comme je ne l'oublierai jamais, je peux supporter la perte de son corps. Récemment, le Groupe 5 a perdu Poppy au cours d'un affrontement avec le groupe Suza, mais il a pris la vieille Flossie, originaire du Groupe 4. Tous ces échanges donnent le vertige. Peanuts et Beetsme continuent de changer de partenaire et de se partager les petits de Nunkie quand ils se rencontrent dans la région lointaine des cols de l'ouest. Les survivants de Charles Darwin sont toujours éparpillés et la moitié semble avoir disparu vers l'est. Tigre et Peanuts qui risquent de les avoir pris sont à des kilomètres d'ici.* Tous *les gorilles semblent sans cesse être au mauvais endroit et à la mauvaise heure.*

Déconcertée par ce comportement désordonné, Dian se perdait en conjectures malaisées.

Il y a quelque chose qui ne va pas. Non seulement les membres des groupes n'arrêtent pas de changer d'appartenance ou de rester sans chef, mais de plus, ces regroupements n'obéissent à aucune structure. Des groupes errent dans des régions où ils n'allaient jamais et il s'ensuit des affrontements de plus en plus fréquents. Plus ils s'éparpillent, plus ils tombent les uns sur les autres et plus ils s'affrontent. Je n'en vois pas la raison, à moins que ce ne soit le résultat de trop de contacts humains combinés à trop de braconniers.

Cet automne-là, les braconniers constituaient sans nul doute un facteur majeur. Ils se gardaient bien de se trouver dans la région de Karisoke, mais étaient nombreux et agressifs partout ailleurs dans le parc. Le Fonds Digit les combattait vigoureusement.

Le 15 septembre, mes hommes ont capturé un autre braconnier qui posait des pièges dans le parc, c'est le troisième pour cette année. Ils l'ont emmené aux autorités du parc pour l'interrogatoire habituel et avant qu'il soit conduit à la prison de Ruhengeri. Toutefois, obéissant aux ordres du directeur de l'ORTPN, au lieu de le conduire en prison, ils lui ont fait payer une amende de deux cents dollars et l'ont relâché. Comme au bon vieux temps. Il y a peu de doutes sur ceux qui touchent cet argent.

Le 12 octobre, une patrouille du Fonds Digit a capturé trois autres braconniers, leur chien et vingt-six pièges. Le lendemain, ils les ont conduits aux autorités du parc, mais je crains fort qu'eux aussi n'aient payé une amende et aient été relâchés. J'attends le jour où l'ORTPN comprendra enfin que ces bénéfices n'arrêteront ni le braconnage ni le meurtre des gorilles.

Vers la fin octobre, un accrochage entre les braconniers, qui se sentaient dorénavant les mains libres, et un détachement de policiers aurait dû faire comprendre au directeur de l'ORTPN que ses intérêts étaient ailleurs.

J'en ai entendu parler pour la première fois quand la radio du PGM m'a demandé s'il ne manquait aucun gorille à mes groupes. Quand j'ai répondu par la négative, il m'a été dit qu'un petit mâle de deux ans venait de mourir « d'une obstruction cardiaque ». Ils pensaient qu'il venait de l'Ouganda.

J'ai aussitôt envoyé deux pisteurs disponibles pour qu'ils contrôlent les groupes périphériques du nord-ouest du Visoke qui est hors de notre champ d'études. Mais ils sont tombés sur cinq braconniers armés et craignant pour leur vie, ils se sont cachés pendant des heures dans la forêt. Ils ne sont revenus au camp qu'à 10 heures du soir et j'étais morte de peur !

Mes hommes n'ont appris la vraie version des événements que plus tard et me l'ont rapportée. Une bande de six braconniers rwandais a attaqué un groupe de gorilles entre les monts Sabyinyo et Muhabura, en principe patrouillés par les gardes du PGM. Il semble qu'ils aient tué au moins trois gorilles adultes pour pouvoir capturer le bébé. Les braconniers ont ensuite quitté le parc en toute quiétude et sont alors tombés sur des forces de sécurité. *Il y a eu un échange de coups de feu. Un braconnier a été tué, un autre gravement blessé et les autres ont été capturés. Le bébé semblait blessé. Il a été emmené à l'administration du parc où il est mort. J'aurais tant aimé que les bébés capturés soient aussitôt conduits ici où ils profiteraient de l'altitude, de la nourriture, de soins intensifs et de* calme.

Bien que les quatre hommes emprisonnés aient été identifiés comme braconniers, ils ont été mis en liberté au bout de deux semaines, sous prétexte d'avoir été pris hors du parc. *Aucune mention de ce qu'ils ont payé pour être libérés. N'est-ce pas terrible ?*

Le 7 octobre, Dian retourna à Kigali pour renouveler son visa. Ne sachant pas s'il s'en souviendrait ou non, elle téléphona avec hésitation au secrétaire général à l'Immigration.

Eh bien, il fallait s'y attendre. A mon grand regret, le secrétaire général, N. Nduwayezu, n'était pas en ville. Ni d'ailleurs M. Habirayemye, c'est du moins ce que l'on m'a dit. J'ai attendu trois jours avant que M. Nyangezi, le sous-directeur de l'ORTPN, me délivre une nouvelle autorisation de séjour de deux mois.

De retour au camp, Dian trouva une lettre d'un des grands spécialistes mondiaux d'éthologie, le professeur émérite Niki Tinbergen de l'université d'Oxford. Il avait lu son livre et en était tellement impressionné qu'il lui avait écrit une longue lettre manuscrite de quatre pages, pleine de félicitations et de réflexions sur les études du comportement animal.

« Très honorée et impressionnée », Dian lui écrivit une lettre encore plus longue où elle lui parla d'un passé lointain, sujet que d'habitude elle évitait.

« J'ai appris à détourner mon visage et à me mettre en posture humble devant les gorilles à partir de mon expérience avec les enfants et les adultes atteints d'autisme. Je n'arrivais à établir un contact avec eux qu'en me cachant le visage, en prenant une attitude obséquieuse et en feignant quelque intérêt pour des jouets en peluche ou des petits animaux vivants. Cette espèce de « détachement » n'a jamais manqué de susciter des réactions chez des patients souffrant d'un retrait total du monde, mais désirant communiquer sans savoir comment s'y prendre. Je pense que mon attitude ne leur paraissant pas menaçante, ils pouvaient m'approcher en toute sécurité.

« Vous n'êtes pas obligé de lire ce qui suit, mais le souvenir vivace vient de surgir dans ma mémoire. John, vingt-six ans, faisait de brillantes études de vétérinaire quand il fut mordu par un chien malade. La maladie transforma John en une espèce de végétal rampant, bavant, hurlant et urinant. Au bout de quelques mois, ses parents m'ont demandé de venir le voir dans leur maison. J'ai commis l'erreur du contact face à face, ce qui l'a fait hurler encore plus et uriner de plus belle. Alors j'ai essayé d'aller dans sa chambre, de l'ignorer, de m'asseoir dans un coin et de jouer avec un petit chat. Au bout de deux jours, il voulait attirer mon attention, mais je ne la lui ai accordée que lorsqu'il s'est servi de l'urinoir. Il a fait cela le troisième jour, puis chaque fois que nous étions ensemble et même quand il était seul. Le petit chat est devenu l'instrument de contact entre nous, je m'en servais pour attirer son attention et il faisait de même, au bout de deux mois, il ne hurlait plus. Au bout de trois mois, il s'est mis à me parler, simplement, et un jour, il m'a même ouvert la porte et sorti mon manteau du placard. C'était sa première action “ partagée ” depuis plus d'un an. J'aurais aimé que cette histoire finisse bien, mais le père de John a eu une crise cardiaque, sa famille l'a placé dans une institution trop éloignée de chez moi où il a rapidement régressé et il est mort d'une attaque quelques semaines plus tard.

« Je ne sais pas trop pourquoi je vous ai raconté cette histoire, peut-être parce que j'y ai repensé récemment, peut-être aussi parce que je suis convaincue qu'il est impossible de travailler avec des enfants ou des adultes perturbés sans avoir auparavant travaillé avec des animaux, ou vice versa.

« Merci de vous enquérir de mon travail actuel. Il se poursuit avec la bénédiction des plus hautes autorités de ce pays (le président et son équipe), mais j'ai des problèmes avec les bureaucrates du département des parcs et du tourisme qui considèrent que mon camp et les groupes de gorilles que j'étudie leur appartiennent. Ils sont appuyés par un petit groupe de salariés Blancs du Projet Gorille de Montagne et tous veulent mon camp. Si c'est ainsi, il faudra qu'ils passent par-dessus mon cadavre. »

Dian avait toujours du mal à s'entendre avec Wayne McGuire, le seul Blanc à vivre avec elle à Karisoke. Ses sentiments envers lui étaient ambivalents.

Elle écrit à Anita McClellan : « Wayne est vraiment gentil, mais il est capable de se perdre entre ma cabane et la sienne. Il se perd dans la forêt pratiquement une fois par semaine. Il ne sait pas allumer sa lampe, faire du feu, séparer son linge propre du sale, faire cuire des pommes de terre. Comme je le dis, il est très très gentil et poli, ce qui est un soulagement, mais je ne peux pas le materner. J'espère qu'il finira par comprendre que l'époque où je jouais à la nourrice est révolue... Mes Africains ne l'aiment pas parce qu'ils l'ont cherché pendant trois nuits sous la pluie ! »

Et à Stacey Coil : « Je ne sais toujours pas si ce McGuire pourra tenir le coup. Comme je le dis, il est vraiment bon et gentil, mais tellement désordonné que c'en est effrayant. Sa cabane est un tel fouillis qu'il est impossible d'y entrer... Je suis vraiment inquiète à son sujet. Sinon, nous nous entendons bien. »

Parmi les visiteurs du mois d'octobre, il y avait quelques surprises : des reporters et des photographes des trois journaux du Rwanda. C'était la première fois que la presse locale visitait Karisoke et manifestait de l'intérêt pour son travail. Pour une raison quelconque, cette longue négligence était réparée et à son grand bonheur, Dian et Karisoke faisaient maintenant partie des bonnes nouvelles du Rwanda.

Les trois journaux ont fait de grands reportages sur le camp, notre travail, les hommes et moi-même. C'est évidemment écrit en kinyarwandan, mais mes hommes m'ont tout traduit et il y a des articles FANTASTIQUES. Ils disent que nous avons été sélectionnés pour des prix spéciaux et des médailles décernées par le président. Le plus long article – deux pages sur les vingt que contient le journal – me désigne comme le successeur du directeur de l'ORTPN dont ils laissent entendre qu'il devrait démissionner. Je pavoise peut-être, mais je suis si heureuse pour mes hommes qui s'attendent à tout moment à voir le président débarquer en hélicoptère. Partout, à Ruhengeri, ils arborent leurs uniformes et sont traités comme des héros. N'est-ce pas merveilleux ?

Dans une lettre à l'un des reporters, elle écrit : « Comment puis-je vous remercier de votre gentillesse, votre cœur et votre sens de l'intégrité, de l'*umurava ?* J'ai des boîtes pleines de coupures de presse du monde entier, mais votre article a pour moi une valeur incomparable. J'ai pleuré de joie et de gratitude, et mes hommes se sont moqués de moi. Nous avons improvisé une danse et, depuis, nous avons de grands sourires accrochés à nos lèvres... vous nous avez rendus si heureux. C'est un bonheur durable parce que vos mots semblent émaner du cœur et nous sont allés droit au cœur. »

Vers la mi-octobre, quelques jours après que Dian eut réuni son équipe médicale d'enquêteurs, survint un étrange événement. Ses deux perroquets gris tombèrent soudain malades sans que ses amis vétérinaires puissent identifier une quelconque maladie. Quand l'un d'eux hasarda l'hypothèse qu'ils avaient peut-être été empoisonnés, Dian la rejeta catégoriquement. Mais le lendemain, elle changea leur nourriture. Et au bout de quelques jours d'une alimentation fraîchement rapportée de Ruhengeri, les oiseaux guérirent miraculeusement.

Dian n'a pas réagi par écrit à cet incident, sinon par une unique phrase laconique.

C'était extrêmement effrayant.

Ce qui arriva dans la nuit du 27 octobre l'était encore plus. Dian commence son journal de cette date dans un état d'agitation extrême. Les mots s'étalent sur toute la page.

Comme c'était souvent le cas, ayant du mal à s'endormir, Dian décida de sortir un peu avant minuit pour jouir du clair de lune qui baignait les cimes du Karisimbi et du Mikeno. Mais elle fut comme foudroyée en découvrant sur le pas de sa porte l'image en bois d'une vipère heurtante.

Cette chose a été sculptée par quelqu'un AUJOURD'HUI. La première trace de SUMU a été les perroquets presque morts, étendus au fond de la cage... Je l'ai caché et n'en dirai rien.

Elle a tenu parole. Il n'y a pas la moindre mention de cette découverte effrayante ni dans sa correspondance, ni dans ses autres écrits ; et elle n'en dit pas le moindre mot ni à Wayne, ni à ses hommes, ni même à Rosamond Carr.

Au cours de ses années passées en Afrique, elle s'était renseignée sur la nature et l'usage de la magie et de la sorcellerie locales. Elle avait parfaitement compris ce qu'elle avait trouvé, ainsi que la teneur du message.

Quelqu'un avait juré sa mort.

26.

Dian n'avait sûrement pas pris à la légère cette découverte sinistre sur le pas de sa porte. Mais elle savait, par ailleurs, que la sorcellerie n'avait de prise que sur ceux qui y croyaient et que les Rwandais considéraient les Blancs comme imperméables au *sumu*. En repensant à tout cela à la clarté rassurante du jour, elle s'était peut-être dit qu'une menace de mort rwandaise se réaliserait plutôt par un empoisonnement, forme de meurtre qui avait la préférence des natifs.

Elle avait peut-être pensé aussi que la vipère et l'empoisonnement de ses perroquets étaient des stratagèmes destinés à faire pression sur elle pour lui faire abandonner sa montagne. A moins que quelqu'un ne prépare le terrain pour un éventuel acte de violence qui serait mis sur le dos d'Africains illettrés comme les braconniers Batwa. C'était sans doute ce sombre pressentiment qui la poussa à taire l'événement.

Quelles qu'aient été ses conclusions, les jours qui suivirent la découverte de la figurine maléfique furent riches en événements distrayants qu'elle accueillit avec joie. Le 30 octobre, une charmante journaliste française, Anne-Marie Voisin-Romagnani, arriva au camp pour écrire un article sur Dian et Karisoke. Elle fut suivie de près par un cinéaste français que Diane trouva bien moins séduisant.

Yann est si mignon, suave et amoureux de sa personne. Il y a trente ans, je serais sûrement tombé follement amoureuse de lui (Clark Gable avec des yeux bleus et des cheveux cendrés), mais il est tellement arrogant ! Nous nous sommes donc contentés de nous tolérer mutuellement, et devinez qui a fait la cuisine ? Comment les femmes françaises supportent-elles de telles brutes ?

Une autre visite bien plus importante fut celle d'un jeune Hollandais que Dian avait rencontré en 1984 au cours d'un bref séjour dans ce pays. Sjaak Van de Nieuwendijk avait pris un congé de son poste de gardien des gorilles dans un parc zoologique pour étudier le comportement de ces animaux en état de liberté. Il plut tout de suite à Dian : *Ce « petit » garçon mesure près de deux mètres, il est blond et agréable. Depuis longtemps, nous n'avions eu dans le camp quelqu'un d'aussi juvénile, enthousiaste, intelligent et débordant de vitalité. Il parle déjà le swahili et ne se plaint jamais de rien alors qu'il fait un temps* HORRIBLE. *Il galope toute la journée dans les forêts pour pouvoir être avec les gorilles. J'espère et prie pour qu'il reste ici jusqu'au nouvel an et même au-delà. Je n'hésiterais pas à lui confier le camp pendant ma tournée de conférences aux États-Unis en mars et avril, mais son employeur risque de le réclamer d'ici là.*

Le journal de Dian du 10 novembre contient une seule phrase brève :

Je me sens très, très, très mal et le cœur va mal. Pourquoi ?

Elle n'y répond pas, mais la question se rapporte peut-être à ce qui s'était passé avec les perroquets. Et elle n'avait sans doute pas oublié le *sumu*. Deux jours plus tard, Vatiri et ses hommes capturaient un autre braconnier, et le récit des événements commence par cette phrase abrupte :

La magie noire est bien courante par ici.

Mes patrouilles ont capturé quatre braconniers en quatre semaines, tous en pleine activité dans le parc. Mais ce dernier s'est avéré être particulièrement cruel. Ils l'ont attrapé pendant qu'il dépeçait une adorable antilope prise dans un piège, tout près d'un groupe de gorilles. Il s'appelle Yavani Hategeka et bizarrement je l'avais déjà capturé en 1974. Il n'a pas l'air plus vieux qu'à l'époque alors que j'ai l'air d'être mille fois plus vieille, ce qui n'est pas juste. Il n'a pas manifesté le moindre signe de coopération. Bien que nous l'ayons mis sur la sellette pendant toute la nuit, il n'a pas répondu à nos questions. Alors je lui ai retiré ses charmes magiques qui étaient cousus à l'intérieur de sa veste puante et effilochée (maintenant, je sais où chercher ce genre de choses). Ils consistaient en deux petites bourses qui contenaient des feuilles séchées et un petit bout de fourrure d'un quelconque animal. C'était comme si l'on retirait un sein de la bouche d'un bébé, pas très agréable à faire, mais j'étais bien obligée puisqu'il ne voulait nous transmettre aucune information sur les autres braconniers. Et perdant ses charmes, il s'est ratatiné et fermé sur lui-même, mais il nous a raconté pendant deux heures des choses qui ont précédé son « rapt ». D'après mes hommes, une fois sorti de prison, il ne fera plus jamais de braconnage parce que je possède son sumu. En même temps que les bourses de sumu, nous avons trouvé dans ses poches une lettre d'un trafiquant du Zaïre qui fait de la contrebande avec ce braconnier. Il était question d'un métal rare, probablement de l'or.

Dian ne prit pas de risques avec Hategaka. Au lieu de l'envoyer à l'administration du parc comme l'exigeait l'ORTPN, elle l'expédia directement aux autorités judiciaires de Ruhengeri qui le jugèrent et le condamnèrent à trois ans de prison. Deux semaines plus tard, son frère offrit de payer 50 000 francs rwandais pour le faire libérer, mais au grand étonnement de Dian, l'offre fut refusée. Peu de temps après, elle apprit que Sebahutu avait été gravement blessé au cours d'une rixe en prison et qu'il avait été transporté à l'hôpital.

Vers la fin de novembre, Dian écrit une longue lettre à une amie américaine dans ce style familier et narratif qui caractérisait sa correspondance d'autrefois, mais qu'elle pratiquait de plus en plus rarement :

« Je regrette vraiment de n'avoir pu aller en Amérique cet automne, mais Wayne, le “ nouvel étudiant ” qui est arrivé en août, n'aurait vraiment pas pu diriger le camp pendant mon absence. C'est un gentil garçon, mais si peu dégourdi qu'il sait à peine se protéger de la pluie. C'est vraiment difficile pour lui parce que nous avons eu ajourd'hui notre PREMIER jour de soleil après deux mois de pluies quotidiennes. Je me suis glissée dehors, sur une pelouse près de ma cabane, en fait celle-là même où j'avais écrit les premières pages de mon livre, et j'ai passé deux heures merveilleuses à me dorer au soleil. Puis j'ai entendu des sifflements qui signifient, « reviens à la maison où que tu sois », et je suis rentrée pour m'occuper d'une antilope blessée qu'une de mes patrouilles avait sauvée d'un piège. Ta lettre me parlant de Noël me rappelle un souvenir qui remonte à dix ans. Ma mère avait une amie, une femme adorable et immensément riche qui était l'une des personnes les plus généreuses que je connaisse, mais un peu distraite, ce qui ne me la rendait que plus sympathique. J'avais un ami trappiste dans un monastère, il s'appelait le Père Raymond, à Hardstown, dans le Kentucky. Cette gentille dame était une fervente catholique, alors je les ai présentés l'un à l'autre par lettre. Dans une de ses lettres, il lui racontait qu'il faisait très froid dans leurs cellules en hiver, alors elle lui a immédiatement envoyé une énorme et magnifique couverture électrique ! Je pense qu'il rit encore, même si son supérieur n'a pas semblé apprécier la plaisanterie !

« Eh bien, un jour de novembre où j'étais de passage en Californie, elle a prévu une journée de courses pour Noël, avec un charmant déjeuner suivi d'une descente dans un centre commercial plein de beaux magasins. Pendant le déjeuner, elle a essayé de savoir ce que je désirais *vraiment* pour Noël. Il y avait une seule chose dont j'avais *vraiment* besoin, c'était un hachoir à viande pour le camp.

« A l'instant même où j'ai formulé mon désir, son visage s'est décomposé, " Bon, ah bon, ce n'est pas tout à fait ce à quoi je pensais ", a-t-elle balbutié. Nous sommes donc sorties, elle était vêtue avec une élégance extrême, et sommes parties à la recherche de la plus sophistiquée des quincailleries où nous avons passé une heure à choisir le plus luxueux modèle de hachoirs. Je l'ai toujours et il marche encore. Mais je pense qu'elle n'avait jamais mis les pieds auparavant dans une simple quincaillerie.

« Comme tu me l'as demandé, je t'envoie sur une feuille à part la liste de ce dont j'ai *vraiment* besoin cette année. Tu remarqueras qu'elle commence avec des Triscuits dont je rêve littéralement. Toutes ces choses salées, des noisettes, des bretzels, etc. me manquent terriblement. Chaque fois que je vais en Amérique, je me programme au moins une journée de supermarché qui commence par la droite du magasin (je ne peux jamais faire mes courses de gauche à droite) et je choisis le plus grand des chariots. Je sillonne les allées, complètement dans les nues, ne voyant et n'entendant rien autour de moi.

« Des cadeaux pour les hommes. Ils apprécient tout, ce qui est bien agréable. Ils aiment des chaussettes que j'achète dans les magasins de surplus de l'armée. Ils n'apprécient pas les produits de luxe. Les montres bon marché ont leur préférence. Je n'aime pas te demander tout cela, mais l'annulation de mon voyage pose un problème pour les cadeaux de Noël des hommes et de leurs familles. Il y a si peu de chose à acheter au Rwanda et tellement aux États-Unis. Il me faut aussi des joggings chauds avec des hauts à capuchon, non pas que mes hommes fassent du jogging pour leur santé (après une journée dans la forêt, ils ont à peine la force de marcher), mais parce que si je leur achète quelque chose de plus beau, ils ne le porteront pas à la montagne. Ils le gardent pour la grande ville de Ruhengeri, quatre blocs de *dukas* poussiéreux (petits magasins). Nous garderons les joggings ici pour que, par les jours de forte pluie, ils puissent se changer en revenant de la forêt.

« J'ai commencé cette lettre hier et à quatre heures de l'après-midi, quelqu'un a frappé à ma porte. J'ai ouvert et j'ai vu un homme mince et barbu dont le visage verdâtre avait la couleur de son manteau de pluie. Il était encombré d'un gros fusil et d'un panga. J'ai compris, à cause du fusil, que c'était un nouveau Belge qui travaillait pour le PGM et faisait occasionnellement des patrouilles avec les gardes du parc. Tous les gens du PGM ont l'ordre de porter ces gros fusils quand ils vont dans le parc ; je n'en vois pas la raison.

« Quoi qu'il en soit, il s'est faufilé dans la cabane, s'est effondré devant la cheminée et m'a raconté une histoire navrante. Quelques heures plus tôt, le garde du parc qui l'accompagnait l'a attaqué avec son panga, lui a cassé ses lunettes et lui a donné un coup sur le front avec le plat du panga, après quoi, il a eu une espèce d'attaque. Ne sachant que faire, le Belge s'est traîné jusqu'à mon camp.

« Je l'ai renvoyé sous la pluie battante et le brouillard, accompagné de mes hommes et d'une civière, pour qu'ils retrouvent le garde. Ils sont revenus vers 9 heures du soir en disant que le garde avait disparu. Le Belge était dans un état piteux, il était glacé, mouillé, fatigué, tremblant et la bosse sur son front grossissait à vue d'œil. Je lui ai donné une boisson forte et l'ai renvoyé en bas avec un de mes hommes. Je ne lui ai pas dit que le garde avait peut-être la rage, ce qui est très fréquent ici. C'est sans doute une journée dont il se souviendra.

« Les gorilles vont bien, mais ils ont tout le temps froid pendant cette saison des pluies. Le nouveau gars, Wayne, celui qui n'arrêtait pas de se perdre, est parti, il y a deux semaines, encaisser un chèque à Ruhengeri et, depuis lors, je n'en ai plus entendu parler. J'espère que tu passes de bonnes fêtes de Thanksgiving. Mange beaucoup de dinde et de farce et parle-m'en dans ta prochaine lettre. Y a-t-il un meilleur parfum au monde que celui-là ? »

A la lettre était jointe « la liste de Noël de Fossey » :

Une boîte ordinaire de TRISCUITS miam miam
Un mélange de Rice-A-Roni
Un mélange de nouilles Lipton
Un fumet liquide de hickory !!!
Des chips
Des noix, noisettes ou peccans salés
Des bretzels
Des vitamines pour les perroquets
Du jambon en conserve
Une autre boîte de TRISCUITS miam miam
Des graines de sésame et de tournesol pour les perroquets
Une bouillotte
Une cartouche de cigarettes Merit (quelle honte !)
Des sachets de gelée, n'importe quel parfum
Du maïs pour popcorn
Un paquet de champignons séchés et congelés

Quelques jours plus tard, Wayne McGuire finit par arriver au camp, plutôt penaud, et expliqua qu'il avait eu une infection à l'oreille pendant qu'il était à Ruhengeri. Dian l'accueillit cordialement, mais non sans une certaine ironie.

L'Américain est de retour, mais pour combien de temps ? Si je pouvais lui payer une nourrice, je le ferais.

Dès le début de décembre le temps changea enfin. La montagne n'était plus plongée dans ces pluies et brumes éternelles qui lui donnaient un air de sombre monde sous-marin. Le ciel bleu et le soleil éclatant des altitudes ranima la nature. Les lichens qui pendaient aux vieux hagenias se couvrirent de petits oiseaux flamboyants. Les hyrax du camp s'étendirent paresseusement au soleil et reprirent la nuit leur étrange chant. Les problèmes respiratoires de Dian l'empêchaient d'aller voir ses gorilles, mais elle savait qu'après des mois de pluies et de brouillard, ils profitaient aussi de la douce tiédeur du soleil.

Quant à elle, la détente n'était pas encore au rendez-vous. Le jour tant craint du renouvellement du visa approchait. Le 3 décembre, elle cacha de nouveau ses pistolets, son argent et ses quelques bijoux sous le dernier tiroir de sa commode et descendit résolument le sentier qui la conduisait vers Kigali.

Elle était accompagnée du jeune Sjaak qui, à son grand regret, quittait les Virungas pour rentrer en Hollande. Elle avait écrit à son employeur : « Sjaak n'est pas seulement un excellent observateur et travailleur sur le terrain, mais sans doute aussi le meilleur des êtres qui ait jamais travaillé à Karisoke. J'aurais tellement aimé qu'il reste plus longemps à Karisoke. »

Le visage exprimant le courage, mais le cœur palpitant, Dian se présenta au siège de l'ORTPN. Les fonctionnaires avaient une attitude encore plus sournoise qu'elle ne l'avait imaginé. Habirayemye ne voulait pas la voir ; et même si certains de ses subordonnés étaient gagnés à la cause de Dian, aucun d'eux ne pouvait l'aider à obtenir le permis nécessaire au renouvellement de son visa.

Désespérée, Diane alla à l'ambassade américaine, mais tout en étant polis, les employés ne lui furent d'aucun secours.

Fatiguée et déçue, elle alla s'offrir un verre à l'hôtel Mille des Collines où elle rencontra un des journalistes locaux qui avait fait un si bel article sur elle et sur son travail. Quand elle lui confia ses difficultés, il eut un large sourire et lui tapota l'épaule : « Mademoiselle Fossey, je crois que vous ne comprenez pas. Vous avez beaucoup d'amis à Kigali. Mais pas à l'ORTPN. Et non plus peut-être parmi vos compatriotes américains et quelques autres étrangers. Pourquoi ne demandez-vous pas de l'aide à vos *amis* ? »

Dian comprit l'allusion et partit ausitôt au secrétariat de la présidence pour y rencontrer Augustin Nduwayezu, le secrétaire général à l'Immigration, dont elle avait fait la connaissance au cours du repas de fête donné à Ruhengeri, trois mois plus tôt. Nduwayezu était dans son bureau où il l'accueillit.

Quand il m'a demandé ce qu'il pouvait faire pour moi, j'ai bien peur de lui avoir rebattu les oreilles avec une longue histoire. Je lui ai plus ou moins raconté toute l'affaire de l'ORTPN et du PGM, et les problèmes que j'avais avec eux. Il m'a écouté très attentivement et a même voulu en savoir plus. Quand j'ai fini de parler, il m'a simplement dit : « Pourquoi ne m'avez-vous pas raconté tout cela plus tôt ? » Puis il a ajouté : « Vous faites partie de nos plus chers invités au Rwanda et vous pouvez y rester autant que vous le souhaitez. »

Il a appelé un secrétaire qui a pris mon passeport. Dix minutes plus tard, l'homme est revenu avec un visa spécial m'autorisant à séjourner au Rwanda pendant deux ans. *Le Grand Fonctionnaire me l'a tendu avec un sourire et m'a dit que si je le désirais, le prochain serait valable pendant dix ans. S'il m'avait tendu un ticket pour le paradis, je n'aurais pas été plus heureuse.*

Triomphante, Dian revint à Kigali et tout en faisant des courses substantielles pour le camp, elle raconta à tous ceux qu'elle rencontrait la chance qu'elle venait d'avoir. Un de ses amis s'en souvient encore : « Elle était aussi excitée qu'un chien à qui on enlèverait sa laisse. Toussant et fumant ses cigarettes Impala, elle ressemblait au vrai tourbillon qu'elle était autrefois. Nous en étions tous tellement touchés que j'ai eu envie d'en pleurer. »

Si ses amis étaient heureux pour elle, ses ennemis étaient sans doute terriblement déçus. Nduwayezu qui se tenait au cœur même du pouvoir rwandais avait ainsi confirmé la souveraineté de Dian sur Karisoke non seulement pour une période de deux ans, mais autant qu'elle le souhaitait. Ainsi, la Femme Solitaire des Forêts pourrait occuper son domaine et défendre ses animaux de toute intrusion humaine aussi longtemps qu'elle en aurait la force. Cette perspective a sûrement dû paraître intolérable aux yeux de certains.

Dian revint au camp le 7 décembre, toujours dans un état d'euphorie. Mais son corps ne suivait pas le rythme et elle mit trois heures et demie à grimper à Karisoke. Pendant ses longues et fréquentes haltes, elle toussait si fort que le sang perlait aux commissures de ses lèvres.

Sans l'aide de Guam, je n'y serais pas arrivée. J'avais tellement mal ce soir que j'ai pris X. Pour la première fois depuis bien longtemps.

Les jours suivants, Karisoke fut animé par des visites et une activité intense. Un jeune et beau technicien rwandais, Frederick Byandagara, installa une station météorologique pendant que de jeunes médecins français et belges arrivaient au camp pour donner un coup de main bénévole à ce projet qui était cher à Dian. Le temps magnifique contribua à la détente et à la bonne humeur.

Le retour du beau temps et l'assurance que « mademoiselle » resterait dans son camp avait mis les hommes et les patrouilles du Fonds Digit dans une inaltérable bonne humeur. Ils accueillirent même avec hilarité la nouvelle de la fuite de Sebahutu de l'hôpital où il était soigné pour des blessures « mortelles » et sa capture par la police le lendemain. Dian écrit : « La vieille crapule a failli partir... Je l'aurais presque souhaité. » Elle fait ce commentaire dans une lettre écrite en swahili à son intendant de longue date, Kanyragana, qui était hospitalisé à Ruhengeri, en convalescence après une opération. Elle y ajoutait une poignée de francs rwandais : « Pour ta femme et tes enfants, de la part de nous tous au camp. » La lettre était signée : « Amitiés à toi, Nyiramachabelli. »

Vers Noël, son journal commence ainsi :

Aujourd'hui 22 décembre, un beau plateau de la part de Rosamond, deux flacons de lotion faciale (très nécessaires) et un beau plateau encadré de bambou.

En réponse à ces cadeaux, Dian commence sur sa vieille Smith-Corona une lettre à sa meilleure amie au Rwanda :

« Très beaux cadeaux viennent d'arriver avec Guam et je les ai ouverts aussitôt. Je sais que je n'aurais pas dû, mais je déteste attendre. Je n'aimais pas cela quand j'étais enfant et je ne suis plus obligée de le faire maintenant, ce qui est une compensation à la vie adulte.

« L'encadrement convient parfaitement à ma grande photo en couleur de Digit. C'est un cadeau de Noël pour lui aussi. La lotion faciale me rendra si belle que même Habirayemye en deviendra mon esclave. Comme je ne sers pas le thé et des petits fours très souvent ici, j'accrocherai le plateau illustré dans ma chambre à coucher et en profiterai toute seule.

« Rosamond, j'aurais tellement aimé que tu sois ici ce Noël. Je ne peux pas faire de fête pour mes hommes cette année, mais j'essaierai de faire un pas pour mon merveilleux étudiant rwandais, Joseph Munyaneza, qui s'en va le 26 décembre et pour Wayne McGuire, à condition qu'il ne se perde pas entre sa cabane et la mienne.

« Un zoologiste suisse qui a mon âge arrive le 28 pour être le nouveau directeur de recherches à Karisoke, puis il y aura une quantité de visiteurs américains. Quand je partirai en Amérique en mars, le camp sera en pleine effervescence, mais pour le moment, tout est terriblement calme... »

Cette lettre qu'écrivait Dian resta inachevée.

Il n'y a pas d'autres notes sur son journal non plus, à l'exception de ces quelques mots écrits en lettres majuscules sur la dernière page :

QUAND ON COMPREND LA VALEUR DE TOUTE VIE, ON S'ATTARDE MOINS SUR LE PASSÉ ET ON SE CONCENTRE PLUS SUR LA SAUVEGARDE DE L'AVENIR.

La suite est le silence.

A l'aube du 27 décembre, quand le ciel s'éclaira, Kanyaragana passa sa vieille veste et traversa la prairie fraîche et embrumée pour aller dans la cabane de Dian, lui allumer du feu et préparer son café du matin.

Il marcha silencieusement sur l'herbe mouillée, surprenant une jeune biche. Elle fit un bond, s'éloigna de quelques pas, puis en le reconnaissant, elle baissa la tête et se remit à brouter. Il poursuivit son chemin et un couple de corbeaux se détacha d'un hagenia et tourna autour de sa tête en croassant comme pour lui demander à manger. Il leur donna quelques miettes et regarda la lointaine crête du Karisimbi. Il vit avec plaisir que les nuages matinaux se dispersaient, découvrant le cône parfait du sommet. Ce serait une belle matinée dans les Virungas.

La porte de la cabane de Dian, décorée d'un beau père Noël, portant l'inscription « Salut ! », était entrouverte. Pensant que sa maîtresse s'était réveillée de bonne humeur et qu'elle attendait son café avec impatience, Kanyaragana ouvrit grande la porte et se dépêcha vers la salle de séjour.

Ce matin-là, à 6 h 10, la chambre à coucher en désordre de Wayne McGuire fut envahie par toute l'équipe de Karisoke et par quelques gardes du parc qui avaient passé la nuit au camp. Mal réveillé et n'ayant du swalihi qu'une connaissance rudimentaire, McGuire distingua une seule phrase horrible dans le brouhaha :

« Dian kufa ! Dian kufa ! » Dian est morte !

Enfilant dans sa hâte deux bottes différentes, McGuire fut pratiquement poussé vers le bâtiment que les détracteurs de Dian appelaient le Manoir, mais qu'elle même qualifiait de Mausolée. Pendant que les hommes se bousculaient à la porte de la cabane de Dian, la biche disparut dans la forêt et les corbeaux s'envolèrent vers le ciel blafard.

Scrutant la pénombre à travers ses lunettes de myope, McGuire avança vers la salle de séjour. Il y régnait une effrayante confusion.

Les verres des lampes avaient été brisées et le sol était jonché de débris de verre. Quelques meubles avaient été renversés, mais l'arbre de Noël était intact, couvrant de ses branches un monceau de cadeaux prêts à être distribués aux hommes du camp.

Poussé par les autres, McGuire se trouva propulsé vers la vaste chambre à coucher de Dian. Elle était sens dessus dessous. Les tiroirs et les portes des placards béaient, des vêtements étaient éparpillés sur la natte du sol. Une table posée au milieu de la pièce était renversée et le matelas du double lit avait glissé hors de son cadre.

Dans un silence où l'on entendait les hommes respirer, McGuire fit quelques pas en avant. Sur le plancher, près du lit, partiellement cachée par un petit canapé, Dian était étendue sur le dos, un pistolet automatique et des cartouches à ses côtés.

Son crâne était fendu en diagonale, depuis le front, en traversant le nez, une joue et jusqu'au coin de la bouche. A la vue de cette horrible blessure, un apprenti pisteur de seize ans se mit à hurler et s'enfuit par la porte.

Wayne McGuire s'agenouilla et prit maladroitement le poignet de Dian pour lui tâter le pouls. Il n'y avait aucun signe de vie.

« Oh, Dian, murmura-t-il, oh, Dian ! »

Par un sombre et gris après-midi du dernier jour de 1985, le corps de Dian Fossey, déposé dans un cercueil en contre-plaqué, gisait à côté de la tombe creusée dans le sol saturé de Karisoke. Trente Africains et neuf Blancs, réunis en demi-cercle autour de la tombe, écoutaient l'éloge funèbre prononcé par un missionnaire de Gisenyi, le révérend pasteur Elton Wallace :

« La semaine dernière, le monde a fêté un ancien événement qui a changé le cours de son histoire : l'arrivée du Seigneur sur terre. Nous voyons à nos pieds une parabole de cette magnifique descente : Dian Fossey, née au sein d'un foyer confortable et privilégié, l'a quitté de son propre gré pour vivre avec une espèce menacée d'extinction... Elle reposera dorénavant parmi ceux avec qui elle a vécu. Et si vous pensez que la distance du Christ à l'homme n'est pas aussi grande que celle de l'homme au gorille, alors vous ne connaissez pas l'homme. Ou les gorilles. Ou Dieu. »

Derrière la tombe et faisant face au groupe réuni, se trouvait un petit ensemble d'inscriptions sur du bois brut et portant les noms de ceux avec lesquels Dian avait choisi de vivre et de mourir dans les Virungas... Digit, Macho, Oncle Bert, Kweli, Nunkie... plus d'une dizaine en tout.

Rosamond Carr, petite et fragile aux côtés d'un robuste pisteur, le visage pâle et fatigué par l'escalade, regarda le cercueil puis le cimetière des gorilles.

« Il y a des gens qui ont voulu expédier son corps aux États-Unis. Cela eût été terrible.

« Dian ne l'eût pas accepté, son *esprit* ne l'eût pas accepté. Ils ne sont pas arrivés à la chasser des Virungas de son vivant. Il ne fallait pas qu'ils le fassent maintenant qu'elle est morte. »

ÉPILOGUE

Les circonstances entourant le meurtre de Dian Fossey sont obscures. L'assassin a peut-être pu s'infiltrer dans la cabane (qui était toujours verrouillée la nuit) en arrachant une plaque de tôle dans le coin sud-est de sa chambre à coucher. Il est significatif que le trou a été pratiqué à l'unique endroit où le passage n'est pas bloqué par le lit ou un des nombreux meubles qui ornaient la chambre de Dian. Cela implique que l'assassin connaissait la configuration de sa chambre à coucher.

Par ailleurs, il semble aussi probable que le meurtrier ait pu être un familier de Dian et qu'elle l'ait laissé entrer dans la cabane. La plaque de métal a pu être enlevée après le meurtre pour faire penser qu'il s'agissait d'une tentative de cambriolage de la part d'un étranger. Mais le problème est qu'il n'y a pas eu de vol. La maison était sens dessus dessous, mais rien n'y manquait. L'argent et les chèques de voyage qui totalisaient la somme de trois mille dollars, les bijoux, les caméras et appareils optiques d'une valeur de plusieurs milliers de dollars étaient restés intacts.

L'ami de Dian, le Dr Bertrand, qui a inspecté la cabane le lendemain du meurtre pense que le désordre était peut-être le résultat d'une lutte désespérée de Dian pour échapper à son meurtrier et chercher une arme pour se défendre. Il lui arrivait souvent de cacher des pistolets et de ne plus savoir où elle les avait mis. Dans cette éventualité, il est possible qu'elle ait pu mettre la main sur un pistolet et des munitions, mais que les cartouches n'aient pas été les bonnes.

Le panga avec lequel elle a été tuée (et dont sa tête porte des traces de coups au sommet et à l'arrière du crâne) lui appartenait. Elle l'avait confisqué un jour à un braconnier et il était accroché, en guise de décoration, à un mur de sa salle de séjour. Toutes les traces digitales avaient été effacées par tous ceux qui avaient manipulé l'objet après le meurtre. Comme l'arme du crime est un panga, de nombreux collègues de Dian pensent qu'il s'agit d'une vengeance de braconnier. « Ce fut un choc, dit l'un d'entre eux, mais nous ne fûmes pas très surpris. Elle attirait cette menace par la manière dont elle les traitait. »

L'opinion selon laquelle Dian Fossey n'avait eu que ce qu'elle méritait avait ses adeptes.

Bill Weber : « Personne ne voulait la combattre. Personne ne voulait prendre sa place. Elle a inventé tant d'intrigues et d'ennemis. Elle ne cessait de dire que personne ne pouvait la remplacer, que tous étaient en butte à la fièvre des " brousses ", mais en fait c'est elle qui a perdu la raison. Elle n'a pas été tuée parce qu'elle protégeait les gorilles. Elle a été tuée parce qu'elle se comportait comme Dian Fossey... Elle maltraitait tout le monde autour d'elle et elle a fini par le payer. »

Kelly Stewart : « Dian n'était pas une bonne scientifique, mais elle ne pouvait pas non plus céder le pouvoir à d'autres. Elle ne pouvait pas occuper la deuxième place... Elle se sentait comme un guerrier qui combat un ennemi acharné. C'est une fin parfaite. Elle a eu ce qu'elle désirait... Elle a dû souffrir, mais pas longtemps. Le premier coup l'a tuée. C'est un coup si net que je comprends qu'il y ait à peine eu de sang. »

Les autorités rwandaises accordèrent peu de crédit à la thèse de la vengeance. Connaissant leur pays, le meurtre violent d'un Blanc par un Rwandais leur paraissait hautement improbable. Un incident similaire avait eu lieu une seule fois en trente ans. La police rwandaise n'était pas aussi incompétente que le prétendaient certains expatriés blancs et les médias américains. Les enquêteurs conclurent à un meurtre accompli de l'intérieur, ou du moins par quelqu'un qui connaissait parfaitement le fonctionnement de Karisoke. Dès le début de l'enquête, une bonne partie de l'équipe de Karisoke fut arrêtée. Ce fut aussi le cas du pisteur, Emmanuel Rwelekana, qui avait été licencié par Dian quelques mois plus tôt et qui travaillait temporairement au PGM. Dès que leur innocence fut établie, les hommes furent relâchés un par un. Seul Rwelekana demeura en prison, dans une cellule d'isolement. Le 21 août 1986, neuf mois après la mort de Dian, il fut, ainsi que Wayne McGuire, accusé du meurtre de Dian Fossey. Quelques semaines plus tard, Emmanuel Rwelekana se donna la mort par pendaison, dit la rumeur.

Wayne McGuire ne fut jamais arrêté. Aidé par les officiels de l'ambassade américaine à Kigali, il partit pour les États-Unis deux semaines avant la proclamation publique des charges contre lui et Rwelekana. Il n'existait aucun traité d'extradition entre les États-

Unis et le Rwanda. McGuire a sans nul doute bénéficié d'une « permission de fuite » négociée entre le département d'État américain et le ministère des Affaires étrangères du Rwanda.

Le 11 décembre 1986, Wayne McGuire fut jugé par contumace par un tribunal rwandais. Dix jours avant l'anniversaire de la mort de Dian, il fut reconnu coupable de meurtre et condamné à être fusillé ! A la condition évidemment qu'il fût assez téméraire ou stupide pour revenir au Rwanda.

Bien que mon propos n'ait jamais été d'élucider le mystère de sa mort – c'est la *vie* de Dian qui m'intéresse – j'ai quelques idées sur le sujet. A moins d'avoir perdu la raison, je ne pense pas que McGuire ait assassiné Dian Fossey. Il n'y a pas de raisons plausibles pour le penser, et les charges retenues contre lui pendant le procès ont toutes les apparences d'une construction artificielle. Je pense qu'il a servi de bouc émissaire.

Je ne crois pas non plus que Dian ait été tuée par des braconniers. Si quelqu'un avait vraiment cherché à la tuer, il aurait tenté de l'empoisonner ou alors, en désespoir de cause, de l'assassiner sur *son* propre terrain – dans la forêt – où une flèche, une balle ou la pointe d'une lance l'eurent achevée à peu de frais pour le meurtrier.

Alors, qui a donc tué Dian Fossey et pourquoi ? Je suppose qu'elle a été assassinée par un Africain qu'elle connaissait et qui connaissait bien le camp et sa routine quotidienne. Je suppose qu'il a été engagé ou suborné par des gens influents qui considéraient Dian comme un obstacle à l'exploitation du parc national des Volcans et, surtout, à l'exploitation des gorilles. Je crois que la prolongation du visa de Dian pour deux ans a signé son arrêt de mort.

On m'a raconté que peu après la mort de Dian, il y eut un plan de transformation de son « mausolée » en musée destiné aux touristes qui seraient logés dans les autres cabanes de Karisoke. On m'a raconté aussi que le plan est temporairement suspendu parce qu'il ne serait pas opportun de l'appliquer maintenant. Quand tous les cinéastes, reporters et biographes auront terminé leur travail et que le monde aura oublié ce pour quoi – et contre quoi – Dian se battait, alors peut-être l'ORTPN et ses associés arriveront-ils à leurs fins.

Entre-temps, le Centre de recherches de Karisoke fonctionne comme Dian l'eût souhaité. Des étudiants continuent d'y aller pour y étudier les gorilles, et les patrouilles du Fonds Digit sillonnent les forêts pour en éloigner les braconniers et leurs pièges.

Quant aux rois des montagnes des Virungas, qui peut prédire leur destin entre les mains des humains ? Mais s'ils *survivent,* ce sera grâce au dévouement d'une femme qui était amoureuse de la vie – de *toute* la vie – et qui a fait ce que tous les grands amants devraient toujours faire : se donner complètement à ceux que l'on aime.

Cet ouvrage a été réalisé sur
Système Cameron
par la SOCIÉTÉ NOUVELLE FIRMIN-DIDOT
Mesnil-sur-l'Estrée
pour le compte des Éditions Seghers
le 2 février 1989

Imprimé en France
Dépôt légal : décembre 1988
N° d'édition : 31716 – N° d'impression : 11400